Frans de Waal

Der Affe und der Sushimeister

Das kulturelle Leben der Tiere

Aus dem Englischen
von Udo Rennert

Carl Hanser Verlag

Titel der Originalausgabe:
The Ape and the Sushi Master.
Cultural Reflections by a Primatologist,
New York, Basic Books/Perseus Books Group 2001

1   2   3   4   5   06   05   04   03   02

ISBN 3-446-20238-2
Copyright © 2001 by Frans de Waal
This edition published by arrangement with
Nicholas Ellison Inc., New York
Alle Rechte der deutschen Ausgabe:
© Carl Hanser Verlag München Wien 2002
Satz: Fotosatz Reinhard Amann, Aichstetten
Druck und Bindung: Ebner & Spiegel GmbH, Ulm
Printed in Germany

Für Catherine: meinen Felsen

Inhaltsverzeichnis

3. Teil
Die menschliche Natur: Wie wir uns selbst sehen

Anhang

Einleitung

Die Affenteestunde

»Der Mensch ist von Natur aus so programmiert, daß er eine Kultur braucht, die ihn vervollständigt. Kultur ist keine Alternative oder ein Ersatz für den Instinkt, sondern dessen natürliche Folge und Ergänzung.«
Mary Migdley 1979

Jo Mendi, ein zigarrerauchender, cognactrinkender Arbeiter mit untersetzten Beinen und langen Armen, war daran gewöhnt, daß sein Name auf den Reklameplakaten in größeren Lettern prangte als der des Komikers Bob Hope, mit dem er einmal gemeinsam aufgetreten war. In den dreißiger Jahren war er der große Star der Unterhaltungsindustrie Detroits. Tag für Tag zeigte er sich in einem Overall an der Seite des Zoodirektors, der einen Rohrstock in der Hand trug und seinen Begleiter fest im Auge behielt, dessen Körperkräfte die eines erwachsenen Mannes um ein Mehrfaches übertrafen und der dafür bekannt war, ahnungslose Zoobesucher zu belästigen. Jo Mendi war so berühmt, daß der Schimpanse eine Zuschauermenge anlockte, die doppelt so groß war wie die, von der der Präsidentschaftskandidat in der Stadt empfangen wurde, ein Umstand, den Franklin Delano Roosevelts Gegner sofort genüßlich propagandistisch ausschlachteten.[1]

Petermann, ein Schimpanse, der in den achtziger Jahren im Kölner Zoo auftrat, hatte weniger Glück. Ebenso wie Jo Mendi hatte er zahlreiche Fans und ließ hinter der Bühne nicht mit sich spaßen. Seine Beziehung zum Zoodirektor war allerdings weniger herzlich. Nach einem Angriff auf diesen wurde Petermann von der Polizei erschossen. Sein verhängnisvolles Aufbegehren gegen die Autorität machte den Menschenaffen vorübergehend zu einem Märtyrer der deutschen Spontibewegung.

Jo Mendi, der in den dreißiger Jahren in Gesellschaft des Zoodirektors John Millen seine guten Tischmanieren vorführt (Abdruck mit freundlicher Genehmigung der Detroit Zoological Society).

Noch immer wollen Hollywoodregisseure nicht darauf verzichten, einen Schimpansen oder Orang-Utan auftreten zu lassen, wenn das Drehbuch eine komische Szene vorsieht, und bis heute ist ihnen nichts Besseres eingefallen. In einer TV-Show (*The Chimp Channel*) treten ausschließlich Affen auf, die man herausgeputzt und darauf abgerichtet hat, Grimassen zu schneiden, während eine Tonspur mit menschlichen Stimmen den Eindruck einer Unterhaltung zwischen ihnen erwecken soll.

Die Affentischgesellschaften, die im 19. Jahrhundert in Zoos und Menagerien üblich wurden, die Varietéauftritte von Schimpansen des 20. Jahrhunderts und die gegenwärtigen entsprechenden Shows im Fernsehen entwerfen alle das Bild von Tieren, die sich die größte Mühe geben, wie wir zu sein, ohne daß es ihnen jemals gelingt. Wir finden solche Vorstellungen erheiternd, weil unsere Kultur und unsere herrschende Religion die menschliche Würde und den menschlichen Selbstwert an unsere Trennung von der Natur und unseren besonderen Status gegenüber anderen Tieren gekoppelt haben. Da wir die einzigen sind, die mit Messer und Gabel essen – ein klares Zeichen der Zivilisiertheit –, amüsiert es uns, Menschenaffen zu sehen, die dasselbe versuchen. Man erwartet das nicht von ihnen, und schon gar nicht erwartet man, daß sie es auch hinbekommen. Sie müssen versagen, da die Szene sonst das menschliche Ego bedrohen würde. Ramona und Desmond Morris haben dazu bemerkt:

»Gegen Ende der zwanziger Jahre begann der Londoner Zoo, diese Vorführungen als ständiges Programm zu organisieren. Jeden Nachmittag zu einer festgesetzten Zeit führte sich eine Gruppe junger Schimpansen zur Erheiterung der Zoobesucher wie eine Tischgesellschaft auf. Man hatte sie darauf abgerichtet, Schüsseln, Teller, Löffel, Tassen und eine große Teekanne zu benutzen. Für das Schimpansengehirn war das Erlernen des Umgangs mit diesen Gegenständen vor einem Publikum keine anspruchsvolle Aufgabe. Eine Zeitlang bestand die Gefahr, daß ihre Tischmanieren zu formvollendet würden. Um die Vorführung nicht zu eintönig werden zu lassen, mußten die Tiere in bestimmten Abständen darauf dressiert werden, sich ›daneben zu benehmen‹. Auch das schafften sie mühelos, und ihr Timing wurde so perfekt, daß sie die Tassen stets genau in dem Augenblick in die Kanne stopften und den Tee aus der Tülle tranken, in dem der Wärter ihnen den Rücken zudrehte.«[2]

In den Versuchen, Affen dazu zu bringen, unsere eigene Spezies und vor allem die kulturellen Verfeinerungen, die wir an uns so bewundern, zu parodieren, könnte man eine Form der Selbstironisierung sehen. Das wäre die optimistische Sichtweise. Man könnte diese Versuche aber auch anders auffassen: Indem wir Tieren erlauben, uns zu karikieren, erreichen wir, daß sie noch lächerlicher wirken, was uns wiederum die Möglichkeit bietet,

»Sie werden unruhig. Okay Jungs, machen wir Schmiere – die Teekanne umstoßen oder sowas.« (Karikatur einer Affenteegesellschaft im Zoo von Paul White 1962; Abdruck mit freundlicher Genehmigung von Punch Ltd.)

über jegliche Zweifel, die wir an uns selbst hegen mögen, hinwegzulachen. Daß wir uns für diese Aufgabe Menschenaffen aussuchen, ist nur folgerichtig, denn vor allem gegenüber Tieren, die uns ähnlich sind, muß die menschliche Einzigartigkeit betont werden.

Um diesen Sachverhalt ins rechte Licht zu rücken, stellen wir uns eine Elefantenfamilie vor dem Fernseher vor. Die Elefanten sehen eine Show, in der man Menschen einen Gummischlauch vor die Nase gebunden hat, die nun versuchen, mit diesem Anhängsel eine Münze vom Boden aufzuheben oder ein Bäumchen zu entwurzeln. Die armen Menschen in der Show verheddern sich ständig in ihren »Rüsseln«, stolpern darüber und demonstrieren insgesamt, wie dumm sie sich als Elefanten anstellen. Ich glaube nicht, daß wir die Show besonders lustig finden würden, jedenfalls nicht länger als ein paar Minuten, aber eine Elefantenfamilie könnte möglicherweise nie genug davon bekommen.

Das liegt daran, daß es bei alldem nicht um Humor, sondern um unser Selbstverständnis geht.

Kultur gegen Natur?

Wir verstehen uns als die einzige kultivierte Spezies, und im allgemeinen glauben wir, die Kultur habe es uns ermöglicht, uns von der Natur zu befreien. Wir sagen gern, die Kultur sei das, was den Menschen zum Menschen mache. Der Anblick von Affen mit Perücken und Sonnenbrillen, die sich benehmen, als hätten sie denselben großen Schritt getan, wirkt deshalb äußerst unpassend. Aber wie wäre das, wenn Menschenaffen diesen Schritt zu einem kultivierten Verhalten nicht nur zur Unterhaltung eines menschlichen Publikums getan hätten, sondern auch im wirklichen Leben und ohne unser Dazutun? Was, wenn sie ihre *eigene* Kultur hätten und nicht nur eine oberflächlich andressierte Version der menschlichen? Dann wären sie vielleicht nicht mehr so unterhaltsam. Ohnedies ist ja bereits die Erwägung einer solchen Möglichkeit geeignet, jahrhundertealte Überzeugungen ins Wanken zu bringen.

Daß Tiere womöglich eine Kultur haben, ist das Thema, dem ich in diesem Buch nachgehen möchte. Eine solche Erkundung lohnt sich aus mehreren Gründen, doch zwei finde ich besonders interessant. Erstens mehren sich die Belege für eine tierische Kultur – zumeist versteckt in Feldnotizen und Aufsätzen in Fachzeitschriften –, die es verdienen, einem größeren Publikum bekanntgemacht zu werden. Bevor wir jedoch auf dieses Material näher eingehen, müssen wir vorübergehend einige liebgewordene Konnotationen von »Kultur« aufgeben. Bei diesem Begriff denken wir unwillkürlich an Kunst und klassische Musik, Symbole und Sprache und an ein Erbe, das vor der Massenkonsumgesellschaft geschützt werden muß. Eine sogenannte kultivierte Person besitzt einen raffinierten Geschmack, verfügt über einen hochentwickelten Intellekt und vertritt einen bestimmten Komplex von Werten und moralischen Grundsätzen. Das ist nicht die Bedeutung, in der Wissenschaftler den Begriff »Kultur« im Hinblick auf Tiere gebrauchen. Kultur bedeutet einfach, daß Kenntnisse und Gewohnheiten von anderen – häufig, aber nicht immer, die ältere Generation – *erworben* wurden, was erklärt, warum zwei Gruppen derselben Spezies unterschiedliche Verhaltensformen zeigen können. Da Kultur das Lernen von anderen beinhaltet, müssen wir ausschließen, daß die Individuen bestimmte Merkmale aus sich heraus erworben haben, bevor wir diese als kulturelle bezeichnen.

Der zweite wichtige Grund für ein Buch über tierische Kultur liegt darin, daß es uns die Möglichkeit bietet, einen weiteren überholten westlichen Dualismus zu Grabe zu tragen: die Vorstellung, es bestehe ein Gegensatz zwischen menschlicher *Kultur* und menschlicher *Natur*. Wir im Westen verspüren offenbar einen unwiderstehlichen Drang, die Welt zweizuteilen: gut und böse, wir und die anderen, weiblich und männlich, angeboren und erworben und so fort. Dichotomien erleichtern die Organisation unseres Denkens, aber dabei gehen komplexe Sachverhalte und Bedeutungsnuancen verloren. Die wenigsten Denker können mit zwei sich widersprechenden Gedanken im Kopf leben, und doch ist häufig genau dies nötig, um zur Wahrheit vorzustoßen. So trifft es zwar zu, daß jedes Verhalten durch Lernen beeinflußt ist, doch zugleich ist es auch genetisch bedingt, was bedeutet, daß kein Verhalten, ob menschlich oder tierisch, ausschließlich dem einen oder dem anderen Einfluß unterliegt.

In den letzten Jahren schwang das Pendel von den erworbenen oder Umwelteinflüssen zurück zu den angeborenen Merkmalen. Das stürzte viele Sozialwissenschaftler in Verwirrung, die geglaubt hatten, die Streitfrage sei entschieden. Die gegenwärtige Faszination durch die Humanbiologie hat allerdings das entgegengesetzte Problem geschaffen, wenn die Menschen nämlich so von der Genetik besessen sind, daß sie die andere Hälfte der Gleichung übersehen. Die Ergebnisse von Untersuchungen an getrennt aufgewachsenen eineiigen Zwillingen gehören inzwischen zur Allgemeinbildung, und fast wöchentlich berichten die Medien über ein neuentdecktes Gen. Es gibt Anzeichen für genetische Faktoren bei Schizophrenie, Epilepsie und Alzheimer und sogar in allgemeinen Verhaltensmerkmalen wie der ständigen Suche nach dem nächsten »Kick«. Da die Sprache der Genetik (»das Gen für *x*«) unserer Kultur der Abkürzungen in die Hände spielt, müssen wir immer die Warnung hinzusetzen, daß Gene als solche wie Samenkörner sind, die auf Beton ausgebracht werden: Für sich allein sind sie überhaupt nicht in der Lage, etwas hervorzubringen. Wenn Wissenschaftler feststellen, ein Merkmal sei vererbt, sagen sie damit lediglich, daß ein Teil seiner Variabilität auf genetische Faktoren zurückgeht. Daß sich ein mindestens ebensogroßer Teil durch Umweltfaktoren erklärt, wird dabei gern vergessen.

Der Schweizer Primatenforscher Hans Kummer hat schon vor Jahren bemerkt, daß alle Versuche zu ermitteln, welcher Anteil eines Merkmals durch Gene und welcher durch Umweltfaktoren bestimmt wird, etwa so sinnlos sind wie die Frage, ob Trommelklänge, die wir aus der Entfernung hören, von einem Trommler oder von seinem Instrument stammen. Wenn wir dagegen einen *veränderten* Trommelklang wahrnehmen, können wir die berechtigte Frage stellen, ob der Unterschied auf einen anderen Trommler oder auf ein anderes Instrument zurückgeht.[3] Nur mit Fragen dieser Art befaßt sich die Wissenschaft, wenn es um die Wirkung von Genen im Vergleich zur Wirkung von Umweltfaktoren geht.

Kultur ist eine Umwelt, die wir selbst schaffen. Aus diesem Grund und ganz im Gegensatz zu der in bestimmten Kreisen herrschenden Auffassung ist es *nicht* zulässig, Kultur und Natur auf eine Stufe zu stellen. Eine ganze Generation von Kulturanthropologen hat diesen falschen Eindruck erweckt, indem sie danach gefragt hat, ob die Kultur oder die Natur dafür verantwortlich sei, daß wir uns in einer bestimmten Weise verhalten. In Wirklichkeit hat die natürliche Selektion nicht nur unsere Spezies, sondern auch unsere kulturellen Fähigkeiten hervorgebracht. Kultur ist ein Bestandteil der menschlichen Natur. Die Behauptung, »der Mensch ist von der Kultur gemacht«, die bis heute in vielen Lehrbüchern steht, ist etwa so präzise wie die Aussage, »der Fluß folgt dem Lauf seines Betts«. Das ist zwar zutreffend, doch zugleich formt der Fluß auch sein Bett: Der gegenwärtige Lauf eines Flusses ist das Produkt seiner vergangenen Wirkungen. In derselben Weise kann Kultur nicht losgelöst von der menschlichen Natur existieren, und es ist ein Zirkelschluß zu behaupten, wir seien das Produkt der Kultur, wenn die Kultur unser Produkt ist.[4]

Die Beziehung zwischen Natur und Kultur erinnert mich an die Maus, die einträchtig neben einem Elefanten über eine Holzbrücke geht. Über das dumpfe Dröhnen der Schritte hinweg piepst die Maus: »Wir machen einen ganz schönen Krach, wir beide!« Zu Beginn eines unstreitig darwinschen Millenniums gibt es noch immer Stimmen, die behaupten, das menschliche Verhalten sei größtenteils oder ausschließlich kulturell determiniert. Ich sehe in dieser ausschließlichen Perspektive den Größenwahn der Maus an der Seite des Elefanten der menschlichen Natur, die in allem, was wir tun und sind, den Ton angibt.

Das heißt nicht, daß die Kultur lediglich ein hübscher Schnörkel ist, wie manchmal behauptet wurde. Kultur ist ein äußerst wirkungsvoller Modifikator – sie beeinflußt unser ganzes Tun und Sein und durchdringt das Innerste der menschlichen Existenz –, aber sie kann nur in Verbindung mit der menschlichen Natur wirksam werden. Die Kultur nimmt die menschliche Natur und biegt sie in diese oder jene Richtung, wobei sie sorgsam darauf bedacht ist, sie nicht zu brechen. Daß wir uns schwer damit tun, die falsche Dichotomie zu durchschauen, hängt mit einer spezifischen Unschärferelation zusammen: Wir sind unfähig, unsere Kulturbrille abzunehmen, und können deshalb nur vermuten, wie die Welt ohne sie aussehen würde. Das ist auch der Grund, warum wir über eine tierische Kultur nicht diskutieren können, ohne uns ernsthaft Gedanken über unsere eigene Kultur und über die blinden Flecken, die sie hervorbringt, zu machen. Scheinbar einfache Fragen wie »Gibt es Kultur in der Natur?« und »Gibt es Natur in der Kultur?« lassen sich ohne Reflexion über unseren eigenen Ort in der Natur nicht beantworten – ein Ort, der kulturell definiert ist. Das alles ist kein Spiel mit Worten. Es klingt nur deshalb verwirrend, weil man uns beigebracht hat, Natur und Kultur als Gegensätze aufzufassen, statt als zwei Dinge, die eng miteinander verflochten sind.

Es sind diese umfassenderen Fragen, die mich bewegen, wenn ich über Themen schreibe, die an den Rändern meines Fachgebiets liegen, vom Guten im Menschen bis zur östlichen Philosophie und vom Anthropomorphismus bis zum ästhetischen Sinn.

Auch wenn es nicht das erste Mal ist, daß ich mein eigentliches Gebiet verlasse, das darin besteht, Primaten zu beobachten und sie dazu zu bringen, ihre kognitiven Geheimnisse preiszugeben, habe ich mir hier vorgenommen, kulturell bedingte Einseitigkeiten zu diskutieren – was in mir ein Gefühl auslöst, als wäre ich ein Hund, der hinter seinem eigenen Schwanz herjagt, ohne daß er ihn je zu fassen bekommt. Außerdem ist es fraglich, ob sich jede Kultur in einem kleinen Kästchen unterbringen läßt, denn auch innerhalb der Kulturen gibt es eine Fülle von Meinungsverschiedenheiten. Immer wieder habe ich den Eindruck, von zwei ganz verschiedenen Kategorien von Menschen umgeben zu sein: Den einen macht es etwas aus, wenn man sie mit Tieren vergleicht, den anderen dagegen nicht. Ich bin diesen gegensätzlichen Haltungen bei den großen Philosophen, bei meinen Lehrern und unter Freunden und Kollegen begegnet, und ich habe keine Ahnung, woran es letztlich liegt, wer am Ende in der einen oder der anderen der beiden Kategorien landet. Es muß etwas mit dem Einfühlungsvermögen gegenüber Tieren zu tun haben. Doch damit stellt sich lediglich die neue Frage, wie es kommt, daß manche Menschen sich den Tieren verbunden fühlen und andere nicht.

Eine Reise um die Welt in achtzig Tagen

Ein Teil meines Versuchs, das Problem der Unschärferelation zu beheben, bestand darin, mich auf der Welt umzusehen. Wenn ich meine kulturelle Brille nicht abnehmen kann, so kann ich doch wenigstens Menschen zuhören, die in anderen Kulturen aufgewachsen sind. So machte ich im Herbst 1998 eine Reise um die Welt in achtzig Tagen. Ich flog von Atlanta, wo ich lebe, nach Österreich, dann nach China, Japan, Finnland und über Holland, wo ich geboren bin, wieder zurück in die Vereinigten Staaten. Auf dieser Reise habe ich mich mit mehreren frühen und auf dem Gebiet der Erforschung des menschlichen und tierischen Verhaltens besonders einflußreichen Wissenschaftlern befaßt, wie dem Österreicher Konrad Lorenz, dem Japaner Kinji Imanishi und dem Schwedischfinnen Edward Westermarck. Ich hatte mit Kollegen in Japan, wo die Kulturprimatologie ihren Ausgang nahm, Gespräche über Affen, speziell über Menschenaffen. Vor allem aber habe ich versucht, die drei thematischen Fragen dieses Buches zusammenzuflechten: Wie sehen wir andere Tiere, wie sehen wir uns selbst, und worin besteht das Wesen, die »Natur« der Kultur.

Jedes dieser Themen hätte ein eigenes Buch verdient, doch die besondere Herausforderung von *Der Affe und der Sushimeister* bestand darin, mich frei zwischen diesen Fragen hin und her zu bewegen und vom Menschen zu anderen Tieren zu wechseln und gleichzeitig eine möglichst große Zahl von Breschen in die Trennmauer zwischen Natur und Kultur zu schlagen. Dabei habe ich mich nicht um Vollständigkeit bemüht, sondern Aspekte ausgewählt, die meiner Meinung nach kulturelle Vorurteile in unserem Zugang zur Natur am besten sichtbar machen können, etwa die Fragen, für wie edel oder unedel wir unsere eigene Spezies halten, ob unsere Einstellung zu Bonobos davon beeinflußt wird, wie wir ihre Sexualmoral beurteilen, und in welcher Weise die Wissenschaft des Ostens bzw. des Westens ihr Geschäft betreibt. Die Beschäftigung mit diesen Fragen soll verdeutlichen, wie selektiv wir bei der Erforschung der Natur vorgehen und wie sehr wir sie gelegentlich nach unserem eigenen Bild formen.

Meine eigenen Vorurteile werden vermutlich durchscheinen, und einige meiner Leser werden sie schneller erkennen als ich selbst. Ich stamme aus dem südlichen Teil der Niederlande. Da ich nicht direkt in der Provinz Holland geboren wurde, nenne ich mein Herkunftsland nur selten mit diesem Namen. Die grausame Macht der spanischen Inquisition, die sich im 16. Jahrhundert bis nach Flandern und in meine Heimatregion erstreckte, hielt die Reformation auf, die dem Norden den Calvinismus brachte. Der Süden blieb katholisch, und infolgedessen impfte mir meine Erziehung weniger Furcht vor Gottes Zorn ein, als es für das übrige Nordeuropa typisch war. Bei uns wird Karneval auf der Straße gefeiert, und im allgemeinen halten wir uns auch eine gewisse *joie de vivre* zugute.

Gleich allen anderen holländischen Kindern meiner Generation hatte ich auf der Schule neben dem Holländischunterricht auch Unterricht in Deutsch, Englisch und Französisch, und diese Sprachen habe ich so gut gelernt, daß ich sie auch heute noch fließend sprechen kann. Das hängt allerdings auch mit meinen Lebensumständen zusammen, denn obwohl ich mir auf der Schule immer wieder gesagt habe, daß ich diese blöden Sprachen nie wieder brauchen würde (mein Interesse galt mehr der Mathematik und den naturwissenschaftlichen Fächern), habe ich später eine Französin geheiratet, bin in die Vereinigten Staaten gezogen und habe dort angefangen, auf englisch zu unterrichten und zu schreiben. Ich kann mir kaum jemanden vorstellen, der seine frühen Sprachkenntnisse im späteren Leben besser hätte anwenden können.

Die Schönheit von Sprachen liegt darin, daß jede einzelne Sprache eine Fülle von Begriffen und Ausdrücken enthält, in denen sich eine spezifische kulturelle Einstellung niedergeschlagen hat. Natürlich versuchen wir diese Wörter in unsere eigene Sprache zu übersetzen, doch letztlich entfaltet sich ihr Reiz erst im richtigen kulturellen und sprachlichen Umfeld. Wörter wie »date« oder »cheerleader« mögen einem US-Amerikaner einfach und unproblematisch erscheinen, und doch hat nur die amerikanische Kultur diese Vorstellung von einer Formel für Die-Person-mit-der-ich-zur-Zeit-gehe, und die Aura, die das »cheerleading« umgibt, verblüfft jeden Nichtamerikaner. Desgleichen hat das Französische ein reicheres Vokabular für Speisen, ihren Geschmack und ihre Zubereitung, als die meisten Menschen außerhalb des frankophonen Sprachraums sich überhaupt vorstellen können, und die Sprache wimmelt nur so von Redensarten, die einen Bezug zum Essen haben (»Ein Kuß ohne Schnurrbart ist wie eine Suppe ohne Salz«). Jede Sprache fängt eine eigene Lebensanschauung ein, und keine Kultur läßt sich umfassend würdigen, wenn man sich nicht die Mühe macht, ihre Sprache zu erlernen.

Als Europäer in den Vereinigten Staaten, der mehrmals im Jahr den Atlantik überquert, habe ich einen Sinn für die Werte und Bedeutungsnuancen, die in das eingehen, was uns zu den kultiviertesten aller Kulturwesen macht. Ich nehme meine Rolle als Holländer wieder an, wenn ich im Kreis meiner Familie bin, fühle mich als halber Franzose, wenn ich meine Schwiegereltern im Loiretal besuche, und nach zwei Jahrzehnten im oberen Mittelwesten und Süden der USA bin ich natürlich durchaus vertraut mit den Wertvorstellungen, Lebensstilen und der kulturellen Vielfalt der USA. Auch wenn also dieses Buch stellenweise den Anschein wekken mag, die Hervorbringungen der menschlichen Kultur zu beleidigen (wenn diese etwa mit den Ästen und Zweigen verglichen werden, mit denen Schimpansen im Dschungel hantieren), möchte ich damit keineswegs die menschlichen Errungenschaften herunterspielen. Ich möchte vielmehr den Nachweis führen, daß die Kultur einfache Anfänge gehabt haben muß, von denen einige außerhalb unserer eigenen Spezies zu finden sind.

Dabei werde ich mich auf einem Terrain bewegen, von dem man meinen sollte, für einen Wissenschaftler meines Fachgebiets sei dies sicherer Boden. Es geht nämlich um die Frage einer tierischen Kultur. Dieser Boden ist jedoch tückisch wie Treibsand. Tatsächlich stößt die Vorstellung einer tierischen Kultur auf so viel Widerstand, daß sich gerade deshalb der Eindruck aufdrängt, die Zeit dafür sei reif. Behauptungen jagen Gegenbehauptungen, jeder hat eine Meinung und eine apodiktische dazu, und inmitten dieses Tumults ist eine völlig neue Disziplin entstanden: die Schreibtischprimatologie. Da kritisieren Wissenschaftler, die kaum in der Lage sind, die Vorderseite eines Schimpansen von seiner Hinterseite zu unterscheiden, Experten, die diese Spezies ein Leben lang untersucht haben; oder jemand, der noch nie einen Fuß auf diese oder jene Insel gesetzt hat, stellt die Befunde eines Teams in Frage, das dort ein halbes Jahrhundert lang gearbeitet hat. Offenbar hat die Primatologie sich durchgesetzt, wenn jeder glaubt, er könne mitreden!

Die erwähnte Insel ist übrigens Koshima im äußersten Süden Japans, wo die ersten Befunde, die für eine tierische Kultur sprechen, erhoben wurden. Ein Höhepunkt meiner Reise war ein Besuch dort, wo ich mit der alten, aber immer noch sehr wachen Frau Mito sprechen konnte, die von Anfang an dabei war. Nachdem ich schon soviel darüber gehört hatte, konnte ich zu meinem Vergnügen endlich mit eigenen Augen sehen, wie die Affen hier ihre Süßkartoffeln im salzigen Meerwasser wuschen.

Katzenklokultur

Als Einführung in das Thema »tierische Kultur« möchte ich ein alltägliches Beispiel anführen: die Art und Weise, wie kleine Kätzchen lernen, das Katzenklo zu benutzen. Eine unserer Katzen geht zum Katzenklo, um dort zu urinieren, und ihre drei Jungen folgen ihr. Da Katzen dabei wenig Scham kennen, verfolgt der Nachwuchs das Tun der Mutter aus nächster Nähe. Junge Kätzchen haben noch keinen besonders gut entwickelten Gesichtssinn, es ist für uns unklar, was sie eigentlich sehen. Eines der Jungen klettert unbeholfen in die Kiste und fängt nach kurzer Zeit an, in der Streu herumzuscharren wie seine Mutter. Und mit einemmal kauert es sich ebenfalls hin und fängt mit zurückgelegten Ohren an zu pinkeln. Niemand hat es dazu angehalten, und wir dürfen annehmen, daß Katzen keine angeborene Vorstellung von einer so modernen Erfindung wie dem Katzenklo haben. Offenbar wurde das Verhalten des Jungen durch das Verhalten der Mutter ausgelöst.[5]

Soziales Lernen ist unter Tieren sehr verbreitet und kann weit über die ursprüngliche Situation hinaus beibehalten werden. So habe ich als Student in einem Labor in Utrecht gearbeitet, wo ein Wissenschaftler sich regelmäßig mit einem Netz einige Affen aus einer größeren Affengruppe herausfing. Anfangs gaben die Affen Warnrufe von sich, sobald er sich mit seinem furchtbaren Netz sehen ließ, doch später warnten sie sich auch, wenn er ohne Netz auftauchte. Noch später, nachdem er sein Forschungsprojekt längst beendet hatte, konnte ich beobachten, daß junge Affen, die gar nicht mehr wissen konnten, worin die Bedrohlichkeit dieses Mannes ursprünglich bestanden hatte, bei seinem Anblick ebenfalls Warnrufe ausstießen, bei sonst aber niemandem. Sie müssen aus der Reaktion ihrer Eltern den Schluß gezogen haben, daß man ihm nicht trauen konnte. Vor kurzem habe ich gehört, daß die Affengruppe diese Tradition der Alarmschreie beim Erscheinen dieser einen Person jahrzehntelang beibehalten hat.

Die Weitergabe eines »Feindschemas« wurde von Dorothy Cheney und Robert Seyfarth in Kenia auch in freier Natur beobachtet. Meerkatzen haben für unterschiedliche Feinde (etwa Leoparden, Adler und Schlangen) unterschiedliche Warnrufe, müssen als Junge jedoch lernen, diese Rufe richtig zuzuordnen. Das Forscherpaar überprüfte das Wissen »seiner« Meerkatzen, indem es aus einem versteckten Lautsprecher verschiedene Alarmrufe ertönen ließ. Da unterschiedliche Räuber unterschiedliche Reaktionen erfordern, teilten die beiden Forscher die Reaktionen junger Meerkatzen in drei Typen ein: Der erste Reaktionstyp bestand darin, sich in den Schutz der Mutter zu flüchten, der zweite in einem Verhalten, mit dem das Meerkatzenjunge sich in Gefahr brachte, und der dritte war das angemessene Verhalten. So besteht beispielsweise bei der Warnung vor einer Schlange die richtige Reaktion darin, sich im Gras aufzurichten und umherzuspähen, während dasselbe Verhalten bei der Annäherung eines Leoparden für das Junge tödlich wäre; hier ist das Klettern auf den nächsten Baum die richtige Reaktion. Cheney und Seyfarth fanden heraus, daß die beiden ersten Reaktionstypen mit zunehmendem Alter verschwanden, während die richtigen Reaktionen sich nach und nach durchsetzten. Das läßt uns vermuten, daß junge Affen die richtigen Reaktionen auf unterschiedliche Warnrufe erlernen müssen. Wenn sie dies durch einfaches Herumprobieren täten, würde ihre Zahl sehr bald dezimiert, weshalb zu vermuten ist, daß sie sich am Verhalten der übrigen Gruppe orientieren. Tatsächlich zeigten Meerkatzenjunge, die zunächst die erwachsenen Tiere beobachteten, bevor sie reagierten, häufiger eine richtige Reaktion auf die Warnrufe.[6]

Diese Befunde widersprechen der landläufigen Vorstellung, Überlebenstaktiken seien quasi vorprogrammiert und stellten sich instinktiv ein. Das können zumindest die Reaktionen von Meerkatzen auf Warnrufe nicht belegen: Junge Affen, die nicht auf das Verhalten der älteren Gruppenmitglieder achten, leben nicht lange. Womit wir es also zu tun haben, ist ein absolut überlebenswichtiges Reaktionsrepertoire, das durch das Beobachten von Artgenossen übernommen wird. Es handelt sich nicht um genetisch festgelegte Reaktionsmuster, sondern um Verhaltensweisen, die in einem sozialen, kulturellen Prozeß erworben werden. Unter experimentellen Bedingungen hat Susan Mineka dieselbe Art des Lernens nachgewiesen, indem sie in Gefangenschaft geborenen Affen Schlangen zeigte, die diesen bislang völlig unbekannt waren. Die arglosen Affen begannen sich vor den Schlangen erst in dem Augenblick zu fürchten, als sie beobachteten, wie ihre in freier Wildbahn aufgewachsenen Eltern auf dieselben Schlangen mit großer Angst reagierten.[7] Diese kulturelle Konstruktion von Feindbildern beobachten wir nicht nur bei Primaten; dasselbe wurde auch bei Vögeln nachgewiesen.[8]

Der andere wichtige Bereich des kulturellen Lernens ist die Nahrung. Tiere lernen voneinander, was sie essen können und was nicht. Kräheneltern, die täglich mit ihren Nachkommen zur nächstgelegenen Mülldeponie fliegen, um dort nach Leckerbissen zu suchen, wecken in ihnen eine lebenslange Vorliebe für solche Futterplätze, während der Nachwuchs einer Krähenfamilie, die von der Nahrung in der freien Natur lebt, diese Angewohnheit seinerseits übernimmt und weitergibt. In ähnlicher Weise werden auch Abneigungen gegen eine bestimmte Nahrung tradiert. Das wurde erstmals von einem deutschen Schädlingsbekämpfer entdeckt, der Giftköder auslegte und damit eine große Zahl wilder Ratten tötete. Nach einiger Zeit begannen die noch lebenden Ratten jedoch die Köder zu meiden, und ihre Nachkommen taten es ihnen gleich. Ohne selbst unmittelbare Erfahrungen mit den Giftködern zu haben, fraßen die jungen Ratten nur noch ungefährliche Nahrung.

Der Experimentalpsychologe Bennett Galef testete dies in seinem Labor, indem er Ratten mit zweierlei Futterbrocken fütterte, die sich in Beschaffenheit, Geschmack und Geruch voneinander unterschieden. Anschließend versetzte er die Futterbrocken der einen Kategorie mit Lithiumchlorid, dessen Genuß Ratten erkranken läßt. Die Tiere begannen nun, die derart kontaminierte Nahrung zu meiden. Galef stellte sich die Frage, wie der Nachwuchs der Ratten reagieren würde, wenn er die Futterbrocken nicht mehr mit Lithiumchlorid versetzte. Dabei stellte sich heraus, daß die erwachsenen Ratten aufgrund ihrer schlechten Erfahrungen nur noch die Futterbrocken der bislang unschädlichen Kategorie anrührten und der Nachwuchs dieses Verhalten übernahm. Von 240 Jungratten, die zwischen den beiden Kategorien von Futterbrocken wählen konnten, fraß nur eine einzige von den Brocken, die von der Erwachsenengeneration aufgrund eines Lernprozesses gemieden wurden.[9]

Alle diese Beispiele – die Warnrufe der Affen, die Angst vor Schlangen und das Meiden schädlicher Nahrung – lösten unter Psychologen eine eingehende Debatte über die exakten Lernmechanismen aus, die hier im Spiel waren. Man könnte annehmen, es handle sich um reine Nachahmung, doch dieser Begriff – »Nachahmung« – wird zunehmend jenen Fällen vorbehalten, in denen die Lösung eines Problems mit einem *Verständnis* sowohl des Problems als auch der Absichten des Modells nachgeahmt wird. Dieser Wortgebrauch hat »Nachahmung« zu einer kleinen, aber feinen Teilmenge des sozialen Lernens gemacht, die sich möglicherweise nicht auf Katzen und Ratten, vielleicht nicht einmal auf Affen anwenden läßt.

Sobald individuelles Lernen ins Spiel kommt – das heißt, wenn ein Verhalten zum Teil durch Probehandeln erworben wird –, liegt die Vermutung nahe, daß wir es mit einem Vorgang zu tun haben, der einfacher ist als Nachahmung. Ein gutes Beispiel hierfür sind die jungen Kätzchen und das Katzenklo: Es ist sehr gut möglich, daß sie von ihrer Mutter lediglich lernen, *wo* sie ihr Geschäft verrichten sollen. Wenn man sie erst einmal zur richtigen Stelle gebracht hat, kann alles übrige als katzenspezifische Reaktion auf den Geruch von Urin und das Gefühl der nachgiebigen Katzenstreu unter den Pfoten konstruiert werden. Auch wenn sich demnach die kleinen Kätzchen genauso verhalten wie ihre Mutter, heißt das noch lange nicht, daß sie ihrem Beispiel folgen, und noch weniger, daß sie den Zweck des Katzenklos verstehen.

24

Wenn man von diesem Verhalten allerdings einfach behauptet, es habe nichts mit Nachahmung zu tun, wird man den Tieren nicht ganz gerecht, da wir an das Verhalten von Menschen nicht dieselben Maßstäbe anlegen. Wenn ich ein Fußballspiel sehe und mir daraufhin angewöhne, gegen einen Ball zu treten, dann bedeutet das nicht, daß es bereits genügt, beobachtete Bewegungen nachzuahmen, um Fußballspieler zu werden. Man braucht jahrelange Übung, um den Ball kontrolliert zu führen und ihn dorthin zu kicken, wo man ihn hinhaben will. Wenn man vom bloßen Zuschauen ein Fußballstar werden könnte, wäre die Welt voll von Maradonas. Jede Nachahmung ist die Verbindung einer allgemeinen Vorstellung, die von anderen übernommen wurde, und der individuellen Praxis, mit der die betreffende Technik verbessert wird. Wenn wir diese simple Wahrheit für die menschliche Nachahmung gelten lassen, warum dann nicht bei Tieren? Zweifellos haben sie häufig nur ein vages Verständnis von dem, was andere tun – wenn sie es überhaupt verstehen –, doch was immer sie an Informationen aus dem Beobachteten gewinnen, wird Baustein einer von ihnen selbst entwickelten Lösung. Nicht viel anders geht es zu, wenn wir das Verhalten anderer nachahmen.

Die einfachste Form des sozialen Lernens ist als *local enhancement* (»lokale Verstärkung«) bekannt, wobei ein Individuum sich zu einer Stelle hingezogen fühlt, an der ein anderes einer interessanten Tätigkeit wie etwa der Nahrungssuche nachgeht. Die Neugier bewegt dann das erste Individuum dazu, dieselbe Situation näher zu erkunden und selbst die Lösung des Problems zu lernen. Das Modell gibt somit eher Hinweise auf das *Wo* als das *Wie* der Antwort. Unsere Kätzchen auf dem Weg zum Katzenklo sind hierfür ein Beispiel.

Eine weitere verbreitete Möglichkeit ist in der Anthropologie als »Reizdiffusion« und in der Psychologie als »Emulation« bekannt. Hier wird eine allgemeine Idee, ein allgemeines Ergebnis oder ein Konzept von anderen übernommen, deren Details jedoch selbständig entwickelt werden. Ein modernes Beispiel ist die Art und Weise, wie Microsoft von Macintosh das Windows-Konzept »entlehnt« hat. Ein Rechner mit dem DOS-Betriebssystem erzeugt

inzwischen zwar mehr oder weniger dieselbe anklickbare Oberfläche auf dem Bildschirm wie ein Macintosh-Computer, nur ist
sein Programm völlig anders aufgebaut. Microsoft behauptet demnach mit Recht, sein Windows-Programm sei keine Apple-Nach-
ahmung, sondern lediglich eine Emulation. In vergleichbarer Weise
kann ein Vogel von einem anderen lernen, daß Krabben sich öffnen lassen und daß ihr Inneres eßbar ist, aber er muß trotzdem
selbst herausfinden, wie er an diese weicheren Teile herankommt.

Wie immer der Prozeß im einzelnen verläuft: Wenn wir von Kultur sprechen, stellt sich zuvor die kritische Frage, ob ein Tier jemals
ohne den Vorteil eines sozialen Umfelds auf eine bestimmte Lösung
verfallen wäre oder eine bestimmte Gewohnheit entwickelt hätte.
Hätten unsere Kätzchen von sich aus gelernt, das Katzenklo in der
richtigen Weise zu benutzen? Wahrscheinlich nicht. Hätten die in
Gefangenschaft geborenen Affen von sich aus gelernt, sich vor
Schlangen zu fürchten? Ja, aber erst wenn sie gebissen worden
wären, was ein viel steinigerer Weg ist, mit Schlangen Bekannt-
schaft zu machen, als die Beobachtung anderer Mitglieder der
Gruppe. Das soziale Lernen bietet enorme Vorteile. Wir können
uns lange und heftig darüber streiten, wie wir diesen Prozeß bezeichnen sollen oder wie komplex er ist. Aber letztlich kommt es
nur darauf an, daß ein Individuum unter dem Einfluß eines anderen eine bestimmte Gewohnheit annimmt.

Der Sushimeister

Von anderen zu lernen ist die zweite Natur des Menschen: Wir
tun es bereitwilliger und genauer als jedes andere Lebewesen.
Wenn man einen jungen Schimpansen mit einem kleinen Kind zusammen großzieht, wird sich deshalb in der Regel eher das Kind
am Verhalten des Schimpansen orientieren als umgekehrt. Das
mußten in den dreißiger Jahren Winthrop und Luella Kellogg erfahren, die sich gezwungen sahen, eine Art Koedukationsexperi-
ment im eigenen Haus abzubrechen, als ihr Sohn Donald begann,

ähnlich kehlige Hungerlaute wie die Schimpansin Gua auszu-
stoßen, mit der zusammen er aufwuchs. Als Donald eine Orange
in die Hand nahm, zu seinen Eltern lief und dabei »uhuh, uhuh«
kreischte, gelangten die Eltern zu der Einsicht, mit dem Nachäf-
fen des Affen sei es jetzt genug:

»Die Situation, in der die beiden als Spielkameraden und Gefährten zusammenlebten, hatte viel Ähnlichkeit mit der in einer
Zweikinderfamilie, in der Gua aufgrund ihres höheren Alters
und ihrer größeren Beweglichkeit die Rolle des älteren Geschwi-
sters spielte. Dank der auf diese Weise zusätzlich gegebenen
Anreize lernt das jüngere Kind unter solchen Bedingungen gewöhnlich schneller, als es sonst der Fall wäre. Tatsächlich war es
Gua, die fast immer die aggressive Rolle oder die Führung übernahm, wenn es darum ging, neue Spielzeuge und neue Spiel-
methoden zu entdecken, während das Kind eher bereit war, die
Rolle des Nachahmers und des Mitmachers zu spielen.«[10]

Auch Gua war eine gute Nachahmerin. Die Kelloggs schildern,
wie sie sich als Schreibkraft versuchte, nachdem sie ihre Zieh-
eltern monatelang an der Schreibmaschine beobachtet hatte. Eines
Tages kletterte die noch ziemlich junge Gua auf den Schreib-
tischstuhl, setzte sich vor der Maschine in Positur und begann
ihre Hände gleichzeitig über der Tastatur hin und her zu bewegen
und mit den Fingern die Tasten niederzudrücken. Wir werden nie
erfahren, welche literarischen Höhen die Schimpansin erklom-
men hätte, wenn das Experiment nicht vorzeitig abgebrochen
worden wäre.

Es gibt inzwischen zahlreiche Untersuchungen über die mime-
tischen Fähigkeiten von Menschenaffen, so etwa die Studie von
Deborah Custance am Yerkes Primate Center in Atlanta. Vor zwei
jungen Schimpansen, Scott und Katrina, machte die Forscherin
einfache Gebärden, indem sie etwa einen Fuß anhob, auf den Boden stampfte oder sich mit der Hand übers Gesicht fuhr, und belohnte die Affen, wenn diese die Gesten nachahmten. Anschließend zeigte Custance einige Körperbewegungen, die bislang nicht

belohnt worden waren, indem sie beispielsweise die Backen aufblies, in die Hände klatschte, herumhüpfte und sich selbst umarmte. Die Reaktionen von Scott und Katrina wurden auf Video aufgenommen und von Beobachtern evaluiert, die nicht darüber informiert waren, welche Gebärden die Versuchsleiterin gemacht hatte. Auf diese Weise sollte eine unabhängige Einschätzung der Nachahmung erfolgen. Die beiden Affen machten ihre Sache gut und hatten offenbar keine Schwierigkeiten, willkürliche Körperbewegungen nachzuahmen.[11] Für uns ist es vielleicht nichts Besonderes mehr – schließlich sind wir selbst hervorragende Nachahmer –, doch die Umsetzung einer beobachteten in eine ausgeführte Handlung ist durchaus eine Leistung. Die Neigung, sich wie ein Kopiergerät zu verhalten, unterscheidet die Menschenaffen von den meisten übrigen Tieren und macht sie eindeutig zu potentiellen Trägern einer kulturellen Evolution.

Masako Myowa-Yamakoshi und Tetsuro Matsuzawa am Institut für Primatenforschung der Universität Kyoto haben eine komplexere Untersuchung über Nachahmungsverhalten durchgeführt, bei der unter anderem die unterschiedlichsten Gegenstände bewegt wurden. Matsuzawa leitet eine Einrichtung, in der Schimpansen normalerweise im Freien und in einer sozialen Gruppe leben, aber gelegentlich zu freiwilligen Versuchen ins Labor gerufen werden können. Bei der erwähnten Untersuchung saß der Versuchsleiter einem Affen gegenüber und demonstrierte eine einfache Bewegung. Alle an dem Experiment beteiligten Affen waren voll ausgewachsen und somit vermutlich weniger als Jungaffen geneigt, ein Nachahmungsverhalten zu zeigen. Eine Handlung, die sie nur einmal zu sehen bekamen, wurde von ihnen nur selten nachgeahmt. Sie taten es außerdem nur, wenn dabei zwei Gegenstände miteinander in Verbindung gebracht wurden (wenn es etwa darum ging, einen Ball in eine Schüssel zu legen), aber nicht, wenn es nur ein Gegenstand war, den der Versuchsleiter mit dem Körper verknüpfte (indem er sich beispielsweise eine umgekehrte Schüssel über den Kopf stülpte). Interessanterweise ist das Verknüpfen von verschiedenen Objekten typisch für den Gebrauch von Werkzeugen in der freien Natur, wenn Schimpansen etwa einen Stock nehmen, um damit in einem Termitenhügel herumzustochern, oder wenn sie gekaute Blätter als Schwamm benutzen, um damit Wasser aus einer Pfütze aufzunehmen. Ist das Gehirn des Menschenaffen möglicherweise so beschaffen, daß ihn technische Lösungen mehr interessieren, weil er sie besser replizieren kann?[12]

Unter normalen Umständen beobachten Menschenaffen das Verhalten der Mitglieder ihrer Gruppe unzählige Male und haben somit immer wieder Gelegenheit, mit ihnen vertraut zu werden. Sie beobachten andere aus nächster Nähe und verfolgen jede Bewegung bis ins kleinste. Wie Matsuzawa vermutet, entsprechen sie damit möglicherweise dem, was den Lehrling eines Sushimeisters ausmacht. Der Lehrling schuftet im Schatten von Meistern einer Kunst, die am Reis die richtige Klebrigkeit erfordert, außerdem feingeschnittene Zutaten und die einfachen, ins Auge fallenden Arrangements, für die die japanische Küche bekannt ist. Wer einmal versucht hat, Reis zu kochen, mit Essig zu versetzen und mit einem Fächer abzukühlen, so daß es nach kurzer Zeit möglich war, mit den Händen frische Reisbällchen zu formen, der weiß, was für eine unglaubliche Geschicklichkeit schon allein dazu gehört, und doch ist dies nur ein Teil der Sushimeisterschaft. Man hat mir sogar gesagt, der Grund, warum man niemals weibliche Sushimeister zu sehen bekomme, liege darin, daß Frauenhände für die Aufgabe zu warm seien – eine Erklärung, die man nicht für bare Münze nehmen sollte, wenn man bedenkt, daß sich kein Japaner je über das Sushi beklagt, das zu Hause von seiner Frau zubereitet wird. Männer neigen dazu, mit hohem Status verbundene berufliche Tätigkeiten für sich zu reklamieren; der Ausschluß von Frauen aus der Domäne des Sushi bestätigt dessen zentralen Ort in der japanischen Kultur.

Doch zurück zum Lehrling des Sushimeisters: Seine Ausbildung erscheint als eine Sache der passiven Beobachtung. Der junge Mann spült die Teller, wischt den Küchenfußboden, verbeugt sich vor den Kunden, besorgt die Zutaten und verfolgt inzwischen aus den Augenwinkeln – und ohne jemals eine Frage zu stellen – alles, was die Sushimeister tun. Nicht weniger als drei Jahre lang sieht er ihnen zu, ohne die Erlaubnis zu erhalten, für die Besucher des Restaurants Sushi zuzubereiten – ein extremer Fall von Lernen durch reine Beobachtung ohne praktisches Üben. Er wartet auf den Tag, an dem man ihn auffordern wird, sein erstes Sushi zuzubereiten, was er mit bemerkenswerter Geschicklichkeit tun wird.

Dies ist das Gegenteil der Nachahmung, wie ich sie zuvor beschrieben habe, bei der eine von anderen übernommene Vorstellung durch ein Gutteil individueller Praxis ergänzt wird. Doch wer weiß, was die Lehrlinge in ihrer freien Zeit tun? Es ist beispielsweise durchaus möglich, daß die älteren Meister – die wie alle älteren männlichen Primaten mit jüngeren Männchen geduldiger umgehen – den Lehrling nach Feierabend beiseite nehmen, ihm ein paar Tricks zeigen und ihm erlauben, selbst ein paar Sachen auszuprobieren. Wie immer es sich mit der Ausbildung des zukünftigen Sushimeisters verhalten mag, Matsuzawa geht es darum, daß durch die Beobachtung geschickter Vorbilder Handlungsabfolgen im Gehirn gespeichert werden, die sich – manchmal erst sehr viel später – in dem Moment als nützlich erweisen, wenn dieselbe Aufgabe vom Beobachter selbst ausgeführt werden muß.

Es braucht ein Dorf, um ein Kind großzuziehen

Das Beobachten anderer Angehöriger ihrer Spezies gehört zu den Lieblingsbeschäftigungen junger Primaten. Beständig halten sie sich in der Nähe der älteren Artgenossen auf und verfolgen aufmerksam jede ihrer Bewegungen. Während Psychologen darüber debattieren, in welcher Weise junge Tiere diese Informationen verarbeiten und ob man von Nachahmung sprechen kann, wenn sie das Verhalten älterer Tiere kopieren, haben Feldforscher zur Beantwortung der Frage nach dem kulturellen Leben der Tiere einen völlig anderen Weg eingeschlagen. Ähnlich wie Ethnologen, die dokumentieren, in welcher Weise sich eine menschliche Population von einer anderen unterscheidet, vergleichen sie unterschiedliche Örtlichkeiten und stellen die unterschiedlichen

Verhaltenseigentümlichkeiten von Schimpansen fest. Diese ethnographische Methode wird auch auf andere Tiere angewandt, besonders erfolgreich auf Delphine und Wale. Die rasch wachsende Fachliteratur vermittelt den Eindruck, daß wir bislang nur die Oberfläche erkundet haben: Die kulturelle Vielfalt im Reich der Tiere ist vermutlich bei weitem größer, als wir bislang angenommen haben.

Während diese Feststellungen von niemandem bestritten werden, gehen die Meinungen darüber auseinander, ob der Begriff der »Kultur« die Unterschiede zwischen Gruppen am besten beschreibt. Dies hängt offensichtlich davon ab, wie man diesen Begriff definiert. Man sollte glauben, daß Wissenschaftler leidenschaftslos zu einer vernünftigen Kennzeichnung eines Phänomens gelangen können und sich danach nur noch darauf einigen müssen, was unter diese Definition fällt und was nicht. Doch Definitionen sind nur selten neutral; in ihnen kommen ganze Weltanschauungen zum Ausdruck. Die eigentliche Debatte hinter den anhaltenden Kulturkriegen geht um nichts Geringeres als um den Ort der Menschheit im Kosmos. Definitionen von Kultur sind in dieser umfassenderen Kontroverse zum politischen Spielball geworden.

Kultur läßt sich ohne weiteres so definieren, daß alle anderen Spezies davon ausgeschlossen sind. Selbst Werkzeuge können so definiert werden, daß man sie nur bei unserer Spezies vorfinden wird – indem man beispielsweise fordert, daß sie sich in einen symbolischen Kontext einordnen lassen. Solche exklusiven Definitionen zielen meist auf die höchsten menschlichen Errungenschaften, die aus einem bestimmten Prozeß entstehen, und lassen diese absolut essentiell erscheinen. Das ist insofern ein legitimer Denkansatz, als die Wissenschaftler auf diese Weise problemlos von einzigartig menschlichen Fähigkeiten sprechen können, was Kultur, den Gebrauch von Werkzeugen, Sprache, Moral und Politik angeht.

Meine eigene Sicht der Dinge und die vieler anderer Primatenforscher steht dem allerdings diametral entgegen. Wir neigen dazu, über die kurze Entwicklungsgeschichte der menschlichen

Spezies hinauszublicken und eine wesentlich längere Vergangenheit und eine wesentlich größere Gruppe von Tieren ins Auge zu fassen. All die erstaunlichen Dinge, die Menschen mit Werkzeugen und ihrer Kultur zustande bringen, verdienen zweifellos unsere Aufmerksamkeit, aber sie bleiben bei unserer Annäherung an eine Definition zunächst besser unberücksichtigt, damit wir das Raster möglichst weit fassen können. Dieser Ansatz ist in der Biologie gang und gäbe. Biologen haben beispielsweise keine Probleme festzustellen, daß sowohl Hühner als auch Menschen auf zwei Beinen gehen, auch wenn offensichtlich ist, daß sie dies auf völlig verschiedene Weise tun. (Man braucht nur einmal darauf zu achten, in welche Richtung ihre »Knie« zeigen!) Biologen definieren Prozesse – Nahrungsaufnahme, Fortbewegung, Fortpflanzung – so allgemein wie möglich, da die Evolution eine Fülle von Mitteln und Wegen zu ihrer Realisierung hervorgebracht hat.

Allgemeinere Definitionen haben zudem den Vorteil, daß sie uns erlauben, das gesamte Spektrum eines Phänomens zu erfassen. Man könnte beispielsweise Sprache so eng definieren, daß das Gebrabbel eines Kleinkinds nicht darunter fällt – aber bedeutet dies wirklich, daß kindliches Brabbeln nichts mit Sprache zu tun hat? Die Befürworter enger Definitionen ignorieren Grenzphänomene und Vorläufer, und häufig halten sie die Spitze des Eisbergs fälschlich für das Ganze. Wenn also manche sagen, ohne Lehre und Unterweisung sei es sinnlos, von Kultur zu sprechen, dann schließen sie von vornherein eine Vielzahl menschlicher Kulturmerkmale aus. Viele Gewohnheiten werden ohne jede Unterweisung übernommen: Sie erfordern lediglich den täglichen Kontakt mit einem bestimmten kulturellen Kontext. Die Herzlichkeit oder Spontaneität, mit der wir unseren Mitbürgern begegnen, die Art und Weise, wie unsere Geschmacksknospen auf Gewürze reagieren, das Bedürfnis nach Übereinstimmung statt Konfrontation, die Sprachmelodie und die Lautstärke unserer Stimmen – all das hat sich so tief in uns eingewurzelt, daß wir von unserer »zweiten Natur« sprechen. Dennoch sind dies alles zutiefst kulturelle Phänomene, trotz der Tatsache, daß dabei keinerlei aktive Unterweisung im Spiel war.

Für Biologen ist die Art und Weise, wie Gewohnheiten übermittelt werden, von untergeordneter Bedeutung. Uns interessiert allein die Frage, ob der Prozeß für die natürliche Selektion »sichtbar« ist. Anders gesagt: Trägt das Lernen von anderen zum Überleben bei? Wie in den Beispielen der Warnrufe, der Meidung von Nahrungsmitteln und der Angst vor Schlangen verdeutlicht wurde, haben wir allen Grund zu der Annahme, daß von anderen gewonnene Informationen in der Tat eine wichtige Rolle im Kampf ums Dasein spielen. Rehabilitationsprogramme, bei denen in Gefangenschaft aufgezogene Affen ausgewildert wurden, haben uns gelehrt, wie wichtig es für diese Tiere ist zu wissen, was sie fressen, wohin sie gehen und was sie meiden sollen. Wenn sie ohne ausgewachsene Modelle ihrer Spezies aufgewachsen sind, können sich junge Affen im Wald häufig kaum behaupten und müssen verhungern. In diesem Sinne sind Affen ebenso kulturabhängig wie wir.

Dasselbe gilt beispielsweise für die Kultur der Geier. Als die letzten wilden Kalifornischen Kondore in den achtziger Jahren eingefangen wurden, um in verschiedenen Zoos ein künstliches Brutprogramm durchzuführen, wurde beschlossen, der ersten Generation von Jungvögeln die Nahrung durch Handpuppen in der Farbe und Gestalt ausgewachsener Artgenossen zu verabreichen. Man glaubte, das genüge, um sie zu richtigen Kondoren heranzuziehen. Doch trotz der Puppenvorführung lernten die jungen Kondore, Nahrung nicht mit ihren Artgenossen, sondern mit Menschen zu verknüpfen. Nachdem man sie ausgewildert hatte, hielten sie sich in der Nähe menschlicher Ansiedlungen auf und waren unfähig, von sich aus auf Nahrungssuche zu gehen. Die normalerweise menschenscheuen, ausgezeichneten Nahrungssucher waren zu einer Art Haushühner geworden, die auf Dachfirsten hockten. Offenbar ist der von Hand aufgezogene Geier kulturell ebenso benachteiligt wie der in Gefangenschaft aufgewachsene Affe.

Die landläufige Vorstellung von der Menschheit als der einzigen Lebensform, die den Schritt aus dem Reich der Natur in das Reich der Kultur getan hat – als hätten wir eines Tages die Tür zu einem völlig neuen Leben geöffnet –, bedarf dringend einer Korrektur. Der Übergang zur Kultur ist ohne Zweifel allmählich, in zahlreichen kleinen Schritten erfolgt und war weder vollständig (wir haben zu keiner Zeit unsere Natur abgeschüttelt), noch war er, zumindest in den Anfängen, wesentlich verschieden von den Verhaltenstraditionen, die wir bei anderen Tieren beobachten. Die Vorstellung, wir seien die einzige Spezies, deren Überleben von einer Kultur abhängt, ist falsch, und die ganze mühsame Gegenüberstellung von Natur und Kultur beruht auf einem tiefgreifenden Mißverständnis.

In seinem 1998 unter dem Titel *Consilience* erschienenen Buch (deutsch: *Die Einheit des Wissens*) hat Edward Wilson, der Begründer der Soziobiologie, den Sozialwissenschaften die Einbeziehung der Darwinschen Evolutionstheorie empfohlen. Manch einer dürfte diese Geste als Übergriff empfunden haben, doch es läßt sich nicht leugnen, daß eine stärkere Integration innerhalb der Verhaltenswissenschaften bitter notwendig ist. Wilson erörterte ausführlich die Scheidung zwischen Natur und Kultur, die auch Gegenstand dieses Buches ist, doch für seinen Versuch eines interdisziplinären Brückenschlags wählte er einen anderen Ausgangspunkt. Statt nun mit Wilson die Sozial- und Geisteswissenschaftler aufzufordern, der Biologie mehr Gewicht in ihrem eigenen Fachgebiet einzuräumen, möchte ich sie vielmehr ermutigen, die jeweilige Disziplin ihrer Wahl – die jedoch häufig in deutlicher Abgrenzung zur Biologie definiert ist – neu zu überdenken und zu prüfen, in welchem Umfang sie Geltung beanspruchen kann. Diese Fächer könnten ihre Ideen an Tierverhaltensforscher weitergeben, die mit ihnen darin übereinstimmen werden, daß die soziale Umwelt die Entwicklung lenkt und daß jedes Individuum körperlich und geistig Teil eines größeren Ganzen ist: der Gruppe, Schar, Kolonie, Herde oder Gemeinschaft. Man muß nur einmal das afrikanische Sprichwort »Es braucht ein Dorf, um ein Kind großzuziehen« auch auf Paviane, Elefanten oder Delphine beziehen, und schon gewinnt man einen völlig neuen Blick auf das Sozialleben von Tieren; eine Perspektive nämlich, die der Betrachtungsweise der Sozialwissenschaften sehr nahe ist und Wege des

Denkens einbeziehen könnte, die bislang einzig unserer eigenen Spezies galten.

Auf der anderen Seite steht ganz außer Zweifel, daß wir aufgrund unserer Sprache, unserer Symbole, Ideen, Bedeutungszuweisungen, Werte, Lehren und unserer Art der Nachahmung die Kultur einen beispiellosen Schritt weitergetrieben haben als andere Tiere. In diesem Sinn ist die menschliche Kulturfähigkeit in der Tat einzigartig und durchdringt unser ganzes Leben in einer Weise, daß es kein Wunder ist, wenn wir über ihre Macht immer wieder staunen. Nicht nur, daß wir Kulturen erschaffen; einmal ins Leben gerufen, verleihen sie unserem Tun auch eine Bedeutung, wirken darauf zurück und verändern dadurch das Innerste unseres Daseins. Wir sind in einem Maße Produzenten und zugleich Produkte von Kultur, wie es bei keinem anderen Tier der Fall ist.

Vielleicht liegt das an unserer Fähigkeit, neue Erfindungen auf älteren aufzubauen. Michael Tomasello, der diesen Punkt besonders hervorgehoben hat, bezeichnet die Anhäufung von Verbesserungen im Lauf der Geschichte als »Sperrklinkeneffekt« und sieht darin eine allein dem Menschen vorbehaltene Fähigkeit.[13] Ich habe einige Bedenken, weil es offenbar keinen triftigen Grund gibt, warum Tiere besondere Probleme haben sollten, Wissen zu akkumulieren. Es erscheint mir unwahrscheinlich, daß komplexe Abfolgen von koordinierten Handlungen wie etwa das Nüsseknacken bei Schimpansen oder das Strandungsjagen bei Schwertwalen* innerhalb kurzer Zeit erfunden wurden. Das Verhalten, das wir an diesen Tieren heute beobachten, ist höchstwahrscheinlich der Endpunkt einer langen und kontinuierlichen Perfektionierung bestimmter Fertigkeiten.[14] Andererseits steht außer Frage, daß Tiere selbst dann, wenn sie gelegentlich früher erworbene Fertigkeiten weiterentwickeln, dies in einem geringeren Umfang als wir tun. Jeder derartige Unterschied würde im Lauf einiger Generationen enorm vergrößert. Möglicherweise ist demnach der Sperrklinkeneffekt die Hefe im Teig der menschlichen Kulturen.

---

* Zur Methode des Strandungsjagens siehe unten, S. 248.

Doch bei aller kulturellen Überlegenheit, was kann es schaden, wenn wir die nichtmenschlichen Parallelen zu den kulturellen Fähigkeiten des Menschen erforschen? Warum uns mit einer Schwarzweißmalerei zufriedengeben, bei der wir uns selbst alle, den Tieren dagegen keinerlei Errungenschaften zugestehen? Nehmen wir einmal an, wir würden »essen« durch den Gebrauch von Messer und Gabel definieren. Eine solche Definition würde es uns erlauben, essen – als eine rein menschliche Tätigkeit (oder gar eine des westlichen Menschen) – ganz für uns zu reklamieren, nur würden wir bei dieser Unterscheidung die Werkzeuge der Nahrungsaufnahme mit ihrem eigentlichen Sinn und Zweck verwechseln. Der Sinn des Essens besteht darin, dem Magen Nahrung zuzuführen, und in dieser Hinsicht sind wir offensichtlich überhaupt nichts Besonderes. Die relevante Frage im Hinblick auf die Kultur ist deshalb: Was macht sie eigentlich aus? Was ist der kleinste gemeinsame Nenner aller Dinge, die wir als Kultur bezeichnen? Meiner Meinung nach kann dies nur die nichtgenetische Verbreitung von Gewohnheiten und Informationen sein. Der Rest ist lediglich schmückendes Beiwerk. Alle diejenigen, die Sprache, Bildung, Werte und andere typisch menschliche Aspekte der Kultur zu deren Hauptkriterien erhoben haben, verwechseln die Messer und Gabeln des Prozesses mit seinem Wesen. Auf diese Weise ist es ihnen gelungen, andere Tiere auszuschließen – allerdings um den Preis eines umfassenderen Bildes, das es ermöglichen könnte, einen Blick auf unsere eigenen kulturellen Ursprünge zu werfen.

Meine eigene Definition von Kultur bringt diesen weiteren Blickwinkel zum Ausdruck:

Kultur ist eine Lebensweise, die von den Mitgliedern einer bestimmten Gruppe geteilt wird, aber nicht zwangsläufig auch mit den Mitgliedern anderer Gruppen derselben Spezies. Sie umfaßt Kenntnisse, Gewohnheiten und Fertigkeiten einschließlich zugrundeliegender Tendenzen und Präferenzen, die aus der ständigen Begegnung mit anderen und dem Lernen von ihnen abgeleitet sind. Überall dort, wo systematische Unterschiede im Hinblick auf Kenntnisse, Gewohnheiten und Fertigkeiten zwischen Gruppen nicht durch genetische oder ökologische Faktoren erklärt werden können, sind sie vermutlich kulturell bedingt. Die Frage, *wie* Individuen voneinander lernen, ist zweitrangig; es kommt lediglich darauf an, *daß* sie es tun. Somit fallen Kenntnisse, Gewohnheiten und Fertigkeiten, die von Individuen aus eigenem Antrieb erworben werden, nicht unter diesen Begriff der »Kultur«.

Wenn uns die Geschichte etwas gelehrt hat, dann dies: Wir sollten uns davor hüten, vorschnell Unterschiede zu behaupten. Es ist noch gar nicht lange her, da hieß es, die »Wilden« seien unfähig, sich als Gesellschaften zu organisieren, und der Begriff der Gesellschaft könne nicht auf Menschen angewandt werden, deren Kennzeichen zügellose Promiskuität, Verbrechen und lächerlich einfache Sprachen seien. Inzwischen sehen wir natürlich, daß alle Menschen, auch solche in nicht schriftkundigen Gesellschaften, komplexe Wertesysteme und Moralgebote kennen und Sprachen sprechen, die in jeder Hinsicht so reich sind wie die Sprache, in der dieses Buch geschrieben ist.

Es gibt eine Parallelgeschichte der falschen Vorstellungen über unsere Primatenverwandten, die in das westliche Denken als Verkörperungen des Teufels eintraten – auf die Erde gekommen, um die Krone der Schöpfung zu verspotten. Diese Tiere wurden immer wieder unterschätzt, und die falschen Vorstellungen, die man sich von ihnen gemacht hat, wurden nur widerstrebend und nach und nach aufgegeben. Wer darauf hinweist, daß manche ihrer Fähigkeiten denen des Menschen sehr nahekommen, muß sich auf wütende Reaktionen gefaßt machen. So wurden beispielsweise Behauptungen über die Sprachfähigkeiten der Menschenaffen als so bedrohlich empfunden, daß es 1980 auf einer internationalen Konferenz zu dem erfolglosen Versuch kam, alle Forschungen über das Sprachvermögen der Tiere zu *verbieten*, ähnlich wie bereits 1866 die Linguistische Gesellschaft von Paris die Erforschung der Ursprünge der Sprache verboten hatte.[15] Ich behaupte nicht, daß Menschenaffen sprachfähig sind, aber aus solchen

Zensurversuchen spricht deutlich die Unsicherheit darüber, ob der Mensch wirklich so einzigartig unter den Tieren ist.

Es ist nicht überraschend, daß man sich Kulturen von Tieren zuerst im Osten vorstellte, wo die menschliche Selbstdefinition weder Freudsche Triebunterdrückung noch die Leugnung unserer Verbindung mit der Natur voraussetzt. Da sich der Kulturbegriff sehr weitgehend mit der Vorstellung verbindet, wir hätten uns von anderen Tieren entfernt, muß dieses Buch der Frage nachgehen, wie tierähnlich wir Menschen oder wie menschenähnlich Tiere sind. Es muß sich außerdem so klassischen Auseinandersetzungen zuwenden – die bis heute nichts von ihrer Relevanz verloren haben – wie der zwischen Behavioristen und Ethologen, die dem angeborenen bzw. dem erlernten Verhalten den Vorzug gaben. Immer wieder werde ich versuchen, bestehende Dualismen zu erschüttern, und mich um ein vollständigeres Bild bemühen.

Spätestens hier ist nicht mehr zu übersehen, daß uns die Kontrolle über die Affenteegesellschaft entglitten ist. Statt uns nachzuahmen und die Teekanne auf unser ausdrückliches Geheiß umzustoßen, haben uns die Affen die Schau gestohlen; sie legen Gewohnheiten an den Tag, die sie von sich aus entwickelt haben, und zeigen Tricks, die sie nicht uns abgeschaut haben. Als Ergebnis halten sie uns einen völlig anderen Spiegel vor, in dem Affen nicht als Karikaturen des Menschen erscheinen, sondern als ernst zu nehmende Mitglieder unserer Großfamilie mit ihrer eigenen Begabung und Würde.

Seit Carl von Linné uns 1758 mutig derselben Klasse wie die Affen zuordnete, ist die Botschaft zu uns durchgedrungen, daß wir nicht allein sind. Biologisch gesehen waren wir das nie. Die Zeit ist reif, um dasselbe auch in kultureller Hinsicht zu formulieren.

1. Teil
Kulturelle Brillen
Wie wir andere Tiere sehen

Der in der westlichen Welt herrschende historische Mangel an Vertrautheit mit Affen hat nur zur Verstärkung ihrer Überzeugung von der menschlichen Einzigartigkeit beigetragen. Seit Descartes hat es nicht an Warnungen vor den Gefahren des Anthropomorphismus gefehlt. Der Vorwurf lautet, daß wir dazu neigen, Gedanken und Gefühle auf Tiere zu projizieren, und sie damit menschenähnlicher machen, als sie es in Wirklichkeit sind.

Doch die Vermeidung von Anthropomorphismen ist weder einfach noch ohne Tücken. Indem wir unsere Sprache ändern, sobald wir Tiere beschreiben, verschleiern wir möglicherweise genuine Ähnlichkeiten. Als Pioniere der naturwissenschaftlichen Erforschung tierischer Verhaltensformen in den sechziger Jahren zuerst auf Zusammenhänge mit dem menschlichen Verhalten hinwiesen, löste diese Botschaft einen Schock aus. Seitdem wurde sie von den neu entstehenden Wissenschaften – von der Primatologie bis zur Soziobiologie – erweitert und verbreitet.

Selbst eine für den Menschen so typische Tätigkeit wie die Kunst blieb von solchen Behauptungen nicht ausgeschlossen. Angesichts der Tatsache, daß unser ästhetisches Empfinden sein Gepräge durch die Umwelt, in der wir uns entwickelt haben, erhielt, liegt die Vermutung nahe, daß Vorlieben für bestimmte Formen, Kontraste und Farben nicht auf unsere Spezies beschränkt sind. Somit sollten wir nicht überrascht sein, wenn ein so großer Komponist wie Mozart einen so kleinen Komponisten wie seinen Star bewunderte.

1.

Das ganze Tier

Kindheitstalismane und die übertriebene Angst vor dem Anthropomorphismus

»Warum erzähle ich diese Geschichte von dem kleinen Jungen, Medusen, Rochen und Seeungeheuern, wo doch inzwischen fast sechzig Jahre vergangen sind? Weil ich glaube, daß sie veranschaulicht, wie man zum Naturforscher wird. Ein Kind kommt ans Ufer eines tiefen Gewässers und sucht nach Wundern... Es erhält ein eindringliches Bild, das ihm im späteren Leben als Talisman dient und von dem eine mächtige Kraft ausgeht, die die Zunahme von Erfahrung und Wissen steuert.«

Edward O. Wilson 1995

»Die Angst vor den Gefahren eines Anthropomorphismus hat dazu geführt, daß die Verhaltensforscher viele interessante Phänomene außer acht gelassen haben, und es ist deutlich geworden, daß ihnen ein wenig disziplinierte Nachsicht nicht schaden könnte.«

Robert A. Hinde 1982

Von Naturwissenschaftlern wird angenommen, daß sie Tiere in einer völlig objektiven Weise studieren, etwa wie wir ein Gestein untersuchen oder den Umfang eines Baums messen. Ihr Urteil soll nicht von Emotionen getrübt sein. Die *Animal-rights*-Bewegung schlägt aus dieser Wahrnehmung Nutzen und behauptet, Wissenschaftler hätten kein Mitgefühl mit Tieren.

Manche Wissenschaftler haben stolz mit dieser Regel gebrochen. So schreibt beispielsweise Roger Fouts, den seine Arbeit mit sprachtrainierten Schimpansen berühmt gemacht hat, in seinem Buch *Unsere nächsten Verwandten*: »[Ich] mußte das erste Gebot der Verhaltensforscher über Bord werfen: *Du sollst dein For-*

schungsobjekt nicht lieben.[16] Auch Jeffrey Masson und Susan McCarthy bestätigen in ihrem Buch *Wie Tiere fühlen* die Vorstellung, daß die wenigsten Wissenschaftler sich für das Gefühlsleben von Tieren interessieren.

In Wirklichkeit ist das Bild des lieblosen und gefühllosen Wissenschaftlers eine Karikatur, der Popanz selbstzufriedener Leute, die meinen, sie hätten das Herz auf dem rechten Fleck. Sicherlich gibt es gefühllose Naturwissenschaftler, doch die meisten von ihnen finden viel Vergnügen an »ihren« Tieren. Wer die Bücher von Konrad Lorenz, Robert Yerkes, Bernd Heinrich, Ken Norris, Jane Goodall, Cynthia Moss, Edward Wilson und anderen liest, kann unmöglich noch länger behaupten, Tierforscher behandelten Tiere mit analytischer Kälte.

Ich bin noch vielen weiteren Wissenschaftlern begegnet, die vielleicht nicht im selben allgemeinverständlichen Stil schreiben – und die sich vielleicht nicht über ihre Gefühle äußern, da sie in ihren Augen für ihre Forschung nicht von Belang sind –, auf die jedoch die Frösche, Wellensittiche, Cichliden, Fledermäuse oder worauf immer sie sich spezialisiert haben eine tiefe Faszination ausüben. Wie sollte es auch anders sein? Kann man sich wirklich vorstellen, daß ein Forscher Tag für Tag in die Wildnis hinausfährt, um Präriewühlmäuse zu fangen und zu markieren – was ihm Mäusebisse, Insektenstiche und regendurchnäßte Klamotten einbringt –, ohne daß ihn mehr dazu treibt als der wissenschaftliche Forscherdrang? Oder Ethologen, die Pinguine im Packeis der Antarktis beobachten, oder Bonobos in tropischen Dschungeln, wo es von bewaffneten Rebellen wimmelt? Auch die Forscher, die Tiere in Gefangenschaft untersuchen, müssen ihre Arbeit lieben. Die Versorgung ihrer Pfleglinge ist eine Vollzeitbeschäftigung, und Tiere riechen und produzieren Abfälle (mit denen mich einige meiner Lieblingstiere auch hemmungslos bewerfen, wenn ihnen danach ist), woran die meisten von uns normalerweise gar nicht denken, bis dann Besucher kommen, die sich die Nase zuhalten und ihr Heil in der Flucht suchen.

Ich möchte das Klischee vom herzlosen Forscher wenden und behaupten, daß Wissenschaftler, denen die pelzigen, gefiederten oder geschuppten Geschöpfe ihrer Beobachtung nicht bis zu einem gewissen Grad ans Herz wachsen, eher die Ausnahme darstellen. Der Altmeister der Tierbeobachtung, Konrad Lorenz, vertrat die Ansicht, ein Tier, das man nicht liebe, könne man nicht effektiv erforschen. Da unser intuitives Verständnis eines Tiers auf menschlichen Emotionen und einem Gefühl der Verbundenheit mit Tieren beruhe, so schrieb er in seinem 1978 erschienenen Buch *Vergleichende Verhaltensforschung*, habe dieses Verstehen anscheinend kaum etwas mit den Methoden der Naturwissenschaften zu tun. In der Verknüpfung intuitiver Erkenntnis mit der systematischen Gewinnung von Daten liegen für den Verhaltensforscher sowohl die Herausforderung als auch die Freuden seiner Arbeit.

Die Zuneigung zu Tieren läßt uns die viele Zeit vergessen, die wir damit zubringen, sie zu beobachten, und sensibilisiert uns für die geringsten Kleinigkeiten in ihrem Verhalten. Der Wissenschaftler in uns nutzt die auf diese Weise gewonnenen Informationen, um bohrende Fragen zu stellen, die zu einer präziseren Forschung führen. Aber wir dürfen nicht vergessen, daß das Ganze nicht mit einem wissenschaftlichen Interesse angefangen hat: Das A und O unserer Wissenschaft ist unsere Faszination durch die Natur. Sie steht immer am Anfang – bei manchen schon sehr früh im Leben. So begann beispielsweise Wilsons Laufbahn als Naturforscher in Alabama, wo er als Junge – anscheinend wollte er zeigen, daß nicht alles menschliche Verhalten eine Anpassung darstellt – mit bloßen Händen Giftschlangen aus dem Wasser zog. Lorenz begann seine Rede vor dem Nobel-Komitee mit der Bemerkung: »Ich halte die Ereignisse der frühen Kindheit für höchst bedeutsam für die wissenschaftliche und philosophische Entwicklung eines Menschen.« Und Jane Goodall erkannte zum ersten Mal, daß sie dafür geboren war, Tiere zu beobachten, als sie mit fünf Jahren in einen Hühnerstall kroch, um herauszufinden, wie die Eier gemacht wurden.

Verbundenheit mit Tieren erzeugt den Wunsch, sie zu verstehen, und zwar nicht nur einen kleinen Teil von ihnen, sondern das *ganze* Tier. Sie löst in uns die Frage aus, was in den Köpfen der

Tiere vorgeht, obwohl wir genau wissen, daß die Antwort bestenfalls eine Annäherung sein kann. Um sie zu finden, setzen wir unser gesamtes Instrumentarium ein, eingeschlossen unsere Rückschlüsse aus dem menschlichen Verhalten. Infolgedessen ist der Anthropomorphismus nicht nur unvermeidlich, er ist sogar ein höchst leistungsfähiges Werkzeug. Die italienische Philosophin Emanuela Cenami Spada hat dazu bemerkt:

»Der Anthropomorphismus ist ein Risiko, das wir eingehen müssen, da wir uns notwendig auf unsere menschliche Erfahrung beziehen, um Fragen über die tierische Erfahrung zu formulieren [...]. Die einzige verfügbare ›Heilung‹ besteht in der unausgesetzten Kritik unserer Voraussetzungen und Annahmen, um adäquatere Antworten auf unsere Fragen und jenes verwirrende Problem zu finden, vor das uns die Tiere stellen.«[17]

Das hier angesprochene »verwirrende Problem« besteht natürlich darin, daß wir uns gegenüber anderen Tieren als etwas Besonderes ansehen, ohne jedoch die Fülle von Ähnlichkeiten zwischen ihnen und uns bestreiten zu können. Es gibt zwei prinzipielle Lösungen dieses Problems. Die eine besteht darin, die Ähnlichkeiten herunterzuspielen und zu behaupten, sie seien oberflächlich oder nur in unserer Einbildung vorhanden. Die zweite besteht in der Annahme, daß Ähnlichkeiten vor allem zwischen verwandten Arten tiefgreifend und Ausdruck einer gemeinsamen evolutionären Vergangenheit sind. Der ersten Position zufolge muß ein Anthropomorphismus um jeden Preis vermieden werden, während die Befürworter der zweiten Lösung – wenn es um Tiere geht, die uns so nahe stehen wie die Menschenaffen – im Anthropomorphismus einen logischen Ausgangspunkt sehen.

Wer ein Anhänger der zweiten Lösung und zudem Empirist ist wie ich, wird dadurch vor ein Dilemma gestellt. Ich halte überhaupt nichts von gedankenlosen Projektionen auf Tiere, etwa von der Art, daß Katzen ein Schamgefühl hätten (eine äußerst komplexe Emotion), Pferde stolz auf ihre Leistungen seien oder Gorillas sich Gedanken über ein Leben nach dem Tode machten. Meine erste Reaktion darauf besteht darin, nach beobachtbaren Belegen zu fragen: beobachtbaren, meßbaren Dingen. Insofern bin ich ein »kalter«, skeptischer Naturwissenschaftler. Mit meinem Team aus Forschern und Technikern beobachte ich Primaten viele hundert Stunden lang, bevor eine Untersuchung abgeschlossen ist, und füttere währenddessen meinen Laptop mit den Codes für ein beobachtetes Verhalten. Daneben führen wir Experimente durch, in denen Schimpansen mit Joysticks Lösungen von Problemen auf dem Bildschirm eines Computers auswählen sollen. Oder wir lassen Affen einen Apparat bedienen, der es ihnen ermöglicht, Futter zu sich heranzuziehen, und beobachten anschließend, wie weit sie bereit sind, die Belohnungen mit denen, die ihnen dabei behilflich waren, zu teilen.[18]

Alle diese Forschungsprojekte dienen dem Zweck, Belege für oder gegen bestimmte Annahmen zu sammeln. Doch obwohl ich viel von der Gewinnung von Daten halte, trete ich zugleich für mehr Toleranz gegenüber kognitiven Interpretationen ein, ziehe Vergleiche zu menschlichen Verhaltensweisen und frage mich, wie und warum der Anthropomorphismus in solchen Verruf geraten ist. Schließlich hat er seinen Wert im Dienst einer guten, soliden Wissenschaft unter Beweis gestellt. Das allgemein angewandte Vokabular für tierisches Verhalten (wie »Aggression«, »Angst«, »Dominanz«, »Werbung«, »Spiel«, »Warnung« und »Bindung«) ist unmittelbar aus der Terminologie des menschlichen Verhaltens übernommen worden. Es ist zweifelhaft, ob Wissenschaftler von einem anderen Stern, ohne einen gemeinsamen Hintergrund, der ihr Denken leiten könnte, jemals eine so reiche Menge von nützlichen Begriffen zum Verständnis der Tiere hervorgebracht hätten. Die Anerkennung dieser zweckmäßigen Kategorien ist ein Bestandteil unseres Berufs, den man nicht erst mit der Ausbildung erwirbt und der sich in der Regel auf eine langjährige Vertrautheit mit Schmusetieren, den Tieren auf einem Bauernhof, Vögeln, Insekten und anderen Geschöpfen stützt.

In meinem Fall fing es mit einer Liebe zum Leben im Wasser an.

Im Zickzack durch den Polder

Als ich noch ein Junge war, schwang ich mich fast jeden Samstag aufs Rad und fuhr zum Polder, das niederländische und deutsche Wort für Land, das dem Meer abgewonnen wurde. An die Maas angrenzend, wurde unser Polder von Süßwassergräben durchschnitten, in denen es von Salamandern, Fröschen, Stichlingen, Jungaalen und Wasserinsekten wimmelte. Bewaffnet mit einem primitiven Fangnetz – einem Holzkohlensieb, das an einem Besenstiel befestigt war –, sprang ich (gelegentlich ausrutschend und im Wasser landend) über die Gräben, zu den besten Stellen, wo ich die Tiere fangen konnte, auf die ich jeweils aus war. Auf dem Heimweg hielt ich in der einen Hand einen schweren Wassereimer mit meiner Beute, während ich mit der anderen den Lenker hielt und versuchte, die Zickzackbewegungen meines Fahrrads auszubalancieren. Zu Hause angekommen, entleerte ich den Inhalt des Eimers in Aquarien und Wasserbecken und tat Wasserpflanzen und Futter dazu, beispielsweise Wasserflöhe, die ich in ausgedienten Strümpfen meiner Mutter gefangen hatte.

Anfangs war die Sterblichkeitsrate in meinen kleinen Unterwasserwelten nichts, womit ich hätte Ehre einlegen können. Erst mit der Zeit lernte ich, daß Salamander nichts fressen, was sich nicht bewegt, daß große Fische nicht zusammen mit kleinen gehalten werden sollten und daß Überfüttern mehr schadet als nützt. Und ich erkannte nach und nach das heimliche, grausam räuberische Verhalten von Libellenlarven. Die Lebenserwartung meiner Tiere nahm zu. Eines Tages – ich war damals vielleicht zwölf Jahre alt – bemerkte ich eine dramatische Veränderung bei einem meiner Stichlinge, der in einem vernachlässigten Wasserbehälter mit ungehemmtem Algenwachstum lebte. Innerhalb weniger Tage ging das Farbkleid des Fisches von silbrigem Blau in Himmelblau über, während der Unterleib sich feuerrot färbte. Ein unscheinbarer kleiner Fisch hatte sich in einen prächtigen Pfau verwandelt. Ich war verblüfft und brachte jede freie Minute damit zu, in das Aquarium zu starren. Ich säuberte es, da ich glaubte, der Fisch fühle sich auf diese Weise wohler darin.

So kam es, daß ich zum ersten Mal das berühmte Balzverhalten des dreistacheligen Stichlings miterlebte. Den beiden Weibchen im Behälter schwollen die Bäuche mit Rogen an, während das Männchen aus Pflanzenmaterial ein Nest im Sand baute. Immer wieder unterbrach es seine schwere Arbeit, um einen kleinen Tanz in Richtung der Weibchen zu vollführen, wobei es sich jedesmal ein Stück näher auf das Nest zubewegte. Ich verstand nicht ganz, was sich da abspielte, aber ich konnte sehen, daß die Weibchen plötzlich ablaichten, worauf das Männchen begann, heftig mit den Flossen zu wedeln (später lernte ich, daß dieses Wedeln dazu dient, eine Strömung zu erzeugen, um den Eiern zusätzlichen Sauerstoff zuzufächeln). Am Ende war das Aquarium voll von Jungfischen. Die Erfahrung begeisterte mich, doch konnte ich sie mit niemandem teilen. Obwohl meine Angehörigen meinen Interessen mit Toleranz begegneten, konnten sie einfach nichts Besonderes daran finden, daß es jetzt in einem meiner Aquarien von winzigen Stichlingen wimmelte.

Eine ähnliche Erfahrung machte ich Jahre später, als ich an der Universität Nijmegen Biologie studierte. Als willkommene Abweichung vom üblichen Vorlesungsplan, auf dem Physiologie und Molekularbiologie im Vordergrund standen, hielt einer der Professoren eine Vorlesung über Ethologie – die wissenschaftliche Erforschung des tierischen Verhaltens –, in der er auch minutiöse Zeichnungen vom Balztanz des Stichlingsmännchens zeigte. Die Arbeiten des holländischen Zoologen Nikolaas Tinbergen hatten den Zickzacktanz des Stichlings zum Lehrbuchbeispiel gemacht. Die Zeichnungen meines Professors waren großartig und zeigten das Männchen, das zunächst mit abgespreizten Flossenstacheln seinen roten Bauch vorstreckte und dann das Weibchen zum Nest geleitete, wobei es vor ihm abrupte Vor- und Rückwärtsbewegungen ausführte. Als ich meinen Kommilitonen aufgeregt erzählte, wie gut ich das alles bereits kannte und daß jeder diesen Tanz in einem kleinen Aquarium zu Hause verfolgen könne, schienen sie wenig interessiert. Warum sollten sie mir glauben, und überhaupt, was war schon Besonderes am Verhalten von Fischen? Wußte ich nicht, daß die Zukunft der Biochemie gehörte?

Einige Jahre später erhielt Tinbergen den Nobelpreis: Der Stichling hatte den Sieg davongetragen! Zu dieser Zeit war ich jedoch bereits zur Universität Groningen gewechselt, wo die Verhaltensforschung etwas ernster genommen wurde. Heute beschäftige ich mich mit dem Verhalten von Affen und anderen Primaten. Das scheint zu meinen ursprünglichen Interessen nicht zu passen, aber ich hatte mich nie auf eine bestimmte Tiergruppe festgelegt. Es gab einfach nicht so viele Schimpansen im Polder, sonst hätte ich sie wahrscheinlich auch nach Hause mitgebracht.

Als ich noch Student war, gab es etwas, was mich störte. In den sechziger Jahren war das menschliche Verhalten für Biologen absolut tabu. Es gab tierisches Verhalten, dann kam eine ganze Zeitlang nichts, und danach kam menschliches Verhalten als eine völlig eigenständige Kategorie, die man am besten einer anderen Gruppe von Wissenschaftlern überließ. Auf diese Weise wahrten wir den Frieden, denn die anderen Wissenschaftler zeigten – um einen Begriff aus der Tierverhaltensforschung zu übernehmen – ein ausgeprägtes Revierverhalten. Populärwissenschaftliche Bücher wie *Der nackte Affe* von Desmond Morris und *Das sogenannte Böse* von Konrad Lorenz waren äußerst umstritten, weil sie eine Kontinuität zwischen menschlichem und tierischem Verhalten zur Sprache brachten. Wenn junge Wissenschaftler, die das tierische Verhalten erforschen, heute selbstbewußt auf diese Autoren herabsehen, so vergessen sie, wie viel sie ihnen zu verdanken haben, denn sie waren es, die noch lange vor der soziobiologischen Revolution den Weg freigemacht haben. Ich war damals noch nicht in der Lage, die wissenschaftlichen Verdienste ihrer Arbeit zu beurteilen, doch in einem hatten sie für mein Gefühl absolut recht: Sie sahen Menschen als Tiere an. Erst als ich ihre Bücher las, kam mir zu Bewußtsein, daß ich genauso empfunden habe, so weit ich zurückdenken kann.

Hackordnungen in Oslo

Es gibt kaum eine Entdeckung im tierischen Verhalten, die eine größere Wirkung hatte und als Begriff mehr Anerkennung gefunden hat als die der »Hackordnung«. Auch wenn Hacken (Picken mit dem Schnabel) nicht unbedingt ein menschliches Verhalten ist, der Begriff hat sich in der modernen Gesellschaft überall durchgesetzt. Wenn wir von der Hackordnung in Großunternehmen oder auch in der Kirche sprechen, räumen wir sowohl Ungleichheiten als auch ihre weit zurückliegenden Ursprünge ein. Außerdem mokieren wir uns ein wenig über die hierarchische Struktur, indem wir – als gebildete Menschen, die wir sind – zu verstehen geben, daß wir gewisse Dinge mit Haushühnern gemeinsam haben.

Die gewichtige Entdeckung von Rangordnungen in der Natur wurde zu Beginn des 20. Jahrhunderts von einem norwegischen Jungen, Thorleif Schjelderup-Ebbe, gemacht, der im zarten Alter von sechs Jahren eine tiefe Zuneigung zu Hühnern faßte.[19] Er war so fasziniert von diesen geselligen Vögeln, daß seine Mutter ihm in einem Mietshaus außerhalb Oslos eine eigene Hühnerschar kaufte. Bald hatte jedes Huhn einen eigenen Namen. Mit zehn Jahren begann Thorleif, minutiöse Aufzeichnungen in Notizbüchern anzulegen, die er jahrelang fortführte. Abgesehen von der Anzahl der von jedem Huhn gelegten Eier und der Beantwortung der Frage, wer von wem gepickt wurde, interessierten ihn vor allem Ausnahmen von der Hierarchie, sogenannte »Dreiecke«, bei denen A höher als B steht, B höher als C, C jedoch höher als A. So zeigte er schon früh wie ein echter Naturforscher Interesse nicht nur an den Regelmäßigkeiten, sondern auch an den Anomalien der Rangordnung. Die soziale Organisation, die er entdeckte, ist heute für uns so offensichtlich, daß wir uns nicht vorstellen können, wie jemand sie übersehen konnte, aber vor Schjelderup-Ebbe gab es keinen, der sie beschrieben hätte.

Der Rest ist Geschichte, wie man sagt, aber keine besonders erfreuliche. Ironischerweise geriet der Entdecker der Hackordnung selbst unter verschiedene Pantoffel. Thorleif hatte als Kind und Jugendlicher eine sehr dominante Mutter, und später machte ihm die erste Professorin in Norwegen das Leben schwer. Anfangs unterstützte sie ihn, doch als Spezialistin für Anatomie hatte sie kein wirkliches Interesse an seiner Arbeit.

Nachdem Schjelderup-Ebbe ein Examen in Zoologie abgelegt hatte, veröffentlichte er seine frühen Beobachtungen an Hühnern und prägte dabei (in deutscher Sprache) den Begriff »Hackordnung«. Sein klassischer Aufsatz, der 1922 in einer Fachzeitschrift für Psychologie erschien, beschreibt dominante Vögel als »Despoten« und zeigt die Eleganz hierarchischer Anordnungen, in denen jedes Individuum seinen Ort hat. Wenn man die Rangordnung zwischen zwölf Hühnern kennt, kennt man die Dominanzbeziehungen bei allen 66 möglichen Hühnerpaaren. Man erkennt mühelos die unglaubliche Ökonomie der Beschreibung und versteht auch, wie besessen der Entdecker von Dreiecksverhältnissen war, die diese Ökonomie in Frage stellen.

Etwa zu der Zeit, als der junge Zoologe seine Untersuchungen fortsetzen wollte, erschien in einer Studentenzeitschrift ein boshafter, wenngleich gut geschriebener Artikel von einem Anonymus, der sich über die Professorin lustig machte. Anschließend verbreitete ein Feind Schjelderup-Ebbes das Gerücht, er sei der Verfasser des Artikels. Obwohl der eigentliche Autor Sigurd Hoel war, später einer der führenden Romanschriftsteller Norwegens, war das Verhältnis zwischen der Professorin und ihrem Schüler irreparabel zerstört. Sie entzog ihm jede Unterstützung und wurde zu seiner erbitterten Feindin. Infolge jahrelanger Intrigen gegen ihn konnte Thorleif Schjelderup-Ebbe in Norwegen nicht mehr promovieren und erhielt zeit seines Lebens nicht die Anerkennung, die er eigentlich verdient hatte.

Von diesem traurigen Ende abgesehen, zeigt der Anfang der Geschichte, daß ein Kind, das Tiere ernst nimmt, sie einer individuellen Anerkennung für wert befindet und davon ausgeht, daß sie nicht nur aufs Geratewohl durch die Gegend laufen, sondern genau wie wir ein geregeltes Leben führen, Dinge entdecken kann, die den größten Wissenschaftlern entgangen sind. Diese Eigenschaft von Kindern, vorbehaltlos ihre Verwandtschaft mit Tieren zu akzeptieren, hat unter anderen auch Sigmund Freud festgestellt:

>Das Kind zeigt noch keine Spur von jenem Hochmut, welcher dann den erwachsenen Kulturmenschen bewegt, seine eigene Natur durch eine scharfe Grenzlinie von allem anderen Animalischen abzusetzen. Es gesteht dem Tiere ohne Bedenken die volle Ebenbürtigkeit zu; im ungehemmten Bekennen zu seinen Bedürfnissen fühlt es sich wohl dem Tiere verwandter als dem ihm wahrscheinlich rätselhaften Erwachsenen.«[20]

Die intuitive Verbundenheit mit Tieren, die Kinder empfinden, kann eine Quelle tiefer Freude sein. Die bedingungslose Liebe, die von Schmusetieren empfangen wird, und das Fehlen jeglicher Hintergedanken in der Beziehung stehen in einem deutlichen Kontrast zum wesentlich heikleren Umgang mit Angehörigen der eigenen Spezies. Ich hatte als Kind ein solches Tier zum Freund und denke immer noch liebevoll an den großen Hund unseres Nachbarn zurück, der häufig an meiner Seite ging und an allem, was ich sagte oder tat, Interesse bekundete. Die Nähe der Kinder zu Tieren wird von Erwachsenen mit Tiergeschichten, Märchen und Zeichentrickfilmen bekräftigt. Auf diese Weise wird eine Bindung mit allem Lebendigen genährt, die erst später im Leben kritisch überprüft wird. Bei dem verstorbenen Paul Shepard, der wie kein anderer über den Ort des Menschen in der Natur nachgedacht hat, lesen wir:

>Vor allem am Ende der Pubertät, dem Ende der Unschuld, beginnen wir mit einer lebenslangen Arbeit, uns ihnen [den Tieren] gegenüber abzugrenzen. Doch das wurzelt in einem früheren, unzerstörbaren Fundament der Nähe. Andererseits leugnet ein rigoroses Beharren darauf, daß wir einfach anders seien, die gemeinsamen Grundlagen und zerstört ein tieferes Gefühl der Zusammengehörigkeit, das unsere fünf Sinne beisammenhält und verhindert, daß unsere Welt auseinanderfällt. Der Anthropomorphismus stärkt unsere Verbindung mit dem Rest der

natürlichen Welt. Er weckt in uns den Wunsch, uns mit [den Tieren] zu identifizieren und etwas über ihre Naturgeschichte zu erfahren, auch wenn er von der Vorstellung lebt, daß sie sich von uns nicht unterscheiden.«[21]

In diesem letzten Satz spielt Shepard auf einen reiferen Anthropomorphismus an, bei dem der menschliche Standpunkt, wie unvollkommen auch immer, durch den des Tiers ersetzt wird. Wie wir sehen werden, ist es genau dieser »tierzentrische« Anthropomorphismus, der für die Wissenschaft nicht nur akzeptabel, sondern auch von großem Wert ist.

Versöhnung ausgeschlossen?

Eine Kontinuität zwischen dem kindlichen und dem erwachsenen Interesse an Tieren ist keineswegs die Regel. Eine ganze Reihe von Wissenschaftlern haben aus beruflichen Gründen zwischen sich und den Tieren, die sie untersuchen, eine Schranke errichtet. An sie muß Fouts gedacht haben, als er sein »erstes Gebot« formulierte, und tatsächlich hatte er einen Supervisor, der seine Schimpansen mit einem Stachelstock traktierte. Statt solcher Grausamkeiten – die glücklicherweise seltene Ausnahmen darstellen – möchte ich mich hier mit der Opposition »Nähe versus Distanz« beschäftigen.

Psychologen der sogenannten behavioristischen Schule halten nichts davon, Tieren mentale Zustände zu unterstellen, und haben sich somit traditionell jeglichem Anthropomorphismus widersetzt. Diese Haltung ist etwas verwirrend, da die in den zwanziger Jahren gegründete Schule des Behaviorismus anfangs eine vereinheitlichte Theorie anstrebte, in der menschliches und tierisches Verhalten denselben Prinzipien unterworfen sein sollten. Alles Verhalten wurde durch die Konditionierung erklärt, das heißt als durch positive oder negative Ergebnisse stimuliert oder gehemmt. Das Ziel der Behavioristen, ein einziges Erklärungsschema zu finden, das auf alle Organismen gleichermaßen anwendbar sein sollte, war begrüßenswert, und die strengen experimentellen Verfahren dieser Schule sind bis heute von Nutzen.

Es gab jedoch ein grundlegendes Problem: Menschen, die in der behavioristischen Lehre nicht zu Hause waren, neigten dazu, deren Voraussetzungen im Hinblick auf Tiere zu akzeptieren, auf keinen Fall jedoch bei sich selbst. Die frühen Behavioristen hielten Emotionen für illusorisch, und mentale Zustände existierten für sie unzugänglich in einer *black box*. Es galt deshalb als geradezu schwachsinnig, diese Phänomene auch nur zu erwähnen. Man fand eine reizvolle Logik und Schlüssigkeit darin, sich ausschließlich mit Verhalten zu befassen – nur daß kein vernünftiger Mensch bereit war zu akzeptieren, daß Gefühle und Gedanken für das Entstehen von menschlichem Verhalten irrelevant sein sollten. Das erzwang einen strategischen Rückzug: Die Behavioristen hielten an ihrer radikalen Position nur noch im Hinblick auf Tiere fest. Obwohl sie es niemals ausdrücklich einräumten, gaben sie ihre vereinheitlichte Theorie praktisch auf und begannen zunehmend Tiere und Menschen als etwas Verschiedenes zu behandeln. Während sie der menschlichen Spezies ein mentales Leben zugestanden (wenngleich eines, das von weitaus geringerem Einfluß auf das menschliche Verhalten war als in den Augen der meisten von uns), wurden Tiere auf das Niveau von Reiz-Reaktions-Automaten reduziert.[22]

Es ist vielleicht kein Zufall, daß der Behaviorismus eine amerikanische Denkschule ist, während die Ethologie mit ihrer Betonung von Biologie und Instinktverhalten aus Europa kommt. Die erste Schule hat einen optimistischen Zug und setzt auf die Möglichkeit von Veränderung (wir können lernen, alles zu werden, was wir wollen), während die zweite Schule ein gewisses Maß an Determiniertheit unterstellt.[23] Für Ethologen kommt jede Spezies mit einer bestimmten Anzahl angeborener Verhaltensmuster zur Welt, die durch die Umwelt nur geringfügig verändert werden. So muß beispielsweise eine Spinne nicht lernen, wie ein Netz gebaut wird. Sie wird mit einer bestimmten Zahl von Spinndrüsen sowie mit einem Verhaltensprogramm geboren, das sie »anleitet«, wie sie die Fäden zu einem Netz weben muß.

Dank ihrer Einfachheit übten beide Erklärungen des Verhaltens eine starke Anziehungskraft aus, und offensichtlich hatten beide ein Stück Wahrheit für sich. Damals wurde das jedoch noch nicht erkannt, da viele Wissenschaftler der Meinung waren, Erb- und Umwelteinflüsse schlössen sich gegenseitig aus und wirkten nicht zusammen. Doch auch wenn sich in dieser Frage die Lager heute weit weniger unversöhnlich gegenüberstehen, bleibt ein fundamentaler Unterschied. Ethologen und Naturforscher interessieren sich für Tiere um ihrer selbst willen, während Behavioristen sich überwiegend auf einige domestizierte Tiere konzentrieren, etwa Ratten und Tauben, die sie als »Modelle« der Spezies betrachten, der wir zugehören. Somit sieht die eine Schule in den Tieren einen Selbstzweck, die andere aber eher das Mittel zu einem Zweck, und letztere ordnet sie irgendwo in einer linearen Progression von »niederen« zu »höheren« Formen ein.

Auch wenn viele moderne Behavioristen die kognitiven Leistungen von Tieren und evolutionäre Prozesse bis zu einem gewissen Grad anerkennen, bin ich der geschilderten Einstellung bei ihnen doch oft genug begegnet, um eine starke Allergie dagegen zu haben. Ein Beispiel aus meiner eigenen Erfahrung war die Reaktion auf die ersten Anzeichen dafür, daß Primaten Versöhnungsgesten kennen.

Um die Mitte der siebziger Jahre entdeckte ich, daß Schimpansen sich nach einem Streit küssen und umarmen, und gab diesen Begegnungen die Bezeichnung »Versöhnungen«. Als sich eine neue Studentin meinem Team anschloß, schlug ich ihr vor, Informationen zu diesem Phänomen zu sammeln. Es gab jedoch ein kleines Problem. Während ich der Denkschule der Universität Utrecht verbunden war, kam sie aus Amsterdam, und alle ihre Professoren waren behavioristisch orientierte Psychologen.

Mein Supervisor Jan van Hooff und ich fuhren nach Amsterdam, um uns mit ihnen zu treffen. Dort stellten wir fest, daß die gesamte Abteilung überzeugt war, so etwas wie eine Versöhnung unter Tieren könne es niemals geben. Sie kannten nur Nagetiere, und in meiner Unschuld war ich überrascht, daß sie trotzdem eine Meinung über Primaten hatten. Daß sie mich nicht ernst

Versöhnungen sind zwischen Schimpansen ein häufiges und gleichzeitig auffallendes Verhaltensritual. In der oberen Zeichnung kommt eine junge Schimpansin rechts dem Neugeborenen einer hochrangigen Mutter zu nahe. Nachdem die Mutter die junge Schimpansin mit einer heftigen Armbewegung weggescheucht hat, schreit diese in einiger Entfernung und schlägt sich in ihrer Frustration selbst. Im unteren Bild ist sie zur Mutter zurückgekehrt und bekommt einen Kuß auf die Nase. Danach wird sie in nächster Nähe geduldet. Die Beilegung von Konflikten ist bei zahlreichen Primaten nachgewiesen worden. (Zeichnung des Autors, Erstveröffentlichung 1979)

nahmen, war eine Sache – ich war noch jung –, aber sie ignorierten auch Jan, der immerhin ein international anerkannter Experte auf dem Gebiet der Schimpansenforschung war. Wir überlegten uns, daß wir die Amsterdamer Professoren vielleicht zu einer Meinungsänderung bewegen könnten, wenn wir sie in den Arnheimer Zoo einluden, wo unsere Schimpansen lebten: Möglicherweise würde ihnen der Anblick der Tiere aus nächster Nähe die Augen öffnen. Auf diesen Vorschlag reagierten sie jedoch mit einer Antwort, die mich bis heute verblüfft: »Zu was soll es gut sein, die Tiere zu sehen? Es wird uns wesentlich leichter fallen, objektiv zu bleiben, wenn wir durch sie nicht beeinflußt werden.«

Zugegeben, die Entdeckung, um die es hier ging, war nicht annähernd so folgenschwer wie die, daß die Erde sich um die Sonne dreht; trotzdem erinnerte mich diese Reaktion unwillkürlich an die der Kirchen im 17. Jahrhundert, deren Vertreter sich weigerten, durch Galileis Fernrohr zu blicken. Wer weiß, was sie hätten zugeben müssen! Bei Herodot lesen wir: »Die Menschen schenken ihren Ohren weniger Glauben als ihren Augen.« Hier war es allerdings umgekehrt: Diese Menschen befürchteten, daß ihre Augen ihnen etwas sagen könnten, was ihre Ohren nicht hören wollten.

Und auf diese Weise ist das, was Shepard »ein tieferes Gefühl der Zusammengehörigkeit, das unsere fünf Sinne beisammenhält« genannt hat, in bestimmten Bereichen der Wissenschaft verlorengegangen. Offenbar ist der menschliche Geist – und mit ihm die behavioristische Tradition – so vom Anthropomorphismus bedroht, daß man vermeiden muß, lebendige Tiere zu sehen, zu hören und zu riechen, es sei denn wir wissen bereits, was uns erwartet. Offenkundig entwickelt sich die Bevorzugung einer theoretischen Doktrin gegenüber unmittelbaren Begegnungen mit dem Organismus nicht ganz natürlich aus der kindlichen Neugierde heraus: Sie stellt einen Bruch dar, eine Geringschätzung dessen, was Wilson seinen Talisman genannt hat.

Der Dies-wie-das-Ansatz

Wie jeder Biologe habe ich gelernt, daß man sich ein breites Grundlagenwissen aneignen muß, bevor man auch nur anfangen kann, detaillierte Fragen zu stellen. Wie Konrad Lorenz gesagt hat, muß man das Ganze erfassen, bevor man versucht, seine Teile zu begreifen:

>»Man kann Aufgaben nicht meistern, wenn man einen einzelnen Bestandteil zum Mittelpunkt des Interesses macht, man muß vielmehr in einer Weise, die manchen auf strenge logische Sequenzen Wert legenden Denker höchst flatterhaft und unwissenschaftlich dünkt, dauernd von einem Teil zum anderen springen und sein Wissen um jeden von ihnen im gleichen Schritt fördern.«[24]

Für die Erforschung des Tierverhaltens heißt dies, jede einzelne Bewegung der Spezies, an der man interessiert ist, zu verfolgen, am besten unter einer möglichst großen Vielfalt von Bedingungen. Verhalten ergibt einen Sinn nur im weiteren Kontext der Naturgeschichte des Tiers, seiner sozialen Organisation, seines allgemeinen Temperaments, seiner Anpassungen an die Umwelt etc. Man kann nicht erwarten, daß Räuber auf dieselbe Weise reagieren wie Beutetiere, solitäre genauso wie soziale Tiere oder Augentiere ebenso wie Tiere, die sich auf Ultraschall verlassen.

In der wissenschaftlichen Literatur stieß ich auf ein amüsantes Beispiel für die Fallstricke, in die Forscher geraten können, die ihre Aufmerksamkeit nicht dem ganzen Tier schenken. 1979 berichteten Bruce Moore und Susan Stuttard über die Wiederholung einer 1946 durchgeführten Untersuchung, die von vielen Autoren als Beweis für die Fähigkeit von Katzen angeführt wurde, den Weg aus einer Kiste ins Freie zu finden, deren Tür sich nur öffnen ließ, indem man eine Stange bewegte. Der Bericht über die ursprüngliche Untersuchung, die von Edwin Guthrie und George Horton durchgeführt wurde, dokumentierte bis in die Details, wie Katzen mit stereotypen Bewegungen ihren Kopf gegen die Innenwand der Kiste rieben. Dabei bewegten sie die Stange und fanden den Weg hinaus. Guthrie und Horton hatten es für bedeutsam gehalten, daß alle Katzen in dem Versuch den Kopf auf die gleiche Weise gerieben hatten. Ihrer Meinung nach hatten sie dies den Katzen durch die Verabreichung von Futter als Belohnung beigebracht. Damit war scheinbar der Beweis für die Wirkung einer Konditionierung erbracht.

Als Moore und Stuttard das Experiment wiederholten, fanden sie am Verhalten der Katzen nichts Besonderes. Die Katzen machten die üblichen Reibebewegungen mit dem Kopf, wie sie für alle Katzentiere, von Ozelots bis zu Jaguaren, bei der Begrüßung und der Werbung typisch sind. Hauskatzen richten diese Bewegung häufig auf unbelebte Objekte aus, etwa die Beine eines Küchentischs. Moore und Stuttard zeigten, daß Futterbelohnungen hierfür gänzlich ohne Bedeutung waren: Der einzige wirksame Faktor für die Katzen in der Kiste war die Sichtbarkeit von Menschen. Ohne vorherige Konditionierung rieb jede Katze, die aus der Kiste heraus Menschen sehen konnte, ihren Kopf, ihre Seite und ihren Schwanz gegen die Stange und öffnete so den Ausgang. Katzen, die keinen Menschen sahen, blieben einfach sitzen. Die Katzen, die in dem Experiment von Guthrie und Horton die Tür öffnen konnten, hatten kein Lernverhalten, sondern ein Begrüßungsverhalten gezeigt![25]

Die Lektion ist auf peinliche Weise augenfällig: Bevor man mit einem Tier Versuche anstellt, sollte man einiges über seine typischen Verhaltensweisen wissen. Doch die Behavioristen der alten Schule hielten Tiere noch für austauschbar. Sie argumentierten, wenn die Gesetze des Lernens universell seien, dann sei ein Tier so gut wie jedes andere. B. F. Skinner, einer der Gründungsväter dieser Disziplin, brachte es in seinem Buch *A Case History in Scientific Method* auf die knappe Formel: »Taube, Ratte, Affe, welches ist was? Es spielt keine Rolle.«[26]

Der Behaviorismus begann an Einfluß zu verlieren und sah sich gezwungen, die Prämissen der Evolutionsbiologie zu übernehmen; hinzu kam die Entdeckung, daß Lernen nicht in allen Situationen und bei allen Spezies auf dieselbe Weise erfolgt. In dem

Bei der Beobachtung von Tierverhalten im Labor werden gelegentlich natürliche Verhaltensmuster übersehen, so zum Beispiel bei Katzen das zärtliche Reiben am Bein eines geschätzten menschlichen Gefährten. (Holzstich nach einer Zeichnung von T. W. Wood in Charles Darwins *The Expression of the Emotions in Man and Animals*, 1872 (dt. *Der Ausdruck der Gemüthsbewegung bei dem Menschen und den Thieren*).

bekanntesten Beispiel berichtete John Garcia, daß Ratten, die normalerweise Handlungen und Wirkungen nur dann verknüpfen, wenn das eine unmittelbar auf das andere folgt, imstande sind zu lernen, Nahrung zu meiden, deren Genuß sie krank macht, auch wenn zwischen der Nahrungsaufnahme und den negativen Körperempfindungen mehrere Stunden liegen. Offenbar sind Tiere in ihrem Lernverhalten spezialisiert und zeigen die besten Leistungen unter Umständen, die für ihr Überleben wichtig sind. Wenn also die natürliche Selektion sich darauf ausgewirkt hat, was gelernt wird und was nicht, dann gerät der Behaviorismus mit seinem Grundsatz der Austauschbarkeit der Tierarten selbstverständlich in Schwierigkeiten.[27]

Nach der alten Auffassung waren Unterschiede der Intelligenz nichts anderes als Unterschiede der Lernfähigkeit. Zwar haben einige Tiere ein größeres Gehirn als andere, was bedeutet, daß sie schneller lernen, doch alle Tiere werden von Belohnung und Strafe motiviert. Aber ist ein Affengehirn wirklich nicht mehr als ein erweitertes Rattengehirn, und ist das menschliche Gehirn nicht mehr als ein großes Affengehirn? Wäre es nicht verwunderlich, wenn die evolutionäre Anpassung jedes nur denkbare anatomische Merkmal – von Gliedmaßen und Zähnen bis zu Magen, Augen und Lungen – beeinflussen würde, nur nicht das Gehirn?[28] Wenn das wirklich so wäre, dann müßte die Spezies mit dem größten Gehirn allen anderen in jeder Hinsicht überlegen sein.

Das ist offensichtlich nicht der Fall. Tauben beispielsweise können Bilder in der Vorstellung besser drehen als Menschen, und manche Vögel haben ein erstaunliches Gedächtnis für die Orte, an denen sie Nahrung versteckt haben. Die Nußknacker (Tannenhäher) Clarks speichern bis zu 33000 Samenkörner in Verstecken, die auf einer Fläche von vielen Quadratkilometern verteilt sind, und finden Monate später die meisten davon wieder.[29] Als ein Mensch, der gelegentlich sogar vergißt, wo er einen so großen und wichtigen Gegenstand wie seinen Wagen geparkt hat, bin ich von diesen Vögeln mit ihrem haselnußgroßen Gehirn beeindruckt.

Bühnenzauber

Biologen akzeptieren bereitwillig, daß die Fähigkeit, sich an bestimmte Stellen zu erinnern, durchaus sinnvoll ist für ein Tier, das auf gehortete Nahrung angewiesen ist, doch den Behavioristen sind solche Spezialisierungen bis heute ein Ärgernis. Als Gordon Gallup, ein Psychologe an der State University of New York in Albany, in einem 1970 erschienenen Aufsatz eine kognitive Lücke zwischen Schimpansen und dem gesamten übrigen Reich der Tiere einschließlich der kleineren Affen nachwies, waren seine Befunde darum so beunruhigend, daß zwei Generationen von Behavioristen sich an ihnen die Zähne ausbissen.[30]

Gallup beobachtete, daß Schimpansen und kleinere Affen unterschiedlich auf Spiegel reagieren. Wie die meisten anderen Tiere reagiert ein kleinerer Affe auf sein Spiegelbild, als wäre es ein Freund oder ein Feind, während ein Menschenaffe anscheinend erkennt, daß das Bild im Spiegel er selbst ist. Schimpansen benutzen den Spiegel sehr bald dazu, Teile ihres Körpers zu inspizieren, die normalerweise ihren Blicken entzogen sind, zum Beispiel das Innere ihres Mundes oder (bei weiblichen Tieren) ihr geschwollenes rosarotes Hinterteil. Jeder, der schon einmal einen Menschenaffen bei diesem Tun beobachtet hat, erkennt, daß das Tier nicht einfach den Mund aufreißt oder sich zufällig umdreht: Die Augen des Menschenaffen verfolgen aufmerksam die Bewegungen seines Körpers im Spiegel.

Zur Bestätigung seiner beobachteten Daten entwarf Gallup ein elegantes Experiment, den sogenannten Spiegeltest, bei dem Schimpansen einen Spiegel benötigen, um eine geringfügige Veränderung ihres äußeren Erscheinungsbildes zu entdecken. Das Experiment besteht darin, daß einem betäubten Tier oberhalb der Augenbraue ein Fleck aufgemalt wird. Sobald das Tier aus der Narkose erwacht, wird ihm ein Spiegel gezeigt. Den Fleck kann es nicht unmittelbar, sondern nur in diesem Spiegel sehen. In diesen Experimenten starrte der Menschenaffe auf den Fleck im Spiegel, dann führte er einen Finger zum echten Fleck über seiner Augenbraue und begutachtete anschließend den Finger – ein klares Anzeichen, daß die Tiere ihre Spiegelbilder auf sich selbst bezogen. Außer Menschen und Menschenaffen haben trotz geduldiger Bemühungen zahlreicher Forscher keine anderen Tiere diesen Test überzeugend bestanden.

Gallup sprach provozierend von Selbsterkennung *(self-awareness)* und von der mentalen Einzigartigkeit der Hominiden, einer Familie, zu der nur Menschenaffen und Menschen gehören. Das löste eine der größten Travestien in der Verhaltenswissenschaft aus: den Versuch, dieselbe Fähigkeit bei Tauben nachzuweisen. Falls Tauben ebenfalls eine Selbsterkennung hatten, so das Argument der Kritiker, dann konnte diese Fähigkeit so speziell nicht sein. 1981 berichteten Skinner und seine Mitarbeiter, daß es ihnen nach einer ausreichend großen Zahl von Versuchen mit Futterbelohnungen und mit viel Geduld gelungen sei, Tauben dazu zu bringen, sich selbst im Spiegel zu erkennen. Die Vögel pickten nach Flecken, die man auf ihre Körper projiziert hatte und die von ihnen nicht direkt gesehen werden konnten, da die Forscher ihnen Schürzen um den Hals gebunden hatten. Zweifellos ein Wunder der Konditionierung, doch das Experiment konnte nur wenige davon überzeugen, daß das, was diese Vögel nach einer ausgiebigen menschlichen Intervention taten, dasselbe sei wie das, was Schimpansen spontan und ohne fremde Hilfe tun. Außerdem blieben Versuche, die Ergebnisse zu wiederholen, auffallend erfolglos.[31]

Fünfzehn Jahre später versuchte es eine weitere skeptische Behavioristin mit einem anderen Ansatz. Cecilia Heyes, die im Begriff stand, sich in England als Kritikerin der wachsenden Zahl von Untersuchungen über die Intelligenz von Menschenaffen einen Namen zu machen, kaprizierte sich auf die Reaktionen von Menschenaffen auf Spiegel. Ohne auf diesem Gebiet mit Primaten vertraut zu sein, hatte sie die pfiffige Idee, die Selbsterkennung könnte ein Nebeneffekt der Narkotisierung sein, die ein wesentlicher Bestandteil des *mark test* war. Konnte es nicht sein, daß ein Schimpanse, der aus der Narkose erwachte, unwillkürlich nach seinem Gesicht griff und dabei absichtslos auch den aufgemalten Fleck berührte? Was andere Forscher als Selbstbeobachtung mit Hilfe eines Spiegels gedeutet hatten, war vielleicht reiner Zufall.

Dieser kritische Einwand wurde allerdings sogleich durch ein Experiment entkräftet, bei dem Daniel Povinelli und seine Mitarbeiter am New Iberia Research Center sorgfältig dokumentierten, welche Bereiche des Gesichts beim *mark test* von Schimpansen berührt wurden und in welchem zeitlichen Abstand, nachdem sie sich von der Narkose wieder erholt hatten. Sie stellten fest, daß diese Berührungen alles andere als zufällig erfolgten: Sie waren ganz spezifisch auf die farbmarkierten Stellen gerichtet und erfolgten am häufigsten unmittelbar nachdem das Tier in den Spie-

Um die Behauptung zu überprüfen, daß Schimpansen sich nach dem Aufwachen aus einer Narkose vor einem Spiegel an zufälligen Stellen ins Gesicht fassen, verglichen Povinelli et al. die Zahl der Kontakte mit markierten Zonen (schwarz) mit denen, die auf Kontrollzonen (weiß) gerichtet waren. Sie stellten fest, daß Schimpansen besonders häufig die markierten Zonen berühren, woraus folgt, daß sie in der Lage sind, ihr Spiegelbild mit ihrem Gesicht zu verknüpfen. (Zeichnung von Donna Bierschwale, mit freundlicher Genehmigung der University of Louisiana-Lafayette, Cognitive Evolution Group)

gel geblickt hatte.[32] Das war natürlich genau das, was die Experten schon vorher behauptet hatten, doch jetzt war es sozusagen amtlich.

Was kritische Beobachter wie Heyes für mich so rätselhaft macht, ist der vollständige Mangel an Bescheidenheit, wenn sie es mit Tieren zu tun haben, mit denen sie nie zuvor gearbeitet haben. Behavioristen sind wirklich davon überzeugt, daß sie von Ratten und Tauben auf alle anderen Tierarten schließen können. Doch ihre nivellierende Einstellung gegenüber der Mannigfaltigkeit des Lebens und ihre Rede von den höheren und niederen Formen sind zutiefst prädarwinistisch. Damit ignorieren sie die Tatsache, daß jedes Tier das einzigartige Produkt einer natürlichen Selektion ist, die den Körper und das Gehirn betrifft. Nur diejenigen Wissenschaftler, die sich bemühen, alles zu lernen, was man über ein bestimmtes Tier erfahren kann, haben eine Chance, ihm seine Geheimnisse zu entlocken. Alle anderen werden auch weiterhin den Fehler machen, das Begrüßungsverhalten von Katzen als konditionierten Reflex zu deuten.

Und damit kehren wir zu den Forschern zurück, die keine künstlichen Schranken zwischen sich und anderen Lebensformen errichten: deren Achtung gegenüber Tieren in ihnen die Einsicht wachsen ließ, daß sie nur einen Bruchteil von dem erhaschen können, was in den Tieren vorgeht, und die sich nicht scheuen, sich mit ihnen zu identifizieren, Emotionen auf sie zu projizieren oder ihren eigenen intuitiven Einsichten über sie zu vertrauen, statt sich auf eine vorgefertigte Meinung zu stützen.

Ich sehe häufig eine Parallele mit den sogenannten Computerfreaks. So wie manche Kinder Tiere lieben, verbringen andere ihre ganze freie Zeit damit, vor dem Computer mit der Maus zu klicken, elektronische Spiele zu spielen, im Internet zu surfen oder Software zu testen. Einige wenige glückliche Individuen mit dieser Neigung sind heute ganz unübersehbar Milliardäre, und doch haben sie sich ursprünglich nicht auf den Computer gestürzt, um eines Tages reich zu werden. Sie waren einfach nur besessen von den Möglichkeiten dieser Technik. In ähnlicher Weise werden Ethologen und Naturkundler von etwas, das stärker ist als sie, schon frühzeitig in ihrem Leben dazu getrieben, mit Tieren zu arbeiten und maßlos viel Zeit mit ihrer Beobachtung zu verbringen. Daraus ergibt sich dann später ihre wissenschaftliche Tätigkeit fast zwangsläufig. Der einzige Unterschied ist, leider, daß sie damit nicht reich werden.

Die Erforschung von tierischem Verhalten gehört zu den ältesten menschlichen Unternehmungen. Als Jäger und Sammler benötigten unsere Vorfahren eine intime Kenntnis der umgebenden Flora und Fauna sowie der Gewohnheiten ihrer Beutetiere und der Tiere, die unter anderem auf Menschen Jagd machten. Die Beziehung zwischen Mensch und Tier muß damals vergleichsweise egalitär gewesen sein.[33] Jäger haben die Dinge kaum unter Kontrolle, sie müssen die Bewegungen ihrer Beutetiere antizipieren und werden immer wieder von der Schlauheit der Tiere überrascht, wenn diese ihnen entwischen. Eine praktischere Art des Wissens wurde erforderlich, als unsere Vorfahren zur Landwirtschaft übergingen und begannen, Tiere als Lieferanten von Nahrung und als Zugtiere zu domestizieren. Tiere wurden von uns abhängig und fügten sich unserem Willen. Statt ihr Verhalten vorauszuahnen, begannen wir, es ihnen aufzuzwingen.

Beide Sichtweisen sind heute in der Erforschung des tierischen Verhaltens erkennbar, und um erfolgreich zu sein, brauchen wir sowohl den Beobachter/Jäger als auch den experimentellen Forscher/Bauer. Doch während der erstere auch ohne den letzteren existieren kann, gerät der letztere ohne den ersteren immer wieder in Schwierigkeiten.

Erliegen wir einer Anthroponegation?

Der menschliche Jäger antizipiert die Bewegungen seiner Beute, indem er ihr Intentionen zuschreibt und einen anthropomorphistischen Standpunkt einnimmt, wenn es um die Frage geht, was Tiere empfinden, denken oder wünschen. Irgendwie ist diese Haltung höchst effektiv, um etwas über Tiere zu lernen und ihr Verhalten vorherzusagen. Der Grund, warum sie in bestimmten wissenschaftlichen Kreisen verpönt ist, hat viel mit dem Thema dieses Buchs zu tun, nämlich mit der Frage, wie wir uns im Verhältnis zur Natur sehen. Er liegt nach meiner Überzeugung nicht darin, daß der Anthropomorphismus der Wissenschaft im Wege steht, sondern daß er eine Kontinuität zwischen Tieren und Menschen zuläßt. In der westlichen Tradition ist diese Haltung nur den Kindern zugestanden, nicht den Erwachsenen.

Bei einer meiner Erkundungen zu diesem Thema landete ich in Griechenland – in einer illustren Gesellschaft von Philosophen, Biologen und Psychologen.[34] Die Griechen des klassischen Altertums glaubten, der Mittelpunkt des Universums befinde sich genau dort, wo sie lebten. Bei einer Besichtigung der sonnenüberfluteten Tempelruinen zu Füßen des Parnaß in der Nähe von Delphi sahen wir den *omphalos* (Nabel) der Welt – einen gewaltigen Stein in Form eines Bienenkorbs –, den ich einfach tätscheln mußte wie einen lange verlorengeglaubten Freund. Welchen besseren Ort konnte es geben, um über die Stellung der Menschheit im Kosmos nachzudenken? Wir diskutierten über Begriffe wie das »anthropische Prinzip«, demzufolge die Existenz des menschlichen Lebens auf der Erde erklärt, warum das Universum in all seinen Richtungen gleichförmig ist. Neben dieser Idee wirkt die Illusion der alten Griechen, sich am Nabel der Welt zu befinden, fast harmlos. Das Thema unseres Symposiums, das Problem des Anthropomorphismus, hatte sehr viel mit der selbstreferentiellen Einstellung zu tun, die solche Theorien hervorgebracht hat.

Anthropomorphismus und Anthropozentrismus liegen nie weit auseinander: Der erstere ist zum Teil wegen des letzteren ein »Problem«. Das zeigt sich besonders deutlich, wenn man bedenkt, welche Beschreibungen von tierischem Verhalten tendenziell abgelehnt werden. Der Vorwurf des Anthropomorphismus ist die übliche Reaktion, wenn wir beispielsweise sagen, ein Tier handle intentional, das heißt, es strebe absichtsvoll ein bestimmtes Ziel an. Intentionalität ist zugegebenermaßen ein heikler Begriff, bei Menschen allerdings nicht weniger als bei Tieren. Ihr Vorhandensein läßt sich etwa ebenso schwer beweisen wie ihr Fehlen; somit wäre ein vorsichtiger Gebrauch des Begriffs in bezug auf Tiere durchaus akzeptabel, wenn in bezug auf Menschen derselbe Maßstab angelegt würde. Das ist natürlich nicht der Fall: Der Anthropomorphismusvorwurf wird hauptsächlich dann laut, wenn ein Lichtstrahl auf eine andere Spezies fällt als unsere eigene.

Ich möchte das Problem an einem alltäglichen Beispiel verdeutlichen. Wenn in der Feldstation des Yerkes Primate Center bei Atlanta, wo ich arbeite, Gäste eintreffen, dann machen sie zumeist auch einen Besuch bei meinen Schimpansen. Häufig rennt unser Lieblingsquälgeist, eine Schimpansin namens Georgia, noch bevor sie angekommen sind zum Wasserhahn, um einen Mundvoll Wasser zu nehmen. Danach mischt sie sich unauffällig unter die übrige Kolonie hinter dem Maschendrahtzaun ihres Geheges, und selbst dem schärfsten Beobachter würde nichts Ungewöhnliches auffallen. Wenn nötig, wartet Georgia minutenlang mit geschlossenen Lippen, bis die Besucher näher kommen. Dann auf einmal gibt es ein Geschrei, Gelächter, Gehüpfe und manchmal auch Stürze, wenn sie die Besucher unvermutet naß spritzt.

Auf diesen Streich kann man sich bei Georgia verlassen, und ich habe noch etliche weitere Menschenaffen kennengelernt, die wußten, wie sie Menschen überraschen konnten, ob diese nun eigentlich darauf gefaßt waren oder nicht. Wie Heini Hediger, der große Schweizer Zoobiologe, berichtet, wurde er von einem erfahrenen alten Schimpansen selbst dann durchnäßt, wenn er damit rechnete und jede Bewegung des Menschenaffen beobachtete. Einmal befand ich mich mit Georgia selbst in einer ähnlichen Situation. Sie hatte sich am Wasserhahn versorgt und machte sich an mich heran. Ich sah ihr direkt in die Augen, zeigte mit dem Finger auf sie und sagte auf holländisch:»Ich habe dich gesehen!« Sogleich ging sie einen Schritt rückwärts, ließ etwas Wasser aus ihrem Maul laufen und schluckte den Rest hinunter. Ich will damit keinesfalls sagen, daß sie Holländisch verstand, aber sie muß gespürt haben, daß ich wußte, was sie vorhatte, und daß ich mich vorsehen würde.

Georgias Handlungen lassen sich am einfachsten in Begriffen menschlicher Eigenschaften beschreiben: als zielgerichtet, bewußt und mit einer Vorliebe für boshafte Streiche. Dennoch vertreten manche Wissenschaftler die Meinung, eine solche Sprache müsse vermieden werden. Tiere träfen keine Entscheidungen und verfolgten keine Absichten, sie reagierten vielmehr nach dem Prinzip des bedingten Reflexes. Aus dieser Perspektive hatte Georgia überhaupt nichts »im Sinn«, als sie ihre Opfer mit Wasser bespritzte. Sie hatte sich nicht etwa einen bösen Streich ausgedacht und ihn ausgeführt, sondern konnte einfach der Belohnung durch die Überraschung und Verärgerung der menschlichen Besucher nicht widerstehen. Während also jedes menschliche Individuum, das sich wie sie verhalten hätte, in irgendeiner Form zur Rechenschaft gezogen worden wäre, hätten manche Wissenschaftler Georgia für arglos und unschuldig erklärt.

Solcher automatischen Ablehnung gegenüber dem Anthropomorphismus liegt gewöhnlich ein unzureichendes Verständnis der Art und Weise zugrunde, wie wir Menschen die Welt erkennen. Wir selbst sind zwangsläufig Anfang und Ende solcher Erkenntnis. Der Anthropomorphismus – der Begriff kommt vom Griechischen *anthropomorphos* (»menschliche Gestalt«) – steht in einem schlechten Ruf, seit Xenophon 570 v. Chr. der Dichtung Homers den Vorwurf gemacht hatte, in ihr würden Götter behandelt, als wären es Menschen. Könnten wir so anmaßend sein zu glauben, sie seien wie wir? Wenn Pferde zeichnen könnten, spottete Xenophanes, würden sie zweifellos ihre Götter in Gestalt von Pferden darstellen. Somit sprach man ursprünglich von Anthropomorphismus, wenn Nichtmenschen fälschlich menschliche Eigenschaften zugeschrieben oder wenn zumindest Ähnlichkeiten zwischen Menschen und Nichtmenschen übertrieben wurden. Da sich kein Wissenschaftler gern dem Vorwurf falscher Zuschreibungen oder zumindest von Übertreibungen aussetzt, klingt »Anthropomorphismus« wie etwas unter allen Umständen zu Vermeidendes.

Die gegenwärtige Ablehnung des Anthropomorphismus geht zurück auf Lloyd Morgan, einen englischen Psychologen, der die Begeisterung für freizügige Interpretationen tierischen Verhaltens dämpfte, indem er 1894 den in der Psychologie vielleicht meistzitierten Satz formulierte: »Auf keinen Fall dürfen wir eine Handlung als das Ergebnis der Ausübung einer höheren psychischen Fähigkeit deuten, wenn sie als das Ergebnis der Ausübung einer Fähigkeit verstanden werden kann, die auf der psychologischen Skala weiter unten steht.«[35] Generationen von Psychologen haben Morgans Regel wiederholt und daraus abgeleitet, die am besten gesicherte Annahme über Tiere sei die, daß sie blinde Akteure in einem Spiel seien, das nur wir verstehen. Doch Morgan selbst hat seine Regel nie so verstanden: Er war nicht der Meinung, daß Tiere zwangsläufig eine beschränkte Intelligenz haben. Überrascht durch die einseitige Interpretation seines Prinzips, versah er es später mit einem Zusatz, demzufolge komplexe Interpretationen durchaus zulässig sind, wenn eine Tierart unabhängige Anzeichen für eine hohe Intelligenz erkennen läßt. Morgan ermutigte auf diese Weise die Wissenschaftler, im Fall mental entwickelterer Tiere eine Vielzahl von Hypothesen zuzulassen.[36] Leider ist der ergänzende Zusatz nicht annähernd so bekannt wie die Regel selbst. In einem vor einigen Jahren veröffentlichten Angriff auf die »Selbsttäuschungen« des Anthropomorphismus in den Verhaltenswissenschaften erklärt John Kennedy die behavioristische Tradition stolz zum dauerhaften Sieger über allen naiven Anthropomorphismus. In seinem Buch *The New Anthropomorphism* (1992) stellt er die zuversichtliche Behauptung auf: »Früher einmal eine lebenswichtige Streitfrage, eine Zielscheibe für Behavioristen, zieht [der Anthropomorphismus] heute kaum mehr als ein gelegentliches Wort der einhelligen Mißbilligung auf sich.« Andererseits belehrt uns der Autor fast im selben Atemzug: »Das anthropomorphistische Denken über tierisches Verhalten ist in uns eingepflanzt. Wir könnten es selbst dann nicht aufgeben, wenn wir es wollten. Außerdem wollen wir das auch gar nicht.«[37] Das erscheint unlogisch. Auf der einen Seite ist der Anthropomorphismus ein wesentlicher Bestandteil der Art und Weise, wie das menschliche Denken funktioniert. Auf der anderen Seite haben wir die Schlacht gegen ihn fast gewonnen. Doch wie könnten wir eine unwiderstehliche Denkweise überwinden? Oder haben wir es vielleicht mit einer behavioristischen Selbsttäuschung zu tun?

Ist es überhaupt wünschenswert, Gedanken zu unterdrücken, die uns auf natürliche Weise in den Sinn kommen? Wie erklärt es sich, daß wir, in Kennedys eigenen Worten, das anthropomorphistische Denken gar nicht aufgeben wollen? Liegt es nicht zu einem Teil daran, daß wir beim anthropomorphistischen Denken zwar Gefahr laufen, die mentale Komplexität von Tieren zu überschätzen – daß wir jedoch mit seinem Gegenteil, der bewußten Ziehung einer scharfen Grenzlinie zwischen uns und den übrigen Tieren, auch nicht vollkommen einverstanden sind? Da wir eine deutliche Verbindung mit den übrigen Tieren empfinden, können wir die Ähnlichkeiten zwischen ihnen und uns nicht guten Gewissens unter den Teppich kehren. Mit anderen Worten, wenn das anthropomorphistische Denken mit einem Risiko behaftet ist, so gilt dasselbe auch von seinem Gegenteil. Um diesem einen Namen zu geben, schlage ich den Begriff *Anthroponegation* für die apriorische Zurückweisung und Leugnung gemeinsamer Merkmale zwischen Menschen und anderen Tieren vor, wenn sie vorhanden sein *können*.

Die Vertreter der Anthroponegation versuchen, zwischen sich und anderen Tieren eine trennende Mauer zu errichten. Sie setzen die Tradition des französischen Philosophen Descartes fort, für den Menschen eine Seele besaßen, Tiere aber bloße Maschinen waren. Vom allgegenwärtigen Mensch-Tier-Dualismus der jüdisch-christlichen Tradition durchdrungen, ist diese Auffassung ohne Parallele in anderen Kulturen oder Religionen. Der Gedanke wirft zudem die Frage auf, warum wir, wenn wir von Automaten abstammen, nicht selbst Automaten sind? Wie konnten wir je anders werden? Jedesmal, wenn wir eine solche Frage stellen müssen, brechen wir einen weiteren Stein aus der Trennmauer. Für mich sieht sie langsam wie ein Schweizer Käse aus. Ich arbeite Tag für Tag mit Tieren, von denen man sich fast so schwer distanzieren kann wie von »Lucy«, den fossilen Überresten des Australopithecus. Alle Anzeichen sprechen dafür, daß der Hauptunterschied zwischen Lucy und den Menschenaffen der Gegenwart in den Beckenknochen und nicht im Schädel zu suchen ist. Wir alle schulden Lucy zweifellos den Respekt, der einem Vorfahren gebührt – und wenn das so ist, müssen wir nicht lernen, die Menschenaffen mit einem anderen Blick zu sehen?

Wenn die Schimpansin Georgia in einer Weise handelt, die bei jedem Menschen als beabsichtigter Schabernack aufgefaßt würde, brauchen wir überzeugende Beweise für das Gegenteil, bevor wir sagen, daß sie in Wirklichkeit von anderen Absichten geleitet wurde oder noch schlimmer, daß Menschenaffen überhaupt keine Intentionen haben und Georgia lediglich ein wasserspritzender Roboter ist. Ein solches Urteil wäre nur möglich, wenn ein Verhalten, das uns bis ins Detail an uns selbst erinnert – und das noch dazu von einem Organismus gezeigt wird, der uns in Anatomie und Gehirnaufbau höchst ähnlich ist –, sich in irgendeiner Hinsicht von unserem eigenen grundlegend unterscheidet. Es würde bedeuten, daß sich während der kurzen evolutionären Zeit-spanne, die den Menschen vom Schimpansen trennt, für ein ähn-liches Verhalten unterschiedliche Motive und kognitive Prozesse entwickelt hätten. Eine komplizierte und höchst unökonomische Annahme!

Ist es da nicht weit weniger umständlich anzunehmen, daß bei ähnlichen Verhaltensweisen zweier eng miteinander verwandter Arten die zugrundeliegenden mentalen Prozesse ebenfalls ver-wandt sind? Wenn Wölfe und Kojoten gemeinsame Verhaltens-muster aufweisen, ist es schlüssig anzunehmen, daß diese Muster auch dasselbe bedeuten, da sie sich vom gemeinsamen Vorfahren beider Spezies ableiten. Auf Menschen und ihre nächsten Ver-wandten angewandt, macht dieses Argument eine kognitive Ähn-lichkeit zur Standardeinstellung. Mit anderen Worten, angesichts der Tatsache, daß die Auseinanderentwicklung der gemeinsamen Vorfahren von Menschen und Schimpansen vermutlich nicht län-ger als fünf bis sechs Millionen Jahre zurückliegt, dürfte der An-thropomorphismus gegenüber der Anthroponegation das gerin-gere Problem sein.[38]

Diese radikal klingende Position – nach der im Fall der Primaten die Beweislast nicht mehr bei denen liegen soll, die Ähnlichkeiten erkennen, sondern bei denen, die sie bestreiten – ist nicht eigentlich neu. Einer der stärksten Befürworter einer einheitlichen Erklärung war der Philosoph David Hume. Mehr als ein Jahrhundert vor Lloyd Morgan und Darwin formulierte Hume in seinem *Traktat über die menschliche Natur* (zuerst 1739) die folgende Regel:

»Aus der Ähnlichkeit der äußeren Handlungen der Tiere und derjenigen, die wir selbst ausführen, schließen wir, daß auch ihre inneren Handlungen den unseren gleichen; und wenn wir nach demselben Prinzip noch einen Schritt weitergehen, so se-hen wir uns genötigt zu schließen, daß, da ihre inneren Hand-lungen den unsrigen gleichen, die Ursachen, aus denen beide entspringen, gleichfalls übereinstimmen müssen. Wenn also irgend eine Hypothese aufgestellt wird, die zur Erklärung einer den Menschen und Tieren gemeinsamen geistigen Tätigkeit dienen soll, so müssen wir zusehen, ob dieselbe Hypothese auf beide, die Tiere und die Menschen, in gleicher Weise anwendbar ist. Jede richtige Hypothese wird diese Prüfung bestehen.«[39]

Bambifizierung

Sobald wir zugeben, daß Tiere keine Maschinen sind und mehr Ähnlichkeit mit uns als mit Automaten haben, wird Anthroponegation unmöglich und Anthropomorphismus unvermeidlich – der übrigens so lange nicht unwissenschaftlich ist, als er nicht in einer der unwissenschaftlichen Formen auftritt, mit denen uns die Massenkultur bombardiert. Ich kann mich noch an ein Plakat erinnern, das für sauberen Treibstoff warb und auf dem ein Grizzlybär den Arm um die Schulter seiner Gefährtin gelegt hatte, um gemeinsam mit ihr den Anblick einer wunderschönen Landschaft zu genießen. Da Bären nachtsichtig sind und keine Paarbindungen eingehen, war dieses Bild eine reine Projektion unseres eigenen Verhaltens auf diese Tiere.

Walt Disney ließ uns vergessen, daß Mickey eine Maus und Donald eine Ente war. Sesamstraße, die Muppets oder Barney: die Fernsehkanäle sind voll von sprechenden und singenden Tieren, die zu ihren Pendants in der Wirklichkeit kaum noch einen Bezug aufweisen. Tiere in Zeichentrickfilmen sind häufig pädomorph angelegt, das heißt, sie entsprechen mit ihren großen Augen und rundlichen Körpermerkmalen dem »Kindchenschema« der Ethologie und sollen bei den Zuschauern Streichelreflexe auslösen und Beschützerinstinkte wecken.

Ich habe persönlich eine weitere Form erlebt, die ich als satirischen Anthropomorphismus bezeichne. Dieser nutzt den Ruf bestimmter Tiere – sie gelten als dumm, stur oder komisch –, um Menschen zu verspotten. Als mein Buch *Unsere haarigen Vettern* 1987 in Frankreich erschien, beschloß der Verlag ohne mein Wissen, den Schutzumschlag mit einer Fotomontage zu gestalten, die

François Mitterrand und Jacques Chirac und zwischen ihnen einen grinsenden Schimpansen zeigte. Ich kann nur vermuten, was damit suggeriert werden sollte: daß die beiden Politiker die reinsten Affen waren. Doch das stand der eigentlichen Absicht des Buchs völlig entgegen, die nicht darin bestand, sich über Menschen lustig zu machen, sondern zu zeigen, daß Schimpansen in komplexen Gesellschaften voller Bündnisse und Allianzen leben und ständig Machtkämpfe austragen, Gesellschaften, die in mancher Hinsicht unsere eigene spiegeln.

Ähnlichen Formen des anthropomorphistischen Humors begegnet man am Affenfelsen im Zoo. Ist es nicht auffällig, daß Antilopen, Löwen oder Giraffen höchst selten besondere Heiterkeit bei den Betrachtern auslösen, doch daß die Besucher der Affen ungewöhnlich oft in ein Kreischen, Tröten und Sich-Kratzen verfallen, wobei sie mit dem Finger auf die Tiere zeigen und quietschen: »Ich mußte zweimal hinsehen, Larry, ich dachte, du wärst das!« Dieses Lachen ist ein Ausdruck der Anthroponegation, scheint mir: eine nervöse Reaktion, ausgelöst durch die unbehagliche Ähnlichkeit.

Am häufigsten begegnet man dem Anthropomorphismus in jener naiven Form, die aus Unwissen oder aufgrund von Wunschdenken Tieren menschliche Empfindungen und Gedanken zuschreibt. Ich erinnere mich an ein Interview mit einer Frau in Wisconsin, die behauptete, die Eichhörnchen in ihrem Garten hätten zu ihr eine ungewöhnliche Zuneigung entwickelt. Die Tiere besuchten sie täglich, kamen zu ihr in die Wohnung und nahmen sogar das bereitgehaltene Futter aus ihrer Hand. Sie gab jährlich über tausend Dollar für Nüsse aus. Als ich vorsichtig andeutete, der Grund für die Anhänglichkeit der Nager seien möglicherweise die freigebig verteilten Nüsse, bestritt sie eine solche Möglichkeit vehement.

Naiver Anthropomorphismus liegt vor, wenn wir rufen: »Das muß der Vater sein!«, wenn ein erwachsenes männliches Tier gutmütig mit einem Jungen spielt. Wir sind jedoch die einzigen Tiere, bei denen die Vaterrolle auf einer biologischen Vaterschaft gründet. Andere Tiere können Väter sein – und Väter können Jungtiere anders behandeln als Nicht-Väter –, doch das beruht nirgends auf einem expliziten Verständnis des Zusammenhangs zwischen Sexualität und Fortpflanzung. Auf einer ähnlichen Ebene liegt es, wenn Elizabeth Marshall Thomas uns in ihrem Buch *Das geheime Leben der Hunde* sagt, daß »jungfräuliche« Hündinnen sich für ihren späteren »Mann« »bewahren«, und dabei viktorianische Werte bei einem Tier annimmt, das noch dazu nicht gerade für sexuelle Treue bekannt ist.

Alle diese Beispiele für Anthropomorphismus sind zutiefst anthropozentrisch. Die sprechenden Tiere im Fernsehen, die satirische Darstellung von Personen des öffentlichen Lebens als Tiere und die naive Zuschreibung menschlicher Eigenschaften bei Tieren haben wenig mit dem zu tun, was wir über die Tiere selbst wissen. In einer Tradition, die auf Volkserzählungen, Aesop und La Fontaine zurückgeht, dient ein Anthropomorphismus dieser Art menschlichen Zwecken: dem Spott, der Pädagogik, der moralischen Ermahnung und der Unterhaltung. Zu einem großen Teil bedient er zudem das liebgewonnene Klischee vom Tierreich als einem friedlichen und gemütlichen Paradies. Die Tatsache, daß Tiere sich in Wirklichkeit gegenseitig töten und verschlingen, an Hunger und Krankheit sterben oder einander gleichgültig sind, paßt nicht in dieses idealisierte Bild. Der massive Versuch der Unterhaltungsindustrie, Tieren ihre häßliche Seite zu nehmen, ist treffend als »Bambifizierung« bezeichnet worden.[40]

Die große Öffentlichkeit kann die bambifizierte immer weniger von einer wirklichen Welt unterscheiden, da immer weniger Menschen auf einem Bauernhof oder in einer natürlichen Umgebung aufwachsen. Auch wenn die Haltung von Schmusetieren Kinder vor gewissen Illusionen bewahren kann (Hunde sind zwar im allgemeinen nett, aber auch sie machen Jagd auf Beute oder gehen gegen Eindringlinge in ihr Territorium vor), der Stadtbewohner von heute macht sich von der Natur in ihrer ganzen Schönheit und Grausamkeit kein zutreffendes Bild mehr.

74

Wie ist es, eine Fledermaus zu sein?

Das Ziel eines Tierverhaltensforschers besteht wohl kaum darin, menschliche Erfahrungen auf das Tier zu projizieren. Ihm geht es vielmehr darum, tierisches Verhalten innerhalb des weiteren Kontexts der Gewohnheiten und der Naturgeschichte einer Spezies zu interpretieren.

Ohne Erfahrung mit Primaten könnte man vielleicht glauben, ein grinsender Rhesusaffe sei vergnügt, oder ein Schimpanse, der unter lautem Knurren auf einen anderen losrennt, müsse in aggressiver Stimmung sein. Doch Primatologen wissen aus langer Beobachtung, daß Rhesusaffen die Zähne zeigen, wenn sie eingeschüchtert sind, und daß Schimpansen häufig knurren, wenn sie sich begegnen und umarmen. Mit anderen Worten, ein grinsender Rhesusaffe signalisiert Unterwerfung, und das Knurren eines Schimpansen hat die Funktion eines Grußes. Auf diese Weise gelangt der sorgfältige Beobachter zu einem informierten Anthropomorphismus, der häufig mit Extrapolationen des menschlichen Verhaltens nicht übereinstimmt.

Wenn Sofie, ein sechs Monate altes Kätzchen, seitlich hüpfend auf mich zuspringt, mit weitgeöffneten Augen, gekrümmtem Bukkel und gerecktem, aufgeplustertem Schwanz, erkenne ich darin einen spielerischen Bluff. Diese Einschätzung beruht nicht darauf, daß ich irgendwelche Menschen kenne, die sich so verhalten würden. Ich weiß einfach, wie sich Sofies Verhalten in all die anderen Dinge fügt und zu ihnen verhält, die Katzen tun. Entsprechend redet ein Tierpfleger, der ein Totenkopfäffchen mit Mehlwürmern füttert und dabei »lecker!« murmelt, nicht für sich, sondern für das Äffchen.

Oder nehmen wir ein Buch, das in die Bestsellerlisten kam, *Der mit den Pferden spricht.* Dort gebraucht der Tiertrainer Monty Roberts ständig eine scheinbar hoffnungslos anthropomorphistische Sprache, um die Reaktionen seines Tiers zu beschreiben. Wenn die Pferde beispielsweise die Bewegungen des Leckens und des Kauens machen, verhandeln sie angeblich mit ihrem Trainer: »Ich bin ein Pflanzenfresser, ein Weidetier. Ich simuliere diese

Freßbewegungen, weil ich darüber nachdenke, ob man dir trauen kann oder nicht. Kannst du mir die Entscheidung ein wenig erleichtern? Bitte!«[41]

Statt jedoch seinen Schützlingen menschliche Neigungen zuzuschreiben, nimmt Roberts mit seinen Interpretationen den Standpunkt des Tiers ein. Sein außerordentlicher Erfolg als Trainer beruht auf dem Umstand, daß er das Pferd als Fluchttier behandelt, das erst eine vertrauensvolle Beziehung aufbauen muß. Ein Pferd hat eine auf Angst gegründete Psychologie, die völlig anders ist als die eines Räubers.

Zwar kann man das Ziel, Tiere von innen her zu verstehen, als naiv bezeichnen, aber es ist auf jeden Fall nicht anthropozentrisch. Im Idealfall verstehen wir Tiere auf der Grundlage dessen, was wir von ihrer »Umwelt« wissen, ein Begriff, den Jakob von Uexküll 1909 für die Umgebung einer Tierart, wie sie von dieser wahrgenommen wird, eingeführt hat. Ähnlich wie Eltern lernen, mit den Augen ihrer Kinder zu sehen, so lernt der einfühlsame Beobachter, was für »seine« Tiere wichtig ist, wovor sie Angst haben oder unter welchen Bedingungen sie sich wohlfühlen.

Ist es wirklich anthropomorphistisch, die Welt mit den Augen eines Tieres zu sehen und dabei seine Umwelt, Intelligenz und seine natürlichen Neigungen mit einzubeziehen? Wenn man den Anthropomorphismus als die Zuschreibung menschlicher mentaler Erfahrungen bei Tieren definiert, dann »anthropomorphisiert« Roberts strenggenommen nicht; er unterstellt ausdrücklich wesentliche Unterschiede in der psychischen Ausstattung von Tieren und Menschen. Obwohl er dem Pferd menschliche Worte in den Mund legt, tut er dies offenbar deshalb, weil er ein Publikum erreichen möchte, und nicht, weil er zwischen den Spezies etwas durcheinandergebracht hätte.

Der »zoozentrische« Ansatz – bei dem der Mensch sich in die Perspektive eines Tiers versetzt – eignet sich nicht für jedes Tier gleichermaßen: Einige sind mehr wie wir als andere. Das Problem dabei, Erfahrungen von Organismen zu teilen, die sich mit Hilfe ganz anderer Sinne zurechtfinden, wurde von dem Philosophen Thomas Nagel mit der berühmten Frage auf den Punkt gebracht:

»Wie ist es, eine Fledermaus zu sein?«[42] Eine Fledermaus nimmt ihre Welt wahr, indem sie Impulse von reflektiertem Schall empfängt, etwas, das wir Augenwesen uns nur schlecht vorstellen können. Dennoch war Nagels eigene Antwort auf seine Frage – die wir nie erfahren werden – möglicherweise übertrieben pessimistisch. Es gibt blinde Menschen, die mit Hilfe einer groben Form der Echoorientierung Zusammenstöße mit Gegenständen vermeiden können.[43]

Möglicherweise noch fremdartiger wäre für uns die Welt eines Tiers wie des nordamerikanischen Sternnasenmaulwurfs (Sternmulle). Mit zweiundzwanzig rosafarbenen, sich um die Nüstern windenden Tentakeln ist er in der Lage, mikroskopisch kleine Strukturen auf kleinen Objekten in der Erde mit dem schärfsten Tastsinn aller heute lebenden Tiere wahrzunehmen. Die Umwelt eines solchen Geschöpfs können wir uns kaum vorstellen. Offensichtlich fällt uns dies aber um so leichter, je näher uns eine Art steht. Das ist der Grund, warum der Anthropomorphismus im Fall der Menschenaffen nicht nur verführerisch ist, sondern sich auch schlecht mit der Begründung verwerfen läßt, wir könnten nichts darüber wissen, wie sie die Welt wahrnehmen. Ihre Sinnesorgane sind im wesentlichen die gleichen wie unsere eigenen.

Der »zoozentrische« Anthropomorphismus muß klar vom anthropozentrischen Anthropomorphismus unterschieden werden (s. Diagramm, S. 78). Der erstere betrachtet die Dinge vom Standpunkt des Tieres, der letztere von unserem eigenen Standpunkt aus. Es ist ein wenig wie bei Menschen, wie wir sie alle kennen, die für uns Geschenke aussuchen, von denen sie glauben, daß *wir* Freude daran haben werden, während andere uns Dinge schenken, die *ihnen* gefallen. Die letzteren haben noch kein reifes Stadium der Empathie erreicht und werden es vielleicht auch nie.[44]

Um vom Anthropomorphismus einen sinnvollen Gebrauch zu machen, müssen wir ihn als Mittel und nicht als Zweck betrachten. Es sollte nicht unser Ziel sein, an einem Tier eine Eigenschaft zu finden, die exakt einem Aspekt unseres eigenen Innenlebens entspricht. Wir sollten uns vielmehr den Umstand zunutze machen, daß wir Tiere sind, die – von uns selbst überprüfbare –

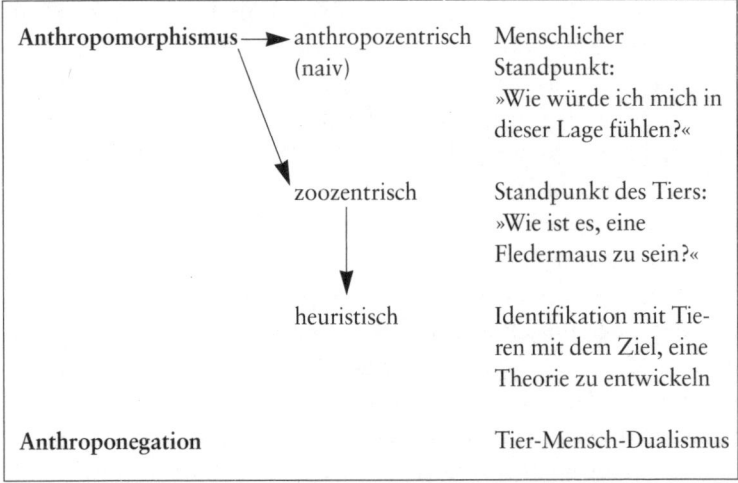

Anthropomorphismus ➤	anthropozentrisch (naiv)	Menschlicher Standpunkt: »Wie würde ich mich in dieser Lage fühlen?«
	zoozentrisch	Standpunkt des Tiers: »Wie ist es, eine Fledermaus zu sein?«
	heuristisch	Identifikation mit Tieren mit dem Ziel, eine Theorie zu entwickeln
Anthroponegation		Tier-Mensch-Dualismus

Der Anthropomorphismus kann viele Gestalten annehmen. Besondere Vorsicht ist gegenüber der naiven, vermenschlichenden (anthropozentrischen) Form angebracht. Die meisten Tierverhaltensforscher versuchen jedoch Tiere in der Weise zu verstehen, daß sie deren eigenen Standpunkt beziehen. Der »zoozentrische« Anthropomorphismus ist ein gängiges heuristisches Werkzeug: Er bringt überprüfbare Ideen hervor. Das Gegenteil des Anthropomorphismus ist die Anthroponegation, die Annahme eines grundsätzlichen Gegensatzes zwischen Menschen und Tieren, die auf dem Glauben beruht, daß die hier möglichen Irrtümer weniger schädlich seien als jene, die sich aus der angenommenen Ähnlichkeit zwischen Mensch und Tier ergeben.

Ideen entwickeln. Dieser heuristische Gebrauch des Anthropomorphismus hat viel Ähnlichkeit mit der Rolle der Intuition überall in der Wissenschaft. Sie regt uns an, Vorhersagen zu machen und uns zu fragen, wie man sie überprüfen kann, wie wir also beweisen können, daß unsere Vermutungen zutreffend sind. So wird Spekulation zur Herausforderung.[45]

Gorilla rettet kleinen Jungen

Am 16. August 1996 rettete eine Gorillafrau einen drei Jahre alten Jungen. Das Kind, das sechs Meter tief in das Primatengehege im Chicagoer Brookfield-Zoo gefallen war, wurde von Binti Jua, einer acht Jahre alten Flachlandgorillafrau, vom Boden aufgehoben und in Sicherheit gebracht. Die Gorillafrau setzte sich auf einen Baumstamm in einem Bach, wiegte den Jungen im Schoß und gab ihm einen freundlichen Klaps auf den Rücken, bevor sie ihren Weg fortsetzte. Dieser Akt des Mitgefühls rührte viele Herzen und machte Binti über Nacht zu einer Berühmtheit. Es dürfte das erste Mal in der Geschichte der USA gewesen sein, daß ein Gorilla in den Reden führender Politiker erwähnt wurde, welche die Gorillafrau als Beispiel für die Anteilnahme priesen, an der es in der Gesellschaft so sehr fehle. *Time* wählte die Gorillafrau zu einem der »besten Menschen« des Jahres 1996.

Einige Wissenschaftler reagierten weniger schwärmerisch. Sie warnten, Bintis Motive seien möglicherweise weniger edel, als es schien, und wiesen darauf hin, daß sie von Menschen großgezogen worden war und man ihr elterliches Verhalten mit einem ausgestopften Tier beigebracht hatte. Die ganze Geschichte, so ihre Vermutung, lasse sich mit einem verwirrten Mutterinstinkt erklären. Andere spekulierten, Binti hätte sich vermutlich genauso verhalten, wenn es sich um einen Sack Mehl gehandelt hätte; oder sie habe den Zoowärtern das Kind mit demselben »Stolz« präsentiert, mit dem eine Hauskatze ihren Haltern eine Maus vor die Füße legt.

Das Interessante an diesen einfallsreichen Erklärungen ist, daß niemand auf die Idee käme, ähnliche Zweifel zu äußern, wenn zum Beispiel ein Mensch einen Hund rettet, der von einem Auto angefahren wurde. Der Retter mag in der Nähe eines Hundeheims aufgewachsen sein, vielleicht wurde er als Kind dafür gelobt, daß er freundlich zu Tieren war, oder er ist von Natur aus tierlieb, in jedem Fall würden wir sein Verhalten als fürsorglich bezeichnen. Warum also wurde Bintis Herkunft und Vergangenheit gegen sie verwendet?[46]

Ich behaupte nicht, ich könne Binti ins Herz sehen, aber ich weiß, daß niemand sie auf diesen besonderen, einzigartigen Notfall vorbereitet hatte und daß es höchst unwahrscheinlich ist, daß sie mit ihrem eigenen, siebzehn Monate alten Kind auf dem Rücken einen »verwirrten Mutterinstinkt« hatte. Wie in aller Welt sollte ein so hochintelligentes Tier einen blonden kleinen Jungen in Turnschuhen und einem roten T-Shirt für einen jungen Gorilla halten? Eigentlich war das Überraschendste an der Sache, wie überrascht die meisten Menschen waren. Verhaltensforscher, die sich mit Menschenaffen auskennen, waren nicht der Meinung, Binti habe etwas Ungewöhnliches getan. Jürg Hess, ein Schweizer Gorillaexperte, erklärte in einem Interview im *Stern* kurz und bündig: »Der Vorfall kann nur für Leute sensationell sein, die nichts über Gorillas wissen.«

Was Hess damit sagen wollte, war – und darin bin ich ganz seiner Meinung –, daß Bintis Verhalten nur deshalb einen so tiefen Eindruck machte, weil es einem Angehörigen unserer eigenen Spezies zugute kam. Sich um ein verletztes Junges zu kümmern ist für einen Menschenaffen ein völlig normales Verhalten, das sich in der Regel natürlich auf seine Artgenossen richtet. Beispiele dafür gelangen niemals in die Medien, sind jedoch wohlbekannt und liegen auf derselben Linie wie Bintis Hilfsaktion für den unglücklichen Jungen. Die Idee, daß Menschenaffen die Fähigkeit zur Einfühlung haben, wird außerdem durch die Beobachtung gestützt, daß sie die Opfer einer Aggression unmittelbar danach »trösten«, sie umarmen und streicheln – eine Reaktion, die von anderen Primaten nicht bekannt ist.[47]

Der Vorfall im Brookfield-Zoo macht deutlich, wie schwierig es ist, gleichzeitig Anthropomorphismus und Anthroponegation zu vermeiden: Vermeidet man die anthropomorphistische Perspektive, steht man sogleich vor dem Problem, daß Bintis Handeln kaum einen Sinn ergibt (wenn man sich weigert, bei einer Gorillafrau Intentionen und Emotionen anzunehmen).

Die umfassendere Frage hinter alldem lautet, welches Risiko wollen wir lieber eingehen: das mentale Leben von Tieren zu unterschätzen oder es zu überschätzen? Es gibt keine einfache Ant-

WENN EIN ARMES KIND DURCH DIE MASCHEN DES SOZIALEN
NETZES FIELE, WEM WÜRDEN SIE AM EHESTEN ZUTRAUEN,
DASS ER IHM ZU HILFE KOMMT?

8·20·96 THE CHATTANOOGA TIMES PLANTE

Die Rettung eines kleinen Jungen, der in das Gorillagehege im Brookfield-Zoo in Chicago gefallen war, durch die Gorillafrau Binti ereignet sich 1996, als die USA sich auf einen Präsidentschaftswahlkampf vorbereiteten, wobei Bill Clinton, Bob Dole und Ross Perot die Bewerber um das Präsidentenamt waren. (Karikatur von Bruce Plante für die *Chattanooga Times*, mit Genehmigung des Zeichners)

wort darauf, doch unter dem Blickwinkel der Evolution läßt sich die Fürsorglichkeit Bintis ebenso wie die Boshaftigkeit Georgias am ökonomischsten in derselben Weise erklären wie unser eigenes Verhalten.

Darwistoteles

Die Debatte um das anthropomorphistische Denken macht alte Verwerfungslinien im abendländischen Denken sichtbar. Sie gehen auf die einheitliche Sichtweise von Aristoteles und die dualistische Position der christlichen Religion zurück. Aristoteles verstand das menschliche soziale und politische Leben als Effekt natürlicher Antriebe, etwa das Bedürfnis der verläßlichen Kooperation oder der elterlichen Fürsorge, das wir mit vielen anderen Tieren teilen. Diese Auffassung läßt sich so weitgehend mit der gegenwärtigen Evolutionsbiologie in Einklang bringen, daß in den Werken zumindest eines amerikanischen Politikwissenschaftlers, Larry Arnhart, Darwin und Aristoteles zu einer einzigen Person verschmelzen, die man vielleicht als Darwistoteles bezeichnen könnte.[48]

Die katholische Kirche sah dagegen das Universum vertikal zwischen Himmel und Erde angeordnet. Aus diesem Blickwinkel war es sinnvoll, von »höheren« und »niederen« Lebensformen zu sprechen, wobei die Menschen Gott am nächsten waren. Über die Philosophie durchdrang diese Denkweise die gesamten Sozial- und Geisteswissenschaften, in denen sie noch immer fortlebt, obwohl die Biologie absolut keinen Zweifel daran läßt, daß die Vorstellung eines linearen Fortschreitens unter den Lebensformen falsch ist. Jeder Organismus hat seinen Platz auf dem phylogenetischen Baum, ohne andere Organismen über oder unter sich zu haben. Die Biologen unterscheiden zwischen Organismen, die sich gut behaupten oder aussterben, die spezialisiert oder generalisiert sind, sich langsam oder schnell vermehren, aber für sie gibt es keinen Organismus, dem andere als Modell nacheiferten oder der an sich überlegen wäre.

Diese unterschiedlichen Denktraditionen haben das Verhältnis des westlichen Menschen zur Natur zutiefst schizophren werden lassen: Die herrschende Religion sagt uns, Mensch und Natur seien voneinander getrennt, während die Wissenschaft uns zu einem Bestandteil der Natur erklärt. Das wirkt sich auch auf die Frage des Anthropomorphismus aus und erklärt, warum – zumindest aus meiner Perspektive – der Widerstand gegen ihn eher dem Wunsch entspringt, sich die Tiere vom Leib zu halten, als dem Bemühen um wissenschaftliche Objektivität. Letzteres ist im wesentlichen eine Rationalisierung durch die Behavioristen. Natürlich ist das Herumhacken auf den Behavioristen für Ethologen wie mich selbst nichts Neues. Angesichts der langen Geschichte der entgegengesetzten Auffassungen über die Beziehungen zwischen Mensch und Tier ist es nur folgerichtig, wenn ein Zugang zum tierischen Verhalten, der von der Biologie seinen Ausgang nimmt, einem Zugang aus der Psychologie in die Quere kommt.[49] Behavioristen und Ethologen waren einander spinnefeind, seit Daniel Lehrman 1953 seinen scharfen Angriff auf Lorenz' Instinkttheorie veröffentlichte. Die Antipathie beruhte auf Gegenseitigkeit, und alles schien auf eine katastrophale Spaltung zuzusteuern. Daß es dazu nicht kam, lag daran, daß beide Seiten rechtzeitig entdeckten, wie viel Tiere für jeden von ihnen bedeuteten. Gerard Baerends, ein holländischer Verhaltensforscher, schilderte seine Begegnung mit dem Feind 1954 in Montreal:

»Jan van Iersel und ich waren die ersten Ethologen, die mit Danny Lehrman zusammentrafen, nachdem dessen Kritik erschienen war. Nach einigen Minuten belanglosen Gesprächs kamen wir darauf, daß die Beobachtung von Vögeln unser gemeinsames Interesse war. Das erleichterte den weiteren Austausch unserer Ideen beträchtlich, die – wie wir bald herausfanden – wesentlich besser miteinander vereinbar waren, als wir bisher gedacht hatten.«[50]

Seitdem haben sich die Ethologie wie der Behaviorismus von innen heraus verändert und laufen heute weitgehend unter anderen Namen. Die wirkungsvollste Kritik an der behavioristischen Position kam von Psychologen aus den eigenen Reihen. Sie stellten die leiterartige Vorstellung von der Evolution als einer *Scala Naturae* in Frage und erhoben Einwände gegen die bevorzugte Anwendung von Albinoratten als Versuchstiere. Zwar gibt es den Behaviorismus noch immer, doch in seiner alten, »radikalen« Form gehört er inzwischen der Geschichte an.[51]

Die Nachfahren der Behavioristen bezeichnen sich heute als komparatistische Psychologen, eine Schule, die sich seit der Veröffentlichung der großartigen Synthese *Animal Behavior* von Robert Hinde 1966 der Ethologie beträchtlich angenähert hat. Das *Journal of Comparative Psychology* ist zu einer Plattform für Tierverhaltensforscher geworden, die so unterschiedliche Disziplinen wie die traditionelle Lernpsychologie, die kognitive Psychologie, Kulturanthropologie, Verhaltensökologie und Ethologie vertreten. So rechnet ein vor kurzem erschienenes Handbuch mit dem Titel *Comparative Psychology* Darwin, Lorenz und Tinbergen zu den Pionieren der Disziplin, obwohl alle drei Biologen waren.[52] Der evolutionäre Ansatz und dessen Betonung der Artenvielfalt gewinnen offenbar an Boden, während der Widerstand gegen die Erklärung des tierischen Verhaltens durch mentale Prozesse sich mehr und mehr auf dem Rückzug befindet.

Inzwischen hat die Ethologie mit ihrer Methode der sorgfältigen Beschreibung und Beobachtung in so unterschiedliche Forschungsbereiche wie das Verhalten von Kindern oder die Soziobiologie Eingang gefunden. Obwohl sich die frühen Soziobiologen sogleich von der Ethologie distanziert haben, um deutlich zu machen, daß sie mit ein paar neuen Ideen aufzuwarten hatten (was tatsächlich der Fall war), waren sie stark von ihr beeinflußt, vor allem von der Tinbergenschule und deren Arbeiten über Verhaltensanpassung. Später geriet der Begriff »Soziobiologie« in Verruf, was zu weiteren Namensänderungen führte wie »Verhaltensökologie« und »Evolutionspsychologie«, denen jedoch keine Änderungen in der Theorie oder im Forschungsprogramm entsprachen.[53]

Welche Bezeichnungen wir auch wählen mögen, Tierverhaltensforscher erhalten nach wie vor überwiegend eine Ausbildung als Biologen oder Psychologen, und beide Disziplinen haben voneinander gelernt und infolgedessen sich auch einander angenähert. Mit zunehmender Einsicht in die Flexibilität des tierischen Verhaltens wird der Begriff »Instinkt« kaum noch gebraucht, und im gegenwärtigen Interesse am kulturellen Leben der Tiere könnte man einen Triumph all jener sehen, die schon immer auf die Bedeutung des Lernens hingewiesen haben. Um aus der Verhaltensforschung eine reife Wissenschaft zu machen, müssen wir uns jetzt von der aristotelischen Anschauung inspirieren lassen und unsere Forschung an Themengebieten orientieren (zum Beispiel Kognition, evolutionäre Anpassung, Kultur und Genetik), statt unsere Disziplin auf der Frage aufzubauen, ob wir uns mit einem einzigartigen zweibeinigen Primaten oder einem Tier unter vielen beschäftigen. Die Beseitigung dieser künstlichen Kluft wird noch auf einige Zeit damit zu tun haben, die übertriebene Angst vor jeder Form des Anthropomorphismus zu beschwichtigen, die aus dieser Spaltung überhaupt erst entstanden ist.

2.
Das Schicksal der Gurus

Wenn Silberrückenmänner zu Hemmschuhen werden

»In der Wissenschaft kommt es nicht darauf an, am
Ende recht zu behalten. Viel wichtiger ist es, bislang
unbedachte Felder zu besetzen, Anstöße zu geben,
Neues zu wagen, Diskussionen anzuregen. Und das
hat Konrad Lorenz wie kein anderer in diesem Bereich
der Biologie getan.«

Erik Zimen 1999 [54]

»Die japanische Kultur macht kein Aufhebens um den
Unterschied zwischen Menschen und Tieren und ist
damit bis zu einem gewissen Grad vor den Verlockun-
gen des Anthropomorphismus geschützt [...]. Wir
sind davon überzeugt, daß dies zu vielen wichtigen
Entdeckungen geführt hat.«

Jun'ichiro Itani 1985

Statt mit klarem Blick voranzuschreiten, stolpert die Wissenschaft
Vordenkern hinterher, die immer wieder falsche Wege einschlagen, worauf sie sich anderen Vordenkern zuwendet, die scheinbar
den richtigen Weg kennen, worauf sie sich erneut korrigiert ... bis
ein genügender Fortschritt erzielt worden ist, den die nächste Generation ignorieren oder auf dem sie aufbauen kann. In der Rück-
schau mag der zurückgelegte Weg geradlinig erscheinen und von
einem Stadium der Unwissenheit zu tiefen Erkenntnissen führen,
aber nur deshalb, weil unsere Erinnerung an Sackgassen noch viel
schlechter ist als das Gedächtnis von Ratten in einem Labyrinth.

Aus verständlichen Gründen stehen wir den wissenschaftlichen
Vordenkern zwiespältig gegenüber. Mit Ausnahme derjenigen,
denen wir wirklich unschätzbare Entdeckungen verdanken, wie

Einstein und Darwin, sind es Menschen, die ihre Anhänger anfangs begeistern und anregen, ihnen dann eine Richtung geben und sie protegieren, doch am Ende ersticken sie gewöhnlich jeden weiteren Fortschritt. Sie werden zu massiven Hindernissen: zu den Dinosauriern jener Forschungsfelder, an deren Erschließung sie selbst beteiligt waren. So erklären sich auch die häßlichen Vatermorde, bei denen einige Emporkömmlinge rebellieren und den alten Guru kaltstellen.[55] Sie tun es natürlich nicht direkt, sondern bedienen sich akademischer Mittel, wie verächtlicher Witze während Vorträgen, kritischer Anmerkungen, schlechter Buchbesprechungen und – wenn alles vorbei ist – eines tödlichen Schweigens.

Zwar werde ich im folgenden auf zwei bestimmte Beispiele aus der Vergangenheit näher eingehen – in beiden Fällen geht es um Tierverhaltensforschung in unterschiedlichen kulturellen Kontexten –, doch sind solche Vorgänge keineswegs auf eine bestimmte Periode beschränkt. Ein Vatermord der genannten Art vollzieht sich gerade, während ich an diesem Buch schreibe, verübt von einer neuen Generation von Darwinisten, die der Meinung sind, daß der populärste Evolutionsbiologe und Autor in den Vereinigten Staaten, Stephen Jay Gould, seine Rolle lange genug gespielt hat und altmodische und selbst irrige Auffassungen vertritt. Es gab gehässige Vorträge, niederträchtige Briefe wurden veröffentlicht, und als schlimmste Beleidigung hat man Gould – der wie kein anderer gegen den Kreationismus in den USA aufgetreten ist – als einen »Kreationisten wider Willen« bezeichnet. Der Guru selbst wehrt sich auf beeindruckende Weise, erhebt seinerseits den Vorwurf, einer seiner Gegner sei das Schoßkind eines anderen prominenten biologischen Evolutionisten, entschuldigt sich mokant bei einem anderen, weil er noch nie von ihm gehört habe, und bezeichnet seine Widersacher allesamt als »Fundamentalisten«. Es ist kein schönes Schauspiel und erinnert an den Blutrausch nach der Französischen Revolution. Jetzt, da die darwinistische Schule sich durchsetzt, zumindest in der akademischen Welt, verspüren die evolutionären Revolutionäre die Notwendigkeit einer Säuberung innerhalb der eigenen Reihen. Und wen könnten sie besser auf die Guillotine zerren als den biologischen Evolutionisten, der außerhalb ihres kleinen Kreises die größte Anerkennung genießt?[56] Das Führungspersonal der Wissenschaft setzt sich oft aus Persönlichkeiten mit nationaler Bedeutung zusammen, die ganze Forschungsfelder mit kulturellen Themen und Gedanken anstecken können, von denen Außenstehende nicht unbedingt etwas verstehen. So ist beispielsweise der Kampf Goulds gegen den Kreationismus weitgehend nur von lokaler, nordamerikanischer Bedeutung, ebenso wie seine zahlreichen Referenzen auf das Baseballspiel. In ähnlicher Weise waren die beiden Gurus, um die es in diesem Kapitel geht, Produkte ihrer jeweiligen Kulturen, beide übrigens im letzten Weltkrieg besiegte Militärmächte. Auf dem Gipfel seines Ruhms war Konrad Zacharias Lorenz (1903–1989) der weltweit am meisten bewunderte Tierkenner, der Dr. Dolittle, der uns darüber belehrte, wie tief die Ähnlichkeiten zwischen Tieren und Menschen reichen, und vor der damals verbreiteten Vorstellung warnte, der Mensch komme als eine Art *tabula rasa* auf die Welt. Er hatte zahlreiche Gegner außerhalb der Biologie – was ihn nie gestört hat –, doch im Lauf der Zeit stießen seine Ideen auch innerhalb des Fachs zunehmend auf Widerstand. In Verbindung mit Erkenntnissen über seine Vergangenheit während des Dritten Reichs sorgte diese Antipathie innerhalb der Disziplin dafür, daß er schneller und vollständiger von der Szene verschwand, als seine Anhänger sich das hätten vorstellen können.

Kinji Imanishi (1902–1992) ist im Westen weitaus weniger bekannt, war jedoch eine überragende Persönlichkeit im Nachkriegsjapan, wo er als Denker und Wissenschaftler zur Hebung des Nationalstolzes beitrug und eine ganze Generation anregte, Primatenstudien von der Art durchzuführen, wie sie den Kern dieses Buchs bilden. Da in der fernöstlichen Philosophie keine scharfe Trennung zwischen Mensch und Tier besteht und der Anthropomorphismus nie als Problem angesehen wurde, gab es hier weniger Hindernisse als im Westen, den Kulturbegriff auch auf andere Tiere als den Menschen anzuwenden. Doch auch Imanishi geriet unter das Rad der Geschichte. Er ist heute bei den einen in

Ungnade gefallen und von den meisten übrigen vergessen, selbst in seinem eigenen Land.

Indem wir den Aufstieg und Niedergang dieser Persönlichkeiten verfolgen, werfen wir einen Blick in die Küche der Wissenschaft und auf den kulturellen Kontext, in dem sie betrieben wird. Die Vorstellung, Wissenschaft vollziehe sich in einem luftleeren Raum, entspricht nicht der Realität, nicht einmal in der Tierverhaltensforschung – oder vielleicht sollte ich besser sagen, hier schon gar nicht, wo es um die Beobachtung von Tieren geht. Wir blicken auf sie als Geschöpfe, die uns etwas über uns selbst sagen, eine Orientierung, die der Projektion von Werten und der Gewinnung moralischer Lehren den Weg bereitet. Naturwissenschaftler mit der dafür nötigen Autorität spielen eine andere Rolle und genießen einen anderen Status in der Gesellschaft als etwa prominente Physiker oder Mathematiker. Sie sind die Hohenpriester der Natur, die uns sagen, woher wir kommen und wo unser Platz im umfassenderen Plan des Lebens ist.

Um so mehr Grund haben wir, uns mit der Frage zu beschäftigen, in welcher Weise diese Autoritäten die Geschichte beeinflussen und wie sie von dieser beurteilt werden. Das letztere sollten wir nicht ihren unmittelbaren Nachfolgern überlassen, die häufig ihre eigenen wissenschaftspolitischen Interessen verfolgen. Selbst wenn neunzig Prozent ihrer Ideen der alten Garde zuzuschreiben sind, werden sie die zehn Prozent, die von ihnen selbst stammen, in den Himmel loben und ihre Vorgänger herb kritisieren, weil sie nicht schon früher darauf gekommen sind. Späteren Generationen bleibt es vorbehalten, die früheren Beiträge wiederzuentdecken, die im Fall Lorenz' und Imanishis unbestritten groß sind.

Mit Konrad Lorenz ins reine kommen

»Die Wahrheit zu sagen genügt nicht. Die ganze Wahrheit muß es sein. Nichts darf verschwiegen werden.
Hier liegt die größte Verantwortung des Wissenschaftlers. Nichts von dem, was er über die möglichen An-
wendungen oder Bedrohungen vermutet, darf er im
Dunkeln lassen.«

François Jacob 1998

Ein älterer amerikanischer Sozialpsychologe hat mich einmal
schockiert, als er auf meine Erklärung, ich sei ein europäischer
Verhaltensforscher, erwiderte:»Dann müssen Sie ein Nazi sein!«
In meinem ganzen Leben hat mich noch nie jemand einen Nazi
genannt: Eine solche Beleidigung bekommen Holländer eigentlich selten zu hören. Schließlich hat sich mein Land Hitler erst unterworfen, nachdem er Rotterdam bombardieren ließ, und die
Holländer haben nie seine Auffassung akzeptiert, daß wir – häufig großgewachsen, blond und blauäugig – der auserwählten
Rasse angehörten und uns der deutschen Sache mit derselben Begeisterung anschließen sollten, wie die Österreicher dies zwei
Jahre zuvor getan hatten. Von einem eher kleinen, dunkelhaari-
gen Mann mit schwarzem Schnurrbart geäußert, entbehrte diese
Verehrung des nordischen Phänotyps nicht einer gewissen Ko-
mik. Die Holländer fanden das alles allerdings gar nicht komisch
und leisteten gegen die Besatzungsmacht erbitterten Widerstand.
Einer von denen, die nicht klein beigaben, war Niko Tinbergen,
der führende holländische Ethologe, doch die auf mich gemünzte
Bemerkung bezog sich nicht auf ihn, sondern auf Lorenz, den anderen Begründer der Ethologie.

Ich war gekränkt und ging in die Bibliothek, um mir die Werke
der Gründungsväter jener feinen Disziplin anzusehen, zu der dieser unfreundliche Psychologe gehörte. Was ich fand, waren Bücher wie *Futurum zwei* und *Jenseits von Freiheit und Würde* von
B. F. Skinner und die Schriften John B. Watsons. Die Leugnung
von Gedanken und Gefühlen (für die Behavioristen liebten die
Menschen sich nicht, sondern zeigten»konditionierte Liebesreak-

tionen«) in Verbindung mit dem Ziel einer vollkommenen Verhaltenskontrolle ergab ein perfekt Orwellsches Weltbild. So machte Watson beispielsweise den Vorschlag, alle Gegenstände in der Wohnung, die von Kindern nicht angefaßt werden sollten, unter Strom zu setzen»(ich möchte die Anordnung so treffen, daß die Objekte und Situationen des Lebens ihre eigenen negativen Reaktionen ausbilden«)[57], und Skinner zog seine eigene Tochter in den ersten Lebensjahren in seiner berüchtigten Air-Crib* groß. Skinner befürwortete Trainingsprogramme, um ideale Menschen zu produzieren, die dem Nutzen der Allgemeinheit dienen sollten. Er wollte unsoziale Tendenzen beseitigen und den Menschen ihre Wünsche vorschreiben. Wir alle sollten in den Augen Skinners nach dem streben, was die Sozialtechnologen als das Beste für unsere Gesellschaft festgelegt hätten.

Doch das war natürlich nicht die richtige Methode, um das aktuelle Problem anzugehen: Ich hatte lediglich entdeckt, daß eine unheimliche und totalitäre Weltanschauung auch woanders als in der Biologie anzutreffen war. Die eigentliche Herausforderung bestand darin herauszufinden, was es mit Lorenz auf sich hatte. Ich war an versteckte Bemerkungen in der Literatur über seine Vergangenheit bereits gewöhnt, im allgemeinen eine Mischung aus Verlegenheit und Apologie, als ginge es uns allen besser, wenn man die Geschichte sich selber überließ. Doch was, wenn die Sache nicht so einfach lag, wie sie Leuten erscheinen mochte, die ein persönliches Interesse daran hatten, keine schlafenden Hunde zu wecken?

Als Student hatte ich begierig Konrad Lorenz' ersten wissenschaftlichen Aufsatz aus dem Jahr 1933 über Dohlen gelesen. Ein mittelgroßes Mitglied der Krähenfamilie, ist die Dohle mein Lieblingsvogel. Ich habe sie als Kind aufgezogen und gezähmt und noch als Student mehrere von ihnen gehalten – nicht in einem Käfig, sondern frei, so daß sie durch das Fenster meines Zimmers

---

* Die Air-Crib Skinners war ein großer, schalldichter, keimfreier und klimatisierter Kasten, der für das Wachstum eines Säuglings in den beiden ersten Lebensjahren optimale Bedingungen gewährleisten sollte. (A.d.Ü.)

Wie Konrad Lorenz habe ich eine Vorliebe für Dohlen, die ich auch selbst großgezogen habe. Hier habe ich ein Weibchen, Rafia, im Alter von 14, 26 und 37 Tagen
gezeichnet.

hinein- und hinausfliegen konnten. Solange sie noch nicht flügge
waren, fütterte ich sie wochenlang alle fünfzehn Minuten, bis sie
stark genug waren, ihre Flügel zu gebrauchen – was ich ihnen
»beibrachte«, indem ich sie hoch in die Luft warf und zusah, wie
sie in einer Spirale heruntersegelten und auf meiner Schulter landeten. Von da an begleiteten sie mich auf meinen Spaziergängen
in der Umgebung. Im Lauf der Zeit entwickelte ich zu jeder von
ihnen eine persönliche Bindung, in manchen Fällen als ihr auser-
wählter Gefährte. Außerdem habe ich mich in meinem ersten Forschungsprojekt an der Universität Groningen mit wilden Dohlen
befaßt, wozu ich in das Gebälk alter Kirchtürme kletterte, in denen Dohlenkolonien häufig ihre Nistplätze haben.

Anders als die meisten Vögel, die sich segelnd oder flügelschla-
gend von A nach B fortbewegen, ist die Dohle ein fröhlicher Ge-
selle, der die unglaubliche Gabe des Fliegens vor allem zu genießen scheint, eine Freude, die wir nur indirekt nachempfinden
können. In Konrad Lorenz' romantischer Prosa heißt es so:

»Der Frühlingssturm singt im Rauchfang und die alten Fichten
vorm Fenster meines Arbeitszimmers winken aufgeregt mit ihren
Armen und rauschen. Und plötzlich schießen von oben her ein
Dutzend schwarze, tropfen- oder stromlinienförmige Projektile

in das Stück Wolkenhimmel, das im Rahmen meines Fensters
steht. Schwer wie Steine fallen sie herab, fallen bis dicht über die
Wipfel der Bäume, erhalten unversehens große, schwarze Flügel, werden Vögel, leichte Flederwische, die der Sturm packt,
emporreißt und aus meinem Gesichtsfeld fegt ...
Auf den ersten Blick scheint es, als spiele der Wind mit den Vögeln wie die Katze mit der Maus. Aber die Rollen sind ver-
tauscht: die Vögel spielen mit dem Sturm.«[58]

Lorenz schilderte das Verhalten dieser klugen, sympathischen Vögel so eingehend, mit so vielen unerwarteten Einsichten und in
solch vollkommener Übereinstimmung mit meiner eigenen Erfahrung, daß er wegen seiner Beobachtungsgabe für immer meine
Hochachtung gewann. Hier war ein Wissenschaftler, von dem ich
lernen wollte! Während ich seine vielen anderen Beschreibungen
des tierischen Verhaltens las, war es, als ob plötzlich alles zusammenpaßte. Mein Leben lang hatte ich Tiere beobachtet, zum Teil
dieselben Tiere wie er, und seine Aufsätze und Bücher waren eine
Bereicherung für mein Wissen und mein Verständnis.

Ich lernte, daß das Geheimnis der Beobachtung darin besteht,
die richtigen Fragen zu stellen, und daß sich an eine Beobachtung
Vermutungen anschließen müssen über die Ursachen und Funktionen von Ereignissen und die Zusammenhänge zwischen ihnen.
Das Ziel besteht darin, die Beobachtungen bis zu dem Punkt zu
schärfen, daß man Tiere nicht einfach zum Vergnügen und zur allgemeinen Information beobachtet, sondern weil man bestimmte
Antworten auf bestimmte Fragen erhalten möchte.

Lorenz' Interesse am natürlichen Verhalten kam zu einer Zeit,
als die amerikanischen Behavioristen damit beschäftigt waren,
Tieren in ihren sogenannten Skinnerboxen die verschiedensten
Tricks beizubringen. Diese Arbeit förderte wesentliche Erkenntnisse über Lernprozesse zutage, doch ignorierte sie die leicht zu
beobachtende Tatsache, daß jedes Tier mit Verhaltensmerkmalen
zur Welt kommt, die für seine Spezies typisch sind. Viele Tiere
überleben dank eines Verhaltens, das nur sekundär durch Lernen
beeinflußt ist, etwa der Dammbau des Bibers oder das Nestflech-

ten des Webervogels. Da derartige »Instinkte« ebenso festgelegt sein können wie anatomische Merkmale, ist es möglich, sie zwischen mehreren Arten zu vergleichen und ihre Stammesgeschichte in derselben Weise zurückzuverfolgen, wie wir es mit den Schnäbeln von Finken oder den Händen von Primaten tun.

Lorenz arbeitete jedoch nicht nur über Instinktverhalten. Tatsächlich war einer der frühen Triumphe der Ethologie die Entdeckung eines Lernprozesses, der inzwischen als »Prägung« bekannt ist. Die Jungen von bestimmten Vögeln, zum Beispiel von Gänsen und Hühnern, erkennen ihre Artgenossen nicht automatisch. Normalerweise lernen sie, zu welcher Art sie gehören, indem sie ihrer Mutter auf Schritt und Tritt folgen, doch in Experimenten kann man sie auf jedes sich bewegende Objekt prägen, etwa einen Spielzeuglastwagen oder einen gehenden oder schwimmenden Zoologen. Eine Prägung erfolgt spontan, ohne eine der üblichen Belohnungen oder Bestrafungen. Die Tendenz, in einem bestimmten Alter spezifische Informationen in sich aufzunehmen, wurde als angeborene Lerndisposition bezeichnet: eine vorprogrammierte Suche nach wesentlichen Informationen.

Lorenz regte außerdem ganz allein eine ungeheure Fülle von Forschungsarbeiten über aggressives Verhalten an. In seinem bekanntesten Buch, *Das sogenannte Böse*, das 1963 erschien, behauptete er überzeugend, daß Menschen von Natur aus gewalttätig seien, und eröffnete damit eine öffentliche Debatte, die von Robert Ardrey, Desmond Morris, Edward Wilson und vielen anderen fortgesetzt wurde. Seine Behauptung rief eine heftige Opposition unter Anthropologen, Psychologen und Sozialwissenschaftlern hervor, die weiterhin die wichtige Rolle des Lernens im Zusammenhang des menschlichen Aggressionsverhaltens aufzeigten. Das war sehr wichtig für unser Verständnis, konnte jedoch Lorenz' Argument in keiner Weise entkräften: Der Nachweis von Umweltfaktoren allein beweist keineswegs das Fehlen von Anlagefaktoren. Nicht daß die Auffassungen von Lorenz inzwischen akzeptiert wären. Seine Vorstellung, Aggression werde durch einen inneren Antrieb ausgelöst, ist auf massive Kritik gestoßen, da Aggressionen offenbar in den meisten Fällen durch äußere Umstände ausgelöst werden. Außerdem hielt Lorenz tödliche Gewalt gegen Artgenossen für eine abnormale menschliche Eigenschaft, während wir heute wissen, daß sie im Tierreich unter vielen Arten verbreitet ist. Doch selbst mit diesen Einschränkungen hat Lorenz bis heute in dem Punkt recht, daß Aggression ein angeborenes menschliches Potential ist.

All dies widersprach der damals vorherrschenden Vorstellung, daß Tiere – einschließlich der Menschen – als unbeschriebene Blätter zur Welt kämen. Statt dessen sieht man auf allen die Handschrift von Mutter Natur. Lorenz' fortwährende Mahnung, wir müßten den natürlichen Kontext des Verhaltens, seinen angeborenen Charakter, seine Funktion und seine Evolution beachten, war neu und aufregend und brachte etwas hervor, das treffend als »ein frischer Wind und eine intellektuelle Kraft« beschrieben wurde, die »eine mit Scheuklappen versehene Laborwelt erfüllten«.[59]

Hinter dem Spiegel

Ein charismatischer, riesenhafter Österreicher mit einem kräftigen Bart und ebensolchem Akzent, wenn er Englisch sprach, dominierte Konrad Lorenz mit seinem hinreißenden Vortragsstil, seinem jungenhaften Humor, seinen unnachahmlichen Imitationen von Tierstimmen, seiner Leutseligkeit und Offenherzigkeit jede wissenschaftliche Konferenz. Viele Ethologen, die seinen wissenschaftlichen Beiträgen reserviert gegenüberstanden, erinnern ihn dennoch überlebensgroß, als charmante, unwiderstehliche Vaterfigur. Man kann sich vorstellen, wie seine Anhänger ihn verehrt haben.[60]

Er schrieb in einem Stil, der jedermann ansprach. Als Hauptmotor hinter der Popularisierung der Verhaltensforschung verband er das Verhalten von Tieren mit dem der Menschen, all das in einer ungebundenen, gewinnenden Prosa voller Anekdoten, Metaphern und philosophischer Nebenbemerkungen. Er nannte das Verhalten »den lebendigsten Aspekt von allem, was lebt« und tat alles, damit kein Zuhörer sich langweilte.

Die Philosophie war von Anfang an ein Bestandteil seiner Arbeit. Das ist vielleicht nicht sehr überraschend bei einem Mann, der 1903 geboren wurde und während seiner Kindheit in Wien mit Karl Popper Cowboy spielte, später einer der führenden Wissenschaftstheoretiker des Jahrhunderts. Vor dem Zweiten Weltkrieg nahm Lorenz den Lehrstuhl für Humanpsychologie in Königsberg ein. Dort begann er sich für den Kantschen Begriff des Apriori zu interessieren: die angeborene Art und Weise, in der das menschliche Denken die Wirklichkeit organisiert. In seinem ersten Buch überhaupt beschäftigte er sich mit der Möglichkeit, daß das, was für Kant noch zwei parallele Welten gewesen waren – die Außenwelt und der apriorische Plan im Kopf – in Wirklichkeit miteinander verbunden waren. Wie, wenn apriorische Schemata ein Produkt der Evolution waren, eine Reihe von Anweisungen an das menschliche Gehirn, wie es die riesigen Informationsmengen, denen es begegnete, am ökonomischsten verarbeitete?

Diese glänzende Idee paßt gut zu gegenwärtigen Denkmodellen, etwa dem neochomskyanischen Konzept angeborener Schemata für den Spracherwerb. Sprachliche Informationen treffen auf ein aufnahmebereites Gehirn, das sie in die richtigen Schubladen sortiert. Kinder absorbieren diese Informationen mit beeindruckender Schnelligkeit, doch es gibt dafür – ähnlich wie beim Prägen junger Vögel – ein optimales Alter. Danach läßt diese Fähigkeit deutlich nach, und es wird fast unmöglich, das sprachliche Niveau von Muttersprachlern zu erreichen.

Lorenz war seiner Zeit weit voraus. Seine Ideen über die »Rückseite des Spiegels« (seine Metapher für eine apriorische Erkenntnis und der Titel eines seiner zahlreichen Bücher) wurden bereits zwischen 1944 und 1948 in einem Lager in Armenien entwickelt. Als Kriegsgefangener schrieb er alles nieder: auf Hunderte von aufgeschnittenen Zementsäcken, unter den härtesten Bedingungen, häufig mit froststarren Fingern und leerem Magen. Der Text war lange Zeit verloren, tauchte jedoch zum Glück eines Tages wieder auf. In eine Zeitung eingewickelt, war er in einer abgelegenen Ecke seiner Bibliothek versteckt gewesen. Seine Tocher veröffentlichte 1992 posthum »das russische Manuskript«.[61] Doch wie war Lorenz in ein Kriegsgefangenenlager geraten?

Die dunkle Seite

Anfangs fand Lorenz keine akademische Anstellung, da die katholische Kirche in Österreich dominierenden Einfluß hatte und sich hartnäckig jeder evolutionistischen Tendenz in der Biologie widersetzte. Ohne festes Einkommen lebte er in demselben Haus in Altenberg bei Wien, in dem er als Sproß einer prominenten Familie geboren worden war, und arbeitete über Fische und Vögel. Sein Vater war ein berühmter Orthopäde, der Behandlungsmethoden einführte, die bis heute angewandt werden.

Bereits in den späten dreißiger Jahren, als der Nationalsozialismus sich in Deutschland fest etabliert hatte, verfolgte Lorenz die neue Lage in Deutschland offenbar voller Bewunderung und befreundete sich mit Naturwissenschaftlern mit ähnlich »brauner« Gesinnung, etwa dem Zoologen Otto Koehler. Diese Beziehung trug wahrscheinlich dazu bei, daß er in Deutschland eine akademische Anstellung fand. 1940 trat Lorenz in Königsberg, wo Koehler seinen Lehrstuhl hatte, seine Professur an. Es gab in der Fakultät Widerstand gegen seine Berufung, allerdings nicht aus politischen Gründen, sondern weil er als Biologe in der psychologischen Fakultät lehren sollte.

Bis 1996, als Ute Deichmanns Untersuchung *Biologen unter Hitler* (zuerst 1992) auf englisch erschien, hatte ich von alledem nur eine vage Kenntnis gehabt. Jetzt wurden die Fakten kurz und bündig von einer Autorin dargelegt, die nicht bereit war, Schonung walten zu lassen. Ihre Ergebnisse gingen weit über das hinaus, womit ich gerechnet hatte.

Ähnlich wie viele Menschen heute glaubte Lorenz, er lebe in einer Zeit des »körperlichen und moralischen Verfalls«. Parallelen dazu sah er in der Domestizierung von Tieren, ein Vergleich, der zu einem Hauptpunkt in seinen Schriften zu diesem Thema wurde. Befreit von den unerbittlichen Selektionskräften der Natur, verlieren domestizierte Tiere im Lauf der Zeit ihre adaptiven Merkmale; sie können sich nicht mehr aus eigener Kraft im Daseinskampf behaupten. Entsprechend war Lorenz überzeugt, die menschliche Zivilisation erhalte als Folge der Domestikation eine wachsende Zahl von »Verfallstypen« am Leben: »[Diese] durchsetzen Volk und Staat dank ihrer größeren Vermehrungsquote und ihren vergröberten Wettbewerbsmethoden dem Artgenossen gegenüber in kürzester Zeit.«[62] Er behauptete, daß in derselben Weise, wie man ein Krebsgeschwür nicht ohne drastische Einschnitte in den Körper entfernen könne, auch rassenhygienische Abwehrmechanismen erforderlich seien, um asoziale Elemente aus der Gesellschaft »auszumerzen«. Ebenso wie die Nationalsozialisten stellte er »das Volk« in den Vordergrund, das er mit dem Organismus eines menschlichen Lebewesens verglich.

Ich möchte das Bestürzende an seiner Argumentation ein wenig verdeutlichen. In dem Aufsatz »Durch Domestikation verursachte Störungen arteigenen Verhaltens« schrieb er 1940 in der *Zeitschrift für angewandte Psychologie und Charakterkunde:*

»Wie das gesunde Gewebe die Geschwulst im allgemeinen ›als artgleich behandelt‹ [...], so ›bemerkt‹ der gesunde Volkskörper nur zu oft gar nicht, wie er von Verfallselementen durchdrungen wird.«
»Jeder Versuch des Wiederaufbaues der aus ihrer Ganzheitsbezogenheit gefallenen Elemente ist daher hoffnungslos. Zum Glück ist ihre Ausmerzung für den Volksarzt leichter und für den überindividuellen Organismus weniger gefährlich als die Operationen des Chirurgen für den Einzelkörper. Die große technische Schwierigkeit liegt in ihrem Erkennen.«
»Der rassische Gedanke als Grundlage unserer Staatsform hat schon unendlich viel in dieser Richtung geleistet.«
»Unser arteigenes Empfinden für Schönheit und Häßlichkeit unserer Artgenossen hängt aufs engste mit den unsere Rasse bedrohenden domestikationsbedingten Verfallserscheinungen zu-

sammen. Man kann in ihm geradezu eine arterhaltend wichtige Differenzierung zur Ausmerzung solcher Verfallserscheinungen erblicken.«

Zwischen 1940 und 1943 trat Lorenz wiederholt für eine zielstrebige, wissenschaftlich fundierte Rassenpolitik ein, um Volk und Rasse durch die Eliminierung geistig behinderter und »minderwertiger« Elemente zu verbessern. Was Skinner später durch eine Gehirnwäsche zu erreichen hoffte, erforderte für Lorenz harte Selektionsverfahren. Im Jahr vor der Einführung des Judensterns in Deutschland 1941 schrieb er im Zusammenhang mit dem »einheitlichen Soll-Typus einer Rasse« in Anlehnung an ein angebliches Bibelwort: »Hütet euch vor den Gezeichneten.« Theodora Kalikow, die sich mit dem Verhältnis zwischen den Schriften Lorenz' und der NS-Ideologie beschäftigt hat, gelangte zu dem Schluß, daß beide sich gegenseitig in einem »Prozeß wechselseitiger Legitimation« stimulierten, was Lorenz' nach 1938 zunehmendes Interesse an der Degeneration der Tiere und der Menschen erklären und ihn dazu bewegt haben könnte, die nationalsozialistische Rassenpolitik wissenschaftlich zu stützen.[63]

Diese Interpretation ist vielleicht etwas weit hergeholt, da wir nichts darüber wissen, welches Gewicht die Ideen Lorenz' in nationalsozialistischen Kreisen hatten. Und es gibt auch keine konkreten Anhaltspunkte dafür, daß die NS-Ideologie Lorenz' Theorien über Tiere in irgendeiner Weise beeinflußt hätte. Doch es trifft zu, daß Lorenz gefährliche Meinungen von sich gab, die mit einem wissenschaftlichen Jargon verbrämt waren. Außerdem beließ er es nicht bei seinen Sympathien für die Nationalsozialisten. Sobald es nach dem »Anschluß« Österreichs möglich war, trat er in die NSDAP ein und erhielt vom Rassenpolitischen Amt der Partei die Erlaubnis, Vorlesungen zu halten. 1941 wurde er zum Kriegsdienst eingezogen. Als Heerespsychologe in Posen war er an Forschungen über die schädlichen Auswirkungen von Mischehen beteiligt. Untersucht wurden Hunderte von Nachkommen aus deutsch-polnischen Ehen: Fehlten diesen »Mischlingen« möglicherweise bestimmte vortreffliche deutsche Eigenschaften, beispielsweise die Befähigung zur Schwerarbeit? Das eigentliche Ziel des Projekts bestand darin, den psychologischen »Wert« von Menschen zu beurteilen, der anhand einer aus vier Stufen bestehenden Rangskala erhoben wurde. Personen der untersten Kategorie sollten deportiert werden. An diesem entsetzlichen Unternehmen wirkte Lorenz allerdings nur am Rande mit. Während Deichmann zu dem Schluß gelangt, diese Mitarbeit werfe Zweifel auf spätere Behauptungen, er habe nichts von den wahren Absichten der Nationalsozialisten gewußt,[64] ist festzuhalten, daß Lorenz nichts mit der Planung dieser Untersuchung zu tun hatte, den größten Teil seiner Zeit in einem Reservelazarett verbrachte und in Publikationen lediglich als ehrenamtlicher und nicht als hauptamtlicher Mitarbeiter des Forschungsteams erwähnt wurde.

1944 wurde Lorenz als Sanitäter an die Ostfront abkommandiert. Im selben Jahr geriet er in russische Kriegsgefangenschaft. 1948, als der Krieg schon seit drei Jahren beendet war, kehrte er mit zwei von ihm selbst aufgezogenen Vögeln – einer Lerche und einem Star – und seinem voluminösen Manuskript nach Österreich zurück.

Nach dem Krieg

Es ist schwer, einen Charakter gerecht zu beurteilen, der sich vom Hintergrund einer historischen Katastrophenperiode abhebt, die man nicht selbst miterlebt hat. Nur die Arroganten glauben, sie hätten sich in der NS-Zeit als Helden verhalten und das Richtige getan. Alle übrigen wissen, wie demoralisierbar Menschen unter den entsprechenden Umständen sein können.

Die Auffassungen Lorenz' waren typisch für die rassistischen Einstellungen von Psychologen, Anthropologen und Biologen zu Beginn des 20. Jahrhunderts.[65] Die Rede von überlegenen oder minderwertigen Menschentypen war damals gang und gäbe, häufig begleitet von Zeichnungen, aus denen hervorgehen sollte, wie sehr die für minderwertig gehaltenen Menschen Affen ähnlich seien. Es ist allerdings eine Sache, solche Meinungen zunächst als theoretische Übung zu äußern, eine ganz andere, wenn die Theorie in die Praxis übergeht, wie in Deutschland nach 1935. In diesem politischen Klima hätte Lorenz über die Entfernung parasitärer Elemente aus der Bevölkerung nicht schreiben *müssen*. Und er hätte nicht in die Partei eintreten *müssen*. Es gab vielleicht einen gewissen Druck, sich konform zu verhalten, doch es gab keine Verpflichtung für Wissenschaftler, die Rassenpolitik der Nationalsozialisten öffentlich zu rechtfertigen. Wir können Lorenz keinen Strick daraus drehen, daß er an seine Theorie der menschlichen Degeneration geglaubt hat – man fragt sich aber, wie er die Augen vor ihrer praktischen oder auch nur potentiellen Anwendung in dieser aufgeladenen Atmosphäre verschließen konnte.[66]

Selbst wenn wir Lorenz die Ausflucht abnehmen, daß er erst nach dem Krieg erfahren habe, was die Nationalsozialisten wirklich im Schilde führten, so bleibt doch die Tatsache, daß er keinen Versuch unternahm, seine früheren Ansichten zu korrigieren, nachdem ihm die ganze Wahrheit bekannt geworden war. Vielmehr blieb er bis zu seinem Tod dabei, er sei zu sehr mit seiner Forschung beschäftigt gewesen, um auf das zu achten, was während des Krieges vor sich ging. In einem Interview aus Anlaß seines 85. Geburtstags 1988 bekannte er: »Und ich habe mich ja auch vor aller Politik gedrückt, weil ich mit meinen Problemen beschäftigt war. Auch vor einer Auseinandersetzung mit den Nazis habe ich mich in sehr verächtlicher Weise gedrückt, ich hatte einfach keine Zeit dazu. [...] Ich mache mir selber Vorwürfe.«[67]

101

Niko Tinbergen

Man kann sich kaum einen größeren Kontrast zu Lorenz vorstellen als sein um einige Jahre jüngeres holländisches Pendant Nikolaas Tinbergen. Die Persönlichkeiten, die wissenschaftlichen Methoden und die Kriegserlebnisse der beiden Begründer der Ethologie weisen enorme Unterschiede auf.

Tinbergen führte Versuche durch, um Hypothesen über die Evolution zu überprüfen. Er interessierte sich vor allem für Verhalten als Anpassung an die Umwelt. So fragte er sich beispielsweise, warum Vögel die Eierschalen entfernen, nachdem ihre Jungen geschlüpft sind. Sie verlassen das Nest mit einer leeren Eierschale im Schnabel und lassen diese abseits des Nests fallen. Machen sie sich diese Mühe, weil die Nestlinge sich an den scharfen Kanten der Eierschale verletzen könnten, oder liegt es daran, daß Eier zwar außen eine Sprenkelung zur Tarnung tragen, innen jedoch nicht? Die zweite Vermutung bestätigte sich: Räuber wie beispielsweise Krähen finden Eier sehr viel schneller, wenn man in einem Versuch leere Eierschalen danebenlegt. Die Elternvögel selbst müssen diese aufwendige Lektion nicht lernen, die Beseitigung leerer Eierschalen ist eine spontane, durch die natürliche Selektion begünstigte Reaktion, da Vögel, die dieses Verhalten zeigen, einen zahlreicheren Nachwuchs haben als Vögel, die die Eierschalen nicht aus dem Nest entfernen.

Mit seinem Interesse an Verhaltensanpassung, eleganten Tests zum Vergleichen alternativer Erklärungsansätze und seiner Vorliebe für statistische Evaluierung war Tinbergen ein Wegbereiter der modernen wissenschaftlichen Tierverhaltensforschung. Er ging als Wissenschaftler systematischer und sorgfältiger vor als Lorenz, der eher ein tierlieber Visionär war. Wenn man heutige Ausgaben von *Animal Behaviour* liest, der führenden Zeitschrift in meinem Fach, erkennt man leicht Tinbergens dauerhaftes Vermächtnis.

Bei einem Spaziergang zwischen den beiden Riesen der Ethologie lauschte der Student Robert Hinde – der später selbst ein renommierter Verhaltensforscher werden sollte – als Zuhörer ihrem

Gespräch. Es ging um die Frage, wie oft man ein bestimmtes Verhalten einer Spezies beobachtet haben mußte, um es zu einem typischen Verhalten erklären zu können. Lorenz meinte, fünfmal würde vermutlich reichen, worauf Tinbergen ihm auf die Schulter schlug und lachend sagte:»Aber Konrad, du hast doch noch nie Skrupel gehabt, Dinge zu beschreiben, die du nur ein einziges Mal gesehen hast.« Lorenz konnte es nicht bestreiten. Für Hinde brachte dieses kleine Wortgeplänkel den Unterschied zwischen den beiden Männern kurz und knapp zum Ausdruck.[68] Der eine ging beschreibend vor und war ein großartiger Erzähler von Tiergeschichten, während der andere Experimente vorzog und erst eine große Zahl von Beobachtungen mit den verschiedensten Kontrollen anstellte, bevor er behauptete, etwas gefunden zu haben. Lorenz selbst charakterisierte das Verhältnis zwischen sich und Tinbergen generös mit folgenden Worten: »Wenn je zwei Forscher voneinander abhingen und einander halfen, waren es wir beide. Ich bin ein guter Beobachter, aber ein schlechter Experimentator, und Niko Tinbergen war [...] der Altmeister darin, der Natur sehr einfache Fragen vorzulegen und sie zu zwingen, ebenso einfache wie unprätentiöse Antworten zu geben.«[69] Auch wenn heute viele Tinbergen für den besseren Wissenschaftler halten – wenn eine junge Disziplin wachsen und gedeihen soll, kann sie auf Forscher wie Lorenz nicht verzichten. Lorenz und Tinbergen ergänzten einander nicht nur in vielerlei Hinsicht, sie regten sich auch gegenseitig an und waren aufeinander angewiesen. Für Tinbergen, der sich nach dem Krieg weigerte, Deutsch zu sprechen, muß es allerdings emotional schwierig gewesen sein, die Beziehung zu Lorenz dort wiederaufzunehmen, wo sie unterbrochen worden war. Er hatte zwei Jahre in Holland in einem Lager verbracht, weil er zu einer Gruppe von Professoren an der Universität Leiden gehört hatte, die aus Protest gegen die Versuche der Deutschen, die Fakultät zu »säubern«, von ihren Ämtern zurückgetreten waren. Trotzdem ergibt sich aus der Nachkriegskorrespondenz der beiden Forscher, daß Tinbergen eine bewußte Anstrengung unternahm, die Zusammenarbeit und den Austausch wiederzubeleben, die für das Überleben der Verhaltensforschung dringend notwendig waren. Man darf bezweifeln, daß ihm damals das ganze Ausmaß der Sympathien bekannt war, die Lorenz für den Nationalsozialismus hegte, doch in einem Brief an Margaret Nice schrieb er, »durch die Bande der persönlichen Freundschaft hoffe ich sie [die Ethologen, einschließlich der deutschen] dazu zu bringen, einem neuen Anfang zu einer internationalen Zusammenarbeit zuzustimmen«.[70]

Zwischen Wissenschaft und Ideologie

Die Entlastung durch einflußreiche Kollegen wie Tinbergen erklärt zu einem großen Teil die Rehabilitation von Konrad Lorenz. Seine Vergangenheit stand in ethologischen Kreisen nie im Mittelpunkt einer Diskussion, wurde allerdings gerne beiläufig erwähnt.[71] Der deutlichste Widerstand regte sich nicht gegen Lorenz' Unterstützung der NS-Rassenpolitik, sondern gegen einen theoretischen Begriff, auf den er im Lauf seiner Karriere immer wieder zurückkam – die »Arterhaltung«.

Lorenz war überzeugt, daß Tiere sich in bestimmter Weise verhalten, um den Fortbestand ihrer Spezies zu sichern. So zügeln sie beispielsweise aggressive Impulse, weil andernfalls ihre Art aussterben könnte. Die ganze Idee verlor mit dem Aufstieg der Soziobiologie in den siebziger Jahren ihre Attraktivität. Die Soziobiologen sahen eindeutig das Individuum als die Einheit der Selektion; für sie war die Selektion auf der Ebene der Gruppe ein äußerst beschränktes Phänomen. Individuen, die sich nur um sich selbst kümmern, haben höhere Überlebenschancen als Individuen, die sich im Interesse der Gruppe verhalten. Das bedeutet nicht, daß die Gruppe unwichtig wäre, sondern daß sie nur insofern wichtig ist, als sie ihren Mitgliedern dient. Eine Selektion auf der Ebene der gesamten Art wurde nicht einmal ernsthaft diskutiert: Es scheint keinen Grund zu geben, warum Tiere sich für ihre Spezies einsetzen sollten.

Die heute überholte Vorstellung von der Arterhaltung liegt auf derselben Linie wie die von Lorenz während des Krieges vertretene Meinung, hinter dem Volk müsse das Individuum zurücktreten. Wörtlich hatte er geschrieben: »Uns [ist] Volk und Rasse alles, der Einzelmensch so gut wie nichts.« (Deichmann, S. 291) Indem er die Gesundheit und Reinheit des »Volkes« betonte, stellte er das Wohlergehen des Ganzen über das seiner Teile. Eine solche Auffassung hat zweifellos moralische Konsequenzen. Ein deutscher Anthropologe und Primatologe, der verstorbene Christian Vogel, kritisierte diese Denkweise offen und warnte vor dem Werturteil, das in der Gleichsetzung von »angepaßt« und »gut« enthalten sei. Wenn »gut« durch den Zustand der Bevölkerung definiert wird – wie von Lorenz befürwortet –, besteht die große Gefahr, daß die moralischen Rechte der Individuen, vor allem der weniger angepaßten, mit Füßen getreten werden.

In dieser Hinsicht sagte sich die Soziobiologie unmißverständlich von der Lorenzschen Ethologie los. Diejenigen, die in den siebziger Jahren die Soziobiologie als faschistische Theorie kritisierten, haben sie falsch verstanden. Sie erschreckte die mögliche Verknüpfung zwischen Biologie und menschlichem Verhalten und die Gefahren, die ihrer Meinung nach in dieser Verknüpfung lagen. Ein derartiges Mißtrauen ist durchaus verständlich, doch eine faschistische Ideologie ist etwas ganz anderes. Sie betont die überindividuelle Ebene, während die Soziobiologie sich auf kleinere Einheiten, in der Regel Individuen konzentriert. Schon diese Schwerpunktsetzung allein macht die Soziobiologie als Werkzeug einer totalitären Ideologie ungeeignet.

Nicht daß die Aufwertung des Individuellen keinerlei politische Implikationen hätte. Sie spielt den Konservativen in die Hände, die gern behaupten, Gesellschaften seien Kunstprodukte und jedes Individuum solle einfach seinen eigenen gierigen Genen folgen.[72] In dem Bemühen, den Gesellschaftsvertrag aufzuweichen, verfällt diese Ideologie in das entgegengesetzte Extrem gegenüber jenen, die das Ganze über seine Teile stellen: Sie versucht, die Teile vom Ganzen abzutrennen.

Evolutionsbiologen müssen diese Debatten eigentlich nicht

fürchten. Wir sind so vertraut mit der Spannung zwischen Einheit und Vielfalt, daß wir die Irrtümer der beiden Ideologien mühelos erkennen. Natürlich können die Faschisten sich nicht auf die Evolution berufen, wenn sie eine Bevölkerung als organisches Ganzes betrachten, und andererseits ist der radikale Individualismus nicht haltbar in einer Welt, in der viele Spezies einschließlich unserer eigenen nur durch gegenseitige Hilfe und Zusammenarbeit überleben. Sowohl das Streben nach dem individuellen Glück als auch die soziale Moral haben ihren Platz in der Evolutionsbiologie. Unsere Pflicht ist es zu garantieren, daß die Metaphern und Vereinfachungen unseres Forschungsfelds nicht dazu benutzt werden, entweder das eine oder das andere zu bagatellisieren, und daß klar bleibt, wo das Reich der Wissenschaft endet und das der Ideologie beginnt.

Lorenz heute

Einer von Lorenz' früheren Mitarbeitern, Norbert Bischof, hat vor einiger Zeit beklagt:»Es ist still geworden um Konrad Lorenz.« Möglicherweise ist es noch schlimmer: Lorenz gerät zunehmend in Mißkredit. Selbst seine Landsleute haben begonnen, seine Beiträge immer weniger ernst zu nehmen, als hätte er in all den Jahren lediglich amüsante Geschichten geschrieben. Hier ist eine gönnerhafte Beobachtung des österreichischen Philosophen und Kulturkritikers Konrad Liessmann:

> »Bewundernswert an ihm, von dem die Legende geht, daß er selbst am liebsten eine Graugans gewesen wäre, ist dann auch sein Einfühlungsvermögen in das Tier, seine singuläre Beobachtungsgabe, sein Talent, mit Tieren zu kommunizieren. [...] Möglich, daß er nicht als bahnbrechender Biologe, schon gar nicht als Kulturkritiker, wohl aber als Autor ergreifender Tiergeschichten überleben wird. Vielleicht hat man Konrad Lorenz den falschen Nobelpreis verliehen.«[73]

Seit der Reduktionismus in meiner Disziplin die Oberhand gewonnen hat, wird Lorenz bewußt ignoriert und mit ihm sein holistischer Ansatz der »Ganzheitsbetrachtung«. Viele halten ihn für überholt und nahezu irrelevant. Doch diejenigen, die heute Lorenz' Vorstellungen von der Evolution als den Gipfel der Torheit hinstellen, müßten fairerweise auch dazusagen, daß er keineswegs der einzige war, der einem naiven Funktionalismus mit stärkerer Betonung der Phylogenese statt der natürlichen Selektion anhing. Keine Frage, diese Sicht der Dinge haben wir aufgegeben und das mit Recht, aber wenn wir alle Wissenschaftler links liegenließen, deren Auffassungen wir heute nicht mehr akzeptieren, dann bliebe nur noch eine einzige Gruppe übrig, nämlich wir selbst, die ach so brillanten Köpfe der Gegenwart.

Die schärfste Kritik an Lorenz kam traditionell von Forschern, die sich als Schüler Tinbergens verstanden. Doch obwohl ich große Bewunderung für Tinbergen hege und mich im holländischen ethologischen Stammbaum als seinen geistigen Verwandten sehe, die absolute Herrschaft des Behaviorismus hätte niemals von diesem freundlichen, nachdenklichen Menschen allein gebrochen werden können. Er brauchte einen Krieger an seiner Seite, jemanden, der sich nicht scheute, einen Unsinn auch »Unsinn« zu nennen. Die Erklärung des tierischen Verhaltens als Produkt der Evolution wurde von Lorenz mit soviel Autorität und Überzeugungskraft vorgetragen, daß niemand mehr eine Skinnerbox sehen konnte, ohne sich zu fragen, was das Betätigen eines Hebels mit Überleben zu tun hatte. Während Tinbergen versuchte, seine Zuhörer mit klug ausgedachten Experimenten zu überzeugen, riß Lorenz sie durch die reine Macht seiner Persönlichkeit und die Unmittelbarkeit seines Wissens mit. Jemand, der mit den Gänsen schwimmt und mit einer Maske auf Dächer steigt, um die Vögel zu narren, kann wohl den Ring König Salomos tragen.* Niemand, der ihn gelesen oder gehört hatte, zweifelte auch nur einen Augenblick daran, daß Lorenz seine Tiere in- und auswendig kannte.

---

* *King Solomon's Ring* ist der amerikanische Titel von Lorenz' *Er redete mit dem Vieh, den Vögeln und den Fischen*, Wien 1949. (A.d.Ü.)

Edward Wilson war tief beeindruckt. Als Tinbergen und Lorenz 1953 auf einer Vortragsreise in den USA auch die Harvard University besuchten, machte Lorenz auf Wilson den größeren Eindruck. In Wilsons Worten war er »ein begnadeter Rhetor, leidenschaftlich, zornig und eindringlich«. Lorenz griff die damals herrschende Meinung an und erklärte, die Bedeutung des Lernens sei stark überschätzt worden und die Antworten auf Fragen des tierischen Verhaltens müßten in der Evolutionsbiologie gesucht werden. Der junge Wilson war begeistert: »Lorenz hat die Verhaltensforschung wieder in die Naturgeschichte – mein Gebiet! – eingebettet.«[74]

Dieser Beitrag ist kein geringer. Dem Behaviorismus dauerhaft Sand ins Getriebe zu schütten, einer evolutionistischen Deutung des Verhaltens den Weg zu ebnen und sich das Gehirn als einen von der Evolution geformten Apparat zum Erwerb von Wissen vorzustellen, das sind bedeutende Leistungen, die bis heute nachwirken. Lorenz hat auf seine Forschergeneration enormen Einfluß ausgeübt und sie dazu gedrängt, sich an immer komplexere Projekte zu wagen. Ein englischer Zeitgenosse, William Thorpe, bemerkte zutreffend, »allein die Tatsache, daß Lorenz' frühe Aufsätze heute so überholt anmuten, ist eine Anerkennung ihrer Wirksamkeit«.

Es schmerzt, daß über einem Menschen mit solch offensichtlichen Qualitäten und mit einem so tiefreichenden Verständnis für die Tiere für immer eine dunkle Wolke schwebt. Seine rassistischen Schriften machen mir weitaus mehr zu schaffen als alles, was er an Ideen über die Evolution im Kopf hatte. Wie kommt es, daß Liebe zu Tieren sich nicht auch auf Menschen überträgt? Lorenz sah in der Zivilisation ebenso wie in der Domestikation eine Korruption der Natur. Und letzten Endes schürte er das Feuer mit, das der Zivilisation einen der schlimmsten Schläge versetzte.

Da es unmöglich ist, den Menschen Lorenz vom Wissenschaftler Lorenz zu trennen, werde ich meine gemischten Gefühle wohl nie abschütteln. Auf der anderen Seite besteht überhaupt kein Anlaß, die Bedeutung seiner Beiträge zum Tierverhalten in Frage zu stellen: Sie waren tiefschürfend und verdienen weiterhin unsere Achtung und Dankbarkeit.

Kinji Imanishi und der wilde Mann aus England

»Mit meinem westlichen Habitus kam ich nach Kyoto,
der Heimatstadt Imanishis und seiner Schule, um den
Menschen und seine Ideen aufzusuchen, aber ich kam
als sein erklärter Gegner.«

Beverly Halstead 1984[75]

Im Jahr 1984 landete ein exzentrischer Engländer, der sich selbst
mit einem Entdeckungsreisenden des 19. Jahrhunderts verglich,
an einer ostasiatischen Küste. Wie ein Besessener bearbeitete er
Tag und Nacht die Tasten seiner alten Schreibmaschine, bis er ein
ziemlich wirres Elaborat in Händen hielt: ein schriftliches Werk
von über zweihundert Seiten. Neben naiven Bemerkungen über
eine Gesellschaft, die der Autor anscheinend nicht besonders
mochte, enthielt der immer wieder abschweifende Text eine Verteidigung Darwins gegen den damals maßgeblichen japanischen
Naturwissenschaftler Kinji Imanishi. Das alles hatte der Besucher
innerhalb eines Monats zusammengeschrieben und sich damit
über das alte Sprichwort hinweggesetzt, um über Japan zu schreiben, müsse man sich entweder drei Wochen oder drei Jahre dort
aufgehalten haben.[76]

Beverly Halsteads koloniale Attitüde in seiner Schrift war vollkommen: eine Fülle von Vorurteilen gegenüber dem Land, das er
besuchte, und das Fehlen jeder Kenntnis des Gegners (alle wichtigen Veröffentlichungen Imanishis liegen ausschließlich japanisch
vor, in einer Sprache also, die Halstead nach eigenem Bekunden
nicht verstand) kamen zu seiner Manipulierbarkeit durch einhei-
mische Forscher (er war von linken Professoren nach Japan eingeladen worden, die Imanishi am Zeug flicken wollten, ohne sich
selbst die Hände schmutzig zu machen); eine welterschütternde
kulturelle Entdeckung war für Halstead, daß die Japaner indivi-
dualistischer seien, als man denken sollte.

Westeuropäer werden Halsteads Manuskript – das ich in einer
Bibliothek in Kyoto ausgegraben habe – nur in größter Verlegenheit lesen können (das noch dazu in japanischer Übersetzung er-

schienen ist).[77] Der Engländer verschwendete seine Zeit nicht mit Höflichkeiten. Einmal gelang es ihm, Imanishi persönlich zu begegnen, eine Gelegenheit, die er dazu benutzte, dem zweiundachtzigjährigen emeritierten Professor die Leviten zu lesen. Nachdem er dem Vater der japanischen Primatologie ein Geschenk – eine Flasche Whisky – überreicht hatte, konfrontierte er ihn mit einem sorgfältig übersetzten Dokument, das Aussagen enthielt wie »Imanishis Evolutionstheorie ist japanisch in ihrer Unwirklichkeit« und »Sie sehen den Wald, doch die Bäume sehen Sie nur verschwommen«. Kein Wunder, wenn Halstead selbst notiert hat, daß Imanishis schmerzlicher Gesichtsausdruck tiefes Bedauern darüber zum Ausdruck brachte, daß er dieser Begegnung überhaupt zugestimmt hatte.

Was war nur in Halstead gefahren, sich derart rabaukenhaft zu benehmen? Warum schrieb er nach seiner Rückkehr in die Heimat einen Aufsatz, in dem er nicht nur gegen die Anschauungen Imanishis, sondern gleich die einer ganzen Kultur vom Leder zog? Wie konnte die Redaktion von *Nature* sich dazu hergeben, diesen Aufsatz auch noch mit dem folgenden belehrenden Einleitungssatz zu versehen: »Die Popularität der Schriften Imanishis in Japan vermittelt einen interessanten Einblick in die japanische Gesellschaft«?[78] Wenn hier überhaupt ein Einblick vermittelt wurde, dann einer in Halsteads Persönlichkeit.

Der mittlerweile verstorbene Beverly Halstead von der Universität Reading in England war als Geologe und Paläontologe ausgebildet. Während er in seiner Jugend für seine Sympathien für den Kommunismus bekannt war, wurde er später zu einem Bannerträger des Darwinismus. Das berufliche Leben Halsteads, der einmal als »Darwins Terrier« bezeichnet wurde (eine Anspielung auf T. H. Huxley, »Darwins Bulldogge«), war gespickt mit spektakulären Auseinandersetzungen. Ein Nachruf im *Independent* vom 3. Mai 1991 wirft Licht auf die Natur seiner Streitsucht: »[Er] war nie der Rebell, sondern der Anhänger der traditionellen Orthodoxie gegen das, was er für eine unangebrachte Begeisterung für das Neue ansah.« Ich vermute, er gehörte zu den Menschen, die Gewißheit in einer Doktrin – gleich welcher Art – suchen. Wir alle kennen den Typus: der frühere Marxist, der zum gläubigen Katholiken wird, oder die Menschen, die der Gewalt einer Sekte entrinnen, nur um wiedergeborene Christen zu werden. Halstead war ganz sicher kein Christ (»Darwin hat das gesamte Gebäude des Christentums überflüssig gemacht«, schrieb er), aber mit Sicherheit sehnte er sich nach einer Art Heilsgewißheit. Für ihn war Imanishis Kritik an Darwin Blasphemie. Er war gekommen, um dem alten Mann gehörig die Meinung zu sagen, und mit ihm einer ganzen Nation, die sich in seinen Worten zu einer seltsamen Verschwörung zusammengetan hatte, allen Ausländern falsche Meinungen über sich selbst einzuflößen. Das große Gewicht, das in Japan auf soziale Harmonie gelegt wird, war nach Halstead reine Augenwischerei: Wir wüßten ja alle, daß unter dieser Oberfläche ein gnadenloser Konkurrenzkampf tobe. Für einen ehemaligen Kommunisten ein interessanter Gedanke.

Imanishi als Gründungsvater

Für Imanishi war Harmonie keine Illusion, sondern der Wesenskern von allem, was lebt. Nachdem ich mich mit Dutzenden japanischen Kollegen nicht nur in Kyoto, sondern überall im Land über diesen Mann unterhalten hatte, gewann ich den Eindruck, daß jeder über Imanishi eine andere Meinung hatte. Keine zwei Leute dachten dasselbe über ihn. Am einen Extrem stand Jun'ichiro Itani, Imanishis einflußreichster Schüler, mit dem ich zu einem köstlichen Essen zusammenkam, bei dem die Riesengarnelen so frisch waren, daß sie buchstäblich vom Teller sprangen. Der 72jährige Itani ist bis heute ein großer Verehrer seines verstorbenen Lehrers. Am anderen Extrem waren die Angehörigen der jüngeren Generation, vor allem Mariko Hiraiwa-Hasegawa, die der Meinung sind, Imanishi habe die Ökologie und Primatologie um mindestens ein oder gar zwei Jahrzehnte zurückgeworfen, als er sich gegen die soziobiologische Revolution stellte. Itani und Hiraiwa-Hasegawa sind jeweils auf ihre Weise in Imanishis Fußstapfen getreten, indem sie die Biologie der breiten Bevölkerung nahegebracht haben. Beide haben Bestseller geschrieben, und beide sind in Japan bekannte öffentliche Persönlichkeiten.

Imanishi war ein außerordentlich produktiver, allgemein bekannter Autor im Bereich der Biowissenschaften: der Stephen Jay Gould Japans. Er begann als Entomologe, war jedoch auch Ökologe, Anthropologe, Primatologe, Bergsteiger und Philosoph. Erst mit etwa fünfzig Jahren erhielt er eine akademische Anstellung – in den Geistes- und nicht in den Naturwissenschaften. Als Sproß einer wohlhabenden Familie konnte er selbst über seine Tätigkeit bestimmen, ohne auf die mit einem Gehalt verbundenen Anforderungen Rücksicht nehmen zu müssen. Er hatte nur ein einziges Zimmer an der Universität Kyoto, in dem sich lediglich ein niedriger Tisch befand, an dem er in Lotoshaltung auf einem Tatami sitzend seine Bücher schrieb: ein asketischer, gebildeter Mann von immensem Einfluß. Später im Leben pflegte er von sich zu sagen, er sei kein Wissenschaftler, sein Denken sei eher das eines Dichters.

Abgesehen davon, daß er zu den ersten Bergsteigern im Himalaja gehörte, hatte Imanishi zwei Hauptinteressen. Das erste galt der wechselseitigen Verbundenheit zwischen allen lebenden Dingen und den Umwelten, in denen sie vorkommen. Auch wenn er nur selten über die Menschen sprach, die ihn beeinflußt hatten, lassen sich Elemente seines Ansatzes auf Einflüsse von außen zurückverfolgen, die von Jakob von Uexküll bis Peter Kropotkin reichen, und vielleicht am meisten auf Kitaro Nishida, den Gründer einer philosophischen Schule, die in den dreißiger und vierziger Jahren einen besonderen Einfluß ausübte. Ich kann das selbst nicht beurteilen, da ich meine Informationen aus Sekundärquellen bezogen habe, doch Imanishis Betonung der Intuition und Wahrnehmung des Ganzen, seine Abneigung gegen den Reduktionismus und seine Auffassung, daß das Individuum der Gesellschaft untergeordnet sei, gehen vermutlich auf Nishida zurück, den Kyotoer Philosophen des »Nichts«, der in tiefe Gedanken versunken entlang eines kleinen, von Kirschbäumen gesäumten Flüßchens am Campus der Universität vorbei den »Philosophenweg« auf und ab ging.[79]

Der Tibetische Makak ist mit über 20 kg das schwerste Mitglied seiner Gattung, zu der auch der besser bekannte Rhesusaffe und der japanische Rotmakak gehören. Tibetmakaken leben in gebirgigen Regionen Chinas. Da man von Buddha glaubt, er sei ein Affenkönig gewesen, sind die Makaken hochgeachtet. Hier sehen wir einen adulten Makakenmann mit einem ausdrucksvollen bärtigen Gesicht. (Huang Shan, China, Foto Frans de Waal)

Männliche Tibetmakaken haben besonders große Testikel, was bedeuten
könnte, daß der reale Kampf um Paa-
rungsrechte durch eine Konkurrenz der
Menge der Samenzellen ersetzt wurde
(links). Das könnte die relativ entspann-
ten Beziehungen zwischen den Männern
erklären: Zwar gibt es gelegentliche
Kämpfe zwischen ihnen und wird eine
strenge Hierarchie eingehalten, doch die
Männer dieser Spezies stehen einander
auch ungewöhnlich nahe. Die gebleck-
ten Zähne des Makakenmanns oben
signalisieren Unterwerfung gegenüber
einem höherrangigen Mann. Die beiden
Männer rechts schreien erregt, während
sie einander besteigen: ein häufiges Bin-
dungsritual. (Huang Shan, China, Fotos
Frans de Waal)

Vor etwa 50 Jahren verbreitete sich unter den Japanmakaken in der Koshima-Bucht die Gewohnheit, Süßkartoffeln zu waschen – heute tun sie es immer noch. Das ist bemerkenswert, weil sie während des letzten Vierteljahrhunderts nur ein paarmal im Jahr Kartoffeln bekommen haben und die gegenwärtige Population die Makakenfrau, auf die dieser Brauch zurückgeht, nie gekannt hat. Auf welche Weise sich solche Gewohnheiten verbreiten, ist noch umstritten. Die Erwartung liegt nahe, daß das Makakenjunge, das sich an seine Mutter klammert, lernen wird, Kartoffeln einfach dadurch mit dem Meer in Verbindung zu bringen, daß es heruntergefallene Stücke aufhebt. (Foto Frans de Waal)

Oben: Blick auf den berühmten Strand von Koshima, wo die ersten Untersuchungen über eine tierische Kultur ihren Ausgang nahmen. Im Vordergrund sieht
man den Süßwasserbach, in den Imo, ein Makakenmädchen, ihre erste Süßkartoffel tauchte, bevor andere Affen, angefangen mit ihrer Mutter und ihren Altersgenossen, es ihr nachmachten. Erst später verlegten die Affen den Ort der Wasch-
prozedur ans Meer (Hintergrund). Unten: Zwei junge Affen haben Kartoffeln
zum salzigen Meer mitgenommen. (Fotos Frans de Waal)

In Japan habe ich viele Feldstationen von Primaten besucht. Hier beobachte ich eine friedliche Groomingszene (die gegenseitige Fellpflege) in Katsuyama, wo Affen unlängst die Gewohnheit entwickelten, Wurzeln zu waschen, bevor sie sie fressen. (Foto Catherine Marin) Unten: Ein Affe in Arashiyama reibt zwei Steine gegeneinander, eine Gewohnheit, die hier über zwanzig Jahre lang weitergegeben wurde. Kulturelles Lernen erfolgt offenbar nicht nach denselben Regeln wie das Lernen durch Herumprobieren im Laboratorium: Soweit wir wissen, gibt es für die Handhabung von Steinen keine Belohnung. (Foto Frans de Waal)

Mr. Spickles, viele Jahre lang offenbar der unangefochtene Anführer einer Gruppe von Rhesusaffen, war dennoch auf weibliche Unterstützung angewiesen, die ihn in Gegenwart stärkerer, jüngerer Rhesusaffenmänner fest im Sattel hielt. (Wisconsin Primate Center, Foto Frans de Waal)

Die einzige in Gefangenschaft lebende Gruppe von Schimpansen, bei denen dieser »Händedruck« im Rahmen der gegenseitigen Pflege bekannt ist (die Gebärde
wurde auch bei einigen wildlebenden Gemeinschaften beobachtet), lebt in der
Field Station des Yerkes Primate Center in Georgia. Der Brauch hat sich von seiner Erfinderin, einer Schimpansin namens Georgia, allmählich auf praktisch alle
adulten Mitglieder der Gruppe ausgebreitet: hier zwischen Georgias Schwester
und ihrer Mutter. (Foto Frans de Waal).

Möglicherweise ist Imanishi in diesem Flüßchen naß geworden, obwohl er den größten Teil seiner Forschungen an den Larven der Eintagsfliege in dem wesentlich größeren und schnelleren Kamogawa durchgeführt hat, der mitten durch das Zentrum Kyotos fließt. Seine Arbeit über das Leben im Wasser führte ihn zur Idee der Habitattrennung, was bedeutet, daß verschiedene, aber miteinander verwandte Spezies ihre eigenen unverwechselbaren Lebensstile und Mikrostandorte aussuchen, die es ihnen erlauben, einträchtig in derselben Umwelt zu koexistieren. Eine damit zusammenhängende Idee war, daß Organismen eine Artenidentität besitzen und auf der Spezies-Ebene eine Gesellschaft bilden, eine sogenannte *Specia*, die das individuelle Verhalten steuert. Wenn beispielsweise eine Spezies sich in eine andere entwickelt, optiert die *Specia* massenhaft für einen anderen Lebensstil. Darauf bezieht sich der gern wiederholte Slogan der Imanishi-Anhänger: »Wenn die Zeit gekommen ist, werden alle Individuen sich gleichzeitig ändern.«

In meinen Ohren klingen solche Ideen verblasen. Eine Steuerung der Individuen auf der Spezies-Ebene? Mein erster Gedanke wäre da, daß es die individuellen Mitglieder einer Spezies sind, die ihr Leben in einem bestimmten Habitat optimieren, und daß der Erfolg einer Spezies davon abhängt, wie gut ihre Mitglieder zurechtkommen. Und was die Habitatabgrenzung angeht: Wenn zwei verwandte Organismen in verschiedenen ökologischen Nischen friedlich nebeneinander leben, dann bedeutet das nicht unbedingt, daß die ursprüngliche Trennung ihrer Wege nicht auf einer Konkurrenz beruhte. Imanishi widersetzte sich jedoch vehement allen Erklärungen, in denen Konflikte eine Rolle spielten, und bemühte sich auch nicht um eine Erklärung dafür, *wie* eine Trennung möglicherweise zustande gekommen ist. Er konzentrierte sich statt dessen allein auf das Endresultat.[80]

Imanishis zweites Hauptinteresse und bleibendes Vermächtnis ist für mich leichter zu beurteilen, da es das Studium des Verhaltens von Primaten betrifft. Hier konnte er neue Wege einschlagen, weil es für ihn keinen Mensch-Tier-Dualismus gab. Aufgewachsen in einer Kultur, in der die menschliche Spezies von den übrigen nicht dadurch getrennt wird, daß man ihr als einziger eine Seele zuschreibt, hatte Imanishi weder mit der Idee der Evolution noch mit der Vorstellung der Abstammung des Menschen vom Affen Schwierigkeiten. Dem buddhistischen und konfuzianischen Denken erscheinen beide Vorstellungen überaus einleuchtend und sogar wahrscheinlich, und sie haben nichts Kränkendes an sich.[81] Die reibungslose Übernahme dieses Teils der Evolutionstheorie – der Kontinuität zwischen allen Lebensformen – bedeutete, daß die Untersuchung des tierischen Verhaltens grundsätzlich nicht durch Überlegenheitsgefühle gegenüber Tieren belastet war, oder durch die Abneigung dagegen, ihnen Emotionen und Intentionen zuzuschreiben, also durch all das, was die westliche Wissenschaft lähmte. Die Japaner hatten keine Hemmungen, jedem Tier einen Namen zu geben oder ihm eine eigene Identität und »Persönlichkeit« zuzubilligen. Und sie sahen auch keine Notwendigkeit, Themen wie etwa die mentalen oder kulturellen Prozesse der Tiere zu vermeiden. Imanishis Studenten entwickelten innerhalb kurzer Zeit ein ausgeprägt anthropologisches Programm: Durch das Studium anderer Primaten versuchten sie die Ursprünge der menschlichen Familie und Gesellschaft zu ergründen. Die Existenz von Affen in Japan konnte dabei natürlich nur hilfreich sein.

In alledem war Imanishi dem berühmten Paläontologen Louis Leakey weit voraus, der ein ähnliches Programm erarbeitete. Leakey schickte Jane Goodall und andere Primatenforscher in die Wildnis, um dort Große Menschenaffen zu studieren, denn er war der Meinung, diese Tiere könnten uns Kenntnisse über die frühesten Phasen der menschlichen Evolution vermitteln. Doch in den sechziger Jahren waren die Fragen und Techniken, die sich für ein solches Unternehmen als nützlich erweisen sollten, bereits von japanischen Primatologen entwickelt worden, die ihre Affen individuell identifiziert hatten und ihnen lange genug gefolgt waren, um die Bedeutung der Verwandtschaft, die unerwartete Komplexität der Primatengesellschaft und das Ausmaß der Unterschiede zwischen den einzelnen Gruppen zu verstehen. Besonders bedeutsam war ein Umstand, auf den ich im fünften Kapitel zurückkommen werde: Imanishi hatte die Frage einer tierischen

Kultur in einer Weise beantwortet, die weitere Untersuchungen anregte.

Als japanische Primatologen nach Afrika gingen, um Große Menschenaffen in ihrer natürlichen Umgebung zu erforschen, brachten sie in ihrem Reisegepäck neben einer hervorragenden Schulung auch ihre bahnbrechende Methode der kontinuierlichen, langfristigen Datenerhebung mit, die zur Norm werden sollte. Nach dem Vorbild Jane Goodalls gewöhnten sie ihre Untersuchungsobjekte durch die Versorgung mit Nahrungsmitteln an die Gegenwart von Menschen. Diesen Wissenschaftlern gelangen bedeutende Entdeckungen, zum Beispiel, daß Schimpansen in genau definierten Gruppen zusammenleben und daß sie Steinwerkzeuge benutzen, die dem Niveau der in der Steinzeit von Menschen gebrauchten Werkzeuge entsprechen.[82]

Besser als mit Leakey ist Imanishi jedoch mit Ray Carpenter zu vergleichen, dem amerikanischen Pionier der Primatenforschung. Da Carpenter keine spektakulären Entdeckungen machte und keine Sachbücher schrieb, ist er heute fast völlig in Vergessenheit geraten. Dennoch wird er häufig als Begründer der westlichen Primatologie angesehen, auch von Experimentalpsychologen wie Wolfgang Köhler und Robert Yerkes. Carpenter erhielt eine Ausbildung als Physiologe, war aber auch ein hervorragender Verhaltensforscher, der seine Beobachtungen lieber an Ort und Stelle als im Laboratorium anstellte. Er arbeitete über Rhesusaffen, die auf der Karibikinsel Cayo Santiago ausgewildert worden waren, sowie über wilde Brüllaffen und Gibbons. Er interessierte sich für ihre sozialen Beziehungen und zeichnete Soziogramme zur Darstellung von Gruppenstrukturen. Zwar ging Carpenter darin nicht annähernd so weit wie die japanischen Primatologen, die in der Lage waren, über hundert Affen auseinanderzuhalten und ihre Familienverbindungen über Generationen hinweg zu verfolgen, doch er teilte mit ihnen eine dezidiert soziologische Betrachtungsweise.

Carpenter identifizierte Individuen mit Hilfe von Tätowierungen, das heißt auch – in der für die damalige westliche Wissenschaft typischen Weise – durch eine anfängliche Unterschätzung ihrer Individualität. Das ist etwa so, als ginge ich auf eine Party

115

und machte mit der Begründung, anders könne ich sie nicht auseinanderhalten, auf die Stirn sämtlicher Besucher einen Farbfleck. Die Partygäste wären beleidigt, und das mit Recht. Doch wenn man Carpenter liest, wird deutlich, daß er ein höchst aufmerksamer Beobachter war. Als er zum erstenmal von den japanischen Untersuchungen hörte, gehörte er aus naheliegenden Gründen nicht zu der Mehrheit unter seinen Kollegen, die skeptisch bis ungläubig darauf reagierten, daß man Affen aufgrund ihres Äußeren voneinander unterscheiden könne. Für sie gründete die ganze Benennung einzelner Individuen in einem hoffnungslosen Anthropomorphismus. Überschätzten die Japaner nicht bei weitem das soziale Leben ihrer Affen? Und wer sagte, daß Affen sich gegenseitig auseinanderhalten konnten, auch wenn menschliche Beobachter behaupteten, *sie* könnten es?

Carpenter, vermutlich der einzige, der die Aufgabe, die Imanishi und seine Schüler sich gestellt hatten, in ihrem ganzen Umfang verstand, wurde zu einem begeisterten Anhänger ihrer Arbeit. Die japanischen Wissenschaftler der älteren Generation haben diesen freundlichen Menschen in liebevoller Erinnerung und wundern sich, daß er im Westen nie dieselbe Berühmtheit erlangt hat wie Imanishi in Japan.

Wenn man den Einfluß Imanishis bedenkt, wird im Rückblick klar, warum seine Ideen über ein einträchtiges Zusammenleben innerhalb einer Spezies und seine antireduktionistische Haltung die Darwinisten auf die Barrikaden trieb. Aber diese Probleme sollten für uns nicht die enormen Leistungen Imanishis verdunkeln – er führte einen Paradigmenwechsel herbei, der von der gesamten Primatenforschung und auch von anderen Disziplinen übernommen wurde. Die fundamentalen Prämissen seiner Schule und ihre Anwendung der Ethnographie auf die Untersuchung von Tiergesellschaften sind für uns heute fast selbstverständlich. Wenn Wissenschaftler, die langlebige Tiere – ob Wölfe oder Elefanten – in freier Wildbahn beobachten, dabei routinemäßig einzelne Exemplare identifizieren und ihnen während ihres ganzen Lebens folgen, wenden sie eine östliche Methode an, die vom Westen ursprünglich verspottet und angefeindet wurde.[83]

Auf unsere eigene kreative Weise haben wir schließlich die Notwendigkeit dieser Art der Beobachtung mit dem Argument gerechtfertigt, daß die natürliche Selektion über individuelle Unterschiede wirksam wird und deshalb jedes Individuum besondere Aufmerksamkeit verdient. Doch um diesen Schritt zu tun, mußten wir erst ein jahrtausendealtes kulturelles Vorurteil gegen »niedrigere« Tiere aufgeben. Den Weg dazu mußten wir uns von Wissenschaftlern zeigen lassen, die gegen diese hierarchische Sichtweise immun sind.

Imanishi als Hemmnis

Die Natur als etwas Harmonisches darzustellen, wie Imanishi es getan hat, ist völlig legitim: Es gibt tatsächlich große Bereiche, die durch friedliches Nebeneinander, Gleichgewicht und Symbiose gekennzeichnet sind. Die Natur unter dem Aspekt von Konkurrenz und Spannungen zu untersuchen, ist genauso legitim, und man wird dabei auch fündig. Töricht ist es allerdings, die Betonung des einträchtigen Zusammenlebens als kulturell bedingte Einseitigkeit zu brandmarken und die Hervorhebung der Konkurrenz als irgendwie wissenschaftlich objektiv anzupreisen, wie Halstead es getan hat: ein Mann, der nicht bereit oder unfähig war, seine eigene Betrachtungsweise zu objektivieren, die ironischerweise das eine mit der japanischen Kultur gemeinsam hatte, daß sie durch das Leben auf einer dichtbevölkerten Insel geformt wurde, wo die Menschen glauben, sie seien anders als alle anderen.

Imanishis Verteidiger haben sich über Halsteads Vorurteile beklagt: »Um zu verstehen, wie das auf einen Japaner wirkt, braucht sich der westliche Leser nur vorzustellen, er lese den übersetzten Bericht eines japanischen Professors, der kein Englisch spricht, einige Monate in Oxford verbracht hat und nach und nach aufgrund von Gesprächen mit einzelnen Persönlichkeiten, denen er begegnet, die Widersprüche Oxfords und die verborgene Klassenstruktur Englands herausarbeitet.«[84] Desgleichen könnte der

Besucher bemerkt haben – wie Halstead es bei Imanishi getan hatte –, wie die Theorie Darwins die Gesellschaft reflektiert, aus der sie entstand. Daß Ideen über den ungehemmten Kapitalismus und über den Kampf ums Dasein zur selben Zeit und im selben Land aufkamen, kann natürlich kaum ein Zufall sein. Wenn also Halstead Imanishi den Vorwurf macht, er sei das Produkt einer Feudalgesellschaft, die jedem das Recht auf Individualität bestreite, und wenn die Zeitschrift *Nature* diese Auffassung druckt und dabei zugleich den Darwinismus als den einzigen Weg zum Verständnis der Welt verteidigt, dann haben wir nichts anderes vor uns als den vertrauten Fall einer Kultur, die für die Vorurteile einer anderen Kultur einen schärferen Blick besitzt als für die eigenen.

Das heißt nicht, daß Imanishi nicht die Konfrontation gesucht hätte. Wäre es ihm nur um eine Theorie gegangen, die den harmonischen Aspekt der Natur in den Vordergrund stellte, so hätte sich kein Protest erhoben, weder in Japan noch außerhalb. Doch immer deutlicher beschrieb er die Habitattrennung als gangbare Alternative zu Darwin, als unvereinbar mit traditionellen Auffassungen über die Evolution und diesen überlegen. In der Folge stand er dem Darwinismus immer feindseliger gegenüber. Diese Haltung forderte zu direkten Vergleichen des Erklärungspotentials der Theorien Imanishis und Darwins heraus. Mit bemerkenswerter Offenheit läßt Hiraiwa-Hasegawa keinen Zweifel daran, daß ein solcher Vergleich nicht zu Imanishis Gunsten ausfiele:

»Er behauptete wiederholt, daß das Überleben der Tauglichsten nichts erkläre, daß solche mechanischen, rein biologischen Erklärungen für ein volles Verständnis der Organismen nicht ausreichten, daß die natürliche Selektion auf der Grundlage der Konkurrenz zwischen Individuen ein verzerrtes Bild der organischen Welt unter westlichem Blickwinkel sei. Er hat 30 Bände über seine Theorie der Evolution geschrieben, und in Japan ist sie allgemein als die Theorie Imanishis bekannt. Doch keines seiner Bücher liefert mechanische oder naturwissenschaftliche Erklärungen darüber, wie diese Dinge sich abspielen und wie die Theorie überprüft werden kann. Meiner Meinung nach ist das keine Wissenschaft: Es ist ein persönlicher Blick auf die organische Welt.«[85]

Halstead zog eine Parallele zu Kropotkin, der ebenfalls selektiv Beispiele für »gegenseitige Hilfe« in der Natur gesucht und gefunden hatte. Doch zeit seines Lebens blieb der russische Fürst ein unerschütterlicher Bewunderer und Anhänger Darwins. Der Zorn Kropotkins galt nicht Darwin, sondern Thomas Henry Huxley und seiner verengten Sichtweise – häufig als »gladiatorenhaft« beschrieben –, weil dieser jede Lebensform und jedes Individuum gegen alle anderen kämpfen ließ. Kropotkin bemerkte zutreffend, daß viele Tiere nicht durch Kampf überleben, sondern durch gegenseitige Hilfe. Huxleys blutleere Version des Darwinismus war genau jene Art von Karikatur, gegen die sich auch Imanishi gewandt und die er möglicherweise ganz zu Unrecht für Darwins eigene Auffassung gehalten hatte.

Was zum Schluß also übrigbleibt, ist, daß Imanishi die Möglichkeiten unterschätzte, wie seine Ideen sich ohne allzu große Probleme mit dem Darwinismus in Einklang bringen ließen. Auch wenn der Prozeß der natürlichen Selektion an sich von Konkurrenz geprägt ist, hat er in der Natur die verschiedensten Tendenzen und Konstellationen hervorgebracht, auch sozial positive und kooperative Verhaltensweisen. Die tödliche Territorialität des Tigermännchens ist ebenso ein Produkt der natürlichen Selektion wie die todesmutige Solidarität unter Delphinen. In Anbetracht der Tatsache, daß die Verwechslung von Prozeß und Resultat die Wissenschaftler im Westen dazu brachte zu bezweifeln, daß Menschen und Tiere wirklich freundlich miteinander umgehen können, sollten wir Imanishi nicht zu hart dafür tadeln, daß er in den entgegengesetzten Fehler verfallen ist, nämlich den Konkurrenzcharakter der Evolution zu bezweifeln, weil das Resultat in seinen Augen in einem einträchtigen Zusammenleben bestand. In der Unfähigkeit auf beiden Seiten, das Paradox der Evolution zu bewältigen, kommen reale kulturelle Voreingenommenheiten zum Ausdruck. Die Auffassungen Imanishis hätte man wie die Kropotkins besser als eine besondere Akzentuierung innerhalb des umfassenderen evolutionären Rahmens und nicht als eine völlig neue Theorie vorstellen können und sollen.

Erklärungen für diesen weitgehend unnötigen Streit reichen weit: von Journalisten, die ein Interesse gehabt hätten, einen ihrer Landsleute in einem ebenso hellen Licht erscheinen zu lassen wie den großen Darwin, bis zum Nationalismus Imanishis selbst. Gleich vielen Japanern nach dem Zweiten Weltkrieg hegte Imanishi einen Groll gegen die angloamerikanische Dominanz, die den Anschein erweckte, als spiele ihre eigene Kultur keine Rolle. Zu seiner Rechtfertigung betonen ältere Wissenschaftler, daß Imanishi sich zugleich auch gegen den russischen Einfluß auf Intellektuelle in Kyoto gewandt habe, von denen viele mit der Linken sympathisierten und von Lyssenko fasziniert waren, dem führenden und gefährlich ideologischen Genetiker unter Stalin. Imanishi war in allererster Linie ein Gelehrter, offen für Ideen, der seine Studenten zu selbständigem Denken anhielt. Er selbst las alles, was ihm in die Hände kam, und riet seinen Anhängern nachdrücklich, international zu denken, englische Veröffentlichungen zu lesen und selbst auf englisch zu publizieren.

Die hemmende Wirkung auf die Primatologie und Ökologie in Japan, auf die Halstead sich bezog, kam nicht von Imanishi selbst, der 1965 seine Lehrtätigkeit an der Universität aufgab, sondern von seinen Anhängern. Japanische Wissenschaftler, die in den späten siebziger und in den achtziger Jahren Soziobiologie betrieben, tragen die Narben eines harten Kampfs in einer weitgehend konformistischen Gesellschaft. So wie jeder Silberrückengorilla unausweichlich an den Punkt kommt, an dem er seine Gruppe nicht länger verteidigen kann und von einem Jüngeren verdrängt wird, wirkten Imanishi und seine Anhänger noch immer imponierend und tonangebend, während sich doch unter ihren Füßen die theoretische Landschaft verschob wie Treibsand. Die Rebellen errangen schließlich die Oberhand, wie sich an der heutigen Schar junger Primatologen und Ökologen zeigt, von denen viele Imanishi entweder überhaupt nicht kennen oder für überholt halten.

Eifersucht auf Darwin

Die darwinfeindliche Einstellung Imanishis und seiner Schüler hatte einen wesentlichen Anteil daran, daß die Soziobiologie in Japan nur mit großer Verzögerung Eingang fand. Zum Teil bedingt durch eine mangelhafte Lehre auf dem Gebiet der Evolutionstheorie, war in Japan lange Zeit die hausgemachte Evolutionslehre Imanishis maßgebend. Osamu Sakura, ehemaliger Primatologe an der staatlichen Universität Yokohama, der inzwischen die Rezeptionsgeschichte der Soziobiologie auf der ganzen Welt erforscht, hat die Reaktion in Japan mit der in Frankreich verglichen, die ebenfalls von Nationalstolz und Eifersucht auf Darwin angekränkelt war (immerhin hatte der Darwinismus den Lamarckismus verdrängt). Doch die stärksten Parallelen fand er in der Rezeption der Soziobiologie in Deutschland.[86]

Wo eine einflußreiche Gründerfigur oder ein Guru die lokale Szene beherrscht, können neue wissenschaftliche Entwicklungen seine Autorität und die seiner Schule untergraben. Aus diesem Grund werden sich Mitglieder seiner Schule gegen die neue Entwicklung zur Wehr setzen. Nur Außenstehende oder eine jüngere Generation, die auf den Guru weniger stark eingeschworen ist, wird den Mut finden, sich außerhalb der etablierten Lehre umzusehen. In Deutschland war ein solcher Prozeß deutlich im Umkreis von Lorenz zu beobachten, dessen Anhänger neuen wissenschaftlichen Entwicklungen im Weg standen. Deshalb bestehen sowohl Sakura als auch Hiraiwa-Hasegawa darauf, daß der Einfluß Imanishis nicht als etwas typisch Japanisches dargestellt werden sollte. Hiraiwa-Hasegawa hat dazu bemerkt:

»Wenn man annimmt, daß die japanischen Wissenschaftler die neodarwinistische Theorie voll und ganz verstanden haben und aufgrund ihrer ursprünglichen, kulturell bedingten Sicht auf die organische Welt dennoch die Theorie Imanishis der Theorie Darwins vorzogen, dann wird man am Ende die Wirkung der Kultur auf das logische Denken in den Naturwissenschaften überschätzen. Meiner Meinung nach hat Pamela Asquith genau das in ihrer Forschung getan. Oder man unterschätzt am Ende die Fähigkeit der Japaner zum logischen Denken. Ich glaube, es ist das, was Beverly Halstead in seinem Aufsatz in *Nature* über den Imanishiismus getan hat.«

Mit dem Hinweis auf Asquith bezog sich Hiraiwa-Hasegawa auf eine kanadische Anthropologin, die einen ausgedehnten Vergleich zwischen östlicher und westlicher Primatologie angestellt hat. Asquith hat auf viele nützliche Unterschiede gegenüber dem Westen hingewiesen, etwa auf das bereits erwähnte Fehlen eines Dualismus von Mensch und Tier in der östlichen Religion. Darüber hinaus hat sie versucht, Imanishis soziobiologischen Ansatz in den Kontext einer Kultur zu stellen, in der die individuelle Identität an eine Gruppenidentität gebunden ist. Asquith ist letztlich nicht der Meinung, daß Darwin von japanischen Wissenschaftlern jemals abgelehnt wurde – für sie hingen vielmehr westliche Wissenschaftler einem Ausschließlichkeitsdenken an (sie waren entweder für oder gegen die Soziobiologie), während ihre japanischen Fachkollegen einfach die für sie attraktivsten Elemente der Theorie übernahmen und alles übrige ignorierten.

Damit bleibt noch eine Frage offen. Gelegentlich hört man, die Reaktion der japanischen Wissenschaftler auf die Soziobiologie erkläre sich aus einer Reihe besonderer Umstände, die mit dem Kriegsende zusammenhingen, dem japanischen Nationalismus und auch aus der Art und Weise, wie Gründungsväter in der Wissenschaft zunächst Fortschritte anregen und dann behindern. In dieser Sicht hatten die Ereignisse nichts spezifisch Japanisches an sich. Andere bringen Imanishis Theorie mit seiner Herkunft in Verbindung und sehen deshalb die Unterstützung für Imanishi und den Widerstand gegen die Soziobiologie in kulturellen Unterschieden begründet. Der Imanishiismus repräsentierte möglicherweise zu keiner Zeit eine wirkliche Alternative zum Darwinismus, doch in den Augen vieler Japaner enthielt er wertvolle, einzigartige Elemente, die bislang vom Westen ignoriert wurden.

Meine eigene Position – Nummer tausendundeins – ist, daß Imanishi der große Dank aller gebührt, die das Verhalten freilebender langlebiger Tiere erforschen, da er den Grundstein für den einzig sinnvollen Ansatz gelegt hat. Er tat dies mit der typisch östlichen Betonung der Gruppe, aber auch voller Respekt vor dem Individuum. Gleichzeitig bagatellisierte oder mißverstand er die Stärke des Darwinschen Konzepts und verhinderte damit eine dringend nötige Veränderung. Doch während er und seine Anhänger die politische Macht hatten, die Übernahme der Soziobiologie zu verzögern, konnten ihre Ideen die Entwicklung doch nicht aufhalten.

Das alles zeigt uns nur das eine: Wenn die Zeit gekommen ist, ändern sich alle.

3.
Bonobos und Feigenblätter

Primatenhippies in einer puritanischen Landschaft

>»Der Bonobo ist ein ungemein empfindsames, zartes
>Geschöpf, weit entfernt von der dämonischen Urkraft
>des erwachsenen Schimpansen.«
>Eduard Tratz und Heinz Heck 1954

>»... in Sippschaft mit unseren sorglosen, spaßlieben-
>den, leseunkundigen Verwandten, den reizenden Cou-
>sins Bonobo. Dem Leben sei Dank für sie.«
>Alice Walker 1998

>»Über Bonobos spricht man vielleicht am besten mög-
>lichst wenig, zumindest in einer Familienillustrierten.«
>Barbara Ehrenreich 1999

»Es muß Spaß machen, diese Bonobos zu studieren«, sagen mir
manche Leute mit einem Augenzwinkern. Das tut es zweifellos,
aber nicht aus dem unausgesprochenen Grund, weil diese Affenart auf erstaunlich vielfältige Weise sexuell aktiv ist. Was mich in
Wirklichkeit mehr interessiert, ist die Frage, wie es dazu kam,
daß die Bonobogesellschaft auf die weiblichen Tiere zentriert und
friedliebend ist. Die Antwort sagt uns manches über die Evolution der menschlichen Sexualität und das Geschlechterverhältnis:
Jedes Projekt in der Frauenforschung sollte eine kleine Exkursion
in die Welt der Bonobos einschließen.

Doch die Frage nach dem Geschlechtsleben der Bonobos wird
relevant, wenn es um ihre allgemeine Wahrnehmung geht. In der
Art und Weise, wie Tiere gesehen werden, spiegelt sich die Kultur,
in der wir leben. So bewundern wir etwa die emsige Ameise, aber
nicht das sprichwörtlich faule Schwein, das überdies auch noch
als schmutzig gilt. In ähnlicher Weise leiden die Bonobos in unse-

ren Augen an einem zweifachen Handicap: Zum einen erscheinen sie uns sexuell hemmungslos, und zum anderen wollen sie so gar nicht in das Machobild einer Evolution passen, in deren Zentrum unvermeidlich Gewalt, die Herrschaft der Männer und deren Bindungen untereinander und die große Bedeutung der Technik steht. Die traditionellen Ansichten – der Mann als jagendes, aggressives, werkzeugschaffendes, dunkles und herrschendes Wesen – sind tief in uns verwurzelt; wer bei solchen Themen an die kopulierfreudigen und friedfertigen Bonobos erinnert, gilt schnell als Träumer.

Doch im Unterschied zum Schwein sind die Bonobos keine entfernte Lebensform, die für eine Debatte über die menschliche Natur ohne Relevanz wäre. Diese Anthropoiden stehen uns tatsächlich so nahe (nämlich wie die Schimpansen), daß manche Wissenschaftler sie für das besterhaltene Modell des letzten gemeinsamen Vorfahren von Menschen und Affen halten, von dem man annimmt, daß er vor etwa fünf Millionen Jahren gelebt hat. Doch aufgrund ihrer relativ späten Entdeckung (im Jahr 1929) und ihres seltenen Vorkommens in Gefangenschaft waren die Bonobos bis vor kurzem kaum bekannt.

Erst in den siebziger Jahren des vorigen Jahrhunderts dokumentierten Expeditionen japanischer und westlicher Forscher in die Demokratische Republik Kongo (das ehemalige Zaire) erstmals die Naturgeschichte der menschenscheuen Bonobos. Was sie entdeckten, stellte alle bisherigen Annahmen über die Evolution des Menschen in Frage, von der man bis dahin allgemein angenommen hatte, sie habe den Planeten durch Kriege und Völkermord erobert. Auf andere Primaten wie Paviane und Schimpansen können sich solche Auffassungen anscheinend stützen, auf die Lebensweise der Bonobos mit Sicherheit nicht. Wenn die Schimpansen vom Mars kämen, müßten die Bonobos von der Venus stammen. Bonobos sind egalitäre Primaten, die an die Stelle der Aggression die Sexualität gesetzt haben: Sie lösen ihre Konflikte durch sexuelle Kontakte. Die weiblichen Tiere nehmen maßgebliche Positionen in der Gesellschaft ein, und die Höhepunkte des Soziallebens der Bonobos bestehen aus der Beilegung von Konflikten und aus Sensibilität gegenüber anderen. Zwar wären wir schlecht beraten, im Bemühen um eine Rekonstruktion unserer evolutionären Vergangenheit ausschließlich auf die Bonobos zurückzugreifen, doch macht diese Spezies die Einseitigkeit früherer derartiger Versuche besonders deutlich.

Klar ist, die Bonobos bräuchten keine Mechanismen der Konfliktlösung, wenn sie tatsächlich nie einen Grund für Konflikte hätten. Es gehört zu den Paradoxien meiner Arbeit, daß die Untersuchung friedenstiftender Verhaltensweisen Konflikte und Aggression voraussetzt. Wir Forscher haben Zeit genug, darüber nachzudenken, wenn wir mit einer Primatenkolonie arbeiten, die »zu gut« funktioniert – das macht es schwer, Informationen darüber zu sammeln, wie sie mit Konflikten umgehen.[87] Das war allerdings bei den Bonobos nie ein Problem, denn sie sind alles andere als friedfertig. Bonobos sind lebhaft und konkurrenzbewußt: Sie sind keine Softies, die einander zu Tode lieben. Aber sie haben eine eigene, höchst effektive Methode, Rivalitäten zu regulieren, und regen uns damit zu einer alternativen Vorstellung von unseren Vorfahren an, wie sie bisher kaum jemandem eingefallen ist (wenn man einmal von einigen weitgehend isolierten feministischen Autorinnen absieht).

Der Bonobo erinnert uns also daran, daß Menschen, die uns immer wieder die mörderische Seite von Schimpansen vorhalten, um zu beweisen, daß Menschen »Mörderaffen« seien (Robert Ardrey), auf einem Auge blind sind. Sie haben sich mit einer Begeisterung auf die Schimpansen gestürzt, die dieser Spezies Unrecht tut – schließlich ist sie meistens hilfsbereit und umgänglich; das aber macht das kulturelle Vorurteil sichtbar, das den Bonobo bislang in der menschlichen Evolution nur marginal in Erscheinung treten ließ.

Kamasutra-Primaten

Meine eigene Beschäftigung mit diesen Menschenaffen begann
1978, als ich zum erstenmal einem Bonobo in die Augen sah und
sofort bemerkte, wie stark sich ihr neugieriges und sinnliches
Temperament von dem des emotional unbeständigen Schimpansen unterschied. Später begann ich, die weltweit größte Kolonie
von Bonobos zu erforschen, indem ich Hunderte Stunden mit
einer Videokamera vor einem Gehege im Zoo von San Diego verbrachte. Die Arbeit mit Tieren in Gefangenschaft kann Beobachtungen in freier Wildbahn nicht ersetzen, doch bietet sie den
enormen Vorteil eines völlig freien Sichtfelds, so daß sich das Verhalten der Tiere bis ins letzte Detail verfolgen läßt. Ich war bereits
eng vertraut mit dem Verhalten von Schimpansen, das ich in meinem Buch *Unsere haarigen Vettern* in ziemlich machiavellisti-
schen Begriffen interpretiert hatte. Jetzt sah ich eine Szene, die
eher an Rousseau erinnerte – oder vielleicht sollte ich sagen, eine
Affenversion des Kamasutra.

Bonobos treiben es in allen denkbaren Stellungen und in praktisch sämtlichen Partnerkombinationen miteinander. Sie widersprechen der Vorstellung, der Zweck der Sexualität bestehe ausschließlich in der Fortpflanzung. Ich schätze, daß drei Viertel der
sexuellen Aktivitäten, die ich im Zoo zu sehen bekam, nichts
mit Fortpflanzung zu tun hatten: Häufig waren daran gleichgeschlechtliche Artgenossen beteiligt, oder sie erfolgten während
der unfruchtbaren Tage des weiblichen Monatszyklus. Zu sexuellen Aktivitäten kam es meistens in Augenblicken der Spannung,
wenn beispielsweise Rivalitäten um Futter aufkamen, oder als
Mittel zur Versöhnung nach einem Kampf.

Es ist demnach unmöglich, das soziale Leben der Bonobos zu
verstehen, ohne sich mit ihrem Sexualleben zu beschäftigen. Während bei den meisten übrigen Arten das Sexualverhalten eine mehr
oder weniger eigene Kategorie darstellt, ist es bei den Bonobos zu
einem unverzichtbaren Bestandteil der Sozialbeziehungen geworden. Bonobos sind sexuell erstaunlich leicht erregbar und bringen
dies in einer Vielfalt von Kopulationsstellungen und Genitalkon-

127

takten zum Ausdruck. Das vielleicht charakteristischste Sexualmuster ist das sogenannte »GG-Rubbing« (genito-genitales Reiben) zwischen erwachsenen Bonobofrauen. Dabei klammert sich die eine mit Armen und Beinen an eine andere – etwa wie ein Kleinkind sich an seine Mutter klammert –, die mit Händen und Füßen auf dem Boden steht, so daß die erste in der Luft hängt. Darauf reiben beide mit schnellen Bewegungen ihre Genitalschwellungen gegeneinander. Dieses Verhalten, das bei den Schimpansen völlig fehlt, ist bei jeder Bonobogruppe – ob in Gefangenschaft oder in freier Wildbahn – beobachtet worden, in der sich mindestens zwei weibliche Tiere befanden.

Auch die Bonobomänner treiben es gelegentlich miteinander, doch in der Regel reiben sie nur kurz ihre Hodensäcke aneinander: Dabei stehen sie vierbeinig Rücken an Rücken, während der eine seinen Hodensack an dem des anderen reibt. Daneben zeigen sie eine Art Penisfechten, ein seltenes Verhalten, das bislang nur in der freien Natur beobachtet wurde und bei dem zwei Männer einander zugewandt von einem Ast herunterhängen und ihre erigierten Penisse wie zwei gekreuzte Degen aneinanderreiben. Allein schon die Vielfalt der erotischen Kontakte ist beeindruckend, zumal wenn noch sporadisch oraler Sex, das Massieren der Genitalien von Artgenossen und Zungenküsse hinzukommen.

Dieselbe sexuelle Aktivität innerhalb einer Gruppe erstreckt sich anscheinend auch auf die Beziehungen zwischen Gruppen. Das steht in einem ausgeprägten Gegensatz zum Verhalten der Schimpansen, bei denen die Männer, wie wir wissen, die Grenzen ihres Territoriums abschreiten und gelegentlich in das Revier ihrer Nachbarn eindringen, was tödliche Kämpfe zur Folge hat. Bei den Bonobos ist bislang noch kein Beispiel für solch extreme Gewalttätigkeiten zwischen verschiedenen Gruppen von Artgenossen beobachtet worden. Hier scheint vielmehr die friedliche Vermischung von Gemeinschaften die Regel zu sein, einschließlich Grooming und sexueller Kontakte.

Die zwei Gesetze des Puritanismus

Die unbefangene Freude der Bonobos an sexueller Betätigung hat sich auf ihre Wahrnehmung in der Öffentlichkeit nicht unbedingt positiv ausgewirkt. Das Problem kam zum erstenmal kurz nach dem letzten Weltkrieg auf, als dieselben deutschen Wissenschaftler, die auf den ungewöhnlichen Namen »Bonobo« verfallen waren, sich zu der Erklärung veranlaßt fühlten, daß die Individuen dieser Spezies beim Kopulieren einander häufig das Gesicht zuwandten. In jenen Tagen waren solche Details tabu. Eduard Tratz und Heinz Heck mußten ihre Zuflucht zum Lateinischen nehmen, um auszudrücken, daß sich Schimpansen *more canum* (nach Hundeart) und die Bonobos *more hominum* (nach Menschenart) vermehrten. Sie fügten hinzu, daß die Anatomie der Bonobofrauen diese Stellung begünstigt: Die Vulva befindet sich zwischen ihren Beinen und nicht wie bei den Schimpansen näher am Hinterteil.

Heutzutage kann man an warmen Sommertagen im selben München, wo Tratz und Heck ihre bahnbrechenden Beobachtungen anstellten, junge Akademiker in der Mittagspause im Englischen Garten sehen. Sie setzen sich ins Gras, entledigen sich ihrer Kleidung, legen sie säuberlich gefaltet neben sich und sprechen ganz zwanglos weiter. Da sie nichts anderes tun als das, was täglich an europäischen Stränden passiert, werden sie von niemandem schief angesehen. Die Einstellung der Kontinentaleuropäer zum Körper hat seit den fünfziger Jahren in der Tat einen so tiefgreifenden Wandel erfahren, daß sie sich inzwischen von der amerikanischen beträchtlich unterscheidet.

Kritik an »den Amerikanern« ist in Europa sicher kein allzu befriedigender Zeitvertreib, aber man kann unmöglich über die Bonobos sprechen, ohne ein paar Worte über den Puritanismus zu sagen. Obwohl ich inzwischen seit zwei Jahrzehnten in den Vereinigten Staaten lebe und echte Zuneigung zu Land und Leuten empfinde, werde ich mich niemals an die Gleichsetzung von körperlicher Liebe und Sünde gewöhnen. Die Schuldgefühle und das Leid – ganz zu schweigen von der Heuchelei –, die dadurch ausgelöst werden, gehen über meinen Verstand. Ich würde dieses Thema nur allzugern vermeiden, wenn nicht jedesmal, wenn Leute sich über Bonobos unterhalten, dieselbe Frage aufkäme: warum nämlich diese Spezies so wenig bekannt ist. Die Antwort lautet zumindest zu einem Teil, daß diese Geschöpfe uns zu sehr an eine Seite von uns selbst erinnern, die wir mit allen Mitteln unter Kontrolle halten wollen. Statt ihr Dasein in Arbeit und Keuschheit zu fristen, genießen sie ein ungebundenes, hedonistisches Geschlechtsleben. Das sollen unsere nächsten Verwandten sein? Man sollte sie besser einsperren!

Nun kenne ich viele Amerikaner, die in sexuellen Fragen ganz unvoreingenommen sind, doch leider trifft das nicht für die Gesamtgesellschaft zu. Ich möchte dies als das Erste Gesetz des Puritanismus bezeichnen: Das Ganze ist puritanischer als seine Teile. Das Mißverhältnis zwischen öffentlicher Moral und privaten Ansichten wird von Politikern und Medien leicht übersehen, die gewohnheitsmäßig eher konservativ über die Zulässigkeit bestimmter Verhaltensweisen oder Themen urteilen. So kann es vorkommen, daß sie eine öffentliche Persönlichkeit wegen moralischer Verfehlungen ihres Amtes entheben wollen, um dann festzustellen, daß die Mehrheit der Bevölkerung der Auffassung ist, daß eine Rüge genügen würde.[88]

Das Zweite Gesetz des Puritanismus lautet, daß sexuelle Verdrängung von innen schwerer zu erkennen ist als von außen. Amerikaner sind so sehr daran gewöhnt, in einem Land zu leben, in dem die Toiletten *restrooms* heißen und wo nicht einmal Gynäkologen ihre Patientinnen nackt sehen; wo das Stillen eines Säuglings in der Öffentlichkeit ein Verhaftungsgrund ist; wo Pinup-Girls einteilige Badeanzüge tragen und wo Komiker ihr Publikum einfach dadurch zu Lachstürmen hinreißen können, daß sie den Namen eines tabuisierten Körperteils aussprechen – daß sie gar nicht merken, wie eigenartig das alles auf den Beobachter aus dem Ausland wirkt.[89] Eine mögliche Ausnahme sind Amerikaner, die selbst ins Ausland gereist sind und zum Beispiel ein japanisches Badehaus besucht haben, in dem alle Kleidungsstücke abgelegt werden müssen, auch in Anwesenheit des anderen Geschlechts.

Möglicherweise haben sie auch die offene Prostitution in Amsterdam oder Hamburg kennengelernt oder sind einfach Menschen begegnet, die sich für das Sexualleben der Politiker nicht im mindesten interessieren.

Das letztemal, als mich das Empfinden der Amerikaner akut befremdete, ging es um eine Titelgeschichte, die 1999 unter der mutigen Überschrift »Die unverhüllte Wahrheit über den weiblichen Körper« in der Zeitschrift *Time* erschien.[90] Um diese Wahrheit anschaulich zu machen, bot die Zeitschrift ihren Lesern ein Titelfoto sowie im Innern fünf Fotos von nackten Frauen, wobei es ihr gelang, weder Brustwarzen noch Schambereiche zu zeigen. Die abgebildeten Körper waren muskulös und androgyn: Man mußte schon sehr genau hinschauen, um sicher zu sein, daß es weibliche Körper waren. Das Magazin ging sogar so weit, einen weiblichen Körper auf einem Faltbild zu bringen, auf dem Pfeile auf die verschiedenen Körperpartien zeigten, doch da die Frau auf dem Bild ihre Arme über der Brust verschränkt hielt, traf der Pfeil für die Brüste nur einen Ellbogen.

Da hier bewußt alles Weibliche aus dem weiblichen Körper getilgt worden war, hätte dasselbe Layout in einem vergleichbaren kontinentaleuropäischen Magazin wie dem *Spiegel* oder dem *Express* lautes Protestgeschrei ausgelöst. Die *Time* bekam allerdings auch ihre Portion Protest ab, denn nach amerikanischen Maßstäben waren ihre Redakteure zu weit gegangen! In einer der nächsten Ausgaben bemerkten die Herausgeber: »Viele Leser waren der Meinung, daß Nacktfotos von Frauen, und seien sie noch so geschmackvoll aufgemacht, in einer Zeitschrift für ein breites Lesepublikum nichts zu suchen haben.«[91]

So haben sich die beiden nordatlantischen Kontinente voneinander wegbewegt, obwohl sie in vielerlei Hinsicht eine gemeinsame Geschichte haben. Beide zusammen unterscheiden sich wiederum von außerwestlichen Völkern wie beispielsweise den Hawaiianern, deren Sexualität von Diamond mit den an die Bonobos erinnernden Worten als »Trostsalbe und Bindemittel der gesamten Gesellschaft«[92] beschrieben wurde, oder von einigen brasilianischen Stämmen, wo Männer und Frauen in den Wäldern der Umgebung ihrer Dörfer vielfältigen Affären nachgehen. Hier ist nicht der Ort, auf die Tausende menschlicher Sexualpraktiken einzugehen; es genügt der Hinweis, daß auf einer weltweiten Skala der sexuellen Freizügigkeit und Offenheit ein Großteil der angelsächsischen Welt mit ihrem viktorianischen Erbe am prüden Ende rangiert.

Angesichts der Tatsache, daß die englische Sprache den Informationsfluß in der modernen Welt beherrscht, war dies für die Bonobos nicht von Vorteil. Als die Make-Love-Not-War-Hippies des Tierreichs an unsere Tür klopften, ließ eine gekränkte Familie sie draußen stehen. Die Autorin des bereits erwähnten *Time*-Artikels über den weiblichen Körper, Barbara Ehrenreich, war der Meinung, man sollte sich um die Eigenheiten der Bonobos am besten gar nicht kümmern. In ähnlicher Weise reiste ein englisches Kamerateam, das Bonobos filmen wollte, bis in die abgelegensten Dschungel Afrikas, nur um dann bei jeder »peinlichen« Szene die Kamera anzuhalten.

In Begleitung des Teams befand sich auch Takeshi Furuichi, ein japanischer Wissenschaftler, der mit der Rolle der Sexualität in der Bonobogesellschaft besonders gut vertraut war. Als er sich höflich erkundigte, warum die Kameraleute nicht auch diesen Aspekt dokumentierten, erhielt er zur Antwort, »weil unsere Zuschauer daran nicht interessiert wären«.

Was stimmt nur nicht mit diesen Männchen?

Die Schönheit der Sexualität liegt darin, daß eine Gesellschaft sich noch so sehr anstrengen kann, sie zu unterdrücken – es wird ihr nicht gelingen. Die Sexualität kommt immer wieder. Und die Menschen werden auch weiterhin tun, wozu die Natur sie angeleitet hat, wie viele Strafpredigten man ihnen auch hält. Sie kennen ihre Schwächen, und außerdem ist ihnen nicht entgangen, daß die großen Moralapostel der Gesellschaft sich auch nicht immer an ihre eigenen Maßstäbe halten. Daher das Erste Gesetz des Puritanismus: Was die Gesellschaft als Ganzes verdammt, mag in den

Herzen der meisten ihrer Mitglieder durchaus annehmbar oder zumindest verzeihlich sein. Die Bonobos sind hierfür ein Beispiel. Nicht nur die Angehörigen bestimmter Minderheiten wie Homosexuelle und promiske Männer sind aus naheliegenden Gründen von der Lust der Menschenaffen fasziniert, auch die Mainstream-Amerikaner haben sie anscheinend für sich entdeckt. Es stellt sich heraus, daß dem anfänglichen Zögern der Medien eine Fehleinschätzung des öffentlichen Empfindens zugrunde lag: Bonobos wirken anscheinend weniger schockierend und anstößig, als man angenommen hatte.

Ich erinnere mich, wie ich einigen Produzenten des US-Fernsehens erzählte, daß ich in Italien, Deutschland und Holland im Fernsehen zur besten Sendezeit unzensierte Filme über die Bonobos hatte zeigen können. Warum war das in den USA nicht möglich? Ein paar der Produzenten stellten sich der Herausforderung und versprachen, diese Filme auch auf ihren Kanälen zu senden. Doch jedesmal machten sie im letzten Augenblick unweigerlich einen Rückzieher. Die Dokumentarfilme zeigten herumtollende Bonobos: Sobald sie eine Stellung einnahmen, die irgendeine sexuelle Aktivität erwarten ließ, erfolgte ein Schnitt. Der Sprecher führte die Zuschauer mit unbestimmten Kommentaren in die Irre, indem er beispielsweise sagte, die Bonobos gingen erstaunlich freundlich miteinander um. Ich nannte das Ganze schließlich eine Koitus-interruptus-Bearbeitung.

Nach jahrelangen Erfahrungen dieser Art hatte ich das Glück, auf einen Gleichgesinnten zu treffen, der ähnliche Enttäuschungen durchlebt hatte. Eines Tages erzählte mir Frans Lanting, ein berühmter Fotograf von Tieren in freier Wildbahn, von den Hunderten Aufnahmen, die er während einer Expedition der National Geographic Society in den Kongo von Bonobos gemacht hatte. Die meisten von ihnen hatten aus Gründen, die mittlerweile klar sein dürften, nie das Licht der Öffentlichkeit erblickt. Als ich den Schatz wunderbarer Bilder sah, die unter schwierigsten Bedingungen entstanden waren (für einen Fotografen gibt es kaum etwas Schlimmeres als schwarze Tiere in einem dunklen Wald), erkannte ich sofort, daß diese Bilder eine einzigartige Chance boten. Als

Landsleute gleichen Alters, beide in den Vereinigten Staaten lebend, verstanden Frans und ich uns sehr schnell, und wir beschlossen, gemeinsam an einem Buch über Bonobos zu arbeiten, um die öffentliche Aufmerksamkeit auf diese besondere Affenart zu lenken.

Unser Ziel war es, alles über diese Geschöpfe zu erzählen. In unserer Vorstellung bedeutete das nicht, ein besonderes Schwergewicht auf Erotik und Sexualität zu legen, denn die Bonobos haben weit mehr zu bieten als das. Aber es bedeutete, daß wir uns nicht zensieren lassen würden. So machten wir unseren ersten gemeinsamen Bericht für das bekannte deutsche Magazin *GEO* (Mai 1993, S. 14–30). Diese Zeitschrift hatte keine Probleme damit, einen unverwässerten Bericht samt Fotos von Bonobos mit erigierten Penissen, rosaroten Genitalschwellungen, »homosexuellen« Paarungen usw. zu bringen.[93] Der nächste Versuchsballon war *Scientific American*, eine Zeitschrift, der es hoch anzurechnen war, daß sie – außer aus stilistischen Gründen – kein einziges Wort meines Textes änderte und alle Fotos von Lanting abdruckte. Mittlerweile waren wir überzeugt, daß die Zeit reif sei für das Buch. Wir fanden einen amerikanischen Universitätsverlag, der bereit war, unsere Bedingung zu akzeptieren, daß keine Zensur geübt würde. Vielleicht war es kein Zufall, daß der Verlag, der übrigens Wort hielt, seinen Sitz in Berkeley hatte. Das Buch, das 1997 erschien, trug den Titel *Bonobo: The Forgotten Ape* (deutsch: *Bonobo. Der vergessene Affe*) und erreichte eine breite Leserschaft, ohne daß die geringste moralische Entrüstung laut wurde.

Bei der Niederschrift des Buchs sah ich es als meine erste Aufgabe an, möglichst viele Fachleute auf dem Gebiet der Bonoboforschung hinzuzuziehen. Ungeachtet der Friedfertigkeit unserer Untersuchungsobjekte gab es auch in unserer kleinen Disziplin die üblichen Streitigkeiten unter engen wissenschaftlichen Kollegen. Ich wollte nicht, daß etwas davon in das Buch Eingang fand. Deshalb führte ich viele Interviews, so daß meine Kollegen in eigenen Worten das sagen konnten, was sie zu sagen hatten. Auf diese Weise hoffte ich auch den Eindruck zu vermeiden, daß alle in dem

Buch vorkommenden Entdeckungen meine eigenen seien. Ich arbeite nicht in freier Wildbahn, und es sind Forscher wie Takayoshi Kano, ein japanischer Wissenschaftler, der fünfundzwanzig Jahre lang unter härtesten Bedingungen seine Außenbeobachtungen anstellte, denen wir einen Großteil unseres heutigen Wissens über die Bonobos verdanken.

Ein Sabbatical in Europa bot mir die Möglichkeit, meine Zeit hauptsächlich dem Buch zu widmen. Daneben unternahm ich Reisen in Österreich, Deutschland und den Niederlanden, um die Reaktionen auf meine Botschaft bei den unterschiedlichsten Zuhörern zu testen. Der Höhepunkt – oder vielleicht auch Tiefpunkt – meiner Vortragsreise kam, als ein älterer, höchst angesehener deutscher Professor sich nach meinem Vortrag erhob und in geradezu anklagendem Ton hervorstieß:»Was stimmt nur nicht mit diesen Männchen?« Ihn schockierte die Dominanz der Bonobofrauen. Aber angesichts der Tatsache, daß die Bonobos in den afrikanischen Regenwäldern sich schon seit Jahrtausenden ihres Lebens freuten, als die Menschen begannen, sie mit ihrem Treiben in ihrer Existenz zu bedrohen, gibt es nun wirklich gar nichts, was bei ihnen nicht in Ordnung sein könnte. Und angesichts ihrer häufigen Sexspiele und ihrer geringen Aggressionsneigung kann ich mir nur schwer vorstellen, daß die Bonobomänner einer besonderen Belastung ausgesetzt sind. Meine Antwort auf seine Frage – daß es den Bonobomännern doch anscheinend sehr gut gehe – befriedigte den Professor offenbar nicht. Doch der Zwischenfall zeigt immerhin, wie grundsätzlich die Bonobos die Vorstellungen von unserer Abstammung in Frage stellen.

Verlegene Wissenschaftler

Meinen ersten Eindruck von der unkonventionellen Sozialordnung dieses Menschenaffen erhielt ich, als ich dem Zoo in San Diego ein Jahr nach meiner ersten Untersuchung einen zweiten Besuch abstattete. Ursprünglich war Vernon, ein ausgewachsener

Bonobomann, allein mit Loretta untergebracht, einem adulten weiblichen Tier, das er damals dominierte. Doch in der Zwischenzeit war Louise, eine ältere Bonobofrau, zu den beiden hinzugekommen, und jetzt hatten anscheinend sie und Loretta das Kommando über den Mann. Vernon mußte sogar bei den beiden Frauen betteln, damit sie die Nahrung mit ihm teilten, und manchmal verjagte Louise ihn auch. Ich fand das eigenartig, da Vernon kräftig war, nicht nur größer als Louise oder Loretta, sondern auch im Besitz der für sein Geschlecht typischen spitzeren Eckzähne. Als ich jedoch weitere Bonobogruppen in Gefangenschaft kennenlernte, stellte ich fest, daß die Dominanz der weiblichen Tiere eher die Regel als die Ausnahme ist.

Beobachter von Bonobos in der freien Natur hegten diese Vermutung schon länger, doch zögerten gerade Bonoboexperten, eine so kontroverse Behauptung aufzustellen. Erst 1992, auf dem 14. Kongress der International Primatological Society in Straßburg, trugen Forscher, die freilebende ebenso wie in Gefangenschaft gehaltene Bonobos erforscht hatten, erstmals Daten vor, die in dieser Frage kaum einen Zweifel ließen. Amy Parish, eine Anthropologin von der University of California in Davis, berichtete über Nahrungsrivalität in identisch strukturierten Gruppen (ein ausgewachsener Mann, zwei ausgewachsene Frauen) von Schimpansen und Bonobos im Stuttgarter Zoo. An einer Stelle wurde ein künstlicher Termitenhügel mit Honig plaziert, an den die Affen herankamen, wenn sie einen Stock in ein kleines Loch steckten. Sobald der Honig eingefüllt war, nahm der Schimpansenmann eine Imponierhaltung ein und beanspruchte alles für sich; erst wenn sein Appetit gestillt war, ließ er auch die Frauen nach dem Honig stochern. In der Gruppe der Bonobos waren es dagegen die Frauen, die sich zuerst über den Honig hermachten. Nach einigem GG-Reiben teilten sie sich den Honig, indem sie abwechselnd ihre Stöckchen in das Loch steckten, ohne daß es zu irgendeiner Rivalität kam. Das männliche Tier konnte noch so sehr versuchen, sie mit seinem Imponiergehabe zu beeindrucken; die Frauen ließen sich nicht einschüchtern und ignorierten ihn einfach.[94]

Auf derselben Konferenz bestätigten Feldforscher, daß die Bonobofrauen die Männer dominieren. So kommen beispielsweise bei der Futterstelle in Wamba im Kongo die Männer stets als erste und fressen möglichst schnell, weil sie den weiblichen Tieren Platz machen müssen, sobald diese eintreffen. Einige Wissenschaftler haben die Meinung geäußert, daß man hier nicht unbedingt von Dominanz reden müsse; es könne auch so sein, daß Bonobomänner einfach tolerant und nachgiebig seien. Es ist schon fast zum Lachen: Männliche Tiere werden gewöhnlich als rivalisierende Ungeheuer dargestellt, doch wenn sie regelmäßig bei der Auseinandersetzung mit den weiblichen Tieren den Kürzeren ziehen, kann dies nur daran liegen, daß sie so nette Kerle sind.

Nun gibt es jedoch ein Kriterium für Dominanz, das wir bisher noch auf jede Tierart auf unserem Planeten angewandt haben: Wenn ein Individuum A ein Individuum B von seiner Nahrung vertreiben kann, dann muß A dominant sein. Es ist nicht einzusehen, warum wir im Fall der Bonobos plötzlich einen anderen Maßstab verwenden sollten. Kano hat dies nachdrücklich zurückgewiesen:

»Der Vorrang beim Zugang zur Nahrung ist eine wichtige Funktion der Dominanz. Da die meisten auf Dominanz beruhenden Interaktionen und praktisch alle [Konflikte] zwischen erwachsenen weiblichen und männlichen Tieren im Zusammenhang mit der Nahrungsaufnahme auftreten, ist eine Dominanz, die außerhalb des Nahrungskontexts auftritt, für mich wesentlich weniger aussagekräftig. Außerdem besteht kein Unterschied in den Dominanzbeziehungen der Bonobos in Wamba innerhalb und außerhalb des Nahrungskontexts. So löst beispielsweise die Annäherung dominanter weiblicher Bonobos bei groomenden Bonobomännern Unterwerfungsreaktionen aus wie Zähneblecken, Wegbeugen usw.«[95]

Wie Forscher die soziale Organisation der Bonobos durch die Brille ihrer eigenen Kultur betrachteten, waren sie auch unfähig, herrschende sexualmoralische Maßstäbe in Frage zu stellen.

Manche von ihnen gingen so weit, die Bezeichnung »sexuell« für Kontakte zwischen Partnern desselben Geschlechts in Frage zu stellen. Gewiß sind es manchmal soziale Zwecke, die mit solchen Kontakten verfolgt werden – wenn beispielsweise Dominanz oder Zuneigung durch das Mittel der Sexualität demonstriert werden. Trotzdem sind es Äußerungsformen der Sexualität. In der Umgangssprache bezieht sich Sex auf alle absichtsvollen Kontakte, an denen die Genitalien beteiligt sind (einschließlich Petting und orale Stimulation). In einer umfassenderen Bedeutung schließt Sex auch Aktivitäten wie Küssen oder auch nur die gezielte Zurschaustellung des eigenen Körpers ein. Mehr als einmal habe ich jedoch gehört, daß das GG-Reiben zwischen Bonobos die Bezeichnung Sex nicht verdiene – möglicherweise sei es nicht mehr als gegenseitige Masturbation. Ein solcher Einwand übersieht jedoch die zutiefst soziale und offenbar genußvolle Natur der Interaktion: Wenn weibliche Tiere ihre geschwollene Klitoris aneinanderreiben, entblößen sie häufig die Zähne zu einem breiten Grinsen, geben erregte Kreischlaute von sich und sehen einander dabei in die Augen. Wenn das nicht mehr als gegenseitige Masturbation sein soll, müßte der heterosexuelle Geschlechtsverkehr wohl ebenfalls neu klassifiziert werden?

In seinem Buch *Biological Exuberance* verweist Bruce Bagemihl auf zahlreiche Beispiele für Homophobie in der wissenschaftlichen Literatur. Immer wieder wird ein relativierendes »pseudo-« (im Englischen »pseudo« bzw. »sham«) mit der sexuellen Interaktion gleichgeschlechtlicher Partner verbunden (wie in sham sex oder pseudo-copulation). Autoren von im übrigen seriösen Aufsätzen äußern gelegentlich ihre Enttäuschung über eine Spezies, die ein solch »abstoßendes« Verhalten zeige, oder der Herausgeber einer Zeitschrift fügt eine Fußnote ein, die eine alternative, nichtsexuelle Erklärung anbietet. Die vielleicht abenteuerlichste homophobe Spekulation unterstellte bei zwei Orang-Utans, die einander regelmäßig den Penis lutschten, ein »Ernährungsmotiv«. Bagemihl bemerkt dazu:

»Wenn ein Giraffenbulle am Hinterteil eines weiblichen Tieres schnuppert – ohne daß es zu einer Begattung, Erektion, Penetration oder Ejakulation kommt –, wird dieses Verhalten so gedeutet, daß das männliche an dem weiblichen Tier sexuell interessiert ist, und als primär oder gar ausschließlich sexuell eingestuft. Wenn dagegen ein Giraffenbulle an den Genitalien eines anderen Bullen schnuppert, diesen mit erigiertem Penis bespringt und ejakuliert – dann zeigt er ein aggressives oder dominantes Verhalten, und seine Handlungen werden im besten Fall als ein lediglich indirekt oder äußerlich sexuelles Verhalten angesehen.«[96]

Vor diesem Hintergrund können wir vielleicht verstehen, wie ein amerikanischer Primatologe, Craig Stanford, in einem vor kurzem erschienenen kritischen Aufsatz zu dem Schluß gelangte, daß Bonobos in ihrem Verhalten nicht stärker sexualisiert seien als Schimpansen. Möglicherweise aufgrund fehlender Erfahrung mit Bonobos beschränkte Stanford seine Berechnungen der Paarungshäufigkeit auf heterosexuelle Kontakte, womit er einen beträchtlichen Teil des Geschlechtslebens dieser Spezies unter den Tisch fallen ließ. Außerdem sprach er die Vermutung aus, daß es sich – da die detailliertesten Beschreibungen der Sexualität der Bonobos aus Beobachtungen in Zoos stammten – um ein Phänomen handle, das sich aus der Gefangenschaft der Tiere erklären könnte. Möglicherweise verhielten sich diese Affen so seltsam, weil sie sich zu Tode langweilten oder weil sie dem Einfluß von Menschen ausgesetzt waren. Andererseits verhalten sich Schimpansen und Bonobos unter identischen Zoobedingungen völlig verschieden. Wenn das Leben in Gefangenschaft das Verhalten der einen Affenart so entstellt, warum dann nicht auch das einer anderen? Der unausweichliche Schluß ist, daß es die Eigenart der Spezies selbst und nicht die Umwelt ist, was die für die Bonobos charakteristische Sexualität hervorbringt.[97]

Beobachtungen an wildlebenden Tieren bestätigen diese Vermutung. Im Lomako Forest, wo man Bonobos untersucht hat, die nicht regelmäßig von Menschen gefüttert wurden, nimmt die sexuelle Aktivität zu, wenn Fleisch untereinander geteilt wird oder wenn eine Gruppe Bonobos in großer Aufregung einen früchtetragenden Baum erklettert. Und in Wamba sind sexuelle Aktivitäten in allen Partnerkombinationen üblich, sobald es zu einer potentiellen Rivalitätssituation kommt, etwa wenn die Forscher die Tiere mit Zuckerrohr füttern. Kurzum, es besteht keine nennenswerte Diskrepanz im Verhalten von Bonobos in Gefangenschaft und in Freiheit.

Bonobos im Zoo bereinigen beispielsweise eine Rivalität gelegentlich durch einen Tausch Futter gegen Sex. So beobachtete etwa Suehisa Kuroda in Wamba, wie »eine junge Bonobofrau sich einem Bonobomann näherte, der an einem Stück Zuckerrohr knabberte. Sofort kopulierten sie miteinander, worauf die Frau eines der beiden Stücke Zuckerrohr im Besitz des Mannes an sich nahm und sich wieder davonmachte«. In einem anderen Fall »bot sich eine junge Bonobofrau immer wieder einem Bonobomann an, der im Besitz von Zuckerrohr war und die Annäherungsversuche zunächst ignorierte, dann jedoch mit ihr kopulierte und sein Zuckerrohr mit ihr teilte«.[98]

Solche Tauschhandlungen ermöglichen uns einen faszinierenden Einblick in die Vergangenheit der Bonobos. Höchstwahrscheinlich unterschied sich ihr Verhalten ursprünglich nicht wesentlich von dem der anderen Menschenaffen, das heißt, die Männer dominierten. Im Lauf der Evolution hat sich möglicherweise die sexuelle Empfänglichkeit erweitert, was länger anhaltende Genitalschwellungen zur Folge hatte, die den Bonobofrauen dazu verhalfen, mit den Männern, die die Verteilung der Nahrung kontrollierten, einen Handel einzugehen. Im Lauf der Zeit beschränkte sich diese Taktik zunehmend auf die jungen Bonobofrauen. Ausgewachsene Frauen haben im allgemeinen zumindest denselben Status wie die Männer und erheben Anspruch auf Futter, wann immer sie wollen.

Bonobofrauen bauen untereinander enge Bindungen auf, und die Mütter üben einen solchen Einfluß auf das Leben ihrer Söhne aus, selbst wenn diese bereits ausgewachsen sind, daß Kano die Mütter als den »Kern« der Bonobogesellschaft ausgemacht hat. Frauen mischen sich beispielsweise in Kämpfe zwischen Männern ein und entscheiden auf diese Weise darüber, welche Männer einen hohen Rang einnehmen. Auch wenn ich sicherlich kein Anhänger des feministischen Mythos bin, unsere Hominidenvorfahren hätten kein Machtgefälle zwischen den Geschlechtern gekannt, kommt die Bonobogesellschaft doch dem, was Marilyn French in ihrem Buch *Jenseits der Macht* als »Matrizentrismus« bezeichnet hat, sehr nahe.

Ein Neuankömmling

Der Blick der Schimpansenforscher ist durch eine Laune der Geschichte getrübt worden, die dafür gesorgt hat, daß die von ihnen untersuchte Spezies viel früher Bekanntheit erlangte als die Bonobos. Sie haben sich so sehr daran gewöhnt, das Schlagwort von »unseren nächsten Verwandten« in Verbindung mit ihrem Untersuchungsgegenstand fallenzulassen, daß sie sich nur schwer an die wohlbegründete Einschränkung »einer unserer nächsten Verwandten« gewöhnen können – denn die Bonobos stehen uns verwandtschaftlich ebenso nahe. Ihre sexuelle Genußfreudigkeit hat die Bonobos heute – nach der Phase des Unbehagens – zu Medienstars gemacht. Sie teilen nicht nur die öffentliche Aufmerksamkeit, sie nehmen sie in Beschlag.[99]

Um Grundsätzlicheres geht es, wenn die von den Frauen beherrschte Bonobogesellschaft immer denjenigen lästig ist, die von einem Evolutionsszenario ausgehen, in dem die Männer die beherrschende Rolle spielen. Während die Schimpansen diesem Denkmodell perfekt entsprechen, machen die friedlichen Bonobos eine Korrektur solcher Grundannahmen notwendig. Infolgedessen befinden sich die wenigen Wissenschaftler, die mit dieser Affenart vertraut sind, in der Lage, ihre Beobachtungen gegenüber Skeptikern verteidigen zu müssen, die in der Mehrzahl noch nie einen Bonobo zu Gesicht bekommen haben. Da sie den Neuankömmling nicht mehr zum Verschwinden bringen können, fragen sie, wieso er überhaupt etwas Besonderes sein soll. Somit erleben wir das seltsame Schauspiel seriöser Wissenschaftler, die ganz unübersehbare Auffälligkeiten der Bonobos abstreiten und statt dessen abenteuerliche alternative Erklärungen für deren Verhalten auftischen – uns zum Beispiel einreden wollen, daß bestimmte Formen der Sexualität in Wirklichkeit gar keine Sexualität seien, daß weibliche Dominanz sich möglicherweise nur männlicher Höflichkeit verdanke und weibliche Bündnisse nur der männlichen Toleranz.[100]

Als einer der wenigen Wissenschaftler, die sowohl mit Bonobos als auch mit Schimpansen vertraut sind, und daneben als überzeugter Vertreter der grundlegenden Unterschiede zwischen den beiden Spezies hatte ich eine spezielle Frage an Furuichi und seine Frau Chie Hashimoto zu stellen. Wir saßen in einem Lokal in Yokohama zusammen und verspeisten mit Stäbchen einen riesigen Thunfischkopf. Wegen der politischen Unruhen im Kongo hatte das Ehepaar seine Feldbeobachtungen an Bonobos dort aufgegeben und forschte jetzt in Uganda über Schimpansen. Hier hatte ich zwei der ganz wenigen Menschen auf der Welt vor mir, die aufgrund von Beobachtungen in freier Wildbahn mit beiden Affenarten hervorragend vertraut waren. Ob sie fanden, daß man die Unterschiede zwischen Schimpansen und Bonobos übertrieben hatte? Die beiden sprangen fast von ihren Stühlen und erklärten erregt, wie *schockiert* sie über die Schimpansen gewesen waren. Sie hatten mit eigenen Augen gesehen, was Tratz und Heck als die »dämonische Urkraft« der Schimpansen bezeichnet hatten, ihr stürmisches Temperament, ihre brutale Rivalität, aber auch die Zusammenschlüsse der männlichen Tiere und die einzigartige politische Komplexität ihrer Gruppen. Bevor sie nach Uganda gegangen waren, hatten sie zwar den Verdacht gehegt, die Fachliteratur habe die Gegensätze allzu schwarzweiß gemalt, doch jetzt waren sie selbst davon überzeugt, daß Bonobos und Schimpansen in wahrhaft verschiedenen Welten lebten.

Kuroda, der ebenfalls mit beiden Spezies Erfahrungen in freier Wildbahn gesammelt hat, erzählte mir ein aufschlußreiches Detail darüber, in welcher Weise Bonobos vor Fremden die Flucht ergreifen. Während Schimpansen sich in alle Richtungen zer-

streuen, bleiben Bonobos als Gruppe zusammen, wenn sie unge-
betenen Beobachtern entwischen wollen. Bei den Schimpansen
können selbst eine Mutter und ihr Junges getrennte Wege gehen,
was Kuroda empörend fand – die Bonobos, die er zuerst erforscht
hatte, würden so etwas nie tun. Bekannt ist auch, daß Bonobos
einander rufen, um sich zu sammeln, bevor sie Schlafnester
bauen, während die Schimpansen gewöhnlich jeder für sich einen
Schlafplatz suchen. Die Temperamente der beiden Spezies erscheinen völlig verschieden, wobei die Schimpansen eher unabhängige
Individualisten und die Bonobos äußerst gesellig und solidarisch
sind.

Sobald Kamerateams wieder in die Demokratische Republik
Kongo reisen können und den Mut haben, Bonobos so zu filmen,
wie sie sind, werden die Menschen verstehen, daß nichts von dem,
was über diese Affenart gesagt wurde, übertrieben ist. Sie sind
nicht das Produkt einer blühenden Sexualphantasie oder eines
Wunschdenkens. Daß Feministinnen, Schwule und Pazifisten ihre
Freude an ihnen haben, sollte nicht gegen sie sprechen. Wenn
einer unserer nächsten Verwandten nicht in das vorherrschende
Bild von aggressiven Männern und passiven Frauen paßt, dann
besteht eine der Möglichkeiten, über die wir nachdenken müssen,
darin, daß die vorherrschenden Ansichten irrig sind.

Sonst muß man sich fragen, ob mit den Männern dieser Welt
wirklich etwas nicht stimmt.

4.
Tierkunst

Würden Sie sich einen Congo an die Wand hängen?

»Der Affe versuchte neue Ideen, malte neue Muster, aber nur sehr langsam. Alte Muster wurden wiederholt und änderten sich nur geringfügig, während die Zeit verging. Die Kämpfe zwischen Wildnis und Sicherheit, zwischen Fremdheit und Vertrautheit wurden vom Affen auf ihrer einfachsten Stufe verarbeitet, so wie menschliche Künstler sie auf ihrer hochkomplexen und weit entwickelten Stufe verarbeitet haben.«

Desmond Morris 1997[101]

Als auf Felswänden in Südafrika künstlerisch bedeutende Malereien und Ritzzeichnungen entdeckt wurden, bestand die erste Reaktion westlicher Fachleute darin zu verlautbaren, daß diese Schöpfungen unmöglich von den eingeborenen San oder Buschmännern stammen könnten, weil das bedeuten würde, daß diese von sich aus die Macht der künstlerischen Äußerung entdeckt hätten. Die wirklichen Künstler konnten ihrer Meinung nach nur von außen gekommen sein.

In Übereinstimmung mit dieser Auffassung gab Henri Breuil, der große französische Fachmann auf dem Gebiet der Kunst des Oberen Paläolithikums, einer Figur auf einer namibischen Felswand den Namen »Die weiße Dame vom Brandberg«, weil er glaubte, ihre rassische Herkunft angeben zu können, und überzeugt war, daß sie vom Mittelmeer stammte. Andere glaubten, daß prähistorische Europäer das Bild gemalt hätten, die auf der Suche nach neuen Jagdgründen Südafrika umschifft hatten. Doch nach näherer Untersuchung fand man überzeugende Hinweise darauf, daß die Felsbilder von den San stammten, daß Breuils weiße Dame weder weiß noch weiblich war und daß ein Teil dieser Felsbilder älter ist als die berühmten Höhlenmalereien von Lascaux in Frankreich.[102]

Die Reaktion auf die Felsbilder der San ist typisch. Sie erinnert an die Rezeption der ersten europäischen Höhlenmalereien. 1879 blickten ein kleines Mädchen und ihr Vater an die Decke einer niedrigen Höhle im spanischen Altamira und sahen dort im flackernden Licht ihrer Öllampe Dutzende von Bisons, Pferden, Ebern, Hirschen sowie einen Wolf. Der Vater, ein Amateurarchäologe, meldete die Entdeckung. Er erlebte jedoch nicht mehr, daß die Bilder als echte prähistorische Kunst anerkannt wurden, was erst Jahrzehnte später geschah. Anfangs wurden die Höhlenbilder als das Produkt jetztzeitlicher Künstler abgetan. Es war einfach nicht vorstellbar, daß primitive Geister Bilder von solchem Realismus, solcher Eleganz und solch künstlerischer Schönheit hatten hervorbringen können.[103]

Der skeptischen Haltung gegenüber diesen und anderen frühen Funden liegt die Idee zugrunde, daß der kulturelle Status quo erst in jüngster Zeit und nur in ganz wenigen menschlichen Populationen ein Niveau erreicht habe, das künstlerische Bilder ermöglicht. Man nimmt an, daß die Kunst den zivilisierten Menschen vom Rest der Lebewesen abhebe. Sie wird sogar als ein noch spezifischeres Charakteristikum des Menschen angesehen als Sprache und Kultur, ist eine Fähigkeit, die wir auch primitiven Menschen nur mit größtem Widerstreben zugestehen. Wenn dieses Merkmal so exklusiv ist, verdienen Tiere hier ganz offensichtlich keine Erwähnung.

Dennoch sind die Biologen überzeugt, daß Tieren der ästhetische Ausdruck keineswegs fremd ist. Die Verzierungen der Balzlauben des Laubenvogels auf Neuguinea sind hierfür ein besonders gutes Beispiel. Die überdachten Laubengänge können so groß und gut gebaut sein, daß sie in der Vergangenheit für die Hütten besonders schüchterner Menschen gehalten wurden, die man nie zu sehen bekam. Diese Gänge weisen häufig sorgfältig arrangierte bunte Gegenstände wie Beeren, Blumen oder irisierende Flügel von Käfern auf. Das Männchen, das die Laube gebaut hat, schleppt ständig neue Gegenstände zur Ausschmückung herbei, ordnet alles immer wieder neu an, fliegt ein Stück weg, um das Ganze mit einem kritischen Auge aus der Entfernung zu prüfen – wie ein Maler vor seiner Staffelei – und setzt dann die Umordnung des Arrangements fort. Es achtet genau auf das Verwelken seiner Blumen und ersetzt sie nötigenfalls durch frische. Junge Männchen bauen rohe »Übungslauben«, reißen sie wieder ab und fangen von vorne an, bis die Konstruktion so stabil ist, wie sie sein soll. Häufig fliegen sie auch zu den fertigen Lauben adulter Männchen in der Nähe und schauen sich an, wie die Dekorationsstücke angeordnet sind. Hier gibt es zahlreiche Möglichkeiten, dazuzulernen, und man hat festgestellt, daß die Verzierungen der Balzlauben sich von Region zu Region in Farbe und Arrangement unterscheiden, was auf kulturell vermittelte Stile schließen läßt.[104]

Ist das Kunst? Man könnte entgegnen, daß es keine ist: Die Männchen des Laubenvogels sind genetisch darauf programmiert, solche Balzlauben zu bauen, um Weibchen anzulocken. Doch während es zwar zutrifft, daß die Weibchen ihren Partner nach der Güte und Vollendung seiner Laube auswählen, ist dieses Argument weniger schlüssig, als es zunächst scheinen mag. Um den Menschen gegen diese Vögel abzugrenzen, müßte man den Beweis führen, daß die menschliche Kunst nicht auf einem angeborenen ästhetischen Sinn beruht, sondern nur um ihrer selbst willen geschaffen wird und nicht, um andere zu beeindrucken. Beides ist unwahrscheinlich. Geoffrey Miller geht sogar so weit, in einem vor kurzem erschienenen Buch zu behaupten, das Beeindrucken anderer, vor allem der Angehörigen des anderen Geschlechts, sei möglicherweise der einzige Zweck menschlicher Kunst![105]

Aber was, wenn unsere künstlerischen Regungen uralt wären und nicht nur dem jetztzeitlichen Menschen, sondern sogar unserer Spezies überhaupt vorangingen? Was, wenn sie auf dem Vergnügen an selbsterzeugten visuellen Effekten und einer Neigung zu bestimmten Farbkombinationen, Formen und ausgewogenen Kompositionen beruhen, die wir mit anderen Lebewesen teilen? Würde das alles die Bedeutung der menschlichen Kunst und das Vergnügen, das wir daran empfinden, in irgendeiner Weise schmälern? Wäre es nicht denkbar, daß unsere grundlegen-

146

den künstlerischen Distinktionen, unsere Vorlieben für bestimmte Tonfolgen und Bildkompositionen tiefer reichen als die Kultur und mit elementaren Merkmalen unserer Wahrnehmungssysteme zusammenhängen?

Gibt es eine bessere Möglichkeit, die Kulturen der Menschen und der Tiere zu verbinden, als die Gemeinsamkeiten in der bildenden Kunst und der Musik zu erforschen? Offensichtlich bleiben weitgehende Unterschiede bestehen, doch unter einem evolutionären Blickwinkel wäre es doch befremdlich, wenn die Schönheit, die wir in der Natur erkennen und die im Lauf der Jahrhunderte so viele Künstler inspiriert hat, nur auf unsere eigene Spezies eine Wirkung ausüben sollte. Unsere Augen und Ohren sind denen anderer Lebensformen sehr ähnlich, und bis vor kurzem haben wir noch alle unter mehr oder weniger denselben Umweltbedingungen gelebt. Die Umwelt unserer Vorfahren muß unsere Sinne geformt und dazu geführt haben, daß wir uns bestimmte Eindrücke häufiger zu verschaffen suchen als andere. Dieses Argument ist immer wieder in der Architektur vorgebracht worden, beispielsweise mit der Behauptung, daß der berühmte Löwenhof der Alhambra eine bei allen Besuchern ähnliche emotionale Reaktion auslöst: Was ein Betrachter sieht, der unter den Säulenarkaden steht und auf den helleren Teil in der Mitte des Innenhofs blickt, knüpft an den Eindruck an, den ein Spaziergänger im Wald hat, wenn er an den Rand einer Lichtung gelangt. Es dürfte deshalb nicht schwerfallen, Nicholas Humphrey zuzustimmen, der gesagt hat:»Wenn man mich nach einem Rezept fragte, wo und bei wem Architekten und Stadtplaner in die Lehre gehen sollen, dann wäre es dies: Geht hinaus in die Natur und lernt aus Erfahrung, welche natürlichen Bauwerke von den Menschen als schön empfunden werden, denn diese Bauwerke waren es, in deren Mitte sich das ästhetische Empfinden des Menschen entwickelt hat.«[106]

»Musik«

Wer Musik liebt, liebt auch das Anrührende und Wohltuende des Vogelgesangs, vor allem das vielfältige, melodische Repertoire von Singvögeln wie der Nachtigall oder der Amsel. Vor der Erfindung der Tonkonserve, des Radios und des Fernsehens war dies die Art von »Musik«, die abends am häufigsten gehört und von Dichtern und schwärmerisch Verliebten gleichermaßen geschätzt wurde. Im 12. Jahrhundert faßte es die Dichterin Marie de France in ihrer Versnovelle *Laüstic* in die berühmten Worte: Wer die Nachtigall nie singen hörte, hat die Freuden der Welt nicht kennengelernt.

Umgekehrt können Tiere sehr empfänglich für menschliche Musik sein. Es gibt Geschichten von Hunden, die sich unters Sofa verkriechen, sobald Werke atonaler Komponisten gespielt werden, aber nicht bei Stücken beispielsweise von Mozart. Eine Musiklehrerin hat mir erzählt, daß ihr Hund einen hörbaren Seufzer der Erleichterung von sich gibt, sobald sie aufhört, komplizierte, schnelle Stücke von Liszt zu spielen, und zu langsameren Stücken übergeht. Behauptet wird auch, daß Kühe, denen man Musik von Beethoven vorspielt, mehr Milch geben (aber warum wird dann auf Bauernhöfen immer noch so wenig klassische Musik gespielt?).

Man hat Spatzen experimentell daraufhin getestet, ob sie eine Vorliebe für bestimmte Komponisten haben. Von vier Vögeln setzten sich zwei lieber auf eine Stange, auf der sie Bach hören konnten, statt auf Stangen, wo sie die Zwölftonmusik Schönbergs oder nur weißes Rauschen gehört hätten. Die Vorlieben der beiden anderen Vögel waren weniger eindeutig. Habe ich da eine gewisse Befriedigung herausgelesen, als die Forscher den lakonischen Schluß zogen, die Musik Schönbergs besitze möglicherweise gewisse »Aversionsreiz-Eigenschaften«?[107]

Vögel achten auf Klänge ebenso aufmerksam wie Musiker. Das müssen sie auch, weil sie voneinander lernen. Bei vielen Vögeln ist das Lied, das sie singen, nicht angeboren: Die Konzerte, die sie kostenlos in Wäldern und auf Wiesen geben, sind kulturelle Ereignisse. Dachsammern beispielsweise können ihr normales Lied nur dann singen, wenn sie früh im Leben dem Gesang eines adulten Artgenossen ausgesetzt wurden. Viele Singvögel haben Dialekte (es gibt zwischen verschiedenen Populationen Unterschiede im Liedaufbau). Eine theoretische Erklärung dafür lautet, daß ein Weibchen, das am Gesang eines Männchens erkennt, daß es aus der näheren Umgebung stammt, dieses als Partner vorziehen wird, weil es an die regionalen Bedingungen genetisch besser angepaßt ist. Angesichts der lokalen Variation der Lieder wird man schwerlich daran festhalten können, der Gesang der Vögel sei eine Instinkthandlung im üblichen Sinn – es gibt Spielraum für Neuschöpfungen und Abwandlungen, und einige Individuen, die »Stars« der Vogelwelt, begründen in ihrer Region neue Trends.[108]

Da der Vogelgesang durch »mündliche« Überlieferung geformt wird, gibt es hier ein potentielles *cross-over* zwischen tierischer und menschlicher Kultur. Ein Komponist kann durch das, was er in der Natur hört, inspiriert werden und die gesanglichen Neuerungen eines Vogels in ein menschliches kulturelles Medium übersetzen. Auf einer kürzlich abgehaltenen Konferenz hat der verstorbene Luis Baptista von der California Academy of Science die Belege dafür in einem höchst amüsanten Vortrag »Why Birdsong Is Sometimes Like Music« (»Warum Vogelgesang manchmal wie Musik ist«) ausgebreitet, in dem er zahlreiche Vergleiche zwischen den großen Komponisten des Westens und den kleinen gefiederten Meistern zog, die er und seine ornithologischen Kollegen untersucht haben.[109]

Daß Komponisten immer wieder Anregungen in der Natur gefunden haben, kommt in den Titeln ihrer Werke zum Ausdruck, zum Beispiel *Der Wachtelschlag* – ein Titel, der gleich von drei Komponisten gebraucht wurde: Haydn, Beethoven und Schubert – oder Vivaldis *Il Gardinello* (Der Goldfink) und Mozarts *Spatzenmesse*. Vogelgezwitscher findet man in vielen Werken – Meisen bei Bruckner, Tauben bei Britten und Nachtigallen bei Vespighi. Der vielleicht populärste Vogel ist der Kuckuck, dessen unverwechselbarer Ruf von Beethoven in seiner 6. Sinfonie (*Pastorale*) bis Bach in seiner Fuge *Thema all' Imitatio Gallina Cucca* bei vielen Komponisten zu hören ist. Bach hat in dem genannten Werk eine Kuckucksstimme kontrapunktisch gegen die eines Huhns gesetzt, wobei der Kuckuck den Sieg davonträgt.

Der Gesang der Vögel weist häufig einen sonatenförmigen Aufbau auf: Er beginnt mit einem Thema, gefolgt von Variationen, und zum Schluß wird das Thema wiederholt. Das ist kein Zufall, wenn man weiß, daß nicht nur Menschen, sondern auch Vögel Wiederholungen langweilig finden und deshalb die Monotonie durchbrechen müssen, ohne das Grundthema ihrer Kompositionen aus den Augen zu verlieren. Erfolgreiche Themen werden viele Jahrzehnte hindurch von einer Generation an die nächste weitergegeben. So enthält das Rondo in Beethovens Violinkonzert in D-Dur, das seine Erstaufführung 1806 erlebte, eine Melodie, die von einem englischen Ornithologen 1953 und unabhängig von diesem von einem deutschen Konzertpianisten 1980 als das Lied einer Amsel identifiziert wurde. Das könnte bedeuten, daß Beethoven sich durch eine von einer Amsel erfundene Melodie inspirieren ließ, die von den Vögeln über ein Jahrhundert lang durch Imitation an die jeweils nächste Generation weitergegeben und lebendig erhalten wurde.

Doch der erstaunlichste und amüsanteste Fall ist der einer Mozartkomposition, die Musikologen seit ihrem Erscheinen 1787 immer wieder verblüfft hat.

Mozarts kleiner Narr

Musikhistoriker mochten es lange Zeit kaum glauben, daß einer der am meisten verehrten westlichen Komponisten, Wolfgang Amadeus Mozart, eine feierliche Zeremonie mit schwarzgekleideten, Kirchenlieder singenden Trauernden und einem eigens vom Komponisten selbst angefertigten Gedicht zur Beerdigung eines Vogels inszeniert haben sollte. Stand, da Mozarts Vater in derselben Woche gestorben war, die Trauerzeremonie womöglich mit der Familientragödie in Verbindung? Das könnte allerdings kaum erklären, warum bei diesem traurigen Anlaß am 4. Juni

1787 der Vortrag des großen Komponisten mit folgenden Worten begann:

»Hier ruht ein lieber Narr
Ein Vogel Staar.
Noch in den besten Jahren
mußt er erfahren
des Todes bittern Schmerz ...«

Jeder, der den Gemeinen Star, *Sturnus vulgaris*, näher kennt, weiß, wie treffend diese Charakterisierung ist. Stare *sind* Narren und Clowns, und niemand weiß das besser als die Menschen, die diese besonders aktiven Sänger bei sich zu Hause großgezogen haben. Sie imitieren die unterschiedlichsten Geräusche anderer Tiere, von Menschen ebenso wie von Telefonen, rasselnden Schlüsselbünden und klapperndem Geschirr. Akademiker erzählen sich Geschichten über die Wendungen, die ihre Stare aufgeschnappt haben – von »Grundlagenforschung« bis »da könnten Sie recht haben« – und zu den unpassendsten Anlässen wiedergeben. Einer dieser Spaßvögel flog Besuchern auf die Schulter und sprach: »Grundlagenforschung, wohl wahr, ich glaube das stimmt.« Ein anderer Vogel, dessen Füße vom Tierarzt behandelt wurden, wand sich unter dessen Griff und kreischte: »Ich habe da eine Frage.«

Zwei amerikanische Experten für Vogelgesang, das verheiratete Team Meredith West und Andrew King, erklären den Spaß, den die Aufzucht von Jungstaren macht, ausführlich in einem Aufsatz mit dem Titel »Mozart's Starling« (»Mozarts Star«, 1990). Darüber hinaus haben sie untersucht, in welcher Weise diese Vögel nach Belieben Liedphrasen kombinieren und umstellen und Melodien, die ihnen nur einmal vorgesungen wurden, um Pfiffe und typische Starenrufe erweitern. Sie lassen die Phrasen unvermittelt abbrechen, singen sie falsch und lassen Teile weg, die für das menschliche Ohr unverzichtbar sind. So pfiff beispielsweise ein Vogel den Anfangsteil von »Way down upon the Swanee River«, brach jedoch nach »Swa-« ab und war auch durch noch so

27. May 1784 Vogel Stahrl 34 Kr.

Das war schön!

Piano Concerto no. 17 in G Major, K. 453

Mozarts Star zwitscherte am 27. Mai 1784 eine Melodie, von der Mozart besonders angetan war (oben). Der Schlußsatz von Mozarts Klavierkonzert Nr. 17 enthält mit einer geringfügigen Änderung genau dieses Thema. (Aus Nottebohm, 1880)

vieles richtiges Vorsingen nicht dazu zu bewegen, die Zeile zu Ende zu singen.*

Bei ihrer Beschreibung der Besonderheiten der Nachahmungskünste von Staren gehen die Autoren auch näher auf Mozarts fasziniertes Verhältnis zu seinem Vogel ein. Er trug den Erwerb des Tiers in sein Tagebuch ein, ergänzte die Eintragung durch die Noten einer Strophe, die dieser gepfiffen hatte, und schrieb dazu: »Das war schön!« Es war eine vertraute Melodie, fast identisch mit dem Rondo-Thema im Schlußsatz von Mozarts Klavierkonzert in G-Dur (KV 453). Doch wie konnte der Vogel diese Melodie am 27. Mai gesungen haben, wenn Mozart die Beendigung seines Konzerts mit dem Datum des 12. April desselben Jahres angegeben hatte? Spekulationen drehen sich um die Möglichkeit, daß Mozart wie viele Tierliebhaber den Laden des Tierhändlers schon Wochen vor dem endgültigen Kauf besucht und dem Vogel die Melodie übermittelt hatte. Der Komponist war dafür bekannt, daß er dauernd vor sich hin pfiff, und Staren genügt es, eine Melodie nur einige

---

* »Old Folks at Home«, in den USA das berühmteste Lied des Liederdichters und Komponisten Stephen Collins Foster (1826-1864), der unter anderem auch »Oh Susannah« schrieb. (A.d.Ü.)

152

Male zu hören, um sie nachsingen zu können. Wer weiß, vielleicht hatte Mozart den Vogel aus Freude über dessen Nachahmungskünste erworben?

Andere haben eine Übertragung in der entgegengesetzten Richtung erwogen, das heißt vom Vogel zum Komponisten. Für manchen Mozartliebhaber mag das wie ein Sakrileg klingen, doch die Alternative ist vielleicht noch schlimmer: Ein Tier als eigenständiges Genie!

Mit ganz anders geschulten Ohren hörten sich West und King Mozarts »Ein musikalischer Spaß« an, das erste Stück, das er nach dem Tod seines Vaters und des Stars schrieb. Das Stück wird gerne als Mozarts Kommentar der Beziehung zu seinem Vater gedeutet, die allerdings ein derart spöttisches Gedenken kaum erlaubt hätte. Die beiden Vogelexperten bemerkten dagegen eher Anklänge an den Gesang von Staren. Betrachten wir zunächst die Erläuterung zu dem Stück auf einer Plattenhülle:

»Im ersten Satz hören wir das unbeholfene, unproportionierte und unlogische Aneinanderstückeln von seelenlosem Material [...]. Das [anschließende] Andante cantabile enthält eine groteske Kadenz, die viel zu lange und zu prätentiös anhält und mit einem komischen tiefen Pizzicato endet [...] und beim abschließenden Presto hat unser ›Amateurkomponist‹ jede Kontrolle über seine zusammenhanglose Mischung verloren.«[110]

Dazu der Kommentar von West und King:

»Ist das Stück ein musikalischer Spaß? Vielleicht. Weist es die stimmliche Handschrift eines Stars auf? In unseren Ohren ja. Das ›unlogische Aneinanderstückeln‹ entspricht dem Ineinanderflechten von gepfiffenen Melodien des Stars. Das ›Unbeholfene‹ könnte sich den Neigungen von Staren verdanken, falsch zu pfeifen oder musikalische Phrasen an unerwarteten Stellen abbrechen zu lassen. Das Vorkommen ausgedehnter, abschweifender Phrasen ohne feste Struktur ist ebenfalls für die Monologe von Staren charakteristisch. Schließlich zeigt auch das abrupte Ende, als würden die Instrumente einfach ihren Dienst versagen, durch und durch das Gepräge der Gesänge von Staren.«[111]

Baptista hat diese Analyse noch um den Hinweis erweitert, daß die Schlußkadenz im »Musikalischen Spaß« mit zwei Stimmen im Kontrapunkt geschrieben ist. Zu weit hergeholt? Vielleicht, doch der Kehlkopf, mit dem Vögel ihren Gesang erzeugen, hat zwei Stimmbänder, die unabhängig voneinander betätigt werden können – was eine Zweistimmigkeit ermöglicht, an der Bach seine Freude gehabt hätte. Baptista teilt somit die Meinung, daß die Komposition Mozarts Abschiedsgruß für seinen Liebling gewesen sein muß. Vor diesem Hintergrund wirken viele der jargonbeladenen Deutungen, die ich gelesen habe, eher amüsant. Fast alle Musikwissenschaftler nehmen entweder an, daß Mozart sich in seiner eigenen Musik nicht mehr zurechtfand (indem sie diese Komposition als oberflächlich und bedeutungslos bezeichnen) oder daß er seine zeitgenössischen Kollegen mit ihren stümperhaften Kompositionen parodierte. (Ein böhmischer Kollege, Leopold Kozeluch, soll Mozart sogar bei dessen Besuch in Prag angegriffen haben, weil er sich von ihm parodiert fühlte.) Ihnen allen entgeht der eigentliche Witz dieses musikalischen Verhältnisses.

Wir wissen heute, daß »Ein musikalischer Spaß« in Fragmenten während der drei Jahre komponiert wurde, in denen Mozart seinen Stars besaß. Seine Vollendung eine Woche nach dem Tod des Vogels läßt vermuten, daß es ein Requiem für seinen Freund war. Menschen, die Mozarts Liebe zu Vögeln teilen (er hielt sich auch Kanarienvögel) und die ungebärdigen ebenso wie die liebenswerten Seiten von Staren kennen, zweifeln nicht daran, daß er einen tiefen Verlust empfand. Vögel können eine starke Anhänglichkeit entwickeln und zeigen den Menschen, die sie lieben und denen sie vertrauen, eine freundliche und fröhliche Seite. Sie knabbern beispielsweise zärtlich am Ohr ihres Besitzers und geben leise Laute des Behagens von sich, während sie anderer Leute Ohren durchaus unsanft behandeln. Wir Menschen erwidern gern die Neigung, die uns andere Wesen entgegenbringen. In Mozarts Fall wurde diese besondere Verbindung durch die gegenseitige Inspiration zwischen dem Berufskomponisten und seinem gefiederten Amateurkollegen bereichert.

Tauben und Impressionisten

Von allen auf dem Markt und in Museen zu findenden Gemälden berühmter Künstler sind Schätzungen zufolge zwischen zehn und vierzig Prozent gefälscht – vollendet gemalte Bilder, doch von anderen Künstlern als denen, deren Signatur sie tragen. Solange Kunstexperten aber ihren Ruf an die bestehenden Zuordnungen knüpfen, werden sie ihre Meinung schwerlich ändern. Als der Fälscher Han van Meegeren behauptete, er selbst stecke hinter einigen der bekanntesten Bilder, die man Jan Vermeer zugeschrieben hatte, wollte ihm niemand Glauben schenken. Er war während der deutschen Besetzung der Niederlande verhaftet worden, weil er dem Feind ein Bild des holländischen Meisters verkauft hatte. Die einzige Möglichkeit zu beweisen, daß er selbst das Kunstwerk geschaffen hatte – was ein weniger schweres Vergehen darstellte als Kollaboration mit dem Feind –, bestand darin, daß er im Gefängnis einen weiteren »Vermeer« malte.

Hier liegt übrigens der Grund, warum wir mehr Tauben brauchen: Es sind die einzigen Experten, die sich nicht von großen Namen, astronomischen Preisen und Echtheitszertifikaten täuschen lassen. In der Nähe eines Sportplatzes an der ältesten und renommiertesten Universität von Japan, der Keio-Universität in Tokyo, leitet Shigeru Watanabe ein kleines, aber höchst lebendiges Laboratorium, in dem Studenten und Mitarbeiter ständig Vögel und andere Tiere in Versuchskammern einquartieren, um nacheinander die verschiedensten Wahrnehmungsfähigkeiten an ihnen zu testen, ob Tauben beispielsweise gesunde und kranke Artgenossen, Schönberg und Bach oder einen Monet und einen Picasso voneinander unterscheiden können. Zum Erstaunen der Kunstwelt, die der Meinung war, verschiedene Maler zu unterscheiden sei eine Fähigkeit, die nur die eine und angeblich einzige ästhetisch empfängliche Spezies Mensch erwerben könne, haben Watanabes Tauben mit einer solchen Aufgabe keinerlei Schwierigkeiten. Eine Versuchsgruppe der Tauben wurde belohnt, wenn sie nach Monet-Reproduktionen, eine andere, wenn sie nach Picasso-Reproduktionen pickte. Nachdem die Tiere derart konditioniert waren, wurden ihnen Reproduktionen anderer Bilder derselben Maler vorgelegt, die sie bisher noch nicht gesehen hatten. Offenbar waren sie in der Lage, aufgrund der bekannten Bilder auch die bislang unbekannten richtig zuzuordnen. Eine Taube, die mit zwei anderen Bildern von Picasso konditioniert worden war, pickte auch auf seine *Frau vor dem Spiegel* und *Natura Morta Spagnola*. Desgleichen pickten Tauben, die gelernt hatten, nach zwei Bildern von Monet zu picken, auch auf ihnen bislang unbekannte Monets. Da wir nicht annehmen, daß Tauben zweidimensionale Bilder als Darstellungen der realen Welt auffassen, ist es auch unwahrscheinlich, daß ihre Unterscheidungen aufgrund von Gegenständen getroffen wurden, die für uns erkennbar sind (beispielsweise Frauen im Unterschied zu Obst). Somit könnte man den Schluß ziehen, daß die Tauben auf die Farben oder das Vorhandensein bzw. Fehlen klarer Umrißlinien reagierten. Als Watanabe jedoch die Bilder veränderte, indem er sie in Schwarzweiß oder mit verwischten Linien präsentierte, waren die Vögel immer noch imstande, die Bilder verschiedener Künstler zu unterscheiden.

Das war aber noch nicht alles. Als denselben Vögeln Bilder anderer Maler derselben Periode gezeigt wurden, zogen die auf Monet konditionierten Tauben Impressionisten vor, beispielsweise Renoir, während die an Picasso geschulten Tauben nach Bildern von Kubisten wie Braque pickten. Somit können Tauben nicht nur individuelle Malstile voneinander unterscheiden, sondern auch ganze Schulen der bildenden Kunst. Watanabe hält es für wahrscheinlich, daß seine Tauben komplexe visuelle Unterscheidungen in derselben Weise treffen wie wir, indem sie gleichzeitig mehrfache Hinweise verarbeiten. Tatsache ist, daß sie verschiedene Maler besser unterscheiden können als mancher Besucher des Louvre.[112]

Doch wie steht es mit der *Hervorbringung* von bildender Kunst? Obwohl von Tieren produzierte Bilder auf dem Kunstmarkt angeboten werden, scheidet ein Teil von ihnen von vornherein aus, da sie auf eine zufällige Weise entstanden sind. Da gibt es etwa den Fall eines Orang-Utans in einem großen Zoo, der immer wieder nach einem Stein suchte und ihn dann mit solcher Gewalt gegen die Glaswand seines Geheges warf, daß diese in Stücke ging und er ins Freie gelangen konnte. Trotz der Bemühungen des Zoos, alle Steine zu entfernen, fand er immer wieder welche oder grub sie aus. Die Zerstörung der Glaswand wurde zu einem so vorhersehbaren Ereignis, daß der Zoo mit den Bruchstücken ein kleines Geschäft betrieb: Um das Geld für teures kugelsicheres Glas aufzubringen, verkaufte er sie als von einem Orang-Utan gefertigte Tischplatten, die sich daneben auch hervorragend als Gesprächsthemen eigneten.

Solche unbeabsichtigt zustande gekommene »Tierkunst« ist weit verbreitet. Eines der klassischen Beispiele liefert der japanische Maler Hokusai, der 1806 die Gunst seines Shoguns gewann, indem er einen langen Streifen Papier auf dem Boden ausrollte und große blaue Kringel darauf malte. Danach ließ er einen Hahn, dessen Füße er in rote Tusche getaucht hatte, über das Papier laufen. Für das japanische Auge sah das Ganze sogleich wie ein Fluß aus, auf dem rote Ahornblätter dahintrieben.

Die Methode, Tiere als Malwerkzeuge zu benutzen, wurde in jüngerer Zeit wiederbelebt, indem man Katzen, deren Pfoten zuvor in blaue Farbe getaucht wurden, über eine Leinwand laufen ließ. Solche Aktionen hatten einen ironisch gemeinten Fotoband zur Folge (möglicherweise als Ergänzung zu einer der Tischplatten des Orang-Utans gedacht), der anrührende Porträts der Künstler enthielt sowie Geschichten ihrer persönlichen traumatischen Erfahrungen, die nach dem Muster van Goghs zu bedeutenden inneren Wandlungen geführt hätten:

»Als Charlie sechs Monate alt war, wurde er versehentlich fünf Stunden lang in einen Kühlschrank eingeschlossen. Irgendwie muß dieses Erlebnis einen Wendepunkt in seinem Leben bedeutet haben – es machte ihn praktisch über Nacht zu einem überaus produktiven Maler. [...]

Sobald Minnie Lyon verließ, um in dem kleinen Weinberg in Aix-en-Provence zu leben, änderten sich ihre Bilder auf eine dramatische Weise und mit ihnen die Kritiken.«[113]

Das Buch verspottet schon die bloße Vorstellung einer Tierkunst, indem es die Argumente, die dafür sprechen, grob übertreibt. Um dem Lesepublikum zu zeigen, wie ernsthaft die Autoren sich mit ihrem Thema befaßt haben, enthält es eine Pseudobibliographie – mit frei erfundenen Titeln wie *Pfoten zum Nachdenken: Magie und Bedeutung der Reliefmuster auf dem Sand von Katzenklos* und *Warum Hunde nicht malen*. Das letzte Kapitel befaßt sich mit der Zerstörung von Polstersesseln als einer Form des künstlerischen Ausdrucks.

Es gibt jedoch seriöse Untersuchungen über bewußte bildende Kunst von Tieren. Einige davon werden in freier Natur durchgeführt wie die bereits erwähnte Beobachtung von Laubenvögeln. Andere haben dagegen einen ziemlich anthropozentrischen Zugang gewählt und unseren nächsten Verwandten die Malerutensilien direkt in die Hand gedrückt.

Menschenaffen mit einem Œuvre

Am Anfang gab es den Mythos der Tochter des griechischen Ziegelbrenners von Dibutades, die noch keine Polaroidkamera zur Hand hatte und sich deshalb anders behelfen mußte: Bevor sich ihr Geliebter auf eine lange Reise begab, hielt sie das Bild seines Kopfes fest, indem sie das Profil auf einer Wand nachzeichnete. Dibutades modellierte den Kopf anhand der Silhouette in Ton und brannte ihn mit seinen Ziegeln im Ofen. Doch mehr als zweitausend Jahre später, im Jahr 1942, formulierte Julian Huxley in einem Brief an die Zeitschrift *Nature* eine zeitgenössische Entstehungsgeschichte der Kunst. Er hatte beobachtet, wie ein Gorilla im Londoner Zoo sorgfältig den Umriß seines Schattens auf einer Wand nachzeichnete. Nachdem der Gorilla dies dreimal wiederholt hatte, erkannte Huxley darin »eine Beziehung zu den möglichen Ursprüngen der menschlichen graphischen Kunst«.[114]

Es ist nur folgerichtig, daß uns die Suche nach dem Ursprung der künstlerischen Motivation zum Menschenaffen geführt hat. Andere hatten noch vor Huxley ähnliche Beobachtungen gemacht. In den ersten Jahrzehnten des vorigen Jahrhunderts untersuchte Nadie Ladygina-Kohts in Moskau die Wahrnehmung von Form und Farbe bei ihrem jungen Schimpansen Yoni und beobachtete ihn, wie er voller Begeisterung mit einem Stift auf Papier zeichnete. Experimente mit Affenbildern wurden danach in den vierziger Jahren in den Yerkes Laboratories von Paul Schiller durchgeführt, der als erster einen einfachen Test anwandte: Er versah einzelne Blätter mit Linien oder Formen und gab sie einer Schimpansin namens Alpha zum Bemalen, um zu beobachten, was sie damit tun würde. Alpha verspritzte die Farbe nicht einfach zufällig über das Blatt, sondern hielt sich sorgfältig an die Markierungen und bezog sie in das Endprodukt mit ein. Wenn Schiller zum Beispiel drei Ecken eines Blatts mit Markierungen versah, kritzelte Alpha jedesmal etwas in die vierte Ecke.[115] Doch das ganze künstlerische Vermögen von Affen zeigte sich erst, als sich in den fünfziger Jahren des vorigen Jahrhunderts ein Verhaltensforscher und Künstler diesem Thema zuwandte.

Der Engländer Desmond Morris, der Autor des im Sachbuchsektor beispiellosen Verkaufserfolgs *Der nackte Affe* und zahlreicher weiterer Bücher, war ein Pionier jenes aufkeimenden literarischen Genres – zu dem auch das vorliegende Buch gehört –, in dem menschliches und tierisches Verhalten miteinander verglichen wird. Er hat viele provozierende Ideen vorgebracht, etwa daß das menschliche Sprechen dieselbe Funktion erfüllt wie das Grooming unter den Primaten und daß die Erfindung der Ehe notwendig wurde, als unsere Vorfahren in Gruppen zu jagen begannen, um nämlich die Rivalität unter den Männern zu regulieren. Wissenschaftler sehen in seiner Arbeit vermutlich öfter nur

Nadie Kohts beobachtet ihren jungen Schimpansen Yoni, der 1913 in Moskau mit einem Stift auf Papier zeichnet. (Mit freundlicher Genehmigung der Oxford University Press)

die Popularisierungsleistung und finden es deshalb nicht nötig, ihn auch nur zu erwähnen, wenn sie seine Ideen übernehmen und zur Theorie erheben. Morris begann seine Laufbahn immerhin als seriöser und angesehener Verhaltensforscher, der seine Ausbildung in Oxford unter Niko Tinbergen erhielt.

Morris ist außerdem ein surrealistischer Maler. Sein Stil erinnert an Miró. Die Kunst war möglicherweise sogar seine erste Liebe, und seine Bilder wurden in mehreren Kunstbänden abgedruckt und auf bedeutenden Ausstellungen gezeigt. Es war seine Empfänglichkeit für Kunst im Verein mit der Möglichkeit, als Zoologe mit einem jungen Schimpansen namens Congo zu arbeiten, was Morris zu seltenen Einblicken in das Wesen künstlerischer Impulse verhalf.

Congo wurde ein regelmäßiger Gast in Morris' Fernsehsendung *Zootime* und erlangte mit einer Ausstellung seiner Werke im Jahr 1957 Berühmtheit. Seine Bilder waren nicht einfach kurios: Sie wurden allgemein als schön anerkannt. Congo hatte einen erfrischend kraftvollen Stil, und er bemühte sich anscheinend um symmetrische Darstellung, rhythmische Variationen und auffällige Farbkontraste.

Congo blieb stets innerhalb der Grenzen eines Blatts, malte nie über die Kanten hinaus und ließ auch rudimentäre Kompositionen erkennen, beispielsweise einen dicken Punkt inmitten kühner kreisförmiger Pinselstriche oder ein fächerartiges Auseinanderstreben von Linien. Seine Kunst wurde in Komposition und Kühnheit als über dem Niveau eines Kindes liegend eingestuft. Letzteres hing wohl mit dem Umstand zusammen, daß Schimpansen körperlich wesentlich kräftiger sind und über eine bessere motorische Kontrolle verfügen als Kinder. Ihre Produkte fallen uns sofort durch ihre kraftvolle Aussage auf, während die Zeichnung eines Kindes eher zögerlich und tastend wirkt.

Picasso hängte sich einen Congo an die Wand. Den Gemälden anderer Affen – einer erhielt den Namen Pierre Brassou, um die Kunstkritiker auf den Leim zu führen – wurden seriöse, manchmal begeisterte Kritiken von Experten zuteil, die im Unterschied zu Picasso glaubten, die Bilder seien von Menschen gemalt.

Welche Ausdruckskraft in der Affenkunst steckt, wird an dem Umstand deutlich, daß sie nur sehr schwer nachgeahmt werden kann. Thierry Lenain, ein belgischer Kunstphilosoph, erzählt in seinem Buch *Monkey Painting*, wie der österreichische Maler Arnulf Rainer den Versuch unternahm, jede einzelne Körperbewegung und jeden Pinselstrich eines malenden Schimpansen nachzuahmen. 1979 hockte Rainer sich in der Hoffnung neben einen Affen, Werke von derselben Klarheit und Intensität zu schaffen. Der menschliche Maler war jedoch offensichtlich der vorgefaßten Meinung, Affen seien wilde Kreaturen ohne Kontrolle über ihre Emotionen – mit dem Ergebnis, daß er sich, statt den Affen nachzuahmen, in einer Weise verhielt, wie er *glaubte*, daß der Affe malen würde. Aber damit lag er völlig daneben; Affen können ebenso konzentriert und kontrolliert sein wie Menschen. Wie Lenains Bericht einer mit einer Filmkamera aufgenommenen Sitzung zeigt, war es der menschliche Maler, der für den Geschmack des Affen zu wild wurde:

»Wir sehen [Rainer] im Bann einer Art Trance, wie er auf das Papier schlägt, darauf spuckt, nervös seinen Pinsel schwingt und ihn hinwirft. Der Schimpanse dagegen malt zunächst ganz friedlich, wird jedoch nach und nach von der Erregung seines Nachahmers angesteckt. Er hört auf zu malen, fängt an, heftig herumzuspringen, und jagt Rainer quer durch das Zimmer... Malen ist für Schimpansen keine gewalttätige Aktivität.«[116]

Hätte der Besitzer des Affen diesem bei der Verfolgung Rainers nicht Einhalt geboten, dann hätte der Maler die Erfahrung machen können, daß ein Affe, auch wenn er noch jung und relativ klein ist, die Kraft von mehreren ausgewachsenen Männern hat. Deshalb kann ein Affe ein Bild mit Energie und Rhythmus aufladen und muß sich dazu doch weit weniger anstrengen als ein Mensch.

Im übrigen halten sich malende Affen anscheinend nicht an die Regeln, denen menschliche Maler folgen. Statt sich um die kumulative Wirkung einer ganzen Serie von Pinselstrichen und -kleksen zu kümmern, vermitteln Affen den Eindruck, an jeder einzelnen Handlung ein kinästhetisches und visuelles Vergnügen zu empfinden. Wir kennen die ästhetischen Geheimnisse des Schimpansen nicht, den Rainer nachzuahmen versuchte, doch Tatsache ist, daß der malende Mensch kläglich bei dem Versuch scheiterte, dieselbe Unmittelbarkeit und Souveränität des Ausdrucks zu erreichen. Als Lenain fünfzehn Werke untersuchte, die gleichzeitig von Affe und Mensch gemalt wurden, gelangte er zu dem Schluß: »Die Kompositionen des Schimpansen sind nüchtern und klar. Dagegen sind die Nachahmungen verschwommene, verwirrte Liniennetze, völlig unleserlich, fast bis zur Hysterie.«

Ein komplexes Gemälde mit einem Fächermuster von Congo, einem Schimpansen, dessen hervorragendes Farbempfinden und Gefühl für kompositorische Ausgewogenheit allgemeine Anerkennung fanden. Gleich anderen malenden Affen zeigte Congo bei der Arbeit starke Konzentration und war sichtbar aufgebracht, wenn jemand versuchte, ihm das Bild wegzunehmen, bevor es fertig war. (Fotos von Desmond Morris, Abdruck mit seiner freundlichen Genehmigung)

Der Titel der englischen Übersetzung von Lenains Buch, *Monkey Painting*, ist unglücklich gewählt, weil mit Ausnahme eines Kapuzineraffen namens Pablo alle bedeutenden nichtmenschlichen Primatenmaler Menschenaffen waren.* Doch das Buch enthält eine faszinierende Theorie der Primatenkunst, die sich grundsätzlich von den Ideen Desmond Morris' unterscheidet, der die Ähnlichkeiten zwischen Menschenaffe und Mensch hervorgehoben hatte. Lenain dagegen betont die Unterschiede und betrachtet die Affenkunst als eine Form visueller Destruktion. Er ist der Auffassung, daß der malende Affe die leere weiße Fläche vor ihm prüfend und versuchsweise zerstückelt und schließlich zerstört, was vorher war. Demgegenüber erkannte Morris in den Werken von Affen ein Gefühl für ästhetische Ordnung und kompositorisches Gleichgewicht.[117]

Für diese Hypothese von Morris sprechen einige wichtige Argumente. Zunächst einmal bemühen sich Affen in ihren Bildern um eine ausgewogene und geordnete Komposition. In Anlehnung an Schiller markierte Morris das Blatt irgendwo neben der Mitte, bevor er es Congo gab. Congo versuchte dann meistens, die Komposition in ein Gleichgewicht zu bringen, indem er etwas auf die andere Seite des Papiers malte. Er wurde dabei nicht einfach durch die freie Fläche angezogen, denn je näher Morris seine Markierung bei der Mitte machte, desto näher zur Mitte malte Congo auf der gegenüberliegenden Seite, und je weiter Morris mit seiner Markierung beispielsweise nach links ging, desto weiter rechts von der Mitte malte Congo.

Ein weiterer Hinweis darauf, daß Affen nicht einfach gegen die Leere auf dem Blatt anmalen, ergibt sich daraus, daß sie ein starkes Gespür dafür haben, wann ein Bild fertig ist. Das widerspricht dem, was manche frühen Beobachter behauptet haben, daß nämlich Bilder von Affen in Wirklichkeit ein menschliches Produkt seien: Affen malen munter drauflos, bis ihr Produkt für die Umstehenden aussieht wie ein abstraktes Gemälde, die es den

* Im Englischen sind mit *monkey* die kleineren Affen gemeint, während *apes* die Bezeichnung für Menschenaffen ist. (A.d.Ü.)

Affen dann wegnehmen und in einer Galerie aufhängen. Das würde bedeuten, daß nur das menschliche Auge die Kunst darin sieht, während der Affe selbst keine Vorstellung davon hat, daß er ein fertiges Produkt herstellt.

Aber wenn man einem Affen beim Malen ins Handwerk pfuscht, kann das gefährlich werden! Es gibt zahlreiche Geschichten von Affen, die sich vehement dagegen gewehrt haben, daß sie unterbrochen wurden, bevor sie ihr Bild fertiggemalt hatten. So malte beispielsweise Bella, eine Schimpansin im Amsterdamer Zoo, mit großer Konzentration und war im allgemeinen äußerst friedfertig, bis sie eines Tages ihre gute Laune verlor – mit schlimmen Folgen für den Wärter, der versucht hatte, ihre Malutensilien wegzunehmen, noch während sie mit Malen beschäftigt war. Auch Morris berichtete, daß Congo sehr wütend wurde, wenn er merkte, daß ihm ein Bild, an dem er noch arbeitete, weggenommen werden sollte; auch schätzte Congo es nicht, wenn man ihn drängte, weiterzumalen, wenn er einmal seinen Pinsel weggelegt hatte, womit er bekundete, daß das Bild fertig sei. Eines Tages gelang es Morris, ihm ein Bild wegzunehmen, dessen Fächermuster noch nicht vollendet war. Als Congo es einige Zeit später zurückerhielt, machte er einfach dort weiter, wo er aufgehört hatte, und komplettierte sorgfältig das angefangene Muster.

Eine aufschlußreiche Erfahrung machte Lucien Tessarolo, ein französischer Maler, der Seite an Seite mit einer Schimpansin namens Kunda auf einer Leinwand zu malen pflegte, die am Ende von beiden signiert wurde – von Tessarolo mit seinem Schriftzug, von Kunda mit einem Handabdruck. Tessarolo war beeindruckt von Kundas Präzision und ihrer harmonischen Farbenwahl. Die figurativen Elemente, die er ihrer Arbeit hinzufügte, wurden jedoch von der Schimpansin nicht immer gewürdigt. Manchmal reagierte sie begeistert, doch einmal radierte sie Tessarolos Beitrag aus und wollte erst wieder weitermachen, nachdem er etwas anderes hingemalt hatte.

Das klingt nicht danach, als habe ein malender Affe das Bedürfnis, eine Ordnung zu zerstören. Dem Verhalten Kundas muß ein Gefühl dafür zugrunde gelegen haben, wie das fertige Produkt aussehen sollte. Das bedeutet nicht, daß das Produkt für Affen einen besonderen Wert darstellt, wenn sie damit fertig geworden sind, oder daß sich nicht auch destruktive Neigungen bei ihnen bemerkbar machen. Tatsächlich sind Affen dafür bekannt, das sie die von ihnen bemalten Blätter wieder zerreißen, sobald sie ihre Arbeit daran beendet haben. Ein andermal legen sie gegenüber ihren fertigen Produkten eine Gleichgültigkeit an den Tag, die für Menschen nur schwer zu begreifen ist. In dieser Hinsicht sind Affen ganz anders als menschliche Künstler: Ihr Ziel ist es nicht, ein dauerhaftes Bildnis zu schaffen, das gefällt, inspiriert, provoziert, Anstoß erregt oder sonst eine der Wirkungen auslöst, die der menschliche Maler erzielen möchte.

Es gibt demnach deutliche Hinweise, daß malende Affen ein Gefühl für Gleichgewicht und Vollständigkeit haben, die visuelle Wirkung ihres Tuns genießen und Regelmäßigkeiten und Muster hervorbringen, daß es ihnen jedoch nicht wichtig ist, ein dauerhaftes Produkt zu schaffen. Wenn es nach ihnen ginge, könnte das Bild weggeworfen werden, sobald sie es fertiggestellt haben. Während also ihr malerisches Tun am ehesten als die bewußte Hervorbringung visuell angenehmer Muster beschrieben werden kann und nicht als Form der Störung einer Ordnung, unterscheidet es sich von der Tätigkeit eines malenden Menschen darin, daß es anscheinend kein Mittel zum Zweck ist.[118]

Der Keim der Ästhetik

Manche Menschen sind der Meinung, die Bezeichnung »Kunst« für die von Affen gemalten Bilder sei eine Verhöhnung menschlicher Errungenschaften. Daß Primaten als Karikaturen unserer selbst eingesetzt werden, hat tatsächlich eine lange Geschichte, einschließlich eines ganzen Genres von Bildern des 17. und 18. Jahrhunderts, auf denen Kapuzineräffchen oder Makaken abgebildet sind, die hinter einer Staffelei sitzen, den Pinsel in der Hand, und auf ein Aktmodell oder ein Stilleben blicken, als wären sie menschliche Maler. Ob solche Gemälde nun das sklavische Kopieren mancher Maler kommentierten oder die Maler sich hier selbst ironisierten, jedenfalls vermittelten sie einen Gegensatz zwischen Tier und Kunst. Wenn die Kunst per definitionem eine menschliche Domäne ist, dann kann ein Affe mit einem Pinsel nur ein Witz sein.

Der uralte Topos des »Affen als Künstler« mußte natürlich wieder neu aufkommen, als in den fünfziger Jahren malende Affen zum Thema für die Medien wurden. Eine berühmte Schimpansin, Baltimore Betsy, wurde gewöhnlich vor einem ihrer Werke sitzend fotografiert, und unter dem Foto stand etwa: »Nur eine Kleinigkeit, die ich mal eben so hingehauen habe, aber nicht übel.« Eine derartige Bedienung von Klischees, die das breite Publikum komisch fand, untergrub jeden Versuch zu erklären, was an der Affenmalerei das wirklich Interessante ist.

Außerdem paßten die Affen gerade gut in eine kulturelle Kampfzone jener Zeit: die Malerei der »Automatisten« und das »Actionpainting«, Maltechniken, die durch kräftige, dynamische Pinselstriche und Zufallseffekte durch Verspritzen und Verträufeln (»Dripping«) von Farben gekennzeichnet waren. Da die Bilder von Affen ähnlich aussehen, wurden sie zu einer Waffe gegen diese Schulen gemacht: Die Kritiker erklärten, daß wenn ein Affe dasselbe zuwege bringe, was bestimmte menschliche Künstler könnten, dann müßten die letzteren auf einer ziemlich primitiven Stufe des Malens angekommen sein. So konnte sich etwa Salvador Dalí die folgende Stichelei gegen einen anderen Maler nicht verkneifen: »Die Hand des Schimpansen ist ziemlich menschlich, die Hand Jackson Pollocks ist schon fast tierisch.«[119]

Man hat Morris vorgeworfen, die moderne Kunst zu verspotten, doch das war nie seine Absicht. Es geht letztlich um eine ernsthafte Frage. Warum bringen die Angehörigen unserer Spezies überall auf der Welt Kunst hervor? Was ist es, was sie dazu antreibt? Warum soll man für diese Tätigkeit Zeit und Energie verschwenden? Ist es eine Form des Spiels, eine Form der Erkundung, ein geistiger Zeitvertreib, ein Mittel, andere zu beeindrucken? Morris wollte einfach zeigen, daß wir nicht die einzige

Spezies sind, die Vergnügen an selbstgeschaffenen visuellen Wirkungen findet, und daß somit unser ästhetisches Gefühl wahrscheinlich ältere Wurzeln hat, als häufig angenommen wird.

Doch wo hört die Affenkunst auf und wo fängt die menschliche Kunst an? Die Haupttrennlinie ist anscheinend die Darstellung von Wirklichkeit. Auch wenn vereinzelt behauptet wurde, daß Affen erkennbare Bilder produzieren (der Gorilla Koko soll zum Beispiel einen Vogel, einen Hund und einen Spielzeugdinosaurier gemalt haben), ist es mir nie gelungen, die angeblichen Objekte in ihren Bildern wiederzuerkennen. Die menschliche Kunst ist für mich in ihrer Wiedergabe der Wirklichkeit einzigartig. Nachdem sie festgestellt haben, daß das Kind nach einer abstrakten Phase zu konkreter Darstellung übergeht, gelangen Desmond Morris und seine Frau Ramona in ihrem Buch *Der große Affenspiegel* zu dem Schluß: »Leider ist das der Punkt, an dem Affen stehenbleiben.«

Aber auch wenn immer noch wesentliche Unterschiede zwischen Menschenkunst und Affenkunst bestehen, dürfen wir uns dadurch nicht den Blick für die unstreitig gemeinsame Basis von beiden verstellen lassen. Wir sind offenkundig überzeugt, daß es dem menschlichen Künstler um mehr geht als um visuelle Wirkungen: Er hat ein Bild vor seinem geistigen Auge und strebt nach einem fertigen Produkt. Die menschliche Kunst ist ein bewußter Schöpfungsakt. Andererseits wären wir ohne die Befriedigung, die wir aus den einzelnen Schritten bis dorthin ziehen – aus der Tätigkeit selbst und ihren unmittelbaren Ergebnissen –, möglicherweise nie bis zu diesem Punkt gekommen. In dieser Hinsicht ermöglicht uns die Affenkunst, statt unser Ego zu beleidigen, einen Einblick in den Ursprung des universellen künstlerischen Antriebs beim Menschen.

2. Teil
Was ist Kultur, und gibt es sie auch in der Natur?

Wenn Kultur in der Weitergabe von Gewohnheiten und Informationen mit sozialen Mitteln besteht, dann ist sie in der Natur weit verbreitet. Tiere mögen keine Sprache oder Symbole haben, aber sie entwickeln neue Techniken, Vorlieben für eine bestimmte Nahrung, Kommunikationsgebärden und andere Gewohnheiten, die die Jungen von den Alten lernen (oder umgekehrt). Das kann dazu führen, daß eine bestimmte Gruppe sich völlig anders verhält als eine andere, und die Kultur kann nicht mehr als eine ausschließlich menschliche Errungenschaft beansprucht werden.

Obwohl es für diese Vorstellung eine Fülle von Belegen gibt, stößt sie auf einen enormen Widerstand. Die Einwände dagegen konzentrieren sich auf den Lernprozeß bei Tieren, der in den meisten Fällen im Vergleich zur Vermittlung menschlicher Kultur ziemlich einfach erscheint, oder auf die Spitzenleistungen der menschlichen Zivilisation, verbunden mit dem Hinweis, daß bereits unsere nächsten Verwandten zu solchen Leistungen nicht mehr fähig sind. Der tierischen Kultur wird ferner der Überlebenswert abgesprochen, den die Kultur für den Menschen hat. Die Ergebnisse von Untersuchungen in den vergangenen Jahrzehnten legen jedoch den Schluß nahe, daß das Überleben vieler Tiere in der Wildnis davon abhängt, was sie von ihren Artgenossen lernen. Sie beziehen einen Vorteil aus angesammeltem Wissen und sind insofern ebenso von Kultur abhängig wie wir. Dem Lernprozeß liegt derselbe Wunsch nach Zugehörigkeit und *Anpassung* zugrunde wie in unseren eigenen Kulturen. Und wie in der menschlichen Kultur sind die Abwandlungen, zu denen es kommt, nicht unbeschränkt; sie bilden sich um das gemeinsame Erbe der Spezies.

5.
Die Prognose des Bergs Fuji

und ein Besuch auf Koshima, wo die Affen ihre Süßkartoffeln salzen

»Ein Wissenschaftler ist ein Mensch, der sich mit Hilfe seiner Beobachtungen und Experimente, der Literatur, die er liest, und sogar des Umgangs, den er pflegt, die Möglichkeit verschafft, einen Preis zu gewinnen; er hat sich auf Entdeckungen programmiert.«

Peter Medawar 1984

»Instinkt ist ein angeborenes Verhalten und steht somit in einem Gegensatz zur Kultur, die ein erworbenes Verhalten darstellt. Während es dogmatisch wäre, alles Tierverhalten als instinktgesteuert zu betrachten, wäre es doch ebenso dogmatisch, alles menschliche Verhalten als kulturell erworben aufzufassen.«

Kinji Imanishi 1952[120]

Ein japanischer Wissenschaftler wandert durch Zentralhonshu und sieht plötzlich hoch am Himmel etwas, das wie ein schimmernder Berggipfel aussieht. Wenn es tatsächlich ein Berg ist, bleibt der größte Teil davon unsichtbar, und eine Stunde später ist der Gipfel hinter den Wolken verschwunden. Kann ein Berg seinen Platz verlassen?

Am nächsten Tag sieht er den ganzen Berg Fuji. Mit seinen 3776 Metern ist er der höchste Berg Japans und läßt alles in seiner Umgebung zwergenhaft klein erscheinen. Der Wissenschaftler hat es sich zu seiner Lebensaufgabe gemacht, den Berg und seine beispiellos steilen Wände und seine vollkommen symmetrische Kegelform zu beschreiben. Er will ihn unter verschiedenen Blickwinkeln in einer Art und Weise fotografieren, die an die berühmte Serie von Farbholzschnitten *36 Ansichten des Berges Fuji* von Katsushika

Hokusai aus dem 19. Jahrhundert erinnert. Der heilige Vulkan ist dazu da, bewundert und verehrt zu werden. Umgeben von Tempeln und Schreinen, ist er für Millionen Japaner ein Wallfahrtsort.

Für den westlichen Wissenschaftler kommt der Berg gleichermaßen unerwartet, doch für ihn ist das ein Grund, ein wenig beunruhigt zu sein. Hätte er nicht wissen müssen, daß es *möglich* war, daß dieses Ding sich hier befand? Der Wissenschaftler macht sich daran, die Plattentektonik, die Vulkanausbrüche, die Magmaviskosität und Ähnliches zu untersuchen. Nach eingehendem Literaturstudium und eigener Erkundung erscheint der Berg Fuji ihm folgerichtig, fast zwangsläufig. Der Wissenschaftler ist befriedigt, daß das atemberaubende Bild dieses Berges hoch über der Landschaft nicht mehr annähernd so überraschend erscheint wie zu Beginn. Statt verschiedene Ansichten des Berges aufzunehmen und zu zeigen, veröffentlicht er eine ausführliche Abhandlung über die Ursprünge von Vulkanen. Seine Theorien haben ihn zu der Überzeugung gebracht, daß Eruptionen prognostizierbar sind, und um seine Behauptung zu beweisen, schildert er, wie er nach Honshu gereist ist und damit gerechnet hat, irgendwo in der Nähe von Tokyo einen großen Vulkan vorzufinden. Und siehe da, etwa 100 Kilometer westlich der Stadt fand er den prognostizierten Berg. Diese Bestätigung bezeugt seine überlegene Wissenschaft.

Aber hat sich der Wissenschaftler damit nicht in die eigene Tasche gelogen? Hat er nicht zuerst den Berg gesehen und dann erst seine Existenz für vorhersehbar erklärt? Schon, aber das ist der gewöhnliche Weg, eine Behauptung wissenschaftlich zu beweisen. Fakten machen sich irgendwie besser, wenn man mit ihnen vorher gerechnet hat, und Wissenschaftler gelangen manchmal zu diesem Ergebnis, indem sie Regeln formulieren, die zu den Fakten passen, welche ihnen ihrerseits dabei behilflich waren, diese Regeln zu formulieren.

Das ist der verwirrende, zirkuläre Stand der Dinge in den Verhaltenswissenschaften. So hatte sich beispielsweise der amerikanische Primatologe Jeffrey Kurland vorgenommen, die Theorie der Verwandtenselektion zu überprüfen, derzufolge zwischen nahen Verwandten freundschaftliche und unterstützende Beziehungen zu erwarten sind.[121] Seine 1977 erschienene Monographie über das Verhalten von Japanmakaken beginnt mit rein theoretischen Erörterungen, etwa zur Evolution durch natürliche Selektion, zur Übermittlung von DNA und zur Gemeinsamkeit von Genen zwischen nahen Verwandten. Ausgerüstet mit einer Reihe logisch zwingender Prognosen, scheint Kurland ein neues Untersuchungsfeld zu betreten. Wird er die Richtigkeit der Theorie beweisen? Der Leser kann es kaum erwarten, die Ergebnisse zu erfahren, da er fest davon überzeugt ist, daß sie viele brennende Fragen beantworten werden.

Die einzige Schwäche dieser Darstellung besteht darin, daß die Untersuchung einen Trupp Affen erforderte, deren gegenseitige Verwandtschaft bekannt war, was bedeutet, daß alle Individuen identifiziert sein und daß jahrelange Aufzeichnungen darüber geführt worden sein mußten, wer wen geboren hatte. Aber warum in aller Welt hätte sich jemand ohne Kenntnis der Bedeutung von Verwandtschaft dieser Mühe unterziehen sollen? Kurland fand seinen Trupp in Ryozenyama in den Suzukabergen, wo japanische Wissenschaftler solche Aufzeichnungen gemacht hatten, die bis in die fünfziger Jahre zurückreichten. Sie hatten dieses Projekt etliche Jahre vor William Hamiltons klassischem Aufsatz über Verwandtenselektion aus dem Jahr 1964 begonnen, weil sie wußten, daß bei den Makaken die Verwandtschaft über den sozialen Rang und den Zusammenhalt von Individuen entscheidet. Kurland dokumentierte in vorbildlicher Manier die engen Beziehungen zwischen Verwandten und zeichnete auf diese Weise ein detaillierteres Bild, als bislang existierte; doch er konnte seine Untersuchung nur durchführen, weil das, was er beweisen wollte, schon weitgehend bekannt war.

Das Bemühen der Verhaltenswissenschaftler, bei der Darstellung ihrer Erkenntnisse in einer geraden Linie von der Theorie zu den Daten zu gelangen, sich mithin der Wahrheit gegenüber unwissender zu geben, als sie in Wirklichkeit sind, erklärt sich aus dem Bedürfnis, es der Physik gleichzutun, einer Wissenschaft, die jenes erhabene Stadium erreicht hat, in dem Ereignisse rein aufgrund theoretischer Überlegungen postuliert werden können. Immer wenn eine neue theoretische Erkenntnis gewonnen wurde – daß es Quarks geben oder daß der Zusammenstoß von einem Meson und einem Proton ein Lamda produzieren mußte –, machten sich Physiker scharenweise daran, diese Vorhersagen in den riesigen Teilchenbeschleunigern und Blasenkammern von CERN bei Genf oder Fermilab bei Chicago zu bestätigen.

Es ist zweifelhaft, ob die Verhaltenswissenschaften jemals den Punkt erreichen werden, an dem theoretisch abgeleitete Prognosen zu einer Triebkraft des wissenschaftlichen Fortschritts werden. Das Verhalten ist variabler als der Tanz der Photonen, und zu seiner Erklärung werden verschiedene Ebenen, von der physiologischen bis zur mentalen, herangezogen. Wir können es uns nicht leisten, durch eine einzige Brille zu blicken; wir benötigen zahlreiche verschiedene Brillen, um die Wirklichkeit zu sehen. Theorien helfen uns bei diesem Bemühen, indem sie unsere Aufmerksamkeit lenken und große Datenmengen verständlich machen, aber sie induzieren auch eine Art Betriebsblindheit.

Theorien sind häufig formalisiert, und es gibt keinen Grund, die Bedeutung allgemeiner Erwartungen zu bestreiten. Ohne Offenheit gegenüber der Idee einer tierischen Kultur beispielsweise hätten die Affen auf Koshima, die ihre Süßkartoffeln im Meer waschen, niemals unsere besondere Aufmerksamkeit erregt. Was ist schon dabei, wenn Affen an den Strand rennen, um ihre Futterknollen ins Meer zu tauchen? Nachdem die Idee einer tierischen Kultur jedoch erst einmal von japanischen Primatologen formuliert worden war, gewann dieses einfache Verhalten eine enorme Bedeutung und regte sie dazu an, über Jahrzehnte hinweg sorgfältige Aufzeichnungen zu machen.

Die Frage, um die es geht, lautet demnach, was Menschen als Ergebnis vorgefaßter Meinungen sehen oder auch nicht sehen. Statt neue Ereignisse mit großer Genauigkeit vorherzusagen oder für bereits Bekanntes eine Erklärung zu finden, hängt ein Großteil des wissenschaftlichen Fortschritts davon ab, was für möglich und für wahrscheinlich gehalten wird. Es waren Erwartungen, wie unbestimmt und intuitiv auch immer, die das Fundament zu

Entdeckungen legten: Jede neue Einsicht wächst langsam unter der Oberfläche des menschlichen Bewußtseins heran, bevor sie ans Licht drängt. Solange niemand einen umfassenden Begriff der Kultur formuliert hatte, war es unwahrscheinlich, daß jemand nach Anzeichen für eine Kultur in der Tierwelt suchte.

Achtung vor dem Unerwarteten

Als die Menschen noch glaubten, die Erde sei eine Scheibe, wurden Hinweise wie etwa die Existenz eines Horizonts, die ihnen etwas anderes hätten sagen können, übersehen oder wegerklärt. Das Unerwartete entgeht häufig der Aufmerksamkeit. So wurden immer wieder Tierjunge von ihren eigenen Artgenossen getötet, auf Bauernhöfen und unter den Augen von Naturforschern, bis jemand es wagte, diese Tötungen als Muster zu bezeichnen. Ein solches Verhalten löst bei uns Entsetzen aus und schlägt der Idee ins Gesicht, daß Organismen alles tun, um zu überleben und sich fortzupflanzen. Das Töten von neuem Leben erschien sinnlos und wurde folglich nicht wahrgenommen.

In Wirklichkeit ist die Tötung von Tierjungen durch Artgenossen nicht so ungewöhnlich. 1967 berichtete der japanische Primatologe Yukimaru Sugiyama, daß männliche Schlankaffen (Languren) in Indien, wenn sie einen Harem von Affenfrauen übernehmen, indem sie den bisherigen Anführer vertreiben, gewöhnlich alle Jungen in dem Trupp töten. Sie reißen sie vom Bauch der Mutter weg und zerfleischen sie mit ihren spitzen Eckzähnen.[122] Die allererste Veröffentlichung dieser Befunde vor einem internationalen Publikum löste betretenes Schweigen aus, gefolgt von der zweifelhaften Anerkennung durch den Vorsitzenden, daß »Dr. Sugiyama uns einige interessante Beispiele für eine Verhaltenspathologie vorgeführt hat«. Doch der Forscher selbst hatte nie von Pathologie gesprochen, und er beteuert bis heute, daß er keine Ahnung hat, was damit gemeint sein soll. Tiere reagieren auf unterschiedliche Bedingungen auf unterschiedliche Weise; es hat überhaupt keinen Sinn, das eine Verhalten als normal und das andere als abnormal zu bezeichnen.

Die Entdeckung wurde etwa ein Jahrzehnt lang ignoriert, bis weitere Berichte über die Tötung von Jungtieren durch Artgenossen auftauchten – von Löwen und Präriehunden bis zu Delphinen und Vögeln. Nie wieder habe ich einen solchen Aufruhr bei einer Primatologenkonferenz erlebt wie zu der Zeit, als diese Tötungen mehr und mehr zu einem Thema wurden. Die Teilnehmer brüllten sich gegenseitig an, man bemängelte die unzureichenden Belege (die meisten Entdeckungen wurden post mortem gemacht) und wollte einfach nicht glauben, daß dieselben Theorien, in denen von Fortpflanzungserfolg die Rede war, auch dafür herangezogen werden konnten, die Tötung von Neugeborenen zu erklären.

Doch genau das passierte, angefangen mit Sugiyamas eigener These, daß der Verlust eines Jungen ein weibliches Tier dazu bringe, früher zu einer neuen Paarung bereit zu sein, was für das männliche Tier von Vorteil sein könnte. Der Forscher berichtete also nicht nur über ein abscheuliches Phänomen, sondern hatte auch noch die Stirn zu behaupten, daß es dafür einen Grund geben könnte. Diesen Grund sah er darin, daß ein Affenmann, das die Nachkommenschaft eines anderen beseitigte, auf diese Weise seine eigene Fortpflanzungsrate steigern konnte. In diesem Fall wird die Tendenz zur Tötung von Neugeborenen an die eigenen männlichen Nachkommen weitergegeben. Auf der Grundlage von Daten, die im Lauf einer fast zwanzig Jahre dauernden Untersuchung an wilden Languren erhoben wurden, gibt es heute tatsächlich eine Fülle von Belegen für die Annahme, daß das Töten von Tierjungen eine männliche Fortpflanzungsstrategie darstellt.[123] Dieses Verhalten wird mehr und mehr als ein wesentlicher Faktor in der sozialen Evolution betrachtet, in der männliche gegen männliche und männliche gegen weibliche Tiere auftreten. Die Weibchen haben dabei nichts zu gewinnen: Der Verlust eines Jungen bedeutet eine ungeheure Verschwendung an mütterlichem Aufwand in Form von Austragen und Laktation.[124]

Wenn man bedenkt, daß das Unerwartete per se aufregender ist als das Erwartete, dann bleibt der hohe Stellenwert der Überprüfung von Hypothesen ein wenig rätselhaft. Die Entdeckung der Tötung von Tierjungen durch ältere Artgenossen und unsere zögerliche Realisierung ihrer Konsequenzen führt uns beispielhaft vor Augen, wie die größten Fortschritte in der Wissenschaft sich häufig dann ereignen, wenn vorgefaßte Vorstellungen zu kurz greifen, so daß wir gezwungen sind, die Dinge unter einem anderen Blickwinkel zu betrachten. Ernst Mayr hat dazu bemerkt: »In der Biologie spielen Begriffe bei der Bildung von Theorien eine wesentlich größere Rolle als Gesetze. Zwei wichtige Elemente bei der Formulierung neuer Theorien in den Biowissenschaften sind die Entdeckung neuer Tatsachen und die Entwicklung neuer Begriffe.«[125]

Wenn geschärfte Wahrnehmung und Neugier für einen wissenschaftlichen Fortschritt tatsächlich so wichtig sind, warum sagen wir dann unseren Studenten in den Verhaltenswissenschaften nicht, sie sollten die Augen offenhalten? Statt dessen legen wir ihnen nahe, Hypothesen aufzustellen, sie sorgfältig in der Einleitung zu ihren Referaten und Examensarbeiten aufzuführen und den übrigen Teil der Arbeit auf den Beweis zu verwenden, daß ihre Prognosen richtig oder auch falsch waren. Unter diesen Umständen kann es nicht überraschen, daß unsere Studenten ein Geschick dafür entwickeln, Einleitungen zu schreiben, die den Eindruck erwecken, sie könnten in die Zukunft sehen: Es ist oftmals schwer zu sagen, was zuerst da war, ihre Hypothesen oder die Fakten.

Eigentlich ist gegen solche säuberlichen Darstellungen wenig zu sagen, solange wir uns bewußt sind, daß sie nicht mehr sind als eine Methode, unsere Arbeit zu organisieren und darzustellen. Der Aufbau von Referaten und Aufsätzen darf nicht mit dem wirklichen Prozeß der Wissenschaft verwechselt werden, seinen Umwegen, Überraschungen und Enttäuschungen. Lewis Wolpert bezeichnet in seinem Buch *The Unnatural Nature of Science* den wissenschaftlichen Aufsatz als »eine Art Betrug«, aber ich sehe darin eher eine kollektive Lüge: Wir alle wissen, wie die Sache in Wirklichkeit funktioniert.[126]

Der Student, der sich an die Aufgabe macht, eine einzelne Hypothese zu überprüfen, wird entweder eine Enttäuschung erleben – das Verhalten tritt vielleicht nicht oft genug auf, die Hypothese erweist sich als naiv oder falsch –, oder er hat nicht viel gelernt, weil seine Fragestellung äußerst eng gefaßt war. Es kann beispielsweise vorkommen, daß eine ehrgeizige Ethologin jahrelang Elefanten in freier Wildbahn nachspürt, um zu beweisen, daß Elefantenkühe sich mit dem größten Bullen paaren, doch wenn alles, was sie lernt, mit der Frage zusammenhängt, wer sich mit wem paart, wird sie nie eine gute Wissenschaftlerin werden. Es wird eine wesentlich breitere Orientierung erwartet, eine Kenntnis der Ökologie und der sozialen Organisation von Elefanten, die zu neuen Beobachtungen und neuen Ideen führt, angeregt durch das, was die Tiere tatsächlich tun, und nicht durch das Verhalten, das man aufgrund einer Hypothese von ihnen erwartet.

Die meisten Wissenschaftler kennen den fruchtbaren Austausch zwischen Theorie und Beobachtung: Die erstere inspiriert die letztere ebenso oft, wie sie von dieser selbst angeregt wird. Charles Darwin ist dafür ein Beispiel. Er entwickelte seine großartige Theorie erst, nachdem er den halben Erdball umschifft und unterwegs Informationen gesammelt, darüber gebrütet und sie in seinem Kopf so lange neu geordnet hatte, bis alles zusammenpaßte. Darwin war lange Jahre Naturforscher gewesen, bevor er zu einem Theoretiker wurde.

Was für ein Gegensatz zu dem jungen Wissenschaftler, dem ich einst begegnet bin und der beschlossen hatte, Theoretiker zu werden. Er hatte noch nie in seinem Leben Tiere oder Menschen zu wissenschaftlichen Zwecken beobachtet, sagte mir jedoch mit ungebrochenem Selbstbewußtsein, es sei sein Bestreben, Theorien zu entwickeln, die die Verhaltenswissenschaften revolutionieren würden. »Ich möchte anderen Wissenschaftlern etwas an die Hand geben, mit dem sie arbeiten können«, sagte er, wobei er diejenigen von uns, die die Kleinarbeit der Datenerhebung machen, wohl mit ähnlichen Augen sah wie die Bienenkönigin ihre Arbeitsbienen. Tag für Tag saß er hinter seinem Computer, nie verließ er seinen Schreibtisch, eine übermenschliche Anstrengung, vergleichbar der eines Schriftstellers, der nie einen Fuß vor die Tür gesetzt und nie ein Leben gelebt hat, jedoch davon träumt, so lebensvolle Romane wie Tolstoj oder Dostojewski zu schreiben.

Ich warte noch immer auf das Ei, das er ausbrüten will.

Edle Wilde

Nachdem ich festgestellt habe, daß die westlichen Vorgehensweisen zur Erklärung von tierischem und menschlichem Verhalten nicht annähernd so theoriegeleitet sind, wie gern behauptet wird, ist es interessant, einen Blick nach Osten zu werfen. Damit meine ich nicht die östliche Wissenschaft insgesamt, sondern nur die kleine Ecke, die ich besonders gut kenne. Wenn sie unter sich sind, beklagen westliche Kollegen immer wieder den »Mangel an Theorie« in der japanischen Primatenforschung. Hier stehe das Sammeln von Daten im Vordergrund – zum Beispiel darüber, was Affen fressen und wer wen »groomt« –, ohne etwas zur jeweils leitenden Fragestellung zu sagen. Daten zu erheben ohne einen Rahmen, in dem sie eingebaut werden können, erscheint ihnen wenig sinnvoll.

Bei genauerem Hinsehen kann jedoch kein Zweifel daran bestehen, daß die japanischen Primatologen immer mit zahlreichen Vorannahmen arbeiteten. Sie haben diese vielleicht nicht als formale Theorien vorgebracht, doch ihre Beobachtungen erfolgten nie in im luftleeren Raum. Und was noch wichtiger ist, ihre Annahmen trugen am Ende den Sieg davon. Sie werden heute in einem solchen Maße von allen anderen geteilt, daß wir sie als gängige Meinung betrachten.

Bis weit in die sechziger Jahre hinein galten Schimpansen als eine Art Rousseauscher edler Wilder: Sie bewegten sich selbständig und unabhängig in zufällig entstandenen Gruppen durch den Wald. Die ständig wechselnde Zusammensetzung der Gruppen erweckte den Eindruck, daß diese Primaten außer der Mutter-Kind-Beziehung keine dauerhaften Verbindungen kannten. So bezeichnete Jane Goodall die weiblichen Tiere und die auf sie angewiesenen Nachkommen als die einzig stabilen sozialen Einheiten dieser Tiergruppen. Nur 130 Kilometer weiter südlich von ihrem Forschungsfeld versuchte ein japanisches Team unter Jun'ichiro Itani und Toshidasa Nishida ebenfalls, sich einen Überblick über die Schimpansengesellschaft zu verschaffen. Die Mitarbeiter gingen jedoch von Anfang an davon aus, daß sie es mit höchst sozialen Wesen zu tun hätten. Vertraut mit den straff organisierten Makakentrupps in ihrer Heimat und geleitet durch eine kulturelle Betonung der Gemeinschaft anstelle des Individuums, erkannten sie den Überlebenswert des Gruppenlebens, die Rolle der sozialen Übermittlung und das Bedürfnis jedes einzelnen Individuums nach Zugehörigkeit. Sie glaubten an soziale Verbundenheit. Wie sollte eine Spezies, von der man annahm, daß sie die Lücke zwischen den kleineren Affen und dem Menschen schloß, nicht in einer Gesellschaft organisiert sein, die diesen Namen verdiente?

Schließlich, nach ausdauernden Beobachtungen, lösten sie das Rätsel und zeigten, daß Schimpansen in großen Gemeinschaften leben, deren Mitgliedschaft stabil ist, vor allem unter den männchen Schimpansen. Im Unterschied zu vielen anderen Primatenarten, bei denen die männlichen Tiere zwischen den Gruppen hin und her wechseln, fiel diese Rolle hier den Schimpansinnen zu. Die männlich-standorttreue Gesellschaft des Schimpansen gilt inzwischen als Selbstverständlichkeit – wir alle haben von territorialen Kriegen zwischen verschiedenen Gemeinschaften und von gruppenspezifischen Traditionen gehört –, doch die erste Entdeckung erwuchs aus der festen Überzeugung, daß Schimpansen auch nicht annähernd so individualistisch sein konnten, wie die westliche Wissenschaft angenommen hatte.

In einer erhellenden Passage schildert Nishida, wie er seinen Mentor Itani begrüßte, als dieser 1966 eine Besuchsreise nach Afrika unternahm. Es hatte eine ausgiebige Debatte unter japanischen Wissenschaftlern über das Sozialleben von Gorillas gegeben, die in Harems aus einem oder zwei Männern und mit mehreren Frauen leben. Konnten diese Familieneinheiten, die sie als »Familoiden« bezeichneten, das Urbild der menschlichen Gesellschaft sein? Wenn ja, dann war zu erwarten, daß die Schimpansengesellschaft diesem Modell entsprach. Nishida, der an der Reling eines Dampfers stand, konnte es kaum erwarten, Itani, der an Land wartete, das Ergebnis seiner Forschergruppe mitzuteilen: »Keine Familoiden in einer Großgruppe!« Itani erwiderte: »Das kann doch nicht wahr sein!«[127] Das ist kaum die Art des Austauschs, den man bei Wissenschaftlern ohne Theorie erwartet.

Das Individuum in der Gesellschaft

Platos große Kette der Wesen, in der die Menschen über allen anderen Tieren stehen, ist jener östlichen Philosophie fremd, derzufolge die menschliche Seele in vielfältiger Form und Gestalt wiedergeboren werden kann. Das bedeutet, daß alle lebenden Wesen spirituell miteinander verbunden sind. Ein Mensch kann ein Fisch und ein Fisch kann ein Gott werden.

Die Existenz von kleineren Affen in Indien, China und Japan – im Unterschied zum Vorderen Orient und Mitteleuropa – hat möglicherweise die Nähe der dort lebenden Menschen zur Natur verstärkt: Wenn wir andere Primaten sehen, fällt es uns schwerer zu bestreiten, daß auch wir ein Teil der Natur sind. In derselben Weise, wie in westlichen Märchen Tiere vorkommen, wie Füchse, Hasen und Raben, finden sich in östlichen Märchen und Gedichten immer wieder Erwähnungen des Affen als Spiegel unserer selbst. Affen genießen dort höchste Wertschätzung. Den drei weisen Männern oder Magier der Bibel entsprechen im Osten die drei weisen Makaken des Tendai-Buddhismus (»Nichts Böses sehen, nichts Böses hören, nichts Böses sprechen«). Die japanische Sprache hat ein besonderes ehrendes Anhängsel für den Affen: *o-saru-san* oder »Herr Affe«.

Eine demütige Haltung gegenüber unseren nahen Verwandten hat offensichtliche Konsequenzen für die Art und Weise, wie wir sie erforschen. Ohne eine Religion, die nur einer einzigen Spezies eine Seele zuerkennt, lösen weder Anthropomorphismen noch Evolutionstheorien Kontroversen aus. Wenn die Seele eines Affen von einem Menschen Besitz ergreifen kann und umgekehrt, dann besteht kein Grund, sich gegen die Vorstellung zu wehren, daß zwischen unseren Spezies eine historische Verbindung besteht. Im Gegenteil, die Annahme einer Evolution erscheint als logische und willkommene Vorstellung.[128]

Vor diesem Hintergrund hatte die japanische Primatenforschung von Anfang an ihren eigenen einzigartigen Komplex von Einstellungen und Begriffen. Zum einen wurden Tiere als ebenso individuell unterschiedlich betrachtet wie Menschen. Viele bedeutende Fortschritte lassen sich auf die Gewohnheit zurückführen, jedem Individuum einen Namen zu geben. Und nicht nur wurden die Individuen anhand äußerer Merkmale wie Gesicht, Gestalt und Farbe auseinandergehalten, sondern es galt auch als völlig selbstverständlich, daß sie jeweils ihre eigene Persönlichkeit hatten wie Menschen und daß jedes so genommen werden mußte, wie es war. Es muß wohl kaum betont werden, daß westliche Wissenschaftler die Namengebung mißbilligend betrachteten, weil damit die Tiere ihrer Meinung nach zu sehr vermenschlicht würden.

Das alles ereignete sich in den frühen fünfziger Jahren, zu einer Zeit, als europäische Verhaltensforscher sich für Instinkthandlungen und arttypisches Verhalten interessierten. Zu diesem Zweck war es nicht nötig, einzelne Individuen einer Spezies auseinanderzuhalten; es genügte zu beobachten, wie Tiere einer Spezies auf bestimmte Situationen reagieren. Amerikanische Behavioristen betonten dagegen allgemeine Gesetze des Lernens, von denen man annahm, daß sie für alle Tiere einschließlich der Menschen galten: Nicht einmal die Spezies war bedeutsam als Untersuchungseinheit, geschweige denn das einzelne Individuum. Man sieht sofort den enormen Gegensatz zu den fernöstlichen Wissenschaftlern, für die sich alles um die Gesellschaft und den Platz des Individuums in ihr drehte. Sie setzten sich zum Ziel, die Verwandtschafts- und Freundschaftsbeziehungen, die Rivalitäten und Rangstellungen jedes einzelnen Individuums festzuhalten. *Verbundenheit* war der Schlüssel: Verbundenheit aller lebenden Dinge untereinander, einschließlich der Menschen, und Verbundenheit aller Mitglieder einer Gesellschaft.

Die Vorstellung einer Einheit mit der Natur führte zu einem weiteren wesentlichen Bestandteil des japanischen Zugangs zur Verhaltensforschung: der Ausgabe von Futter. Die shintoistische Naturverehrung äußert sich im Füttern von – zahmen und wilden – Tieren, wie Karpfen, Vögeln, Rotwild und Affen. Shintopriester hinterlassen Gaben von Obst, Reis und Getränken an ihren Schreinen für die *kami* (Geister der natürlichen Welt); die Affen gelten als Vermittler, wenn sie sich die Nahrung nehmen.

Das Futtergeben, das von den Wissenschaftlern übernommen wurde, um ihren Untersuchungsobjekten nahe zu kommen, geht demnach in Japan auf eine jahrhundertealte Tradition zurück. Für die japanischen Forscher kam das Füttern der Tiere ihrer Arbeit zugute, aber es erzeugte auch eine Bindung. Bei Pamela Asquith, einer kanadischen Anthropologin, die eine vergleichende Untersuchung der westlichen und der japanischen Primatologie durchgeführt hat, lesen wir:

»Historisch gab es für manche japanischen Forscher noch einen weiteren Aspekt bei der Fütterung von Makaken. Durch das Füttern wurde eine Beziehung der natürlichen Empathie zwischen Beobachtern und Affen hergestellt. Masao Kawai betrachtete es als einen weiteren Bestandteil ihrer Methoden, den er als *kyôkan*-Methode (mitfühlende oder empfängliche Methode) bezeichnete. Durch das Füttern trat der Forscher endgültig in die Gruppe ein und schloß Kontakt mit den Affen. Zu der Zeit, als die meisten westlichen Forscher eine strikte Neutralität bei der Untersuchung von tierischem Verhalten forderten, war das in der Tat einzigartig. [...] Das gezielte Füttern erfolgte in Japan nie zu dem alleinigen Zweck, sich mit den Affen ›anzufreunden‹; für manche hatte es auch noch eine weitere, psychologische Dimension.«[129]

Im Jahr 1958 besuchte Kinji Imanishi, den ich im zweiten Kapitel als den Vater der japanischen Primatologie und den Verteidiger einer harmonischen Weltsicht vorgestellt habe, zusammen mit einigen Schülern mehrere amerikanische Universitäten, um über die ersten Ergebnisse ihrer eingehenden Forschungen zu berichten. Sie trafen auf große Bewunderung, aber auch auf ein Gutteil Skepsis gegenüber der von ihnen behaupteten Fähigkeit, alle untersuchten Affen einzeln zu kennen und über längere Zeit nicht aus den Augen zu verlieren. Der größte amerikanische Primatenforscher jener Zeit, Ray Carpenter, wurde indessen zu einem entschiedenen Anhänger der japanischen Primatologie und stattete in den folgenden Jahren Japan drei Besuche ab. Obwohl er selbst der Individualität und Persönlichkeit von Affen in seinem Werk keine besondere Bedeutung beigemessen hatte, war er von den Vorteilen eines solchen Zugangs sogleich überzeugt.

Innerhalb eines Jahrzehnts wurden sowohl die individuelle Identifizierung als auch die regelmäßige Fütterung auf westlichen Feldstationen übernommen, vom Gombe Stream bis Cayo Santiago. Und auch wenn das zweite Element der Methode heute kaum noch angewandt wird, gehört doch das erste noch immer zum festen methodischen Bestand. Die Vorstellung vom Individuum in seiner Gesellschaft war ein gewichtiger theoretischer Beitrag der japanischen Primatologie zur Erforschung sozial lebender Tiere. Der Gedanke, daß Individuen eine Rolle spielen, daß ihre Identitäten mit ihrem Platz in der Gesamtheit verknüpft sind, daß man sie über längere Zeit hinweg beobachten muß und daß das menschliche Einfühlungsvermögen uns dabei hilft, sie zu verstehen, ist so offensichtlich richtig, daß ganze Heerscharen von Forschern sich heute von ihm leiten lassen, häufig ohne zu wissen, woher er eigentlich kommt.

Das offene Denken

Ich sah Fuji-San das letzte Mal auf meinem Weg von Hokkaido, Japans nördlichster Insel, nach Kyushu im Süden. Ich war in Sapporo an Bord gegangen, wo sich der Einbruch eines langen und kalten Winters bemerkbar machte. Klima, Landschaft und Flora (nicht zu reden von den sogenannten Biergärten) erinnerten mich an

Deutschland. Ich flog auf einer Strecke, die ungefähr der Entfernung zwischen Hamburg und Rom entsprach, in eine Gegend mit mildem Klima, Palmen und stärker gewürztem Essen. Irgendwann auf der Mitte des Flugs erschien der einsame, schneebedeckte Gipfel des Bergs Fuji auf der linken Seite unseres Flugzeugs, während sein Fuß unter der Wolkendecke verborgen blieb – ein seltener Anblick und eine zauberische Geburtstagsüberraschung. Ohne Freunde und Angehörige, die mich hätten daran erinnern können, daß ich schon wieder älter geworden war, konnte es so scheinen, als wäre ich vor den drohenden Fünfzigern in Deckung gegangen.

Das Ziel meiner Reise war Koshima, eine winzige Insel vor der Südküste Kyushus, wo die Affenforschung etwa im Jahr meiner Geburt begonnen hatte. Einige Jahre später, 1953, wurde die Kulturrevolution in der Primatologie durch eine wichtige Entdeckung auf dieser Insel ausgelöst: das spontane Auftreten eines Verhaltens bei Makaken, bei dem diese ihre Süßkartoffeln im Meerwasser wuschen. Auch hier war der Beobachtung eine bestimmte Erwartung vorausgegangen. In ein Buch, das die westliche Vorstellung vom rein instinktgeleiteten Verhalten der Tiere kritisierte, hatte Imanishi eine erhellende Diskussion zwischen einer Wespe, einem Affen, einem Anhänger der Evolutionstheorie und einem Laien eingefügt, in der die Möglichkeit erwogen wurde, daß auch andere Tiere als wir kulturelle Errungenschaften weitergeben können.[130]

Das ist tatsächlich alles, was nötig ist: eine gewisse Bereitschaft, die Wirklichkeit in dieser oder jener Weise zu interpretieren und zu erkennen, welche Befunde die vorherrschenden Ansichten bestätigen oder ihnen widersprechen. Frei von Problemen mit der Einzigartigkeit des Menschen und dem Primat des Individuums, waren die Japaner geistig auf eine schlichte Beobachtung vorbereitet, die unsere Disziplin grundlegend verändert hat.

Koshima

Makaken haben einen speziellen Ruf, mit dem sie eine willkommene Änderung der Situation begrüßen – etwa wenn der Regen nach einem Unwetter aufhört oder wenn sie an einem kalten Tag hören, wie die Tür zu ihren beheizten Aufenthaltsräumen hinter dem Freigelände des Zoos aufgeschlossen wird. Diesen fröhlichen »Kuuu«-Ruf stoßen sie auch aus, wenn sie wissen, daß es bald etwas zu fressen gibt.

Doch noch nie hatte ich ihn so durchdringend vernommen. Während wir zu unserem Boot am Landungssteg gingen, das uns nach Koshima bringen sollte[131], erreichten uns die Rufe der Affen über das Rauschen des Pazifiks hinweg. Die schrillen Schreie kamen von oben, von Aussichtsplätzen auf dem hohen bewaldeten Felsen von Koshima. Die Insel liegt so nahe vor der Küste, daß wir in Sichtweite ihrer Bewohner waren. Die Affen mußten die Feldassistenten erkannt und die beiden schweren Taschen gesehen haben, die sie dabei hatten. Wie es heißt, erkennen sie auch den Bootsmotor am Geräusch. Nachdem sie uns so lautstark angekündigt hatten, war es nicht mehr überraschend, daß die meisten der einhundert Affen auf der Insel bereits versammelt waren, als wir am Strand landeten.

Verglichen mit den »Schneeaffen« des Nordens hatten die Affen hier ein dünneres und dunkleres Fell. Auch waren sie kleiner als alle japanischen Affen, die ich bisher gesehen hatte. Man schätzt, daß die Insel nur etwa dreißig Affen mit natürlicher Nahrung wie Eicheln und Blattknospen unterhalten kann. Dank der Futtergaben durch Menschen war die Population seit den fünfziger Jahren ständig angewachsen, bis die Forscher 1972 beschlossen, die Futtergaben drastisch einzuschränken. Mehrmals in der Woche werden noch immer kleine Portionen Weizen abgegeben, doch Süßkartoffeln werden heute nur noch weniger als fünfmal im Jahr an die Makaken verfüttert.

Ich hatte das Glück, eine dieser seltenen Fütterungen mit Süßkartoffeln miterleben zu dürfen. Das Waschen von Kartoffeln auf Koshima durch die Affen ist inzwischen zum Lehrbuchbeispiel für tierische Kultur geworden, doch in manchen Kreisen werden die Weiterungen, die sich daraus ergeben, noch immer mit Skepsis betrachtet. Ich wollte es mit eigenen Augen sehen.

Es ist eigenartig, wenn man hört, daß die Erforschung der einheimischen Affen Japans, die just auf dieser Insel ihren Anfang nahm, ursprünglich gar nicht so geplant war, sondern lediglich das glückliche Ergebnis des Überdrusses an der Beschäftigung mit Huftieren darstellt. Die Geschichte geht zurück auf Kap Toi, eine Halbinsel im Südosten Kyushus, wo Kinji Imanishi und seine Studenten von der Universität Kyoto »Wildpferde« beobachten wollten. Ich habe das Wort in Anführungsstriche gesetzt, weil sich die Pferde zu der Zeit, als ich mich auf Kap Toi befand, von Besuchern die Köpfe tätscheln ließen. Bevor die Japaner über die finanziellen Mittel verfügten, nach Hawaii oder Australien zu fahren, war diese subtropische Insel mit ihrem wunderbaren Blick auf die gebirgige Küste für viele Japaner *der* Ort, um dort ihre Flitterwochen zu verbringen. Die Pferde sind ganz und gar an die Touristen gewöhnt, die für sie zweifellos eine beträchtliche Verbesserung gegenüber den schwer gerüsteten Samurai bedeuten, die von ihren Vorfahren in die Schlacht getragen werden mußten.

Nach Aussage von Imanishis hervorragendstem Schüler Jun'ichiro Itani waren die Pferde von Kap Toi in keiner Weise anregend: Im großen und ganzen beschränkte sich ihr Verhalten darauf, zu grasen, zu schlafen und umherzuziehen. Gleichzeitig untersuchte ein weiterer Schüler Imanishis, Shunzo Kawamura, das berühmte Rotwild von Nara. Nara ist die alte Hauptstadt Japans, aus der Zeit vor Kyoto und lange vor der heutigen Hauptstadt. Nachdem die Hirsche das Tempelgelände Naras seit über tausend Jahren durchstreift und sich dabei nach Belieben unter die Besucher gemischt haben, sind auch sie entsetzlich zahm geworden. Ich habe das aus erster Hand bei einem peinlichen Vorfall erlebt, der die Folge einer verlockenden Kindheitsphantasie war.

Der Tempel Tôdaiji in Nara ist ein mächtiges Gebäude aus Holz, das die größte bronzene Buddhastatue der Welt beherbergt, den Daibatsu oder Großen Buddha. Während eines Besuchs bemerkte ich einen Stand in der Nähe des Tempels, an dem Stapel von flachen, runden Keksen verkauft wurden, die genau dieselbe Farbe, Größe und Form der holländischen *Stroopwafels* (Sirupwaffeln) hatten, die süß und köstlich schmecken. Nach allem was ich wußte – während der Kolonialzeit hatten die Niederlande großen Einfluß in Japan ausgeübt –, waren diese Kekse wahrscheinlich eine Nachahmung des holländische Gebäcks. Ich konnte einfach nicht widerstehen und kaufte ein paar Kekse, doch noch bevor ich der Frau hinter dem Stand das Geld gereicht hatte, fand mich eine Hirschkuh in der Menge und zupfte mit ihren Zähnen an meinem Hemd. Ein anderer Hirsch stieß mich sanft mit seinem Geweih in den Rücken. Beide waren offenbar hinter den Keksen her, und sie blieben so hartnäckig, daß ich weglaufen mußte und dabei meinen Kauf in die Höhe hielt. Nachdem ich – offenbar zum allgemeinen Vergnügen der Zuschauer – auf diese Weise entkommen war, konnte ich schließlich in einen der Kekse beißen. Meine Geschmacksknospen sagten mir sofort: Diese Kekse sind *nicht* für den menschlichen Verzehr gedacht! Anscheinend weiß in Japan jedes Kind, daß sie für die Hirsche sind, und diese wissen es erst recht.

Kawamuras Hirsche waren ebenfalls keine aufregenden Untersuchungsobjekte. Daraus machte Itani ein kleines Wortspiel und erklärte, da das japanische Wort für Pferd *ba* und für Hirsch *ka* ist, hätten die Wissenschaftler über kurz oder lang zu der Erkenntnis gelangen müssen, daß die Erforschung dieser Tiere *baka-rashi*, das heißt »töricht« sei. Diese tiefe Erkenntnis erreichte Itani und Kawamura, als sie während einer Pause, die sie bei ihrer Beobachtung von Pferden am Kap Toi einlegten, in der Ferne vor der untergehenden Sonne eine Affenprozession erblickten. Sie waren von der offensichtlichen Organisation innerhalb des Trupps und den wechselseitigen Rufen der Affen stark beeindruckt, die auf ein ausgefeiltes Kommunikationssystem hindeuteten. Am Abend diskutierten die Schüler mit ihrem Meister in ihrer alten Kneipe darüber, wie es wohl wäre, mit Affen zu arbeiten. Würde das nicht viel mehr Spaß machen, als Pferde zu beobachten? Ihre Begeisterung trug den Sieg davon, und es wurde beschlossen, Koshima einen Besuch abzustatten. Zu jener Zeit hatte die Insel bereits den Status einer Art nationalen Kulturerbes, so daß die dort lebenden Affen geschützt waren. Außerdem gab es weniger Störungen durch Touristen.

Am nächsten Tag begannen sie ihre Reise. Heutzutage, da es Automobile und Überlandstraßen gibt, kommt man schnell nach Koshima, doch damals brauchten sie für den Weg zu Fuß einen ganzen Tag. Um auf die Insel zu gelangen, benötigten sie ein Boot, das erst am nächsten Tag zur Verfügung stand. Sie verbrachten die Nacht bei einem Bauern, der den Arm eines Affen über seinem Pferdestall befestigt hatte, um böse Geister abzuwehren. Diesem Wegweiser folgend, setzten sie auf die Insel über, die sie in allen Richtungen durchquerten – wobei sie sich verirrten und andere Abenteuer erlebten –, ohne einen einzigen Primaten außer sich selber zu Gesicht zu bekommen.

Aber sie sahen überall Affenkot.

Imos Innovationen

Diese erste Erkundung fand am 5. Dezember 1948 statt. Bald darauf begannen die Wissenschaftler die Affen mit Weizen und Süßkartoffeln zu füttern, um die überaus scheuen Tiere an Menschen zu gewöhnen. Dieses Verfahren, das dieselben shintoistischen Wurzeln hat wie das Füttern der heiligen Hirsche in Nara, ermöglichte Satsue Mito, der Tochter des Bauern, bei dem die Gruppe übernachtet hatte, die mühsame Aufgabe in Angriff zu nehmen, einzelne Affen zu identifizieren, ihnen Namen zu geben und ihr soziales Netz zu beschreiben.

Ein halbes Jahrhundert später hat Frau Mito als Autorin von Büchern über ihre Arbeit landesweite Berühmtheit erlangt. Während meines Aufenthalts im Herbst 1998 sprach ich mit der Vierundachtzigjährigen mit Hilfe einer Dolmetscherin in ihrem *minshuku*, einem traditionellen schlichten Gasthaus, über Affen. Frau Mitos *minshuku* befindet sich in dem Dorf Ichiki in der Nähe des Meeres. Es ist bekannt wegen seines Badehauses, das sein Wasser aus einer natürlichen heißen Quelle bezieht. Bei einem köstlichen selbst zubereiteten Essen erzählte sie mir mit großer Zuneigung von »ihren« Affen, wie eine Großmutter von ihren Enkeln, wobei sie sich an jedes Gesicht und jeden Namen erinnerte und bei einigen ein fröhliches Funkeln und bei anderen einen traurigen Ausdruck in die Augen bekam.[132]

Einmal verliebte sich eine Makakin, Aome, in einen jungen Forscher. Sie hing buchstäblich an seinem Bein, wenn er über die Insel ging. Später fühlte sich eine andere namens Imo zu demselben jungen Mann hingezogen und saß stets auf seiner Schulter. Als dieser geliebte Forscher nach sechsjähriger Abwesenheit die Insel erneut besuchte, erinnerte Imo sich an ihn und war gegenüber seiner Frau besonders garstig. Und dann gab es noch Utsubo, die nach dem Tod ihres Jungen den Leichnam des Kleinen überallhin mit sich trug, bis er zu verwesen begann. Eine solche Anhänglichkeit ist bei Säugetiermüttern nichts Ungewöhnliches; allerdings behielt Utsubo den ausgetrockneten Leichnam nicht weniger als neunundfünfzig Tage bei sich!

Es war ein Tag im September 1953, als Frau Mito beobachtete, wie Imo, die damals achtzehn Monate alt war, eine Süßkartoffel zu einem kleinen Süßwasserbach trug, der vom Wald hinunter ins Meer floß. Da das Kauen von Kartoffeln, an denen noch Erdreich klebt, den Zähnen schadet, war es eine gute Idee, sie zu säubern. Imo tat dies, indem sie die Kartoffel im Wasser abrieb. Am ersten Tag wiederholte sie dieses Verhalten spielerisch. Später verbesserte sie ihre Technik, indem sie tiefer ins Wasser hineinging, die Kartoffel in der einen Hand hielt, die anhaftende Erde mit der anderen abrieb und dabei gelegentlich die Kartoffel ins Wasser tauchte. Von diesen Ereignissen gibt es keine Bilder, weil sie unerwartet eintraten und weil ihre Bedeutung erst später voll erkannt wurde.

Frau Mito schickte kurz darauf einen Brief ins ferne Kyoto, den Imanishi und seine Schüler lasen, unter ihnen auch Kawamura und Masao Kawai. Innerhalb kurzer Zeit begann Kawamura Informationen zu sammeln, die er 1954 in einem ersten Aufsatz veröffentlichte.[133] Doch die vielleicht bekannteste Veröffentlichung über die Affen auf Koshima erschien 1965, gut zehn Jahre später. Den Schock im Titel seines Aufsatzes milderte Kawai mit einer Vorsilbe ab: »Neu erworbenes *prä*kulturelles Verhalten des freilebenden Trupps japanischer Affen auf Koshima«.

Die Entdeckung, daß es Affen gab, die ihre Kartoffeln wuschen, bevor sie hineinbissen, läßt sich am besten als die Leistung eines Teams begreifen. Mito beobachtete sie als erste, die Deutung als kulturelles Verhalten stammte von Imanishi, und Kawamura und Kawai sammelten die nötigen Informationen, um die Welt von der sozialen Weitergabe des Verhaltens zu überzeugen. Nur ein Jahr vor Imos gewaltigem Entwicklungssprung für die Affenheit hatte Imanishi in einem Aufsatz über die Möglichkeit einer tierischen Kultur spekuliert und das Phänomen prägnant als »sozial übermitteltes adaptives Verhalten« definiert. Somit fiel Mitos Brief auf fruchtbaren Boden: Ihre Beobachtungen mußten in Kyoto wie eine kleine Bombe eingeschlagen haben. Es war das erste Anzeichen, daß die gängige Auffassung, tierisches Verhalten werde ausschließlich genetisch weitergegeben, einer Revision bedurfte.

Kawais Bericht zeigt die frühe japanische Primatologie in Höchstform. Der Autor beschreibt in bewundernswerten Details, wie sich das Waschen von Kartoffeln zunächst horizontal um Imo und ihre Spielgefährten verbreitete. Innerhalb von drei Monaten zeigten zwei ihrer Altersgenossen sowie ihre Mutter das gleiche Verhalten. Von diesen Pionieren breitete sich die Gewohnheit auf andere juvenile Artgenossen, ihre älteren Geschwister und ihre Mütter aus. Innerhalb von fünf Jahren konnte man über drei Viertel der juvenilen Affen, ihrer älteren Geschwister und ihrer Mütter beim Kartoffelwaschen beobachten. Ältere Makakenmänner übernahmen dieses Verhalten dagegen nicht.[134] Kawai hatte dafür folgende Erklärung: Die Geschwindigkeit der Übertragung hänge offenbar von der Menge der Zeit ab, die die Affen gemeinsam miteinander verbrachten, und da die männlichen Makaken im Alter von mehr als vier Jahren in der Regel an der Peripherie des Trupps lebten, bekamen sie das Waschen der Kartoffeln seltener mit.

Eine Weitergabe entlang von Verwandtschaftslinien, von jungen Affen an ihre Altersgenossen und an die älteren Tiere (statt von den Älteren an die Jüngeren) erfolgte auch nach einer zweiten Innovation von Imo. 1956 verfiel sie auf eine Lösung des Problems, daß auf den Strand geworfene Weizenkörner sich mit dem Sand vermischten. Imo lernte beides voneinander zu trennen, indem sie eine Handvoll der Mischung zum nahegelegenen Wasser trug und dort hineinwarf. Der Sand sank schneller auf den Boden als der Weizen, so daß dieser leicht wieder aufgelesen werden konnte. Auch dieses Waschverfahren wurde schließlich von den meisten Affen auf der Insel übernommen.

Erworbene Vorliebe

Alle Affen, die während meines Besuchs auf der Insel lebten, waren lange nach diesen Ereignissen geboren worden. Selbst das älteste Individuum, ein »Alphamännchen« namens Noso, war »nur« einunddreißig Jahre alt. Daß Noso noch immer an der Spitze stand, war wirklich erstaunlich angesichts der Tatsache, daß er sehr hinfällig aussah. Bei Affentrupps, die in Gefangenschaft lebten, habe ich ähnliche Situationen erlebt, in denen ein alter Affe sich an seinen höchsten Rang klammerte. Unter diesen Bedingungen stammen potentielle Herausforderer gewöhnlich aus derselben Gruppe. Da sie den alten Anführer von Kindesbeinen an kennen, liegt die Vermutung nahe, daß eine psychische Hemmung sie daran hindert, ihn anzugreifen. Bei wildlebenden Makaken kommen Herausforderer dagegen von außen und unterliegen in dieser Hinsicht keinerlei Hemmungen. Sie machen mit einem arthritischen, schwachen Affen wie Noso kurzen Prozeß.

Die Verhältnisse auf Koshima glichen in vieler Hinsicht den Umständen einer Gefangenschaft. Alle dort lebenden Affen verbringen ihr ganzes Leben auf derselben Insel. In den Annalen dieses Eilands wurde noch nie ein Alphatier gestürzt: Eine Übergabe der Macht fand stets nach dem natürlichen Tod des bisherigen Machthabers statt.[135]

Noso und die übrigen Makaken folgten uns überallhin, bis sie merkten, daß wir sie nicht sofort füttern würden. Bei der Erkundung der Insel überschritt ich auch den kleinen Bach, in den Imo ihre erste Kartoffel getaucht hatte, und wurde ihren Nachkommen vorgestellt. Im Wald sah ich einige der jungen männlichen Makaken, die es nicht wagten, zum schmalen Strand unten am Meer zu gehen, wo der Haupttrupp sich versammelt hatte und sich entspannte. Außerdem stieg ich auf den hundertdreizehn Meter hohen Gipfel der Insel: für einen Niederländer ziemlich hoch, aber zweifellos lächerlich für einen Mann wie Imanishi, einen Bergsteiger, der Expeditionen in den Himalaja organisiert hatte.

Über einen Vorsprung hinweg sah ich hinunter auf einige Fischer, die von Felsen im Meer aus angelten und von denen einige einen Affen in Wartestellung neben sich hatten. In der besten Sushitradition des Landes haben die Affen auf Koshima gelernt, Fische roh zu essen, zumeist solche, die von den Anglern verschmäht wurden. Das wurde zum erstenmal bei einigen hungrigen älteren Makakenmännern beobachtet, und anschließend breitete sich diese Gewohnheit zunächst auf andere erwachsene Affen einschließlich der weiblichen Tiere und schließlich auch auf die übrige Population aus. Hier erfolgte demnach die Weitergabe auf einem völlig anderen Weg als bei den beiden Innovationen Imos.[136] Nach allem, was wir wissen, sind dies die einzigen japanischen Affen, die eine Vorliebe für Meeresfrüchte entwickelt haben. Sie lösen auch Napfmuscheln von den Felsen, und man hat sogar beobachtet, wie sie Oktopusse und Fische gefangen haben, die bei Ebbe in kleinen Tümpeln zurückgeblieben waren.

Bei unserer Rückkehr zum Strand gerieten die Affen in große Aufregung. Als die Taschen schließlich geöffnet wurden, gab es einen Höllenlärm und eine heftige Rivalität. Während die meisten Affen einander hinterherjagten und das Futter innerhalb kurzer Zeit auf dem ganzen Strand verstreuten, setzte sich ein pfiffiger Makake auf ein paar Kartoffeln und knabberte in aller Ruhe an einer herum. Im Verlauf der einen Stunde, die sie ungefähr brauchten, um das Futter zu verzehren, sah ich viele Affen, die in aufrechter Haltung zum Strand liefen und die Arme voller

Kartoffeln hatten. Sie gingen ins seichte Gewässer und tauchten abwechselnd eine Kartoffel ins Wasser und nahmen einen Bissen. Sie verzichteten weitgehend darauf, die Kartoffeln zu schrubben, wahrscheinlich weil diese schon vorgewaschen waren: Es gab fast keine Erde mehr, die sie hätten entfernen müssen. Nicht einmal in den Läden bekommt man mehr Kartoffeln mit erdiger Schale. Aus diesem Grund haben japanische Wissenschaftler ihre Terminologie geändert: Sie sprechen nicht mehr davon, daß die Süßkartoffeln saubergewaschen werden. In der Annahme, daß es der salzige Geschmack des Wassers ist, den die Affen besonders schätzen, sprechen sie jetzt vom »Würzen« der Kartoffeln.

Merkwürdige Gerüchte

In den letzten Jahren ist die Aufmerksamkeit für diese wichtigen Entdeckungen durch zwei Gerüchte abgelenkt worden. Das eine Gerücht versuchte, die Ereignisse mit einer übernatürlichen Aura zu versehen, während das andere auf eine skeptische Neubewertung durch einen westlichen Wissenschaftler zurückging.

1982 veröffentlichte Ken Keyes *The Hundredth Monkey* (»Der hundertste Affe«). In großen Druckbuchstaben auf fast leeren Seiten und mit einer verschwenderischen Fülle von Ausrufungszeichen zielte das Büchlein auf das Interesse selbst der begriffsstutzigsten Leser. Im folgenden gebe ich den Inhalt der vier wichtigsten Seiten wieder:

»Nehmen wir an, daß sich eines Morgens bei Sonnenaufgang auf der Insel Koshima neunundneunzig Affen befanden, die gelernt hatten, ihre Süßkartoffeln zu waschen. Nehmen wir ferner an, daß später an diesem Morgen auch der hundertste Affe lernte, Kartoffeln zu waschen.
DANN PASSIERTE ES!
An diesem Abend wuschen fast alle Affen des Stammes ihre Kartoffeln, bevor sie sie verzehrten. Die hinzugekommene

Kraft dieses hundertsten Affen erzeugte irgendwie einen ideologischen Durchbruch!

Aber hören wir weiter. Das Überraschendste, was von diesen Wissenschaftlern beobachtet wurde, war die Tatsache, daß die Gewohnheit der Affen, ihre Kartoffeln zu waschen, danach spontan von der Insel übersprang – ganze Kolonien von Affen auf anderen Inseln und der auf der Hauptinsel lebende Affentrupp von Takasakiyama begannen alle ihre Süßkartoffeln zu waschen!

Wenn also eine bestimmte kritische Anzahl von Individuen ein Bewußtsein erlangt, kann dieses neue Bewußtsein von einem Denken zum anderen weitergegeben werden.«[137]

Der Einschub »von diesen Wissenschaftlern beobachtet« unterstellt, daß diese schallwellengleiche Ausbreitung des Verhaltens gut belegt sei. Der Autor, auf den Keyes sich berief, war jedoch keiner der japanischen Primatenforscher, sondern ein New-Age-Schriftsteller, Lyall Watson, der in dem Auftreten des Kartoffelwaschens in weit auseinanderliegenden Lebensräumen von Affen einen Beweis dafür sehen wollte, daß Gewohnheiten durch die Luft übertragen werden können. Doch das alles war reiner Zufall; es gibt keinerlei Hinweise darauf, daß die Ereignisse auf Koshima die Ereignisse an anderen Orten beeinflußt hätten.[138] Keyes verfolgte jedoch politische und keine wissenschaftlichen Interessen. Als Gegner atomarer Waffen benutzte er Watsons irrige Auffassung als Argument für ein Gruppenbewußtsein. Wenn eine genügend große Anzahl von Leuten sich der Bewegung der Kernwaffengegner anschließe, so seine Argumentation, dann würde ihre kollektive Einstellung die politischen Schranken niederreißen. Die Leser von *The Hundredth Monkey* wurden aufgefordert, nähere Informationen bei einer Organisation mit der vielsagenden Bezeichnung »ClearMind Trainings« einzuholen.[139]

Diese Geschichte vom Quantensprung des Bewußtseins macht in der amerikanischen Geschäftswelt immer noch die Runde, wenn Motivationstrainer ihre Zuhörer mit der Macht eines kollektiven Bewußtseins beeindrucken wollen. Gerüchte haben ein

Eine der abenteuerlichsten Vorstellungen über die Ausbreitung des Kartoffel-waschens bei Affen lautet, daß diese Gewohnheit von Koshima aus auf andere Inseln übergesprungen sei, nachdem eine kritische Masse von hundert Affen sie erlernt habe. (Karikatur von Rob Pudim, Abdruck mit freundlicher Genehmigung von *The Skeptical Inquirer*, wo sie erstmals 1985 erschien)

langes Leben, selbst wenn sie jeder Grundlage entbehren. Da dasselbe von der Kritik gilt, muß ich hier auf einen einflußreichen Aufsatz eingehen, dessen Autor es einfach nicht glauben mag, daß Affen eine Kultur haben können. 1990 stellte Bennett Galef in Frage, daß das Waschen von Kartoffeln etwas mit Nachahmung zu tun haben könnte.[140] Der kanadische Psychologe tat recht daran, sich die Belege für diese Behauptung genau anzusehen und darauf zu bestehen, daß Wissenschaftler sorgfältig die möglichen Erklärungen abwägen sollten, wenn sie beobachten, daß sich ein bestimmtes Verhalten innerhalb einer Population ausbreitet. Der Lernprozeß kann ebenso einfach wie kompliziert verlaufen, und es kommt darauf an, Daten zu erheben, die es erlauben, unter den möglichen Erklärungen die richtige Wahl zu treffen.

Doch angesichts der durchaus angebrachten Warnung Galefs war es um so verwirrender, daß er selbst so wenig Mühe darauf verwandte, seine eigenen Annahmen zu überprüfen, indem er beispielsweise persönlich der Insel einen Besuch abstattete. Statt eines sozialen Lernens unterstellte er ein individuelles Lernen – das hieße, daß jeder Affe die Gewohnheit des Kartoffelwaschens für sich allein, ohne die Hilfe oder das Beispiel der anderen erlernt hätte. Eine Stütze seiner Behauptung war eine in der Literatur der Primatologie versteckte Nebenbemerkung, wonach die Kartoffeln von Mito bevorzugt an jene Affen ausgegeben wurden, die sie anschließend gewohnheitsmäßig wuschen. War es möglich, daß sie die Affen angehalten hatte, das zu tun, was die Wissenschaftler sehen wollten?

Galefs Gewährsmann war ein weiterer Forscher, ein Amerikaner, der die Insel besucht hatte. Dieser Besuch erfolgte jedoch nicht weniger als fünfzehn Jahre, nachdem Imo das Kartoffelwaschen eingeführt hatte.[141] Zu dieser Zeit, so erfuhr ich, hatte Mito gelegentlich Touristen und Filmteams den Gefallen getan, die Affen näher am Meer zu füttern, wobei sie darauf geachtet hatte, daß ihre besten »Darsteller« dabei waren. Das alles ist unerheblich für die Interpretation, wie dieses Verhalten entstand oder sich ausbreitete: Kawais Untersuchung bezog sich auf eine wesentlich frühere Periode, als Koshima noch von weitaus weniger Fremden besucht wurde.

Aber nehmen wir einmal an, daß Mito tatsächlich die Affen belohnt hat, die ihre Kartoffeln wuschen. Was hätte dies anderes erklären können als daß Affen, die dieses Verhalten zeigten, daran festhielten? Eine Bekräftigung kann eine bestehende Gewohnheit verstärken, sie kann sie jedoch nicht ins Leben rufen. Die Affen, die ihre Kartoffeln nicht wuschen, nicht mit den Knollen zu füttern wäre eigentlich die beste Methode gewesen, zu *verhindern*, daß das Verhalten sich ausbreitete. Mit anderen Worten, wenn Mito das getan hätte, was Galef behauptete, dann hätten nur ganz wenige Affen überhaupt die Chance gehabt, die Gewohnheit zu entwickeln.

Doch Mito fütterte die Affen gar nicht auf diese Weise. Als ich ihr im Lauf unseres Gesprächs von dieser Unterstellung erzählte, reagierte sie mit höflicher Ungläubigkeit. Wie jeder, der mit der strengen Hierarchie in Makakengesellschaften vertraut ist, wußte auch Mito, daß man es sich nicht aussuchen kann, welchen Affen man gerade füttern möchte. Ein Großteil der Gruppe hat einen niederen Status, und ein Affe, der über Nahrung verfügt, ohne daß zugleich auch die höchstrangigen männlichen Tiere etwas zum Fressen haben, wird großen Ärger bekommen. Imo und ihre Altersgenossen konnten deshalb beim Füttern nicht zu sehr bevorzugt werden, wenn Mito deren Leben nicht in Gefahr bringen wollte, und ein solcher Gedanke lag ihr natürlich völlig fern. Um die dominanten Makakenmänner ruhig zu halten, mußten diese zuerst gefüttert werden. Und wie wir uns erinnern, waren die ausgewachsenen männlichen Tiere die letzten, die das Kartoffelwaschen lernten, sofern sie es überhaupt lernten.[142]

Aus meinen Gesprächen mit Mito ging deutlich hervor, daß sie die Affen ursprünglich im Wald gefüttert hatte, ein Stück weit vom Strand entfernt. Somit mußten die ersten Affen, die ihre Kartoffeln wuschen, sich aus eigenem Antrieb ans Wasser begeben. Später, als der Trupp sich besser an das freie Feld gewöhnt hatte und sich dort auch gern aufhielt, erfolgten die Futtergaben näher zum Meer hin. Doch wiederum war es der eigene Antrieb der Affen, als sie ihre Aufmerksamkeit vom Süßwasserbach weg auf das salzige Meer richteten. Mit anderen Worten, in allem waren es die Affen und nicht Mito, die die Initiative ergriffen hatten.[143]

Das zweite Argument Galefs war, daß die Geschwindigkeit, mit der der Trupp das Kartoffelwaschen übernommen hatte, für eine soziale Weitergabe viel zu niedrig gewesen sei. Wörtlich schreibt er: »Ein wahrscheinlicher Vorteil des sozialen Lernens gegenüber dem Lernen durch Herumprobieren besteht darin, daß das soziale Lernen weniger Zeit in Anspruch nimmt als das Lernen durch Herumprobieren. Ein Zeichen für soziales Lernen müßte somit in einer relativ raschen Ausbreitung eines Verhaltens innerhalb einer Population bestehen.«[144] Wenn soziales Lernen schneller verlaufen würde als individuelles Lernen, so wäre das in der Tat ein Vorteil. Doch das ist nicht der einzige Vorteil des sozialen Lernens. Solange das, *was* gelernt wird, ein nützliches Verhalten ist, das ein Individuum sich nicht von allein angeeignet hätte, ist der Vorteil in jedem Fall enorm, unabhängig von der Geschwindigkeit. Und ist es wirklich langsam, wenn ein Verhalten innerhalb von fünf Jahren bei der Hälfte der Population und nach zehn Jahren bei der gesamten jüngeren Hälfte der Population zur Gewohnheit geworden ist?[145]

Der einzige Punkt, den man Galef zugestehen kann, ist, daß es voreilig wäre, den Schluß zu ziehen, daß hier Nachahmung im Spiel war, sofern Nachahmung die bewußte Übernahme der Handlung eines anderen bedeutet. Hierfür gibt es keine Anhaltspunkte in den Aufzeichnungen über Koshima, und die japanischen Forscher selbst haben sich klugerweise über die Mechanismen der Weitergabe des Verhaltens nicht geäußert. Er kann so einfach sein wie eine Reizverstärkung, das heißt, ein Artgenosse schließt sich einem anderen an, der eine Kartoffel im Meerwasser wäscht, schnappt sich den einen oder anderen Brocken, den der andere ins Wasser fallen läßt, findet Geschmack daran und ist damit bereit, dieselbe Gewohnheit zu entwickeln.

Das stärkste Argument für ein soziales Lernen ist der Weg, auf dem die neue Gewohnheit innerhalb der Gruppe weitergegeben wurde, nämlich über die Beziehungen zwischen Gleichaltrigen und zwischen Verwandten. Es kann kaum ein Zufall sein, daß eine der ersten, die Imos Beispiel folgte, ihre Mutter war, die wenige Monate nach ihrer Tochter beim Waschen von Kartoffeln beobachtet wurde. Die Mutter war am Anfang noch unbeholfen, stellte sich jedoch im Lauf der Zeit immer geschickter an, was den Schluß nahelegt, daß sie zwar die »Idee« – die Verbindung von Kartoffeln und Wasser – von ihrer Tochter übernommen haben mochte, aber die Technik als solche selbst weiterentwickeln mußte.

Diese Möglichkeit erscheint mir keineswegs unwahrscheinlich; doch nachdem die Affen ihre Entdeckung zunehmend zu einer Gewohnheit gemacht hatten, konnten manche Leute der Versuchung nicht widerstehen, Gerüchte in die Welt zu setzen. In meiner Disziplin wird heftig über die Triftigkeit »anekdotischer« (auf einzelnen, einmaligen Beobachtungen fußender) Informationen gestritten, doch zumindest sind die meisten Anekdoten, über die wir Betrachtungen anstellen, Berichte aus erster Hand von erfahrenen Tierbeobachtern. Im Gegensatz dazu sind die übertrieben schwärmerische Geschichte von der Affentelepathie und die übertrieben skeptische Geschichte über eine Beeinflussung durch Menschen Spekulationen ohne Anschauung.

Sie tun es noch immer

Seit mehr als einem Vierteljahrhundert sind die Affen auf Koshima inzwischen nur noch vier- bis fünfmal im Jahr mit Süßkartoffeln gefüttert worden. Die Knollen werden einfach auf einen trockenen Teil des Strands gekippt, und dann kommt es zu einer allgemeinen Balgerei. Es gibt keine selektive Verstärkung, keine Ermutigung, ans Meer zu gehen, es besteht nicht einmal mehr die Notwendigkeit, die Kartoffeln zu säubern. Dies ist die Situation, wie die meisten Affen auf der Insel sie zeit ihres Lebens kennen. Doch quer durch alle Altersstufen tun sie noch immer das, womit Imo einmal angefangen hatte. Das Fortbestehen von Gewohnheiten über die Lebenszeit des Initiators hinaus ist eines der Merkmale von Kultur.

Imo brachte aber nicht nur auf der Insel die Dinge ins Laufen, sondern auch die internationale wissenschaftliche Gemeinde auf Trab. Ist Kultur eine rein menschliche Fähigkeit, oder dürfen wir den Begriff mit Fug und Recht auch auf Tiere anwenden? Es wäre tatsächlich *baka-rashi* für Imanishi und seine Schüler gewesen, bei den Pferden zu bleiben, während ganz in der Nähe faszinierende Entdeckungen auf sie warteten.

Während wir uns auf die Abfahrt vorbereiteten, war es um uns herum ungewöhnlich still geworden. Alle Affen hatten sich auf den malerisch geformten Steinen niedergelassen, um sich der gegenseitigen Fellpflege hinzugeben, oder sie saßen einfach da und machten ein Nickerchen. Abgesehen von gelegentlichem Wutgeheul als Folge des Entwöhnens von Jungaffen – das sogleich durch eine mütterliche Umarmung zum Schweigen gebracht wurde –, hatten die Affen eine träumerische Haltung eingenommen, zweifellos durch die Verbindung zwischen einem vollen Magen und der untergehenden Sonne. Die Stille wurde noch unheimlicher durch die Tatsache, daß die hier lebende Affenpopulation mit Vögeln um ein knappes Nahrungsangebot konkurriert und die Vögel dabei verloren haben. Abgesehen von einem einzelnen tauchenden Fischadler und den allgegenwärtigen Drachen hoch am Himmel war in der Luft kaum etwas zu sehen. Doch für mich war die Luft erfüllt von Geschichte.

6.
Der letzte Rubikon

Können andere Tiere eine Kultur haben?

>»Wir können uns dem, was Kultur ist, annähern, indem wir sagen, sie ist das, was die menschliche Spezies hat und was anderen sozialen Spezies fehlt.«
>
> Alfred Kroeber 1923

>»Die Fähigkeit, erlerntes Verhalten von Generation zu Generation zu übertragen, verschaffte den Säugetieren einen enormen Vorteil im Existenzkampf.«
>
> Ralph Linton 1936[146]

Die Frage, ob Tiere eine Kultur haben, ist etwa so, als fragte man, ob Hühner fliegen können. Verglichen mit einem Albatros oder einem Falken können sie es vielleicht nicht, aber Hühner haben Flügel, sie schlagen mit ihnen, und sie gelangen damit auf Bäume. Stellen wir uns eine Welt vor, in der es keine fliegenden Geschöpfe gibt *außer* Hühnern: Dann wären wir wahrscheinlich stark beeindruckt und würden Gedichte und Lieder darüber schreiben, wie sehr wir uns wünschten, wir könnten sein wie sie.

Wenn man wiederum von den gewaltigen kulturellen Höhen herabblickt, die von der menschlichen Spezies etwa in der bildenden Kunst, der Kochkunst, Wissenschaft und auf dem Gebiet der politischen Institutionen erreicht wurden, so sind anscheinend nirgendwo andere Tiere außer uns in Sicht. Doch wie sieht die Sache aus, wenn wir die Perspektive ändern und sie nicht nach unseren Maßstäben beurteilen? Dann ergibt sich, was Kinji Imanishi in den frühen fünfziger Jahren vorschlug, indem er Kultur nicht durch technische Errungenschaften oder durch Wertesysteme definierte, sondern einfach als eine Form der Übertragung von Verhalten, das nicht durch Gene erworben wurde.[147]

Wir können also die Frage umkehren und fragen, ob es überhaupt denkbar ist, daß kluge Tiere mit einer Entwicklung, die etwa fünf Jahre dauert, wie etwa bei den meisten kleineren Affen, oder bis zu zwölf Jahren wie bei den Menschenaffen und sogar noch länger bei den Walen und Elefanten, daß also diese Tiere *keine* Informationen über die Generationen hinweg weitergeben sollen. Warum sollten sie in den vielen Jahren der Interaktion mit ihren älteren Artgenossen *keine* Gewohnheiten und sozialen Fertigkeiten übernehmen? Kurzum, warum sollten sie *keine* irgendwie geartete Kultur entwickeln? Das Vorhandensein von Kultur in dem von Imanishi vorgeschlagenen Sinn ist nicht überraschend. Sicher können wir lange Debatten darüber führen, *wie* die Informationen übermittelt werden, wie ähnlich oder unterschiedlich gegenüber der Übermittlung bei Menschen, aber *daß* sie übermittelt werden, steht absolut außer Zweifel.

Merkwürdigerweise haben Kulturanthropologen die Vorstellung einer Kultur bei Tieren kaum hinterfragt, obwohl die Kultur seit jeher der zentrale Begriff in ihrer Disziplin gewesen ist. Dieser Verzicht verdankt sich ihren eigenen erbitterten internen Kämpfen sowie einer Art postmodernem Nihilismus: Kultur ist zu einem politisch aufgeladenen, relativistischen Schmuddelbegriff geworden, von dem die Kulturanthropologen sich abgewandt haben.[148]

In der Vergangenheit zögerte jedoch niemand, die Kultur zu einer rein menschlichen Domäne zu erklären. Die einflußreichste frühe Definition stammt von Edward Tylor aus dem Jahr 1871 und lautete wie folgt: »[Kultur ist] jene komplexe Einheit, die Kenntnisse, Glauben, Kunst, Recht, Moral, Sitten und Gebräuche und alle übrigen Fähigkeiten und Gewohnheiten umfaßt, die vom Menschen als Mitglied seiner Gesellschaft erworben wurden.«[149] Ein Jahrhundert später stellten die Anthropologen die Kultur auf ein Podest. Schließlich war es Emile Durkheim gelungen, das Soziale von der Biologie zu trennen, als er sagte, das Soziale könne allein aus dem Sozialen erklärt werden, während sowohl für Sigmund Freud als auch für Claude Lévi-Strauss die Kultur einen Sieg über die Natur darstellte. Demnach lautet das regelmäßige

Fazit bis heute, daß die Kultur den Menschen zum Menschen macht. So hatte Leslie White in einem Buch mit dem paradoxen Titel *The Evolution of Culture* (1959) schlichtweg behauptet: »Mensch und Kultur entstanden gleichzeitig und zwar per definitionem.«[150]

Nachdem in der einen Disziplin solche Auffassungen den Ton angaben, hätten eigentlich die Fetzen fliegen müssen, als eine andere Kultur auch bei Tieren reklamierte. Doch wie schon gesagt, die Kulturanthropologen suchte man in dieser Debatte vergeblich. Die Hauptkritiker waren Lernpsychologen, die, nur allzu verständlich, die Frage in den Mittelpunkt stellten, *wie* die kulturelle Übermittlung stattfindet. Sie machten geltend, daß Kultur Nachahmung, Unterweisung und Sprache erfordere und daß der Begriff unmöglich auf andere Spezies angewandt werden könne.

Für Biologen klingt diese Definition allerdings etwas konstruiert, da sie den Mechanismus – die Art und Weise, wie das Ganze funktioniert – an die erste Stelle setzen. Es ist, als definierte man ein Auto als ein Fahrzeug, das mit Benzin angetrieben wird, so daß elektrisch betriebene Vehikel ausgeschlossen werden. So werden die Dinge in den Biowissenschaften methodisch nicht definiert. Die Atmung beispielsweise wird definiert als ein Austausch von Gasmolekülen zwischen dem Organismus und seiner Umwelt, ohne näher anzugeben, ob sich der Prozeß durch die Haut, die Lungen oder über Kiemen vollzieht. Und Fortbewegung wird als eine selbstangetriebene Bewegung definiert, unabhängig davon, ob daran Beine, Flossen, Flügel, schlängelnde Körperbewegungen oder ein Strahlantrieb beteiligt sind. Angesichts dieser rein funktionalen Betrachtungsweise sind Biologen durchaus zufrieden mit einer Definition der Kulturausbreitung, die nichts darüber aussagt, in welcher Weise sie zustande kommt.[151]

Dennoch dreht sich die Debatte, ob Tiere eine Kultur besitzen, heute weitgehend um die Frage, was und wie sie voneinander lernen. Wie weit gleicht dieser Prozeß der Art und Weise, wie wir voneinander lernen, und sind andere Tiere von ihm ebenso abhängig wie wir selbst? Während ich auf die zweite Frage erst im nächsten Kapitel eingehen werde, möchte ich hier zeigen, daß wir zwar über die soziale Weitergabe von Verhalten bei Tieren noch längst nicht alles wissen, daß dieser Vorgang jedoch variabel und gelegentlich höchst komplex ist. Ich werde auch eine neue Betrachtungsweise im Hinblick auf die Motivation vorschlagen, die ihm zugrunde liegt, und zwar eine, die soziale Empfindungen und konformistische Bedürfnisse fokussiert statt Mechanismen der Belohnung und Bestrafung. In derselben Weise, wie der idealtypische Lehrling des Sushimeisters jahrelang Informationen aufnimmt, ohne irgendeine Belohnung zu erhalten, beobachten Tiere ihre Artgenossen und ahmen deren Verhalten so nach, daß sie schließlich wie alle übrigen handeln.

Äffen Affen nach?

In unserer Schimpansenkolonie im Yerkes Primate Center in Atlanta, Georgia, kommt es vor, daß ganz junge Affen mit dem Finger im Zaun des Geheges steckenbleiben. Sie haben den Finger von der falschen Seite in den Maschen verhakt, und man kann ihn nicht mit Gewalt herausziehen. Die ausgewachsenen Affen haben gelernt, in einem solchen Fall nicht an dem Jungen zu zerren; bisher haben es die Opfer immer geschafft, sich irgendwann zu befreien. Bis dahin verbreitet sich jedoch in der gesamten Kolonie große Aufregung: Es ist ein dramatisches Ereignis, etwa so, als hätte sich ein wildlebender Schimpanse in der Schlinge eines Wilderers gefangen.

Bei mehreren Gelegenheiten haben wir beobachtet, wie andere Affen die verzweifelte Lage des Opfers nachahmen. Beim letztenmal beispielsweise habe ich mich genähert, um zu helfen, wurde jedoch mit drohendem Bellen der Mutter und des männlichen Alphatiers empfangen. Folglich blieb ich einfach am Zaun stehen und wartete. Eine etwas ältere juvenile Schimpansin kam an den Zaun, um das Ereignis vorzuspielen. Während sie mir in die Augen sah, fuhr sie mit dem Finger in das Geflecht, krümmte ihn langsam und bewußt um den Draht und machte dann eine zerrende Bewegung, als wäre sie ebenfalls hängengeblieben. Daraufhin folgten zwei weitere juvenile Affen ihrem Beispiel an einer anderen Stelle und schubsten sich gegenseitig zur Seite, um ihren Finger an einer bestimmten engen Stelle, die sie für ihr Spiel ausgesucht hatten, in die Maschen zu stecken. Diese jungen Affen hatten möglicherweise vor längerer Zeit selbst ein solches Erlebnis gehabt, doch ihre Pantomime wurde durch das ausgelöst, was dem kleinen Schimpansenkind passiert war.

Ich frage mich, ob dieses Verhalten in die üblichen Kategorien für Nachahmung fällt: Es wurde kein Problem gelöst und kein Ziel nachgeahmt, und es gab keine Belohnung. Die juvenilen Affen schienen fasziniert von der mißlichen Lage des Kleinen, und ihre Nachahmung wirkte emotional bestimmt. Sie war durch Elemente der Identifikation, des Mitgefühls und der Nähe und nicht durch jene nüchterne Bewertung von Zielen und Mitteln charakterisiert, die in der wissenschaftlichen Literatur als Kennzeichen von Nachahmung gelten.

Ein (zugegebenermaßen typisch holländisches) Beispiel für solche Nachahmung wäre, daß ich einem Affen zeige, wie man den defekten Schlauch eines Fahrrads flickt, worauf der Affe, wenn man ihm ein Fahrrad, einen Schlauch und die notwendigen Werkzeuge gibt, jeden Handgriff nachahmen würde. Doch warum sollte er? Betrachten wir die Bedingungen, die dafür erforderlich wären.

Identifikation: Der Affe müßte mich kennen, und ich dürfte ihm nicht gleichgültig sein, denn warum sollte er sonst auf das achten, was ich mache? Affen stehen Fremden feindselig gegenüber oder fühlen sich zumindest unbehaglich. Sie beachten sie lediglich voller Furcht und Argwohn, ohne das Bedürfnis zu haben, sie nachzuahmen.

Verstehen des Ziels: Der Affe müßte wissen, was ein Fahrrad ist und wozu es gut ist. Er müßte außerdem wissen, wie schwer es ist, auf einem Fahrrad mit einem Platten zu fahren.

Hintergrundwissen: Der Affe müßte jeden einzelnen Arbeitsschritt verstehen: das Auffinden des Lochs im Schlauch, das Aussuchen eines geeigneten Flickens, das Aufrauhen der Schlauchfläche um das Loch, das Aufbringen der Gummilösung, das Festklopfen des Flickens, das Aufpumpen des geflickten Schlauchs, das Eintauchen des Schlauchs in Wasser, um die Dichtigkeit des Flickens zu prüfen und so weiter. Kann man die Wirkungsweise einer Luftpumpe verstehen, ohne sie jemals betätigt zu haben?

Die Wissenschaft hat lange gebraucht, um zu erkennen, daß Nachahmung tatsächlich ein sehr komplexer Vorgang ist. Ich erinnere mich noch an die Zeit, als das menschenähnliche Verhalten von Affen, einschließlich ihrer Verwendung von Werkzeugen, Handgesten und ihres Gesichtsausdrucks, als *reine* Nachahmung abgetan wurde. »Sie verhalten sich so sehr wie wir«, hieß es damals, »weil sie alles nachahmen, was wir tun. Nichts davon ist ihre eigene Idee.« Heute wissen wir es anders: Wenn diese Vorstellung zuträfe, wenn die Affen wirklich jeden Gesichtsausdruck von uns einfach nur durch Beobachtung nach Belieben nachahmen könnten, dann wäre das in höchstem Maße spektakulär. Nachahmung gilt als eine der höchsten kognitiven Leistungen. Man braucht nur einmal darüber nachzudenken: Wie kommt man dazu, aufgrund der Beobachtung von Handlungen eines anderen Individuums dieselben Handlungen zu demselben Zweck auszuführen? Nachahmung erfordert, daß visuelle Außenreize in motorische Bewegungen umgesetzt werden, wobei der Körper den Befehl erhält, das zu wiederholen, was die Augen gesehen haben.

Hunde oder Katzen sind nicht gerade als große Imitatoren bekannt, obwohl sie tagtäglich mit unserem Verhalten konfrontiert sind. Zu verstehen, was wir tun und aus welchen Gründen, übersteigt zumeist ihre Fähigkeiten, es sei denn, es sind Emotionen im Spiel. So scheinen sie zu verstehen, wenn uns ein Geräusch in der Nacht beunruhigt (höchstwahrscheinlich haben sie es schon vor uns wahrgenommen) oder wenn wir wütend oder ängstlich sind, doch daß wir das Haus sauberhalten wollen, geht über ihr Fassungsvermögen – was sie uns täglich aufs neue demonstrieren. Affen sind in dieser Hinsicht den durchschnittlichen Haustieren um Lichtjahre voraus, doch selbst sie erfassen im allgemeinen nicht die genauen Gründe für unser Tun. Häufig ahmen sie unsere

Handlungen ohne Verständnis nach. Das Reinigen des Fußbodens ist dafür ein Beispiel, wie in Nadie Ladygina-Kohts folgender Schilderung ihres Adoptivschimpansen Yoni:

>Wenn er sich selbst überlassen ist, greift Yoni oftmals zu einem Besen oder einer Bürste und versucht, den Boden zu fegen, indem er den Schmutz zu einem Häufchen zusammenkehrt. Doch er tut das so ungeschickt und ineffizient, da ihm niemand gezeigt hat, wie es geht, daß er den Schmutz eher auf dem Boden verteilt, als ihn zusammenzukehren, und infolgedessen wird der Boden dadurch nie sauber. Yoni rückt sogar die Möbel, wie es beim Großputz gemacht wird, aber häufig fegt er dann gar nicht auf der freigerückten Fläche.«[152]

Es gibt viele derartige Beispiele, allesamt von Affen, die gern in der Nähe von Menschen sind und jeden ihrer Schritte verfolgen. So hat Anne Russon vor kurzem Beispiele für eine Nachahmung von typisch menschlichem Verhalten durch ausgewilderte Orang-Utans im Tanjung Putting National Park auf Borneo untersucht, darunter das Sägen von Holz, das Einschlagen von Nägeln, das Überstreifen eines T-Shirts und das Aufhängen einer Hängematte. Hier ist ein Beispiel aus dem Bereich der Körperhygiene:

>Die adoleszente Davida kam eines Morgens auf die Veranda der Schlafbaracke, etwa zu der Zeit, zu der Leute zur Morgentoilette herauskamen. Eine Besucherin gab ihr eine Zahnbürste, auf die sie etwas Zahnpasta gedrückt hatte. Davida und andere ihrer Artgenossen hatten in der Vergangenheit immer wieder Zahnbürsten und Zahnpasta stibitzt, aber selten beides zusammen. Sie schob die Bürste in den Mund, knabberte an der Zahnpasta und dann bürstete sie: Die Bürste in der Faust, schob sie deren borstiges Ende in eine Backentasche, schloß die Lippen um den Stiel und bewegte die Bürste vor und zurück. Als sie mit Bürsten fertig war, kletterte sie auf das Geländer der Veranda, spuckte die Zahnpasta über das Geländer auf den Boden und trollte sich davon. Ihre Technik des Bürstens und das

Ausspucken der Zahnpasta über das Geländer auf den Boden entsprach in jeder Hinsicht der üblichen Technik der Besucher des Camps in diesem Haus.«[153]

Ob Davida eine Vorstellung davon hatte, *warum* Menschen ihre Zähne bürsten, bleibt unklar, aber es steht außer Frage, daß sie ebenso wie Yoni eine ausgezeichnete Beobachterin und Nachahmerin war. Trotz der überwältigenden anekdotischen Belege – nicht umsonst wurde in vielen Sprachen ein Verb aus dem Wort »Affe« gebildet, das »nachahmen« bedeutet – waren Wissenschaftler nicht immer erfolgreich bei ihren Versuchen, Affen unter Laborbedingungen zum Nachahmen zu bewegen. Die typische Versuchsanordnung bestand darin, sie dabei zusehen zu lassen, wie ein ihnen kaum vertrauter menschlicher Versuchsleiter im weißen Kittel, der eine neutrale Haltung an den Tag legte, eine einfache Verrichtung vorführte. Von Versuchsleitern wird erwartet, daß sie ihre Versuchstiere nicht beeinflussen; beruhigende Worte, Streicheln oder andere Freundlichkeiten sind verpönt. Aber da die Beeinflussung der Versuchstiere der ganze Zweck dieser Experimente ist, könnte man einwenden, daß ein solches Verfahren die fundamentalste Voraussetzung einer Nachahmung verletzt, daß sich der Affe nämlich dem Modell verbunden fühlt und sich mit ihm identifiziert. Zudem wird das Ergebnis solcher Versuche gewöhnlich mit dem Ausgang von Tests verglichen, bei denen Kinder in genau derselben Weise behandelt werden. Aber Kinder sind menschliche Wesen, was bedeutet, daß der Versuchsleiter ihrer eigenen Spezies angehört und sich in einer Weise verhält, die für das Kind durchaus beruhigend ist. Kein Wunder, daß Kinder dabei besser abschneiden.

Es gibt eine alte Regel in den exakten Wissenschaften, wonach die Nichtexistenz von Beweisen nicht dasselbe ist wie der Beweis einer Nichtexistenz. Dennoch haben manche Wissenschaftler um das Ausbleiben einer Nachahmung in solchen Versuchen ein großes Trara gemacht und das »Scheitern« von Affen bei Vergleichen dieser Art mit Kindern so interpretiert, daß die Fähigkeit zur Nachahmung allein auf unsere Spezies beschränkt sei. Doch be-

Prinz Chim, ein junger Bonobo, nimmt die Haltung eines ernsthaften Studenten ein. Auch wenn Nachahmung bei Tieren zu einem umstrittenen Thema geworden ist, kann wenig Zweifel daran bestehen, daß Menschenaffen spontan das Verhalten anderer nachahmen. Robert Yerkes schrieb, man habe Chim immer und immer wieder dabei beobachtet, wie er ein Buch nahm und die Seiten eine nach der anderen säuberlich umblätterte, als wollte er entdecken, was für die Menschen an diesem Tun so interessant ist. (Fotografie von Robert Yerkes aus dem Jahr 1923, Abdruck mit freundlicher Erlaubnis des Yerkes Primate Center)

vor wir solche Schlußfolgerungen ziehen, sollten wir besser gleiche Bedingungen für alle schaffen, indem wir beispielsweise Kinder mit Affen als Modellen testen, um festzustellen, ob sie dann immer noch die besseren Nachahmer sind. Oder man könnte Affen ein Modell ihrer eigenen Art präsentieren und dann ihre Leistungen mit denen von Kindern mit einem menschlichen Modell vergleichen. Schließlich könnte man auch einen menschlichen Versuchsleiter Affen testen lassen, die mit unserer Spezies vollkommen vertraut sind.

Die zuletzt genannte Alternative ist die praktikabelste. Sobald sie gewählt wird, verschwinden die Unterschiede zwischen Affen und Kindern. Bei einem derartigen Vergleich, der von dem Psychologen Michael Tomasello und seinen Mitarbeitern durchgeführt wurde, zeigte sich, daß Affen, die wie Menschenkinder in einem Sprachlabor aufgezogen wurden, beim Nachahmen ebensogut abschnitten wie zweijährige Kinder, während Affen, die bei ihren Artgenossen aufwuchsen, sehr schlechte Ergebnisse erzielten.

Überraschend dabei war, wie die Forscher das Ergebnis interpretierten. Statt zu schließen, daß Affen beim Nachahmen mit kleinen Kindern mithalten können, wenn beide mit dem Modell einigermaßen vertraut sind, kommen sie zu dem Ergebnis, daß unter Menschen aufgewachsene Affen etwas Besonderes seien. Sie betrachten diese Affen als *enkulturiert*, womit sie sagen wollen, daß der bereichernde, anregende Kontext der menschlichen Umwelt Fähigkeiten hervorgebracht habe, über die diese Tiere normalerweise nicht verfügen. Indem sie behaupten, Affen seien zur Nachahmung weitgehend unfähig, solange sie nicht vom leuchtenden Licht der Menschheit profitieren, lassen diese Forscher die Grenze zwischen Menschen und Affen unangetastet.[154]

Aber warum sollten Affen ein kognitives Potential entwickelt haben, von dem sie in ihrer natürlichen Umwelt keinen Gebrauch machen oder das sie dort nicht benötigen? Die Evolution ist selten verschwenderisch. Ich ziehe die einfachere Auffassung vor, daß Affen geborene Nachahmer sind, daß diese Begabung ihnen in ihrem natürlichen sozialen Leben gute Dienste leistet, daß sie jedoch in erster Linie die Spezies nachahmen, von der sie großgezogen wurden. In den meisten Fällen werden das ihre eigenen Artgenossen sein, doch wenn sie innerhalb einer anderen Spezies aufwachsen, werden sie auch diese nachahmen.[155]

Sprachtrainierte Affen vermitteln häufig den Eindruck, daß sie sich als beinahe menschlich betrachten, wenn sie beispielsweise Bilder danach sortieren sollen, ob sie Menschen oder andere Tiere zeigen, und dabei ihr eigenes Porträt auf den Haufen mit Menschenfotos legen. Sie sympathisieren offensichtlich mit den Individuen, von denen sie umgeben sind: Sie wollen sich einfügen und wie sie sein.[156] Wenn Tiere von einer anderen Spezies großgezogen werden, sind sie vertraut mit deren Kommunikation und interessieren sich für deren Handlungen. Infolgedessen sind aus bei Menschen aufgewachsenen Affen nicht darum ideale Versuchstiere geworden, weil man ihre kognitiven Fähigkeiten auf ein beispielloses Niveau angehoben hätte, sondern weil sie bereit sind, auf Psychologen zu achten. Ihre menschenähnlichen Verhaltensweisen erinnern mich an das Beispiel, das Darwin in seinem Buch *Die Abstammung des Menschen* gegeben hat und das – selbst wenn es nicht verbürgt ist – ein eindrucksvolles Bild einer Spezies vermittelt, die sich bemüht, wie eine andere zu sein: »DUREAU DE LA MALLE teilt den Fall eines von einer Katze aufgezogenen Hündchens mit, welches die so bekannte Gewohnheit der Katzen nachzuahmen lernte, sich die Füße zu lecken und sich damit das Gesicht und die Ohren zu reinigen.«[157]

Der Drang, wie andere zu sein

Im Denken mancher Wissenschaftler ist das »Affe sieht, Affe macht« aus etwas Offensichtlichem, fast Stumpfsinnigem in eine wunderbare Errungenschaft transformiert worden: den Heiligen Gral unserer herrlichen Kulturfähigkeiten. Doch wie wir gesehen haben, benachteiligt die Art und Weise, wie Nachahmung definiert und in Tests evaluiert wird, die Menschenaffen, die der Spezies, der die Versuchsleiter der Tests angehören, keine Aufmerksamkeit schenken.

Ich behaupte nicht, Affen seien fähig, eine so komplizierte Abfolge von Handgriffen wie das Reparieren eines defekten Fahrradschlauchs nachzuahmen. Ich habe dieses Beispiel gerade deshalb gewählt, weil etwas, was uns einfach erscheint, für Affen häufig viel zu kompliziert ist. Im allgemeinen geht es bei der Nachahmung um neuartige Handlungen oder Lösungen, zu denen die Affen schon fast selbst in der Lage sind, so daß sie nur noch ein Modell brauchen, das es ihnen vormacht. Mit anderen Worten, zur Nachahmung kommt es vor allem dort, wo die Tiere bereits selbst gut sind. Aus der gegenseitigen Beobachtung kann ein Affe den Gebrauch eines Zweigs oder eines Steins lernen, um an Nahrung heranzukommen, oder die richtige Art und Weise, wie ein Neugeborenes im Arm gehalten werden muß. Das ist die Art von Dingen, an denen sie ein Interesse haben. Dagegen sind die meisten menschlichen Handlungen für sie ohne Bedeutung und bleiben ihnen für immer unbegreiflich.

In akademischen Kreisen wird ein regelrechter Krieg um die Nachahmung geführt, bei dem täglich neue Definitionen und neue Differenzierungen von den einfachsten bis zu den pfiffigsten eingeführt werden. Was dem einen die »Imitation« ist dem anderen die »Emulation« und dem Dritten die »Förderung«.[158] Zentral ist zumeist die Idee, daß ein Individuum das Verhalten eines anderen annimmt, was es ohne das Beispiel des anderen höchstwahrscheinlich nie getan hätte. Abgesehen von dieser gemeinsamen Basis herrscht herzlich wenig Einigkeit über das Wie und Warum dieses Vorgangs.

Was ich im täglichen Leben von Schimpansen sehe, ist eine Tendenz vor allem bei den Jungen, wie die anderen in der Gruppe, in erster Linie wie die Älteren zu handeln. Es kann beispielsweise passieren, daß unser dominierender Schimpanse Socko ein auffälliges Imponiergebaren zur Schau stellt, indem er mit den Händen lautstark auf den Boden schlägt, gegen ein paar leere Fässer tritt und ein Stück Holz durch die Gegend wirft. Das Ganze dauert etwa zehn Minuten, während derer der größte Teil der Gruppe ihn ängstlich beobachtet und einige der übrigen adulten männlichen Tiere in sicherer Distanz ihre eigene Show abziehen. Wenn sich wieder alles beruhigt hat, häufig mehrere Minuten später, fängt ein junger Schimpanse von nur drei oder vier Jahren an, seine Haare hochzustellen, auf eines der Fässer loszugehen und ihm in derselben Weise einen Tritt zu versetzen, wie der Chef der Truppe es vorgemacht hat.

Ein anderes Beispiel: Ein Schimpanse hat sich am Finger verletzt und stützt sich beim Gehen auf sein umgeknicktes Handgelenk statt auf seine Fingerknöchel. Während der Zeit, in der er auf diese merkwürdige Art durch die Gegend humpelt, gehen auch alle Jungen in der Gruppe auf den Handgelenken. Sie tun es nicht unbedingt, wenn der verletzte Artgenosse in der Nähe ist, sonst jedoch überall und zu jeder Zeit; es ist zu einer Mode geworden. Manchmal folgen sie dem Vorbild ihrer Nachahmung. Im Arnheimer Zoo hatten wir eine Schimpansenfrau namens Krom, was »krumm« bedeutet und sich auf ihre bucklige Körperhaltung beim Gehen bezog, der häufig eine Schar im Gänsemarsch laufender Jungaffen in derselben mitleiderregenden Körperhaltung folgte.

Das Wort »Mode« im Zusammenhang mit Schimpansen wurde erstmals 1921 von Wolfgang Köhler benutzt, dessen Affen unablässig neue Spiele erfanden. Die folgende Schilderung vermittelt einen Eindruck davon, was für eine gruppenorientierte und nachahmende Spezies sie sind:

»Höhere Formen stilisierter Bewegung bildet die ganze Schimpansen*gruppe* aus. Da zerren sich zwei in spielendem Kampf auf dem Boden herum und kommen dabei in die Nähe eines Pfahles; schon sieht man, wie sich ihr Tollen ein wenig beruhigt, zu einem Kreisen um den Pfahl als Mittelpunkt formt. Eins und noch eines der übrigen Tiere kommt herbei, reiht sich ein und am Ende marschiert die ganze Gesellschaft, ein Affe hinter dem andern her, sehr ordentlich um das Zentrum herum. Jetzt sind ihre Bewegungen schnell verändert: sie *gehen* nicht mehr, sie *trotten,* und zwar besonders gern so, daß der eine Fuß stampfend, der andere leicht aufgesetzt wird, daß ein angenähert scharfer Rhythmus entsteht und das Schreiten aller auf taktmäßige Angleichung hin tendiert. Die Rhythmik der Füße nehmen bisweilen die Köpfe auf, bis sie mit schlaffhängendem Unterkiefer im Takt der Füße auf- und niederwackeln, und alle Tiere geben ein Bild von Eifer und Vergnügen bei diesem primitiven Reigenspiel.«[159]

In bezug auf das Thema der Kultur brauchen wir uns nur anzusehen, wie Schimpansen lernen, die Nüsse von Ölpalmen zu knacken. Nach den Aussagen von Forschern, die diese Affen in freier Wildbahn beobachten, übertrifft die Geschicklichkeit der

Tiere bei dieser Tätigkeit bei weitem die jedes Menschen, der sich zum erstenmal darin versucht. Es bedarf jahrelanger Übung, um eine der härtesten Nüsse der Erde auf eine ebene Fläche zu legen, einen geeigneten Stein der richtigen Größe zu finden und ihn mit der richtigen Wucht so auf die Nuß zu schlagen, daß sie zerbricht. Es ist die komplizierteste bekannte Aufgabe unter Einsatz von Werkzeugen in der Natur, zu der die Tiere beide Hände, zwei Werkzeuge und eine exakte Koordination ihrer Gliedmaßen benötigen.

Der japanische Primatologe Tetsuro Matsuzawa hat das Erlernen dieser Fertigkeit bei wildlebenden Schimpansen in Bossou, Guinea, eingehend studiert. Junge Schimpansen schließen sich der übrigen Gruppe in der »Werkstatt« an, wo die Nüsse geknackt werden: eine Stelle, an der die Affen Nüsse um Amboßsteine sammeln, Steine als Hammer in die Hand nehmen und den Urwald mit dem konstanten Rhythmus von Schlaggeräuschen erfüllen. Die Jungen halten sich in der Nähe der schwer arbeitenden Älteren und stibitzen gelegentlich Nüsse und Steine von ihnen, um sich selbst probeweise an die Arbeit zu machen. Daneben erhalten sie eine ordentliche Portion Futter von ihren Müttern, die die Kerne der geknackten Nüsse mit ihnen teilen. Auf diese Weise lernen sie, welche Nüsse genießbar sind und wie man mit einem Stein an ihr Inneres herankommt.

Zunächst hantieren die Jungen mit einzelnen Gegenständen. Sie spielen mit einer Nuß oder einem Stein, aber nicht mit beidem zusammen. In der nächsten Phase beginnen die Kleinen, Gegenstände zufällig miteinander zu verbinden. Sie legen Nüsse auf Steine oder schieben Nüsse und Steine zusammen. Daneben verbringen sie auch ein Gutteil der Zeit damit, auf die Nüsse mit der Hand einzuschlagen oder fest mit dem Fuß darauf zu stampfen, womit sie diese natürlich nicht öffnen können. Erst nach drei Jahren vergeblicher Versuche fangen sie schließlich an, mehrfache Handgriffe zum Knacken von Nüssen mit einem Stein als Amboß und einem als Hammer zu koordinieren. Sie benötigen aber noch viel Übung, um die Koordinierung ihrer Bewegungen zu vervollkommnen, und so müssen sie sechs oder sieben

Jahre alt werden, bis sie es den Erwachsenen allmählich gleichtun können.[160]

Was sagt uns das? Hier haben wir junge Affen, deren Handlungen nach und nach denen ihrer Eltern gleichen, ohne daß sie jemals dafür belohnt worden wären. Da sie mindestens drei Jahre lang ununterbrochen vergebliche Versuche anstellen, die Nüsse zu knacken, kann der Anreiz ihrer Nachahmung nicht in deren Ergebnis liegen. Sie können sogar negative Erfahrungen machen, wenn sie beispielsweise statt der Nuß die Finger treffen, oder müssen die Enttäuschung hinnehmen, daß sie genau wissen, was sich im Innern der Schale befindet, ohne jedoch an den schmackhaften Kern zu gelangen. Was läßt sie ihre Versuche trotzdem unverdrossen fortsetzen?

Diese Frage stellt sich, weil behauptet wurde, eine Nachahmung trete niemals allein um ihrer selbst willen auf, sondern werde grundsätzlich durch das mit ihr verbundene Ergebnis verstärkt oder abgeschwächt. Bennett Galef, ein Experimentalpsychologe, der, wie bereits erwähnt, nichts von der Idee einer tierischen Kultur hält, beschrieb die Notwendigkeit einer – positiven oder negativen – Verstärkung mit folgenden Worten: »Meiner Ansicht nach kann eine Nachahmung zwar ein neuartiges Verhalten in das Repertoire der Mitglieder einer Population einführen, doch im Lauf der Zeit (innerhalb weniger Tage) wird diese Neuerung des Verhaltens je nachdem, in welchem Maße sie Belohnungen zur Folge hat, entweder beibehalten, modifiziert oder aufgegeben werden.«[161] Das hört sich durchaus logisch an, aber stimmt es mit den Fakten überein? Die Feldforschung zum Nüsseknacken zeigt vielmehr, daß junge Schimpansen unbelohnte Handlungen ausführen, die sie ihren Eltern abgeschaut haben, und zwar *länger als tausend Tage*, ohne je darin nachzulassen. Könnte es sein, daß im Fall einer kulturellen Übertragung die traditionelle Schwerpunktsetzung der Lernpsychologen auf handgreifliche Anreize fehl am Platz ist? Vielleicht hat das Nachahmen anderer mehr Ähnlichkeit mit einem Trieb, das heißt, es verstärkt sich selbst.

Das würde ganz einfach bedeuten, daß soziales Lernen *sozial* motiviert ist. Ein junger Schimpanse beispielsweise fühlt sich seiner Mutter nahe, identifiziert sich mit ihr und bringt seine Nähe dadurch zum Ausdruck, daß er alle ihre Bewegungen verfolgt und alles so wie sie macht. Junge Schimpansen sind ständig auf der Suche nach Rollenmodellen für die Pflege der Jüngsten, Fütterungstechniken, Dominanzgebärden, Koitusverhalten und so fort. Es ist diese soziale Orientierung, die ihre Mimikry antreibt. Erst wenn der Nußknackerlehrling genügend Geschicklichkeit und Kraft erlangt hat, um tatsächlich eine Nuß zu öffnen, kommt Nahrung ins Spiel. Das bedeutet nicht, daß das Nußknacken bis zu diesem Augenblick nicht zielorientiert gewesen wäre: Ich sehe darin eher eine *Verschiebung* von Zielen. Am Anfang steht die Orientierung an der Mutter und der Wunsch, wie sie zu handeln. Im Verlauf des Prozesses kommt fast wie zufällig das zweite Ziel – schmackhafte Nußkerne zu naschen – zum Tragen und ersetzt allmählich das erste.

Dasselbe gilt möglicherweise auch für das Nachahmen bei Affen. Michael Huffman, ein Amerikaner, der zwanzig Jahre lang auf dem Arashiyama gearbeitet hat, einem Berg hoch über Kyoto, berichtet über die eigenartige Angewohnheit von Japanmakaken, Steine aneinanderzureiben. Die Affen kommen häufig vom Berg herunter in eine flache, offene Gegend, wo sie von Hegern und Touristen gefüttert werden. Tag für Tag sieht man sie, wie sie eine Handvoll Kiesel oder kleine Steinchen sammeln. Sie tragen sie an einen ruhigen Platz, wo sie sie aneinanderreiben oder -schlagen oder vor sich ausbreiten, verstreuen, wieder einsammeln und so fort. Als ich das zum erstenmal selbst zu sehen bekam, sah es aus, als versuchten sie Feuer zu machen, doch darin zeigt sich natürlich wieder das menschliche Denken in den Kategorien der Zielorientierung. Junge Äffchen lernen diese absolut nutzlose Aktivität von Gleichaltrigen, Geschwistern und ihren Müttern, was zu einer verbreiteten Tradition innerhalb dieses speziellen Trupps geführt hat. Huffman hat die Vermutung geäußert, es sei wahrscheinlich, »daß das Kleinkind erstmals *in utero* den ›Klick-klack‹-Geräuschen der Steine ausgesetzt ist, wenn die Mutter damit spielt, und dann nach der Geburt, wenn seine Augen beginnen, sich auf die Objekte in der Umgebung zu richten, als eine der ersten Aktivitäten seine mit den Steinen spielenden Artgenossen sieht«.[162]

In welcher Weise die Affen genau voneinander lernen, ist bislang noch ungeklärt, doch es liegt auf der Hand, daß junge Affen das Spielen mit den Steinen ohne eine andere Belohnung betreiben als möglicherweise das Geräusch, das damit verbunden ist. Dennoch zeigen sie keine Anzeichen einer nachlassenden Begeisterung; seit Jahrzehnten ist dieses Tun und Treiben ununterbrochen an jeden kleinen Affen, der in dem Trupp geboren wurde, weitergegeben worden. Wenn es einen Fall in der Primatenliteratur gibt, der Galefs Annahme widerlegt, daß eine Nachahmung Belohnungen erfordert, so ist es das merkwürdige Verhalten der Affen auf dem Arashiyama.

Deshalb möchte ich eine andere Erklärung vorschlagen: Das soziale Lernen der Primaten hat seinen Grund im Konformismus – dem Drang, dazuzugehören und sich anzupassen. Um diesem Prozeß einen Namen zu geben und hervorzuheben, daß er bestimmte soziale Modelle wie Mütter und Gleichaltrige begünstigt, werde ich das Akronym BIOL verwenden, eine Abkürzung für *Bonding- and Identification-based Observational Learning* (beobachtendes Lernen auf der Grundlage von Verbundenheit und Identifikation). Statt auf greifbaren Vorteilen wie Nahrung zu beruhen, ist BIOL eine Form des Lernens, die sich aus dem Bedürfnis speist, wie andere zu sein. Bestimmte soziale Modelle werden kopiert, in einer häufig spielerischen, unvollkommenen und probierenden Weise. Ob damit Belohnungen verbunden sind, ist von untergeordneter Bedeutung.

Aus diesem Grund betrifft BIOL manchmal mehr die Form als den Inhalt. Ein gutes Beispiel ist die N-Familie der Rhesusaffen, die ich im Wisconsin Primate Center untersucht habe. An der Spitze dieser Matrilinie stand die Matriarchin Nose, deren Nachkommen allesamt Namen erhalten hatten, die mit dem Buchstaben N anfingen, wie Nuts, Noodle, Napkin oder Nina. Nose hatte die Gewohnheit entwickelt, aus einem Wasserbecken zu trinken, indem sie ihren ganzen Unterarm hineintauchte und anschließend ihre Hand und die Haare auf dem Arm ableckte. Es war amüsant zu beobachten, wie ihre Kinder und später ihre Enkel dasselbe Verfahren benutzten. Kein anderer Affe dieses oder überhaupt eines mir bekannten Rhesustrupps trank auf diese Weise. Wenn man kein Gen für eine bestimmte Art zu trinken annehmen will – was ziemlich weit hergeholt wäre –, muß man davon ausgehen, daß die Tradition durch Beobachtung weitergegeben wurde. Und auch hier spielte eine Belohnung keine Rolle, da die N-Familie nichts davon hatte, womit sie anderen Affen voraus gewesen wäre.

Die selbstverstärkende Eigenschaft des BIOL ist übersehen worden. Wir sind so sehr auf Nutzen und Zweck programmierte Geschöpfe, daß wir uns schwer damit tun, Nachahmung unter einem rein sozioemotionalen Blickwinkel zu sehen. Wir suchen überall nach dem Zweck, und wenn wir ihn nicht sehen, muß etwas falsch sein. Doch auch wenn Nachahmung in der Hauptsache sozialen Triebkräften unterliegt und darauf gerichtet ist, bevorzugte Modelle zu kopieren, ergibt sich als Endresultat, daß innerhalb einer Population Gewohnheiten und Techniken verbreitet wurden. Und auf dieser Ebene macht sich die Nachahmung bezahlt. Das Individuum braucht das nicht zu erkennen, etwa wenn ein Affe lernt, sich vor Schlangen zu fürchten, ohne jemals von einer gebissen worden zu sein, oder wenn ein spielender Schimpanse beginnt, Steine mit Nüssen zu kombinieren. Oder denken wir daran, wie Vögel ihre Lieder lernen: Niemand hat jemals eine unmittelbare Belohnung für ihre Nachahmung unterstellt. Soweit konformistische Neigungen zum Überleben beitragen, fallen sie unter die Selektion. Man hat sogar behauptet, daß der Wunsch, wie andere zu handeln, und die Fähigkeit, andere nachzuahmen, sich Hand in Hand entwickelt haben, so daß das Individuum sich das Wissen und die adaptiven Gewohnheiten in seiner Umgebung voll zunutze machen kann.[163]

Die Schildkröte und der Hase

Wenn wir auf die drei früheren Bedingungen für eine Nachahmung zurückblicken – Identifikation mit dem Modell, Einsicht in seine Ziele und grundlegendes Vorwissen –, dann steht außer Frage, daß die erste und die dritte Bedingung in Primatengesellschaften verbreitet sind und einem Großteil der beobachteten Nachahmung zugrunde liegen. Doch ob damit ein weitgehendes Erkennen der Ziele des Modells verbunden ist, muß fraglich bleiben. Die Nachahmung von Affen ist wahrscheinlich weniger zielorientiert als das, was wir Menschen in unseren besten Augenblicken erreichen. Das bedeutet jedoch nicht, daß der größte Teil unserer Nachahmung – ein kleiner Junge, der wie sein Vater geht, ein Mädchen im Teenageralter, das wie seine Freundinnen spricht – nicht genauso sozioemotional fungiert wie das BIOL anderer Primaten.

Die entscheidende Frage lautet jetzt, ob ein solcher Mangel – wenn es denn einer ist – der Nachahmungsfähigkeiten von Affen Grund genug ist, um ihnen jede Kultur abzusprechen. Das ist ein beliebtes Argument mancher Skeptiker, deren extremste Position von dem Psychologen David Premack vertreten wird, der gemeinsam mit seiner Frau Ann behauptet, Nachahmung sei eine spontane Aktivität des menschlichen Kindes, aber nicht des Schimpansen. Die Premacks versteigen sich sogar zu der Behauptung: »Bei nichtmenschlichen Primaten ist die Nachahmung bei der Übertragung von Informationen bedeutungslos, während sie beim Menschen eine ganz wesentliche Rolle spielt.«[164]

Merkwürdigerweise widersprechen die beiden Autoren in ihrem Aufsatz dieser Behauptung sogleich wieder, indem sie verblüffende Anekdoten von ihrer Schimpansin Sarah erörtern, die eine große Nachahmerin sein muß. Nach einer Logik, die an Tomasellos Rückgriff auf die Enkulturation erinnert, schreiben sie Sarahs brillante Leistungen ihrer menschlichen Umgebung zu und erklären, daß »Feldbeobachtungen über die potentielle Verhaltenskomplexität des Schimpansen wenig aussagen«. Sie vertreten demnach die Vorstellung, daß von Menschen aufgezogene Affen auf einer anderen mentalen Ebene operieren als Affen in freier Wildbahn, da sie von den kulturellen Stimuli des Menschen profitiert haben.[165]

Das Problem für die Verfechter dieser Position besteht darin, daß sie erklären müssen, warum nur Menschenaffen und nicht auch andere Tiere, die weitgehend in einer menschlichen Umgebung aufwachsen, beispielsweise Hunde, zu solchen Bestleistungen gebracht werden können. Was befähigt Menschenaffen in so besonderem Maße zu Lernleistungen? Jede vernünftige Theorie wird meiner Meinung nach davon ausgehen müssen, daß Menschenaffen gerade deshalb für eine menschliche Enkulturation so empfänglich sind, weil sie auch in ihrer natürlichen Umwelt einer Fülle von kulturellen Einflüssen ausgesetzt sind. Sie sind bildbar, weil sie es sein müssen. Und wenn das zutrifft, dann unterstützt die Vorstellung einer Enkulturation die Möglichkeit einer Affenkultur, statt ihr zu widersprechen.

Zudem ist ja Sarah nicht der erste Affe, von dem erstaunliche Nachahmungsleistungen berichtet wurden. Warum sollten die Beobachtungen, die abgeschottet im Laboratorium angestellt wurden, maßgeblicher sein als ähnliche Geschichten von einer Nachahmung bei Affen unter natürlichen oder naturähnlichen Bedingungen? Wenn ein namenloser Jungaffe in Bossou so lange mit Steinen und Nüssen spielt, bis er dasselbe kann wie die Erwachsenen um ihn herum, dann ist das für mich kaum weniger beeindruckend, als wenn Sarah eine Bananenschale wie einen Hut oben auf ein Porträt legt, nachdem sie einen Menschen mit einem Hut gesehen hat. In beiden Fällen versuchen Affen etwas nachzuerschaffen, was sie gesehen haben.

Des weiteren schreiben die beiden Autoren, daß man seit fast hundert Jahren Schimpansen in freier Wildbahn beobachtet hat, ohne daß sich in ihrem Verhalten etwas Wesentliches geändert habe. In diesem Ausbleiben einer Änderung wird ein Argument gegen eine Schimpansenkultur gesehen. Aber könnte man nicht genau dasselbe Argument gegen die menschliche Kultur anführen? Bewahrung und Trägheit sind ebenso Bestandteile von Kulturen wie Neuerungen. Bis vor kurzem lebten manche Völker noch in der Steinzeit, und die Vorgeschichte kennt Perioden von

Hunderttausenden Jahren ohne jeden nennenswerten Fortschritt in der Herstellung von Werkzeugen. Dagegen wurden Schimpansen in freier Natur erst seit fünfzig Jahren sorgfältig untersucht.

Die Geschwindigkeit ist kein Definitionsmerkmal eines Prozesses: Der Hase und die Schildkröte gelangen beide von A nach B. Selbst wenn die Schimpansen eine Million Jahre benötigen sollten, um die Gewohnheit, bei Vollmond mit Fähnchen zu winken, zu entwickeln und weiterzugeben, würde ich dieses Verhalten noch immer als eine kulturelle Tradition einstufen. Alfred Kroeber hatte 1923 in einem klassischen Text über die Veränderung der Geschwindigkeit solcher Prozesse geschrieben:

»Eines der am meisten verbreiteten Vorurteile lautet, Kultur sei fortschrittlich. ›Der Fortschritt der Zivilisation‹ ist eine vertraute, fast schon abgedroschene Wendung. Einfache oder Naturvölker werden als ›nicht fortschrittlich‹ gekennzeichnet. Das Bild, das dahintersteht, ist das einer unablässigen Vorwärts- und Weiterbewegung.

Tatsächlich ist die Idee eines Fortschritts selbst ein kulturelles Phänomen von einigem Interesse. Auch wenn es uns seltsam erscheinen mag, der größte Teil der Menschheit hing während der meisten Zeit der Geschichte nicht dieser Vorstellung an. Eine im Wesentlichen statische Welt, eine fast statische Menschheit waren in der Regel das, was man für selbstverständlich hinnahm. Soweit man eine Vorstellung von einer Änderung hatte, rechnete man ebenso häufig mit einer Verschlechterung seit dem Goldenen Zeitalter des Ursprungs wie mit einem Fortschritt.«[166]

Fester Boden

1999 schrieb Stephen Jay Gould in der *New York Times*, die Menschheit habe eine verhängnisvolle Neigung, »goldene Schranken« zu errichten, die uns vom übrigen Tierreich absondern. Er reagierte damit auf Berichte in der Zeitschrift *Nature* über Kul-

turprimatologie.[167] Goldene Schranken müssen geradezu einge-
rissen werden, meinte Gould, und fand dafür in den Berichten
den Beweis, da sie die angebliche kulturelle Einzigartigkeit des
Menschen verwarfen. Innerhalb weniger Tage trafen zahlreiche
Briefe alarmierter Leser bei der Redaktion ein, in denen betont
wurde, das Verhalten von Affen sei »instinktiv«, das der Menschen dagegen »bewußt«, und nur Menschen besäßen einen
freien Willen.

Im Denken vieler Menschen ist Kultur mit Freiheit verknüpft.
Sie halten es mit Ashley Montagu, der gesagt hat, »der Mensch
hat keine Instinkte«.[168] Aber beschränkt die Kultur unsere Freiheit nicht ebensosehr (oder ebensowenig) wie die Biologie? Und
woher kommen unsere kulturellen Fähigkeiten? Entspringen sie
nicht derselben Quelle wie die sogenannten Instinkte? Wie kann
man überhaupt angesichts des Lernens und der Kognition, die im
Leben von Schimpansen eine unübersehbare Rolle spielen, deren
Verhalten ausnahmslos als instinktgeleitet bezeichnen? Während
wir durchaus damit rechnen dürfen, daß die Definitionen von
Kultur auch weiterhin immer wieder so geändert werden, daß die
Affen davon ausgeschlossen bleiben sollen, erreichen die bislang
vorgeschlagenen Definitionen diesen Zweck jedenfalls nicht.[169]
Zur Kultur gehören Nachahmung und Lernen? Ihre Veränderungen müssen schnell erfolgen? Abgesehen von dem bereits erwähnten Problem, daß Mechanismen oder Funktionen dürftige
Kriterien sind, stellt sich erneut die Frage, wie die menschliche
Kultur dabei abschneiden würde. Die folgenden Elemente würden vermutlich nicht als kulturell betrachtet werden, wenn wir
uns an die Definitionen von Experimentalpsychologen hielten, die
sich auf das nachahmende Problemlösen konzentrieren:

– Kleidung, Schmuck, Geschmack an Farben
– Religion
– Vorliebe für bestimmte Speisen und Zubereitungen
– Musik, Kunst und Tanz
– Soziale Stile, z. B. egalitäre vs. hierarchische oder höfliche vs.
  ruppige Gesellschaften

Keines dieser Elemente hat viel mit Problemlösung zu tun. Wenn das der Prüfstein ist, dann haben weder der spanische Flamenco noch der schottische Kilt oder chinesisches Essen etwas mit Kultur zu tun. Der Hinweis ist überflüssig, daß wir den Begriff üblicherweise nicht in diesem Sinn gebrauchen. Dank der Herkunftsunterschiede zwischen meiner Frau und mir kenne ich feine, aber allgegenwärtige kulturelle Unterschiede aus erster Hand. Selbst nach Jahrzehnten des Zusammenlebens, können wir uns immer noch nicht einigen, wann es Zeit zum Essen ist, wir haben einen unterschiedlichen Geschmack bei Farben, und wir sind verschiedener Meinung darüber, was öffentlich erörtert werden darf und in welcher Form. Eine kulturelle Prägung erfolgt häufig allein durch das Leben in einer Kultur und durch die Macht der Gewohnheit. Wenn man sein ganzes Leben lang vor Eltern, Lehrern und anderen höherstehenden Personen verbeugt, wie soll man sich da jemals an eine Kultur gewöhnen, in der die Menschen aufrecht stehen, sich mit Handschlag begrüßen und einander mit ihren Vornamen anreden? Das ist die Wirksamkeit von Kultur in unserem Alltagsleben: eine Vielzahl von Einflüssen auf Sitten, Gewohnheiten, Vorlieben, Haltungen und Empfindlichkeiten.

Deshalb ziehe ich Imanishis Definition von Kultur als nichtgenetische Übermittlung von Verhalten vor. In eine solche Definition können wir sowohl den gesamten Reichtum der menschlicher Kultur einschließen als auch das Verhalten, das von anderen Tieren auf Weisen weitergegeben wird, die sich mit unseren überschneiden, aber mit ihnen nicht unbedingt identisch sind.

Bemerkenswerterweise hat Alfred Kroeber (trotz seiner These im Motto zu Beginn dieses Kapitels), nachdem er die umfassendste Übersicht über anthropologische Definitionen von Kultur vorgelegt hat, die Möglichkeit einer tierischen Kultur nicht ausgeschlossen. Er insistierte nicht auf den menschlichen Maßstäben – Sprache, Werte und eine vollentwickelte Nachahmung – als wesentlichen Elementen von Kultur. Nachdem er vom »Tanz« der Schimpansen Köhlers erfahren hatte, spekulierte Kroeber, daß wenn ein Affe einen neuen Tanzschritt oder eine neue Haltung kreiert habe, und diese Bewegungen von anderen übernommen

und standardisiert würde und die Generation des Erfinders über-
lebte – dann »könnten wir berechtigterweise der Überzeugung
sein, daß wir uns auf dem festen Boden einer Affenkultur befinden«.[170]

Indem wir eine breite, inklusive Definition akzeptieren, können wir die notwendige Verbindung zwischen einer menschlichen und einer tierischen Kultur herstellen, ohne in irgendeiner
Weise die Errungenschaften des Menschen zu entwerten. Die
Tatsache, daß Primaten gelegentlich ein Verhalten nachahmen,
das ihnen keinerlei Vorteile bringt, wie das Aneinanderschlagen
von Steinen oder eine bestimmte Methode des Trinkens, ist
äußerst aufschlußreich. Sie lehrt uns, daß es beim kulturellen
Lernen nicht um Belohnungen geht, sondern um Dazugehören
und Anpassung. Identifikation mit anderen und das Bedürfnis,
sich konform zu verhalten, sind Neigungen, die wir unschwer an
uns selbst erkennen, was sich in Begriffen wie *peer pressure* und
»Rollenmodell« ausdrückt. Wir können heute annehmen, daß
diese Neigungen, die allen Formen einer kulturellen Vermittlung
zugrunde liegen, weitaus älter sind als unser eigenes Dasein auf
diesem Planeten.

7.
Die Nußknackersuite

Abhängigkeit von Kultur in der Natur

»Bestimmte Arten von Information können nur auf dem Weg über Verhalten weitergegeben werden. Wenn die Übertragung solcher Informationen adaptiv ist, muß es einen starken Selektionsdruck für Kultur geben.«

John Bonner 1980

»Schimpansen würden ihre sogenannten Werkzeuge nicht schmerzlich vermissen. Sie würden andere Dinge finden, um sich zu ernähren, sie kämen ohne Arzneimittel aus und würden nicht aus Mangel an Schwämmen aus Blättern zugrunde gehen.«

Barry Allen 1997

Das Nüsseknacken ist eine so geräuschvolle Angelegenheit, daß ein französischer Kolonist im heutigen Staat Elfenbeinküste einmal vermutete, ein unbekannter Stamm im Urwald müsse Eisen schmieden. Ein portugiesischer Jesuit in Sierra Leone kam der Wahrheit näher, als er im frühen 16. Jahrhundert schrieb, er habe gehört, daß Schimpansen im Wald jeweils eine Handvoll Palmnüsse sammelten, um sie anschließend mit einem Stein aufzubrechen.[171] Mit einem Stein allein wäre das offensichtlich kaum möglich gewesen. Wir mußten bis 1951 auf den ersten Augenzeugenbericht warten, der in Gestalt einer halbseitigen Fußnote in einer wissenschaftlichen Zeitschrift erschien. Der Autor war Harry Beatty, ein in Liberia lebender Amerikaner, der von der enormen Bedeutung seiner Entdeckung vermutlich keine Ahnung hatte:

»Schließlich gelangte ich an den Rand der dunklen, verfilzten Vegetation und blickte auf den Pfad vor mir. Er war verlassen, aber in einer Entfernung von fünfundzwanzig Fuß bemerkte ich einen Haufen Nußschalen [...]. Einen Augenblick später schlenderte ein ausgewachsener Schimpansenmann um eine Biegung und trug einen Armvoll getrocknete Palmnüsse, wobei er sich auf seine rechten Fingerknöchel stützte. Er erreichte den Stein, setzte sich umständlich hin und suchte sich eine Nuß heraus. Dann nahm er einen Stein in die Hand und schlug damit auf die Nuß, die er auf [einen] Stein mit einer flachen Oberfläche gelegt hatte. Ich beobachtete ihn bei dieser Prozedur einige Minuten lang, bis ein Warnruf von weiter hinten den Trupp auseinanderjagte.«[172]

Der erste Primatologe, der dasselbe Verhalten beschrieb, war Yukimaru Sugiyama von der Universität Kyoto. Gemeinsam mit einem guineischen Kollegen, Jeremy Koman, fand Sugiyama im Wald von Bossou, Guinea, einen Haufen größerer und kleinerer Steine neben leeren Nußschalen. In der Oberfläche der größeren Steine, der Auflage, fanden sie flache Aushöhlungen, die darauf hindeuteten, daß diese Steine schon seit sehr langer Zeit benutzt worden waren. 1979 veröffentlichten die beiden Feldforscher einen Bericht über neunundzwanzig Stellen im Wald, wo Nüsse geknackt wurden, und drei direkte Beobachtungen von Affen, die der Reihe nach Nüsse auf die Auflage gelegt und ihre Schale mit kleineren Steinen zertrümmert hatten. Diese Hammersteine wogen weniger als ein Kilogramm, waren aber dennoch »etwas zu schwer für die Handhabung durch die Autoren«. Weil sich das Beobachtete ganz im dunklen Wald abspielte, konnten die Schimpansen bei ihrem Tun nicht fotografiert werden. Diese Beobachtungen wurden jahrelang von anderen Primatologen in Zweifel gezogen.[173]

Dorfbewohner in Bossou verwenden dasselbe Verfahren zum Öffnen derselben Nüsse. Die dafür benutzten Werkzeuge unterscheiden sich von denen der Schimpansen höchstens durch die etwas leichteren Hammersteine. Trotzdem sind die Stellen, an denen die Affen ihre Nüsse knacken, mit den entsprechenden Stellen der Dorfbewohner nicht zu verwechseln, da die letzteren sich nur selten in den Dschungel wagen und die Schimpansen ihrerseits die Dörfer meiden. Es bleibt unklar, ob eine der beiden Gruppen die Methode des Nüsseknackens von der anderen abgeschaut hat, und wenn ja, ob die Schimpansen sie von den Dorfbewohnern übernommen haben oder umgekehrt. In ihrem Aufsatz schreiben die Entdecker: »Dieses Werkzeug muß in seiner Art fast identisch mit den Werkzeugen des Frühmenschen gewesen sein. Hätte man sie an einer Grabungsstätte gefunden, dann hätten die Archäologen sie aufgrund der unnatürlichen Aushöhlungen auf den Oberflächen der Hammer- und der Auflagensteine höchstwahrscheinlich als menschliche Steinwerkzeuge betrachtet.«

Diese Bemerkung ist der Schlüssel zu der Skepsis, mit der die Entdeckung aufgenommen wurde. Steinwerkzeuge jedweder Art wurden stets ohne weiteres Menschen oder ihren direkten Vorläufern zugeschrieben; somit war es verwirrend zu hören, daß es möglicherweise noch andere Erzeuger von Werkzeugen gab. Wir wissen heute wesentlich mehr über das Nußknacken von Schimpansen, das als ihre komplizierteste Technik der Nahrungsbeschaffung gilt, da sie dabei zwei Werkzeuge gleichzeitig in präziser Koordinierung handhaben. Mangelndes Geschick kann verletzte Finger, ein Wegspringen der Nüsse oder eine zerstampfte Mischung aus Schale und Kern zur Folge haben. Menschen, die sich zum erstenmal in dieser Technik versuchen, müssen in der Regel frustriert aufgeben. Im folgenden schildern die beiden Primatologen Christophe Boesch und Hedwige Boesch-Achermann, wie Schimpansen tief im Taï-Wald der Republik Elfenbeinküste Nüsse knacken; sie benutzen extrem schwere Steine, um die härtesten Nüsse der Welt aufzubekommen, was eine außerordentliche Kraft und durchschnittlich dreiunddreißig Schläge erfordert, bevor die Früchte ihren Inhalt preisgeben:

»Um an die vier Kerne im Innern einer Pandanuß heranzukommen, muß ein Schimpanse einen Hammer mit äußerster Präzision führen. Immer wieder waren wir beeindruckt, wenn wir sahen, wie ein Schimpanse einen Zehnkilostein über den Kopf hob, vielleicht zehnmal oder öfter kräftig auf die Nuß schlug und dann mit demselben Stein nur noch ganz sanfte, vorsichtige Schläge aus einer Höhe von lediglich etwa zehn Zentimetern führte. Am Schluß brechen die Schimpansen häufig ein kleines Stück von einem Ast ab, um die winzigen Bruchstücke der Kerne aus dem Gehäuse herauszulösen.«[174]

Aber verwenden sie wirklich Werkzeuge, und brauchen sie sie überhaupt?

Daß Schimpansen mit einer so feinen Koordinierung ihrer Bewegungen arbeiten, daß man die Stellen, an denen sie Nüsse knacken, auch für »Werkstätten« von Steinzeitmenschen halten könnte, daß nur bestimmte in der Wildnis lebende Gemeinschaften die Kunst des Nüsseknackens beherrschen, daß weibliche Tiere darin besser sind als männliche und daß die jungen Affen mehrere Jahre benötigen, um sich die erforderliche Geschicklichkeit anzueignen – das alles haben wir in den letzten Jahrzehnten vor dem Hintergrund der Behauptung gehört, der Gebrauch von Werkzeugen sei eine rein menschliche Fähigkeit.[175] Und wenn die Werkzeuge als solche schon nicht allein dem Menschen vorbehalten waren, dann doch zumindest die Herstellung von Werkzeugen. Die klassischen Experimente von Wolfgang Köhler mit Schimpansen, im Verein mit Jane Goodalls bahnbrechenden Beobachtungen in der Wildnis – wo sie Schimpansen sah, die Zweige so zurechtstutzten, daß sie sich dazu eigneten, Termiten aus ihrem Bau zu holen, oder die Blätter kauten, um sie anschließend als Schwamm zu benutzen –, haben diesen Behauptungen praktisch den Boden entzogen.[176]

Dennoch kann man bis heute Einwände vernehmen. So unglaublich es klingen mag, Werkzeuge können so definiert werden, daß die von Schimpansen verwendeten Hilfsmittel offenbar etwas anderes sein müssen. Einige Wissenschaftler haben geltend gemacht, daß die menschliche Technik in Rollenkomplementarität, Symbolen, einer kooperativen Produktion und in einem Bildungswesen verankert ist. Ihrer Meinung nach ist die Bezeichnung »Werkzeug« nicht gerechtfertigt, wenn einige dieser Elemente oder alle fehlen, wenn also beispielsweise ein Schimpanse Nüsse mit Steinen knackt oder ein Bauer einen Holzsplitter als Zahnstocher benutzt.[177] Eine klare Grenzlinie ist nach dem Philosophen Barry Allen um so wichtiger, als Schimpansen ihre sogenannten Werkzeuge gar nicht wirklich *brauchen*. Ihm zufolge beruht das ganze Gerede von Affenwerkzeugen auf fragwürdigen Analogien, die nichts mit unserer eigenen Abhängigkeit von der Technik zu tun haben. In einer melodramatischen Passage beklagt er anschließend den Schaden, der bereits unserer Selbstwahrnehmung zugefügt wurde:

> »Der Glaube an das Werkzeug des Schimpansen hat sich bereits in der Geschichte und im Selbstverständnis der Technik als irreführend erwiesen. Wenn es eine wissenschaftliche Tatsache ist (wie zahlreiche Autoritäten bezeugen), daß Schimpansen Werkzeuge benutzen (richtige Werkzeuge wie die unsrigen), und wenn diese Werkzeuge überflüssig sind, das heißt, wenn die Schimpansen auch ohne sie auskommen können, dann läßt sich daraus der mögliche Schluß ziehen, daß auch Menschen Werkzeuge nicht unbedingt benötigen. Eine technische Kultur ist uns zwar zur Gewohnheit geworden, aber sie ist keine animalische Notwendigkeit, und es liegt im Bereich des Denkmöglichen, daß sie sogar überflüssig ist.«[178]

Ist das Selbstbild des Menschen wirklich so ungefestigt? Wir alle sind uns darüber im klaren, wie unentbehrlich Werkzeuge in unserem Alltagsleben sind – wir können nicht einmal einfache Küchenarbeiten ohne sie erledigen –, warum sollten wir also auf die Nachricht hin, daß Affen im Urwald Werkzeuge benutzen, sogleich zu dem Schluß gelangen, daß wir unsere Werkzeuge eigentlich nicht brauchen? Folgt das eine aus dem anderen? Davon abgesehen, wie kann man nur auf die Idee kommen, daß Affen auch ohne ihre Werkzeuge leicht überleben können? Nur vom Schreibtisch eines Philosophen aus ist es vorstellbar, daß wilde Schim-

230

pansen sich seit Generationen hinsetzen und mit schweren Steinen auf Nüsse einschlagen, ohne daß es dafür einen einsichtigen Grund gäbe.[179]

In der Hochsaison verbringen Schimpansen an manchen Beobachtungsstellen fünfzehn Prozent ihrer Wachzeit damit, Termiten aus ihren Hügeln herauszustochern. An anderen Stellen widmen sie denselben Anteil ihrer Zeit dem Nüsseknacken. Sorgfältige Messungen haben ergeben, daß sie aus dieser Tätigkeit neunmal soviel Kilokalorien Energie gewinnen, wie sie dabei verbrauchen.[180] Als Gen Yamakoshi Informationen über das Nüsseknacken der Schimpansen in Bossou erhob, stellte er fest, daß Nüsse für die Affen eine wichtige Ressource sind: Sie dienen als Überbrückungsnahrung, wenn die Hauptnahrung – Früchte der Saison – knapp wird. Während der Regenzeit gibt es weniger Früchte in den Bäumen, was die Schimpansen nötigt, vom verhältnismäßig leichten Obstpflücken zu Schwerarbeit zu wechseln. Ihre hauptsächliche Nahrung in dieser Zeit sind Palmnüsse, die sie mit Steinen aufschlagen, und Palmenmark, das sie durch sogenanntes Stößeln gewinnen. Hoch oben in einem Baum steht ein Schimpanse aufrecht am Rand der Baumkrone und stößt mit einem Blattstengel so lange in den Blattansatz, bis sich ein tiefes Loch gebildet hat, dem Fasern und Saft entnommen werden können.

Diese beiden Sorten der Nahrung, die das ganze Jahr hindurch verfügbar sind, werden immer dann genutzt, wenn das Angebot an Baumfrüchten zurückgeht. Demnach ist der Gebrauch von Werkzeugen alles andere als ein Freizeitvergnügen oder ein Hobby, sondern die Anwendung einer lebenswichtigen Fertigkeit. Wenn man bedenkt, daß bereits geringfügige Einschränkungen der Nahrungsaufnahme Gesundheit, Überleben und Fortpflanzung beeinträchtigen können, genießen Schimpansen mit der geeigneten Technik einen adaptiven Vorteil. Yamakoshi schreibt die relativ hohe Reproduktionsrate der Affenpopulation in Bossou ihrer effektiven Nutzung der verfügbaren Nahrung zu. Verständlicherweise vertritt er den Standpunkt, wenn die Unverzichtbarkeit von Werkzeugen für das Überleben in die Definition von Kultur eingehe, müsse man auch seinen Schimpansen Kultur zubilligen.[181]

Allens Behauptung, daß Werkzeuge für uns wesenskonstitutiv sein müssen, da alle menschlichen Kulturen sie kennen, gilt in gleicher Weise auch für die Schimpansen. Wir kennen keine wilde Schimpansenpopulation ohne Werkzeuge; somit sind Behauptungen, in dieser Hinsicht beständen gravierende Unterschiede zum Menschsein, recht problematisch. Es ist zwar immer noch möglich, vielleicht sogar wahrscheinlich, daß nicht jede bekannte Technik von Schimpansen zum Überleben beiträgt. Doch dasselbe kann man auch von unseren eigenen Werkzeugen sagen, deren Wichtigkeit vom Unentbehrlichen bis zum Belanglosen reicht. Wir werden auf diesen Punkt noch zurückkommen, da die Behauptung, Affen seien auf ihre Werkzeuge eigentlich nicht angewiesen, sondern benutzten diese nur als eine Art Spielzeug oder Zeitvertreib, den durchsichtigen Versuch darstellt, die Bedeutung ihrer Tätigkeit herunterzuspielen. Sie ist ein Bestandteil des Mythos, daß wir Menschen mit unserer Natur gebrochen hätten, während Tiere noch in ihrer Natur befangen seien.

Hände schütteln

1992 sah ich zum erstenmal zwei Schimpansenfrauen in der Feldstation des Yerkes Primate Center, die sich einen Händedruck gaben. Die beiden saßen in einem Klettergerüst und pflegten einander das Fell, als plötzlich die eine, Georgia, die Hand der älteren Peony nahm und beider Hände hoch in die Luft reckte. So saßen sie in einer vollkommen symmetrischen A-Haltung, und jede lauste die Achselhöhle des gereckten Arms der anderen (s. Bildteil).

Ich erkannte die Haltung aus einem Aufsatz wieder, den die beiden Schimpansenbeobachter William McGrew und Caroline Tutin 1978 veröffentlicht hatten.[182] Den Aufsatz hatte ich mir aufgehoben, weil er die erste Schilderung eines Verhaltens von wildlebenden Schimpansen enthielt, zu dem ich absolut keine Entsprechung bei irgendeiner in Gefangenschaft lebenden Gruppe kannte. Natürlich gibt es noch andere Dinge, die wildlebende Affen tun, wie die Nahrungssuche in Bäumen oder Kämpfe mit Nachbarn, die man in Zoos oder Forschungsstationen nicht beobachten kann, aber das liegt nur daran, daß die Umstände es nicht erlauben. Alles übrige für sie typische Verhalten, vor allem in Verbindung mit ihrem sozioemotionalen Leben, zeigen Schimpansen ausgiebig auch in Gefangenschaft. Selbst das Gegenteil trifft zu: Ein Verhalten, das zuerst in Gefangenschaft beobachtet wurde, sieht man gelegentlich später auch in der freien Natur. So laufen beispielsweise gegenwärtig, angeregt durch meine Untersuchungen im Arnheimer Zoo über Versöhnungen nach Kämpfen, mindestens drei Projekte zur Dokumentierung dieses Prozesses in freier Wildbahn. Ganz allgemein bin ich überzeugt, daß Schimpansen zumindest in ihrem sozialen Leben im Urwald wesentlich vor Problemen derselben Art stehen wie unter bekannten Bedingungen in Zoos oder Forschungsstationen. Sie gelangen zu denselben Lösungen, ob es um Beziehungen zwischen Mutter und Nachkommen geht, um Machtpolitik oder den gegenseitigen Austausch von Gefälligkeiten. Auch ihre Kommunikation in Form von Rufen und Gesichtsausdruck ist unter beiden Bedingungen im wesentlichen dieselbe.

Aufgrund dieser fundamentalen Ähnlichkeit fand ich es faszinierend, daß wilde Schimpansen sich auf eine so ungewöhnliche Art und Weise der gegenseitigen Fellpflege hingaben. Allerdings tun dies nicht alle Schimpansen, und das war genau der Punkt, auf den es McGrew und Tutin in ihrem Aufsatz ankam. Die beiden Forscher hatten sich mit dem Verhalten der Schimpansen im Nationalpark Gombe in Tansania ausgiebig vertraut gemacht, bevor sie eine andere Feldstation in den Mahalebergen besuchten. Sie hatten keinen Grund, mit auffallenden Unterschieden zwischen beiden Gemeinschaften zu rechnen, weil es sich um dieselbe Unterart von Schimpansen am selben Ostufer des Tanganjikasees handelte, nur hundertsiebzig Kilometer weit entfernt. Dennoch beobachteten sie bei den Mahale-Schimpansen eine häufige gegenseitige Fellpflege mit Händedruck, während dieses Verhalten in Gombe völlig unbekannt war.

Die Mitarbeiter des Forscherteams in Mahale unter der Leitung von Toshisada Nishida waren natürlich vertraut mit dem Händedrücken, hatten bis dahin jedoch noch nicht gemerkt, daß sie auf ein einzigartiges Verhalten gestoßen waren. Deshalb ist es so wichtig, daß Feldforscher sich gegenseitig auf ihren Stationen besuchen. Wenn man nur eine einzige Gemeinschaft kennt, kommt man leicht auf den Gedanken, dieses oder jenes Verhalten sei typisch. Aufgrund ihres Besuchs waren McGrew und Tutin die ersten, welche die Annahme eines »typischen« Verhaltens von Schimpansen ernsthaft in Frage stellten. Sie führten kühn den Begriff des »sozialen Brauchs« ein, um das Händedrücken der Mahale-Schimpansen zu beschreiben.

Vor diesem Hintergrund ist leicht zu sehen, warum mich die Entdeckung erregte, daß es denselben Brauch bei meiner eigenen, in einem Freigehege lebenden Gruppe von zwanzig Schimpansen gab, was diese zur ersten (und bislang einzigen) in Gefangenschaft lebenden Schimpansengemeinschaft macht, an der das »Grooming mit Händedruck« der wildlebenden Schimpansen beobachtet wurde. Vorteilhaft war, daß der Brauch sich anscheinend noch in einem Frühstadium befand. Anstelle einer wildlebenden Gemeinschaft, die ihn vielleicht seit Jahrhunderten oder noch länger pflegte, hatten wir hier eine Gruppe vor uns, in der das Verhalten anfangs äußerst selten auftrat (während des ersten Beobachtungsjahrs wurden nur ein Dutzend Fälle registriert) und stets vom selben Individuum – Georgia, die es wahrscheinlich aufgebracht hatte –, initiiert wurde.

Georgia wird liebevoll als unser Quälgeist bezeichnet. Geboren von einer der älteren Frauen der Gruppe, Borie, liebt sie es, einen Streit vom Zaun zu brechen, indem sie etwa eine andere Schimpansin zu einem Kreischgefecht provoziert, um sich erst zurückzuziehen, wenn die Bosse sich einmischen. Sie ist der besitzgierigste Affe, den ich je bei unseren Tests erlebt habe, wer wem wieviel von seinem Futter abgibt. Wenn wir zu diesem Zweck große Bündel aus Zweigen in das Gehege werfen, sammeln sich normalerweise die Schimpansen um diejenigen, die ein Bündel ergattert haben, und bitten um einen Anteil. Doch bei Georgia versuchen sie es gar nicht erst, weil es verlorene Mühe wäre. Georgia ist eine

Schimpansin besonderer Art, die ich schon kannte, als sie noch klein war, weil ich etwa sechs Jahre bevor ich meine Stelle am Yerkes Primate Center antrat, hier im Rahmen eines Sonderprojekts einen Frühjahrsbesuch gemacht hatte. Obwohl ich damals Hunderte von Stunden mit Beobachtungen zubrachte, habe ich kein einziges Grooming mit Händedruck gesehen.

Im Lauf der Jahre verfolgten mein Assistent Mike Serres und ich aus nächster Nähe die Verbreitung dieses Musters, ausgehend von einem gelegentlichen Händedruck zwischen Georgia und ihrer erwachsenen Schwester Borie zu Händedrücken zwischen Mitgliedern ihrer Familie ohne Georgias Beteiligung.[183] Noch später konnte das Muster auch unter anderen ausgewachsenen Tieren beobachtet werden. 1996, nachdem wir Georgia zu einer anderen Gruppe verlegt hatten, wurde das Verhalten weiter beibehalten. Es wies damit ein wesentliches Merkmal von Kultur auf: Unabhängigkeit von einem Urheber. Als Georgia Jahre später wieder in die Gruppe kam, war das Händedrücken bei allen adulten Schimpansen, Männern und Frauen gleichermaßen, zu einer festen Gewohnheit geworden.

Die Weitergabe erfolgte langsam und nahm mehrere Jahre in Anspruch, obwohl der Lernprozeß einfach schien. Schließlich brauchten die Schimpansen hier nicht zu lernen, indem sie andere beobachteten. Höchstwahrscheinlich wurden sie zum erstenmal zu einer Haltung des Händedrucks von einem anderen Schimpansen gebracht, der ihre Hand nahm und in die Höhe reckte. Nishida verglich dies mit der Art und Weise, wie manche Lernpsychologen bei ihren Affen Gesten der amerikanischen Zeichensprache ASL »formen«, indem sie deren Arm oder Hand beugen und bewegen. Schimpansen sind äußerst feinfühlig gegenüber dem, was Artgenossen von ihnen wollen, beispielsweise wenn der eine Partner beschließt, in den Schatten zu gehen, und den anderen buchstäblich bei der Hand nimmt und ihn zu der gewünschten Stelle führt. Man wird eine solch freundliche, verständnisvolle Koordination bei kleineren Affen vergeblich suchen, und es ist wahrscheinlich, daß diese Willfährigkeit die Verbreitung des Händedrückens ermöglicht hat. Nach mehrmaligem Händedrücken mit einem anderen Schimpansen kann dieselbe kinästhetische Erfahrung mit anderen nacherschaffen werden. Nachdem wir Hunderte solcher Gesten des Händedrückens dokumentiert und eine allmähliche Zunahme der Dauer dieser Körperhaltung von weniger als einer Minute bis hin zu über drei Minuten beobachtet hatten, gelangten wir zu dem Schluß, daß die Verbreitung kulturell erfolgt war: Sie bewegte sich entlang sozialer Linien, erfaßte schließlich alle erwachsenen Mitglieder der Gemeinschaft und wurde zu einem gruppenspezifischen Merkmal.

Wie bei geheimen Handschlägen in unseren eigenen Gesellschaften kann der Händedruck bei Schimpansen sogar zu einem *Symbol* der Gruppenzugehörigkeit werden. Das empfand ich besonders stark, als Socko, damals ein rasch wachsendes adoleszentes Tier, nach mehrmonatiger Abwesenheit in die Gruppe zurückkehrte. Er hatte mit dem Alphamann Jimoh gekämpft und war aus der Gruppe genommen worden, damit seine Verletzungen behandelt werden konnten. Bei seiner Rückkehr brach ein heftiger Tumult los, bei dem Jimoh Socko erneut anzugreifen versuchte, doch die Frauen sprangen diesem zu Hilfe. Zum Glück passierte nichts Ernsthaftes, und Stunden später versammelte sich die ganze Gruppe auf einem Klettergerüst, um alle Spannungen in gegenseitiger Fellpflege abzubauen. Dabei hockten sie ungewöhnlich dicht aufeinander, und ich sah, wie Socko sich von einem Partner zum nächsten bewegte. Er stand offensichtlich im Mittelpunkt der Aufmerksamkeit. Mit jedem Händedruck – und es gab viele – schien es, als bestätigte die Gruppe, daß er einer von ihnen war, einer, der dazugehörte.

Die »Bronx Cheer« und andere lokale Varianten

Die vorangegangenen Schilderungen des Nüsseknackens und Händedrückens bei der sozialen Fellpflege zeigen lediglich zwei von zahlreichen kulturellen Varianten bei Schimpansen, die eine mit unzweifelhaftem Überlebenswert, die andere ohne sichtbare Vorteile. Neue Varianten werden fast jeden Monat entdeckt: Die Erforschung der Schimpansenkultur hat gerade erst begonnen.

Ein Großteil dieser Arbeit wird in der freien Natur geleistet, doch bei Untersuchungen in Zoogehegen kann die Ausbreitung eines Verhaltens detaillierter verfolgt werden. So habe ich eine Gruppe Bonobos im Zoo von San Diego untersucht, die bei der sozialen Fellpflege gewohnheitsmäßig ihre Hände oder Füße zusammenschlugen oder sich mit der Hand auf die Brust trommelten. Eine Bonobofrau setzte sich einer anderen gegenüber, klatschte mehrmals in die Hände, begann dann das Gesicht ihres Gegenübers nach Läusen abzusuchen und unterbrach diese Tätigkeit mehrfach durch Händeklatschen. Damit wurde der Zoo von San Diego zum einzigen Ort auf der Welt, an dem man wirklich *hören* kann, wie die Affen ihre soziale Körperpflege betreiben. Wenn neue Individuen zu der Gruppe hinzukamen, brauchten sie Beobachtungen zufolge etwa zwei Jahre, um sich dieses Verhalten ebenfalls anzueignen. Da der Zoo von San Diego Bonobos an andere Zoos ausgeliehen hat, wäre es lehrreich, sie zu beobachten und festzustellen, ob sie das Muster weitergeben.[184]

Dieselben Bonobos entwickelten spezielle spielerische Aktivitäten wie Blindekuh und ein Spiel, das ich »Grimassenschneiden« getauft habe. Beim ersten Spiel legte ein juveniler Affe den ganzen Arm über sein Gesicht oder drückte sich die Daumen in die Augen und stieg hoch oben in einem Klettergerüst herum, wobei er gelegentlich fast das Gleichgewicht verlor oder irgendwo anstieß. Es war ein solitäres Spiel, doch sobald einer der jungen Affen damit angefangen hatte, folgten häufig andere nach. Der Jüngste unter ihnen traute sich nicht richtig und hielt bei seinem Gang in der Regel nur ein Auge bedeckt. Das andere Spiel bestand darin, Grimassen zu schneiden, die mit Sicherheit nicht zum artspezifischen Repertoire gehörten, wie eingesaugte Wangen oder kauende Mundbewegungen. Dieses Spiel wurde von allen juvenilen Affen gespielt. Sie schnitten sich die Grimassen nicht gegenseitig, sondern saßen einfach herum und grimassierten ohne jeden ersichtlichen Anlaß. Da ich nichts gesehen habe, das diesen Spielen bei anderen Bonobos und übrigens auch bei Schimpansen in irgendeiner Weise ähnlich gewesen wäre, nehme ich an, daß sie einzigartige Neuerungen der Kolonie in San Diego darstellen.[185]

Im Yerkes Primate Center haben wir eine Schimpansengruppe, in der viele Affen während der gegenseitigen Fellpflege hörbar mit den Lippen schmatzen, ein Verhalten, das in anderen Gruppen selten vorkommt. Und eine zweite Gruppe, dieselbe, die sich bei der gegenseitigen Fellpflege die Hände drückt, hat eine Möglichkeit entdeckt, nach Feuerameisen zu angeln. Im Gehege selbst gibt es keine Ameisennester, weil sie von den Schimpansen restlos zerstört werden, doch wenn Ameisen außerhalb des Zauns in dessen Nähe einen Bau aus rotem Lehm errichten, suchen die Schimpansen innerhalb des Geheges nach langen Zweigen, die sie durch den Zaun zu den Ameisen schieben. Diese klettern auf den Zweig, der anschließend von den Schimpansen abgegessen wird, so wie es auch wilde Schimpansen tun. Das ist eine Gruppentätigkeit, die wir bei unseren übrigen Schimpansen noch nie beobachtet haben.

In einem anderen Projekt von Andrew Marshall und seinen Mitarbeitern wurden die typischen, langsam ansteigenden Huhhuh-Rufe von Schimpansen, die sogenannten *pant-hoots*, in zwei amerikanischen Zoos miteinander verglichen.[186] Sonogramme zeigten, daß die adulten Männer in jedem Zoo eine bestimmte Sequenz dieser Schreie hatten, deutlich unterscheidbar an der Anzahl der *build-up calls* und der Dauer des höchsten Schreis. Die Schreie der Männer in jeweils einem Zoo klangen sehr ähnlich, unterschieden sich jedoch von denen des anderen Zoos. Das ist bemerkenswert, da die Männer eines Geheges ganz unterschiedlicher Herkunft und somit nicht miteinander verwandt waren. Sie mußten einen Prozeß kultureller Konvergenz durchlaufen haben, der in einem einheitlichen Lokaldialekt resultierte. Einer der Männer entwickelte sogar eine »Bronx Cheer«-Variante, bei der er ein schnaubendes Geräusch in seine Schreie einbaute. Dieser einzigartige Rufstil wurde lediglich von fünf weiteren Männern seines Zoos übernommen und war bei den Schimpansen des anderen Zoos völlig unbekannt.

Wie instruktiv auch alle diese Untersuchungen sein mögen, indem sie zeigen, wie Affen von sich aus gruppentypische Signale und Bräuche entwickeln, die meisten Berichte über kulturelle Varianten, die vielfach den Gebrauch von Werkzeugen betreffen, erreichen uns doch von den Beobachtungsstationen in freier Wildbahn. So hat man Schimpansen in Bossou dabei beobachtet, wie sie Blätter auf dem Boden auslegten, um zu vermeiden, daß sie unmittelbar auf dem feuchten Erdreich saßen. Wir wissen nichts darüber, seit wann die Schimpansen diese sogenannten »Blätterkissen« benutzen.[187] Auf einer anderen Station, in Sierra Leone, stiegen Schimpansen auf Kapokbäume, um Früchte zu pflücken; doch diese Bäume sind voll von spitzen Dornen, die es für die Affen ziemlich mühselig machen, sich in der Krone zu bewegen. Sie haben jedoch eine einzigartige Lösung gefunden, die ihnen erlaubt, sich länger auf den Bäumen aufzuhalten als ihre Artgenossen an anderen Standorten. Sie brechen kleine, biegsame Zweige ab und legen sie so auf die Dornen, daß sie eine Trittstufe oder auch eine Auflage zum Sitzen erhalten. Es kommt auch vor, daß ein Affe einen Trittstock quer zwischen den Zehen hält, der wie eine schützende Sohle wirkt und von Rosalind Alp, der Forscherin, die ihn als erste beschrieben hat, als »Schuhwerk« bezeichnet wurde.[188] Diese Innovation zeigt, daß Werkzeuge von Affen – ebenso wie menschliche Haarbänder und Stühle – manchmal auch der Bequemlichkeit dienen können statt ausschließlich der Beschaffung von Nahrungsmitteln.

Darüber hinaus häufen sich die Belege für Selbstmedikationen. Bestimmte Formen sind weit verbreitet, zum Beispiel das Fressen von Ton, der absorbierende Bestandteile enthält, ähnlich wie Kaopectate, ein in den USA im Handel erhältliches Mittel gegen Durchfall und Magenbeschwerden. Affen sind dafür bekannt, daß sie das bittere Mark bestimmter Pflanzen kauen und ganze Blätter von anderen Pflanzen schlucken, von denen man in beiden Fällen annimmt, daß sie eine heilende Wirkung ausüben. Michael Huffman hat Schimpansen beobachtet, welche die äußere Rinde und Blätter junger Schößlinge von *Vernonia amygdalina* entfernten, um an den darin enthaltenen extrem bitteren Saft zu gelangen. Fast alle diese Schimpansen litten unter Durchfall, Teilnahmslosigkeit und Wurmbefall. Eine Kotanalyse ergab bei einem Schimpansen einen auffälligen Rückgang des Nematodenbefalls, nachdem er bitteres Mark gekaut hatte; dagegen blieb die Zahl der Nematoden bei Schimpansen, die dieses Mark nicht gekaut hatten, unverändert. Rinde und Blätter derselben Pflanze enthalten Toxine, die Labormäuse töten können, doch die Schimpansen haben offenbar gelernt, diese Teile zu meiden und nur die heilenden Substanzen aufzunehmen. Bei vielen afrikanischen Stämmen ist *Vernonia* ein wesentlicher Bestandteil von Heiltränken zur Behandlung von Malaria, Ruhr und zur Bekämpfung mehrerer Arten von Darmparasiten.

Die vielleicht bekannteste Entdeckung – von Richard Wrangham und Nishida – betrifft die Einnahme von *Aspilla*-Blättern durch Schimpansen in Gombe und Mahale. Vor ihrem Verzehr werden diese auf ihrer Oberseite pelzigen, rauhen Blätter sorgfältig mit Zunge und Gaumen gefaltet, so daß sie im Ganzen heruntergeschluckt werden können. Da sie nicht zerkaut werden, gelangen sie unverdaut in den Kot. Schimpansen schlucken diese Blätter gern am Morgen, bevor sie auf Nahrungssuche gehen. Huffman hat gezeigt, daß die Blätter als mechanisches Mittel zur Ausscheidung innerer Parasiten dienen. Seit seiner erstmaligen Entdeckung hat man das Schlucken von Blättern bei zahlreichen Schimpansenpopulationen in ganz Afrika beobachtet, wobei über dreißig verschiedene Pflanzenarten eingenommen wurden. Regionale Unterschiede in der Wahl der Pflanzen deuten auf eine kulturelle Vermittlung.[189]

Wir wissen nichts darüber, wie Schimpansen im Urwald gelernt haben, zur Selbstmedikation das Mark von Bitterholzgewächsen zu kauen und Blätter zu schlucken. Das Experimentieren mit neuartiger Nahrung, vor allem bei ungenießbaren oder bitter schmeckenden Pflanzen, ist bei ihnen nicht üblich. Vielleicht wurden die medizinischen Eigenschaften bestimmter Pflanzen durch Zufall während einer Periode der Nahrungsknappheit entdeckt. Nachdem dieses Verhalten sich einmal verfestigt hatte, beobachteten die Jungen, daß ihre Mütter diese Pflanzen aufnahmen, und zwar auf ungewöhnliche Weise. Das hat die Jungen möglicherweise dazu bewogen, die Pflanzen selbst auszuprobieren. Vorläufig sind das jedoch alles reine Spekulationen. Da die Selbstmedikation in der Hauptsache offenbar nur durch die Beobachtung anderer erworben werden kann und vermutlich das Überleben begünstigt, nimmt sie im Programm der Forschungen zur Schimpansenkultur einen besonderen Rang ein.

Auf welche Weise Verhalten weitergegeben wird, ist eines der großen Rätsel der Kulturprimatologie, und es läßt sich nur experimentell lösen. Forschungen in der freien Natur ergaben jedoch starke Anhaltspunkte dafür, wonach wir suchen müssen. Zum einen lassen Beobachtungen an Primaten in natürlicher Umgebung vermuten, daß die übliche Methode im Labor, bei der menschliche Versuchsleiter den Affen bestimmte Handlungen vormachen, fehlerhaft ist. Dieses Verfahren mag gelegentlich funktionieren, doch es ist unwahrscheinlich, daß die Evolution die Tiere mit einer starken Tendenz ausgestattet hat, fremde Artgenossen oder gar Angehörige einer anderen Spezies nachzuahmen. Wie im vorigen Kapitel erörtert, ist der typische Kontext der eines BIOL, bei dem Mütter, Peers und andere bevorzugte Mitglieder der Gruppe am ehesten nachgeahmt werden. Der Wunsch, sich anzupassen, motiviert gleichsam den aktuellen Lernprozeß und liefert seinen Hauptanreiz.

Kratzt du mir meinen Rücken...

Die einfachste Form der Übermittlung von tierischem Verhalten läßt sich an dem Kampf zwischen Milchmännern und Blaumeisen im England der dreißiger Jahre veranschaulichen. Damals wurde die Milch noch in Flaschen angeliefert und vor die Haustür gestellt. Die Flaschen hatten einen Deckel aus Karton; unmittelbar darunter befand sich eine dünne Schicht Sahne, die sich oben abgesetzt hatte. Blaumeisen haben die Angewohnheit, die Rinde von Bäumen abzuziehen, um festzustellen, ob sich darunter In-

Margaret La Farge

Eine Blaumeise macht sich über die Sahneschicht einer Milchflasche her, nachdem
sie in deren Aluminiumkapsel ein Loch gepickt hat. Als die Milch in England noch
an die Haustür geliefert wurde, verbreitete sich diese Technik der Futterbeschaf-
fung wie ein Lauffeuer. Nachdem sie auf bereits geöffnete Flaschen gestoßen waren, waren bislang »unwissende« Vögel vermutlich in der Lage, sich die Sache
selbst zusammenzureimen. (Zeichnung von Margaret La Farge, mit freundlicher
Genehmigung der Künstlerin)

sektenlarven befinden; somit war für sie das Aufreißen eines Kar-
tondeckels möglicherweise ein natürliches Verhalten, das sogleich
mit einer Portion Sahne belohnt wurde. Nachdem erst einmal ein
Vogel diese Gewohnheit angenommen hatte, fanden vielleicht andere Meisen Milchflaschen vor, deren Deckel bereits von diesem
Pionier geöffnet worden waren, probierten die Sahne und machten sich daraufhin selbst begierig daran, weitere Flaschen zu öffnen. Auch Aluminiumkapseln anstelle der Kartondeckel waren
kein Hindernis für die Vögel, und die Gewohnheit breitete sich
nach und nach auf alle Städte der Britischen Inseln aus.[190]

In meinen Augen ist Kultur ein *soziales* Phänomen, was bedeutet, daß das Beispiel von anderen notwendig ist, bevor ich eine
Gewohnheit als kulturell erlernt bezeichnen kann. Das Öffnen
von Milchflaschen durch Blaumeisen erfüllt diese Bedingung
nicht, da unklar ist, ob es für die Vögel tatsächlich notwendig
war, ihre Artgenossen zuvor dabei zu *beobachten*. Vielleicht haben sie es aufgrund einer Umweltmodifizierung durch andere Vö-

242

gel gelernt. Für mich gehört die Übertragung eines Verhaltens ohne Modelle in eine gänzlich andere Kategorie als beispielsweise die Art und Weise, wie die Affen auf Koshima die Gewohnheit entwickelten, ihre Süßkartoffeln im Meer zu waschen. Die Tatsache, daß diese Gewohnheit sich zuerst innerhalb von Familien und Gleichaltrigen ausgebreitet hat, läßt stark vermuten, daß die Verknüpfung zwischen Kartoffeln und Meer in einem sozialen Kontext erlernt wurde, wahrscheinlich als Folge des engen Kontakts zu anderen, die bereits dieselbe Gewohnheit praktizierten. Man beobachtete sie und probierte heruntergefallene Kartoffelstücke. Ein solches Verhalten erfüllt für mich die Bedingungen für kulturelles Lernen.

Solche Beispiele beschränken sich keineswegs auf Primaten. Ein weiterer gut untersuchter Fall ist der von Dachratten, die in einem Kiefernwald überlebten. Ich sehe in den Eichhörnchen vor meinem Fenster immer Ratten mit buschigen Schwänzen, nur daß Eichhörnchen natürlich vollkommen an ein Leben auf Bäumen angepaßt sind, wie es bei Ratten niemals der Fall ist. Ratten gehören nicht auf Bäume, doch in einem vor kurzem in Israel angelegten Wald, in dem es keine Eichhörnchen gibt, haben Ratten sich eine Lebensgrundlage geschaffen, indem sie die Samen aus den Tannenzapfen herausholen. Sollte ein Mensch das mit einem Taschenmesser versuchen, so wird er schnell feststellen, wie mühsam dieses Unterfangen ist. Bei einem Laborversuch erhielt diese Rattenspezies mehrere Wochen lang keinerlei Nahrung außer den Tannenzapfen, doch nicht einmal drei Prozent der adulten Tiere lernten von allein, wie man an den Samen herankam. Dieses Wissen ist keine genetische Eigenschaft, denn junge Ratten von Müttern, die sich auf das Öffnen der Zapfen verstehen, sind nicht in der Lage, es zu lernen, wenn sie von Weibchen aufgezogen werden, die es nicht haben. Höchstwahrscheinlich lernen die Jungen die Technik, indem sie sich bei der Futtersuche der Mutter in den Bäumen in ihrer Nähe halten und nach ihr am selben Zapfen knabbern. Es reicht schon, wenn sie lernen, daß sich unter den Samenschuppen etwas Gutes zum Fressen befindet; wie sie daran gelangen, können sie selbst herausfinden. Da sie diese Fähigkeit in einem sozialen Umfeld erwerben, handelt es sich um eine kulturelle Tradition, die zudem einen hohen Überlebenswert hat. Biologisch sind diese Nager Ratten, doch kulturell sind sie auf dem besten Weg, Eichhörnchen zu werden.[191]

Bei komplexeren Formen des Lernens kopiert ein Individuum die Handlungen eines anderen. Untersuchungen an Großen Menschenaffen legen die Vermutung nahe, daß diese Tiere nicht nur darauf achten, *wo* ihre Artgenossen, sondern auch, *wie* sie sich Nahrung verschaffen. Das Kopieren der Methoden eines anderen, das experimentell demonstriert wurde, kommt der Nachahmung sehr nahe.[192] Carel van Schaik hat die Vermutung geäußert, daß Toleranz eine Vorbedingung für ein solches Lernen ist. Van Schaik entdeckte in einem Torfmoor bei Suaq Balimbing auf Sumatra eine Gruppe von Orang-Utans mit einer hochentwickelten Werkzeugtechnik. Bislang hatte der Orang-Utan noch nie eine besondere Neigung zum Gebrauch von Werkzeugen in der Wildnis gezeigt, auch wenn er im Zoo vermutlich am geschicktesten unter allen Tieren mit Werkzeugen umgeht. Wie um meine frühere Behauptung zu illustrieren, daß es ungewöhnlich wäre, wenn bestimmte Fähigkeiten an Tieren in Gefangenschaft nicht auch in freier Wildbahn ihren Ausdruck fänden, stochern die Orang-Utans von Suaq Balimbing mit Zweigen in den Nestern von stachellosen Bienen, um an deren Honig zu gelangen; sie verschaffen sich die Samenkörner aus Neesia-Früchten mit Hilfe kurzer Stöckchen, die ihnen als Keile und als Löffel dienen. Die Samenkörner sind von verfilzten Haaren umgeben und können deshalb nicht mit der Hand herausgeklaubt werden. Diese Affen machen aus Zweigen Werkzeuge, indem sie sie brechen, ihre Blätter abstreifen oder auf ihren Enden kauen, damit sie ausfransen.

Nach van Schaik ist es leichter, sich auf eine Aufgabe zu konzentrieren, die ein Werkzeug erfordert, und auf diese Weise dessen effizientesten Gebrauch zu entdecken, wenn man dabei nicht ständig aus Mißtrauen gegenüber neugierigen Rivalen über die Schulter blicken muß. Die Orang-Utans von Suaq Balimbing sind für ihre Spezies bemerkenswert gesellig und tolerant, was die Übertragung von Fertigkeiten begünstigt, da andere aus nächster

Nähe verfolgen können, was ihre geschickteren Artgenossen mit Werkzeugen anstellen. Darin besteht möglicherweise das Geheimnis ihrer besonderen Werkzeugkultur; wenn niedrigrangige Individuen es nicht wagen, einem dominanten Artgenossen bei der Arbeit zu nahe zu kommen, und ihren Blick abwenden müssen, um keine Aufmerksamkeit auf sich zu ziehen, wird es schwierig sein, ein kulturelles Repertoire aufzubauen.[193]

Bei manchem Verhalten ist unklar, wie seine Übertragung erfolgt sein könnte. Während meiner Zeit in Japan erfuhr ich von zwei verblüffenden Beispielen, beide in Verbindung mit der am meisten verbreiteten sozialen Aktivität von Primaten: der gegenseitigen Fellpflege. Ichirou Tanaka führt die vielleicht penibelste Untersuchung von Tierverhalten durch, die mir bekannt ist; dabei geht es um die exakte Technik, mit der ein Japanmakake bei der sozialen Fellpflege Läuseeier aus den Haaren eines Artgenossen entfernt. Läuseeier sind wie winzig kleine Krapfen, die an der Wurzel eines Haars festsitzen. Sie müssen gelockert, zwischen Daumen und Zeigefinger gehalten und bis zur Haarspitze hochgezogen werden, bevor der aktive Partner bei der Fellpflege sie zum Mund führen und verspeisen kann. Nachdem er mehr als viertausend Sequenzen dieses Vorgangs in Nahaufnahme und Zeitlupe auf Videoband aufgenommen und untersucht hatte, stellte Tanaka fest, daß manche Affen diese Aufgabe besonders gut lösten (indem sie die Eier mit einer einzigen drehenden und hochziehenden Bewegung entfernten), während das Ergebnis bei anderen einfach lausig war. Man könnte denken, daß der Unterschied sich aus unterschiedlichen Erfahrungen erklärt, doch Tanaka stellte keinen Zusammenhang zwischen Alter und Geschicklichkeit der lausenden Affen fest. Das Leistungsniveau hing vielmehr von der Familie ab, aus der ein Affe stammte. Da es ziemlich unwahrscheinlich ist, daß eine derart spezialisierte Fertigkeit genetisch determiniert ist, muß sie erlernt sein. Achten Affen wirklich so sehr aufeinander, daß sie erkennen, wie ihre Verwandten bei der Fellpflege jedes einzelne Läuseei entfernen? Es ist schwer vorstellbar, aber nicht unmöglich.[194]

Das zweite Beispiel, erstmals von Linda Marchant als Gewohnheit erkannt, stammt von den Schimpansen in den Mahalebergen. Dort kann man beobachten, wie ein Schimpanse zu einem anderen geht, ihm mehrmals mit den Fingernägeln ausgiebig den Rücken kratzt und sich dann neben ihn setzt, um ihm das Fell zu pflegen. Dabei kann es vorkommen, daß er ihm zwischendurch immer wieder einmal den Rücken kratzt. Dieses äußerst einfache Verhalten dürfte für ein Tier, das sich regelmäßig selbst kratzt, eigentlich nicht schwer zu erlernen sein. Doch das ist der Haken: Gewöhnlich kratzt man sich, weil es juckt, und fühlt sich danach erleichtert. Einen anderen zu kratzen ist dagegen wirklich etwas anderes, weil der Kratzende keine Belohnung dafür erhält.

Ein zweites Rätsel besteht in der Frage, warum dieses Verhalten bisher nur bei den Schimpansen in den Mahalebergen beobachtet wurde. Andere Schimpansengemeinschaften wurden jahrzehntelang von klugen Beobachtern untersucht, doch nirgends kratzten deren Mitglieder sich gegenseitig den Rücken. In einer neueren Untersuchung schlägt Michio Nakamura zwei Möglichkeiten vor, wie dieses Verhalten sich bei den Mahale-Schimpansen ausgebreitet haben könnte. Die Kratzbewegung könnte durch einen Zuschauer nachgeahmt worden sein. Dabei ist zu beachten, daß derjenige, dessen Rücken gekratzt wird, diese Handlung selbst nicht sehen kann; deshalb ist es wahrscheinlicher, daß ein dritter Schimpanse einen anderen dabei beobachtet und anschließend die Kratzbewegung nachahmt. Das Problem bei dieser Erklärung besteht darin, daß Lernen durch Nachahmung für den Nachahmenden in der Regel mit einer Belohnung verbunden sein muß. Im Fall des sozialen Kratzens liegen dagegen alle Vorteile bei dem, der gekratzt wird, und der Nachahmende hat überhaupt nichts davon.

Die zweite Möglichkeit ist noch verzwickter. Stellen wir uns vor, daß ein Schimpanse zufällig von einem anderen gekratzt wurde und sich dabei so wohl fühlte, daß er beschloß, dieselbe angenehme Erfahrung einem anderen Schimpansen zukommen zu lassen, vielleicht einem, bei dem er sich einschmeicheln wollte, etwa dem Alphatier. Das würde einen Perspektivwechsel erfordern; das heißt, er müßte eine Körpererfahrung in eine Handlung übersetzen, welche bei einem anderen Individuum dieselbe Erfahrung hervorruft. Er müßte verstehen, daß das, was er selbst empfindet, auch von einem anderen empfunden werden kann. Das ist eine höchst komplexe Fähigkeit, die etwas mit Empathie und Rollenumkehrung zu tun hat und für die es tatsächlich Anhaltspunkte im spontanen Hilfs- und Täuschungsverhalten von Affen gibt.[195]

Das führt mich zum Dreh- und Angelpunkt einer sozialen Übertragung ohne symbolische Kommunikation: aktive Unterweisung. Eine Unterweisung erfordert denselben Perspektivwechsel, der oben erwähnt wurde. Man muß das Wissen des anderen einschätzen und es als mangelhaft beurteilen, bevor man die Lücken durch eine Unterweisung schließen kann. Ein guter Lehrer versetzt sich in die Lage des Schülers. Die Belege für einen solchen Vorgang sind bislang noch äußerst spärlich, doch Christophe Boesch hat beobachtet, wie Schimpansenmütter im Taï-Wald ihren Jungen das Erlernen des Nüsseknackens erleichterten, indem sie Hammersteine und Nüsse so auf den Amboßstein legten, daß sie von den Jungen sofort benutzt werden konnten. Eine solche Handlung erscheint intentional, da die adulten Schimpansen normalerweise alle gesammelten Nüsse knacken und die Hammersteine mit sich nehmen. Boesch berichtete, daß die Mütter die normalerweise schnellen Bewegungen mit dem Hammerstein ganz langsam ausführen, während sie aufmerksam die Blickrichtung der Jungen verfolgen, als wollten sie diesen zeigen, wie es gemacht wird. Auch wurden Mütter dabei beobachtet, wie sie ein erfolgloses Junges »korrigierten«, indem sie eine von diesem bearbeitete Nuß vom Amboß entfernten, diesen säuberten und anschließend die Nuß wieder darauflegten, oder indem sie den Hammerstein in der Hand des Jungen umdrehten. Da es nur ganz wenige so bemerkenswerte Beobachtungen gibt, überzeugen sie vielleicht nicht jedermann, doch zumindest verweisen sie auf eine ernsthafte Möglichkeit.[196]

Die vielleicht überzeugendsten Hinweise auf eine Unterweisung bei Tieren betrifft eine völlig andersgeartete Gruppe von Säugetieren. Christophe Guinet hat Schwertwale beobachtet, die

Eine Dohle erklärt vor einer Klasse von Jungdohlen, vor welchen Feinden sie sich in acht nehmen müssen. Aktive Unterweisung kommt in der Natur jedoch sehr selten vor. (Zeichnung von Konrad Lorenz, 1949)

ihren Jungen eine komplizierte Jagdtechnik beibrachten. Diese Tiere werfen sich gelegentlich absichtlich an (argentinische) Strände, wo Robben ihre Jungen aufziehen, und ergreifen eines von ihnen, bevor sie sich wieder ins Meer zurückziehen. Das ist eine riskante Methode, und wenn dem Wal dabei ein Fehler unterläuft, kann es vorkommen, daß er den Strand nicht mehr verlassen kann und stirbt. Man hat auch ausgewachsene Schwertwale beobachtet, die ihre Jungen dazu anhalten, auf Stränden ohne Robben zu stranden. Sie schieben die Jungen auf einen Strand und helfen ihnen, falls sie es nicht von allein schaffen, anschließend wieder ins Wasser. Und man hat beobachtet, daß sie ihre Jungen an einen Strand drängen, auf dem sich junge Robben befinden, und – wenn die Jungen keine Beute machen – ihnen ihre eigene Beute zuwerfen. Da ausgewachsene Schwertwale anscheinend erfolgreicher jagen, wenn ihre Jungen nicht dabei sind, bedeutet das, daß sie ihr Verhalten auf eine Weise anpassen, die für sie selbst nachteilig, für ihre Lehrlinge jedoch von Vorteil ist. All das erweckt den Eindruck einer aktiven Unterweisung.

Die Skala der kulturellen Übermittlung bei Tieren reicht somit von der Erkennung einfacher Verknüpfungen wie zwischen Kartoffel und Wasser oder zwischen Tannenzapfen und Samen bis zur Nachahmung effektiver Techniken wie dem Aufknacken von Nüssen und vielleicht sogar bis zum Perspektivwechsel und zur Unterweisung von Jungen. Es bedarf noch großer Anstrengungen von Wissenschaftlern im Laboratorium wie in freier Wildbahn um herauszufinden, um welche Prozesse es sich im Einzelfall handelt, doch schon jetzt steht außer Frage, daß die Annahme, eine Tierkultur könne nur auf einfachen Prozessen beruhen, voreilig ist.

Von Memen und Genen

Als Willam McGrew 1992 sein bahnbrechendes Buch *Chimpanzee Material Culture* veröffentlichte, ein Buch, das der Disziplin der Kulturprimatologie zu einem ausgezeichneten Start verhalf, erwähnte er an keiner Stelle »Meme«. Auch Boesch und Michael Tomasello gebrauchten diesen Begriff nicht, als sie 1998 die Grenze zwischen Feldprimatologie und experimenteller Psychologie überschritten und einen anregenden Aufsatz veröffentlichten, in dem sie zu dem Schluß gelangten: »Beim Vergleich zwischen den Kulturen des Schimpansen und des Menschen haben wir eine Vielzahl tiefreichender Ähnlichkeiten festgestellt.«[197]

Trotzdem bedeutet ein Gespräch über kulturelle Übertragung im Denken mancher Wissenschaftler zugleich ein Gespräch über Meme. Der Begriff vergleicht die Art und Weise, wie kulturelle Informationen kopiert werden, mit der Art und Weise, wie Gene sich über die Generationen hinweg weiter-kopieren: Meme sind Pakete von Informationen, die sich in ähnlicher Weise verbreiten oder nicht verbreiten, wie manche Gene sich erfolgreich bzw. weniger erfolgreich kopieren.[198] Nachdem der Terminus »Meme« seiner eigenen Logik, sich wie in der Werbung massiv zu verbreiten, gefolgt war, hat er Tausende von Verweisen auf sich erzeugt. Dennoch hat sich der Begriff bei Wissenschaftlern, die das kulturelle Lernen der Tiere erforschen, nicht eingebürgert – wie bei den genannten, die ihn nicht gebraucht haben. Das liegt daran, daß die Analogie zwischen Genen und Memen etwa so nützlich ist wie der Vergleich zwischen dem menschlichen Gehirn und einem Computer. Es gab eine Zeit, da wurde das Gehirn so erklärt, als bestehe es aus Software und Hardware und als gebe es in seinem Innern Datenspeicher und Programme, die abgearbeitet würden. Das Bestreben, das Neuartige auf bereits Bekanntes zu beziehen – wobei das Bekannte als eine Art Sicherheitsplattform dient, von der aus das Neue erkundet wird –, hat gelegentlich irreführende Vergleiche zur Folge. Mit dem Fortschritt der Neurowissenschaften hat man das alles vergessen; das Gehirn ist ganz sicher kein Computer aus Fleisch und Blut. Selbst wenn beide dieselbe Aufgabe bearbeiten, etwa ein Schachproblem, gelangen sie auf völlig unterschiedliche Art und Weise zur Lösung.

Die genetische Evolution ist ein schlechtes Modell für kulturellen Wandel. Im Gegensatz zu genetischen Anweisungen, die von den Eltern an die Nachkommen weitergegeben werden, läßt sich die Kultur eher mit einem Ensemble von Vorschlägen vergleichen, die an alle gesendet werden, die über eine Antenne für den Empfang des Signals verfügen. Neue Gewohnheiten, wie das Tanzen des Macarenatanzes oder die Abschiedsformel »ciao« (außer in Italien, wo es keine neue Gewohnheit ist), verbreiten sich schnell nach allen Seiten und können eine ganze Population erreichen, ohne unbedingt mit einem nennenswerten Überlebensvorteil verbunden zu sein. Vor allem kommen sie weniger durch zufällige Mutationen zustande als durch überlegte Entscheidungen: Kultur kann gezielt geschaffen werden. Während eine ganze Gruppe von Wissenschaftlern immer noch versucht, kulturelle Übertragung in die verfehlten Metaphern der genetischen Evolution zu zwängen, behandeln Tierverhaltensforscher Kultur klugerweise als ein Phänomen mit eigenen Triebkräften, von denen die meisten bislang kaum erforscht wurden.

Damit meine ich nicht, daß beide Formen der Weitergabe von Verhaltensweisen – die im Lauf der Zeit über Genotypen und Phänotypen tradiert werden – begrifflich nicht miteinander verbunden werden könnten oder sollten. Ironischerweise hat die Vorstellung Lamarcks, daß erworbene Eigenschaften vererbt werden können, ihre Verwirklichung nicht in den physischen Eigenschaften gefunden, an die er gedacht hatte, sondern im Verhalten. Genetische Prädispositionen gehen in die Kultur ein, die Kultur beeinflußt das Überleben, und das Überleben und die Reproduktion entscheiden darüber, welche Genotypen sich innerhalb der Population ausbreiten. Mit anderen Worten, es besteht ein überaus komplexes Wechselspiel zwischen genetischer und kultureller Übertragung. Es hat mutige und anregende Versuche zu einer Theorie dualer Vererbung oder Koevolution gegeben, ohne die beiden Prozesse in irgendeiner Weise miteinander zu verwechseln.[199]

Inzwischen besteht die Hauptaufgabe für Ethologen und Zoologen im Nachweis, daß eine »zweigleisige« Vererbung nicht auf unsere Spezies beschränkt ist. Abgesehen von den bereits erwähnten Untersuchungen über kulturelles Lernen, die sich auf das Individuum und seine Gewohnheiten konzentrieren, wurden in einem zweiten wichtigen Versuch ganze Gruppen von Gemeinschaften miteinander verglichen. Da dieser Ansatz Ähnlichkeiten mit der Ethnographie oder Kulturanthropologie aufweist, wird diese Disziplin zunehmend als Kulturprimatologie bezeichnet. Doch vielleicht sollten wir nach einem anderen Terminus suchen, der über die Primaten hinausweist, etwa »Kulturbiologie«.[200] Ich habe bereits Ratten und Schwertwale erwähnt, und es gibt zahllose weitere Beispiele außerhalb der Primatenwelt, von den Elefanten in einem ausgetrockneten Teil Namibias, die ein kollektives, vielleicht jahrhundertealtes Wissen von einem kaum zugänglichen Wasserloch in den Bergen haben[201], bis zu den Kriegen zwischen Bären und Menschen um Nahrung in der nordamerikanischen Wildnis.

Früher konnten Menschen ihre Nahrung einfach dadurch schützen, daß sie diese an einem Seil in einen Baum hängten, bis eines Tages die Bären dahinterkamen – ebenso wie hinter raffiniertere Verfahren, etwa das Aufhängen von Nahrung an zwei Seilen in der Mitte zwischen zwei Bäumen. Inzwischen werden bärensichere Stahlkisten empfohlen. Automobile sind zur Verwahrung von Nahrung nicht zu empfehlen, da sich die Bären mit der Zeit auf bestimmte Automarken spezialisiert haben, um an Eßbares heranzukommen. Sie wissen, daß man die Windschutzscheiben bestimmter Wohnmobile herausziehen kann und daß sie die Türen bestimmter Kleinwagen zum Aufspringen bringen können, wenn sie auf deren Dach herumtanzen. Diese Tricks verbreiten sich unter Bärenpopulationen anscheinend in einem solchen Tempo, daß die Vermutung eines kulturellen Lernens sich aufdrängt.

Ich bin überzeugt, daß wir um so fündiger werden, je mehr wir nach einer Kultur bei Tieren Ausschau halten. Die jüngste aufregende Beobachtung in dieser Hinsicht betrifft eine Population von Kapuzineraffen – die geschicktesten unter den kleineren Affen mit einem außerordentlich großen Gehirn – im Tietê-Park in der Nähe von Sao Paulo in Brasilien, die Nüsse mit Steinen aufknacken, ähnlich wie die Schimpansen.[202] Eines Tages werden wir uns fragen, warum eine plausible Idee wie die der sozialen Weitergabe von Kenntnissen und Gewohnheiten so lange gebraucht hat, bis sie ernst genommen wurde. Unter Primatologen bestand ein Hindernis darin, daß jeder Feldforscher sein eigenes Forschungsrevier hat, mit dem er häufig einen besonderen Stolz verbindet nach der Art: »Meine Affen leben unter den härtesten Umweltbedingungen« oder »Meine Schimpansen sind pfiffiger als deine«. Daran ist nichts auszusetzen, außer daß die übliche Rivalität unter Akademikern den freien Informationsfluß beeinträchtigt. So haben manche Wissenschaftler jahrzehntelang nur wenige Kilometer voneinander entfernt gearbeitet, ohne sich jemals zu besuchen.

Der erste Schimpansenforscher mit einem ethnographischen Programm war William McGrew. Mit seinem gewohnten Sinn für Details verglich er Berichte über verschiedene Techniken in mehreren afrikanischen Forschungsrevieren und begann, Kollegen zu besuchen, um sich persönlich ein Bild zu machen. In den Augen mancher Fachkollegen hätten seine Schlußfolgerungen – die er in *Chimpanzee Material Culture* zusammengefaßt hat – die Sozialwissenschaften grundlegend erschüttern müssen, doch nichts passierte. Nicht daß seine Arbeit unbemerkt geblieben wäre; sie öffnete vielen von uns die Augen für die verborgenen Schätze, die in der geduldigen Schimpansenforschung der letzten Jahrzehnte angesammelt worden waren, und McGrew wurde mit einem bedeutenden Preis geehrt.[203]

Danach entwickelten die Dinge sich schnell: 1994 wurde eine erste Sammlung von Aufsätzen zu dem Thema unter dem Titel *Chimpanzee Cultures* veröffentlicht, und 1999 erschien in *Nature* ein großer systematischer Überblick über kulturelle Varianten bei wildlebenden Schimpansen, zusammengestellt von Andrew Whiten und acht weiteren Autoren.[204] Die letztere Veröffentlichung machte die Kulturprimatologie einem Publikum außerhalb unserer kleinen Disziplin bekannt und lehrte uns zudem, wie viel durch Zusammenarbeit zu gewinnen ist.

Zu den Belegen in dem genannten Aufsatz (aus insgesamt hundertvierundfünfzig Forschungsjahren an sieben verschiedenen Beobachtungsstellen) zählten Verhaltensmuster, die noch nie veröffentlicht wurden. So angeln beispielsweise manche Schimpansenpopulationen mit kurzen Stöcken nach Ameisen und essen ihre Beute einzeln vom Stock ab, während zumindest eine Population die effizientere Technik entwickelt hat, mit einem langen Stecken möglichst viele Ameisen zu sammeln und diese dann mit einer einzigen Handbewegung direkt in den Mund zu schieben. Nach der Erstellung einer ersten Liste wurden Varianten für jede Feldstation auf einer Skala zwischen »allgemein üblich« und »fehlend« eingestuft und die jeweils herrschenden ökologischen Bedingungen vermerkt. So pflegen Schimpansen in manchen Gegenden, in denen sie Nachstellungen durch Leoparden oder Löwen ausgesetzt sind, nicht in Bodennestern – im Unterschied zu Baumnestern – zu schlafen. Solche ökologisch erklärbaren Unterschiede wurden aus der Liste ausgeschlossen.[205] Übrig blieben nicht weniger als neununddreißig distinkte Verhaltensmuster – weit mehr als von jedem anderen Tier bekannt sind –, die in verschiedenen Schimpansengemeinschaften in unterschiedlicher Ausprägung vorkommen.

Man kann sich kaum vorstellen, daß die Techniken des Ameisenangelns oder der Herstellung bequemer Sitzpolster aus Pflanzenmaterial genetisch verankert sind. Darüber hinaus fanden die Autoren keine Hinweise, daß Gewohnheiten innerhalb der drei existierenden Schimpansenunterarten weniger stark voneinander abweichen als zwischen ihnen. Alles in allem gibt es inzwischen eine überwältigende Fülle von Belegen, daß Schimpansen eine erstaunliche Fähigkeit haben, neue Bräuche und Techniken zu erfinden und diese nicht über ihre Gene, sondern sozial weiterzugeben.

Wenn Tiergruppen sich im Hinblick auf ein einzelnes Verhalten wie etwa das Waschen von Kartoffeln unterscheiden, gibt es wahrscheinlich noch keinen besonderen Grund, einen aufgeladenen Begriff wie »Kultur« zu verwenden; hier wird es genügen, von »gruppenspezifischem Merkmal« oder von »Tradition« zu sprechen. Man hat behauptet, daß Schimpansen sich von anderen Tieren darin unterscheiden, daß sie nicht nur ein oder zwei variierende kulturelle Merkmale haben, sondern viele. Aber ich wäre vorsichtig, den Schimpansen derart auf ein Podest zu stellen, auch wenn meiner Meinung nach außer Zweifel steht, daß diese Spezies in jeder Diskussion über tierische Kultur einen zentralen Platz einnimmt und auch künftig einnehmen wird. Doch sind die übrigen Großen Menschenaffen, Wale, Delphine, Elefanten und viele andere langlebige Tiere mit großen Gehirnen ebenfalls hervorragende Kandidaten für variationsreiche Kulturen. Wale singen beispielsweise komplizierte Lieder mit geographisch deutlich unterscheidbaren Dialekten. Außerdem verfügen sie über raffinierte Jagdtechniken, die kulturell erlernt sein können; so umgeben etwa Buckelwale Beutefischsschwärme mit Wolken aus Luftblasen. Eine neuere Untersuchung von Hal Whitehead legt die Vermutung nahe, daß Pottwalkühe Techniken der Nahrungsbeschaffung und der Verteidigung gegen angreifende Haie an ihre Kälber weitergeben. Der Autor ist der Überzeugung, daß manche Mütter nicht nur auf genetischem, sondern auch auf kulturellem Wege Nachkommen produzieren, die leistungsfähiger sind als andere.[206]

In diesem Fall würde sich eine duale Vererbung vor unseren Augen vollziehen! Alles spricht für die Annahme, daß einige Tiere den Kampf ums Dasein zumindest teilweise gewonnen haben, indem sie von anderen lernten. Sie müssen nicht erst selbst herausfinden, welche Räuber gefährlich sind, wie sie an gute Nahrung herankommen, welche Nahrung sie meiden müssen, wie sie sich durch die Einnahme bestimmter Pflanzen selbst heilen können und anderes. Sie stützen sich auf das angesammelte Wissen ihrer Familie und ihrer Gruppe. In diesem Sinne haben sie denselben Schritt von der Natur zur Kultur getan, den wir für uns selbst in Anspruch nehmen. Doch mittlerweile dürfte klar geworden sein, daß dies meiner Meinung nach nicht richtig ausgedrückt ist. Die Vorstellung, Natur und Kultur seien zwei verschiedene und getrennte Bereiche, ist tückisch: Es gibt viel Natur in der Kultur, so wie sich auch viel Kultur in der Natur findet.

8.
Kulturelle Naturtalente:
Tee und Tibetmakaken

>»So verschieden auch verschiedene Kulturen die Ent-
>wicklung der Menschen prägen, gibt es doch grund-
>legende Regelmäßigkeiten, die keine bekannte Kultur
>jemals umgehen konnte.«
>
> Margaret Mead 1992

Tee gehört in China zu den Notwendigkeiten des täglichen Lebens. Überall tragen Menschen Behälter mit losen Teeblättern mit
sich, die gelegentlich mit heißem Wasser nachgefüllt werden, um
einen zweiten oder dritten Aufguß zu erhalten. Tee begleitet die
Touristen zur Großen Mauer, Bauern aufs Feld, Angestellte auf
dem Weg zur Arbeit und Schüler zum Unterricht. Es kann vorkommen, daß in einem Hotel Seife oder Frotteetücher fehlen,
doch in jedem Zimmer stehen eine große Thermoskanne mit
heißem Wasser, Porzellantassen mit Deckeln und dazu Teebeutel,
so daß Gäste sich ihren Tee selbst zubereiten können.

Die chinesischen Teebräuche wurden in etwas abgewandelter
Form in andere Regionen wie Japan, Rußland und die Britischen
Inseln exportiert. Doch letztlich entspringt der Brauch dem universellen Bedürfnis von Landlebewesen, ihrem Körper Wasser zuzuführen. Menschen brauchen H_2O, und die menschliche Kultur
tut alles, um dessen Zufuhr zu gewährleisten: Mineralwasserfla-
schen mit großen Saugröhrchen für die Studenten auf dem Campus amerikanischer Colleges, der obligatorische Landwein, der
in den nördlichen Mittelmeerländern zum Essen serviert wird,
oder die Überzeugung der Holländer, daß selbst zu einer Stipp-
visite am Nachmittag bei Bekannten unbedingt eine Tasse Kaffee
gehört.

In einem größeren Maßstab gilt dasselbe für Tausende von Küchen und Eßgewohnheiten auf diesem Planeten. Norbert Elias, der deutsche Soziologe, für den das Essen mit Messer und Gabel den Gipfel einer verfeinerten Selbstdisziplin darstellte, zog sich einmal auf einer internationalen Konferenz den Vorwurf des Ethnozentrismus zu; ein entrüsteter Philosoph aus Kenia hielt sich für nicht weniger zivilisiert als Elias, auch wenn er wie Millionen andere auf der Welt seine Nahrung mit den Fingern zu sich nahm.[207] Diese bürgerliche Theorie der Zivilisation kam mir in den Sinn angesichts der Vielseitigkeit und Eleganz von Eßstäbchen. Keine verwirrende Anordnung von Eßbestecken für jedes einzelne Gericht, kein Risiko, das falsche Gerät in der falschen Hand zu halten: nichts als zwei kleine Stäbchen für alles, vom Reis bis zu einem ganzen Fisch!

Unabhängig von der Vielseitigkeit und trotz der Symbolik, die der Nahrung Bedeutung gibt, steht außer Frage, daß wir alle essen müssen und daß unsere Mägen mit dem, was wir uns in den Mund schieben, dasselbe tun, was die Mägen von Tieren tun. Kulturen haben die Macht, sich gegen die menschliche Natur zu stellen – was das alte China angeht, brauchen wir nur an das Binden der Füße zu denken, das Eunuchenwesen und an asketische Mönche –, doch einige dieser Praktiken dienen dazu, bestimmte Gruppen zu unterdrücken, während andere nur für eine Minderheit charakteristisch sind. Wenn eine Kultur überleben soll, kann sie nicht beliebig viele Genitalien entfernen oder Füße deformieren. Zwar kann die Beziehung zwischen Natur und Kultur gespannt sein, doch meistens bemüht sich die Kultur, mit der Natur auszukommen: wie die Maus mit dem Elefanten, da kaum in Frage steht, wer von beiden das Schwergewicht ist.

Geteiltes Menschentum

In Kulturuntersuchungen werden menschliche Grundbedürfnisse oft als etwas Selbstverständliches betrachtet; sie sind so offensichtlich, daß sie fast langweilig sind. Deshalb wird der riesige gemeinsame Boden zwischen Kulturen häufig übersehen, und Unterschiede werden übermäßig stark hervorgehoben.

Ich behaupte nicht, kulturelle Vielfalt sei ein Phantasieprodukt oder schwer zu erkennen. Als geübter Beobachter und Europäer kann ich eine deutsche und eine französische Familie schon aus einem Kilometer Entfernung an ihrem Benehmen und ihrer Körpersprache voneinander unterscheiden. Dennoch bewegen sich beide als Familien, die universellen Bausteine der menschlichen Gesellschaft. Ich kann deshalb kulturellen Determinsten wie Ashley Montagu nicht zustimmen, der geschrieben hat: »Der Mensch hat keine Instinkte, da er alles, was er ist und was er geworden ist, von seiner Kultur, von dem von Menschen gemachten Teil der Umwelt, von anderen menschlichen Wesen gelernt und erworben hat.«[208] Wenn die Kultur wirklich eine so tiefreichende Wirkung hat und wenn es wirklich so wenig ist, was der menschlichen Biologie zugeschrieben werden kann, warum habe ich dann keine Probleme, die Gesten, Gesichtsausdrücke und sozialen Beziehungen der Chinesen trotz einer mindestens fünftausendjährigen kulturellen Trennung vom Westen zu erkennen? Warum sind die Unterschiede nicht ausgeprägter? Die Verbotene Stadt in Peking – viermal so groß wie Versailles und zehnmal so groß wie der Buckingham Palace – vermittelt einen guten Eindruck davon, wie chinesische Kaiser zu herrschen pflegten, auf prächtigen Thronen, dazu gedacht, auf die Massen herunterzublicken, die auf riesigen Plätzen versammelt waren, und sie mit dem kaiserlichen Prunk einzuschüchtern. Es ist dieselbe Art einer formalisierten Herrschaft, die wir von europäischen Königshäusern vergangener Epochen kennen oder auch von einem Alphamann einer Schimpansengemeinschaft, der mit gesträubten Haaren gebieterisch dasteht und seinen Untergebenen kaum Beachtung schenkt, die im Staub kriechen und sich ihm mit unterwürfigen *pant-grunts* nähern.

Die chinesische Oper kennt ganz dieselben Intrigen, Machtspiele, Verrate, Eifersüchte und unstatthaften Liebeshändel, wie sie in der italienischen Oper vorkommen, auch wenn die Kostüme, akrobatischen Kunststücke und die Musik ganz verschieden sind. Und im alltäglichen chinesischen Leben finden wir eine Fülle von Bekanntem in der Art und Weise, wie Kinder um Aufmerksamkeit quengeln, Verliebte einander in die Augen blicken, ein gelungener Scherz sogleich Freude auslöst, die Stimmen in der Erregung lauter werden und langjährige Ehegatten miteinander harmonieren.

Kurzum, hinter all den faszinierenden kulturellen Unterschieden, denen wir eine so große Bedeutung zumessen, verbirgt sich eine gemeinsame menschliche Natur, die dazu führt, daß selbst die unwissendsten Besucher sich in allen Kulturen der Welt auf vertrautem Boden fühlen. Statt unter Marsmenschen befinden sie sich unter Artgenossen, die in vieler Hinsicht so sind wie sie selbst. Das Thema der Kultur muß stets in diesen umfassenderen Kontext der Frage gestellt werden, in welcher Weise sie auf universellen menschlichen Neigungen aufbaut, statt diese zu ersetzen. Das ist das älteste Thema der Biologie – Einheit in der Vielfalt –, und es gilt für alles, womit wir uns befassen, da das Neue stets durch das Alte eingeschränkt wird, aus dem es kommt und mit dem es harmonieren muß. Dasselbe gilt für die tierische Kultur, welche die Verhaltensmöglichkeiten erweitert und eine größere Vielfalt schafft, doch stets im Rahmen der Bedürfnisse und der Wesensart einer Spezies.

Geteiltes Makakentum

Huang Shan (»gelber Berg«) ist *der* Berg in China, nicht weil er mit seinen 1841 Metern der höchste wäre, sondern wegen seiner unübertroffenen Schönheit. Der Huang Shan, dessen Spitze eine Wolkendecke durchstößt, ist der Gegenstand Hunderter, zum Teil sehr berühmter Gemälde.

Bevor wir diesen Berg zu sehen bekommen, fahren meine Begleiter und ich jedoch durch sanfte Hügel und Täler, die durch Bewässerungsanlagen mit Wasser aus dem Fluß fruchtbar gemacht wurden. Die hügelige Landschaft und die warmen Gelbtöne, verursacht durch Reihen trocknender Reispflanzen, erinnern mich an das ländliche Frankreich, auch wenn die Wasserbüffel und die großen spitzen Strohhüte der Bauern keinen Zweifel daran lassen, daß ich mich woanders befinde.

Die Provinz Anhui, die sich über beide Seiten der Grenze zwischen der gemäßigten und der subtropischen Zone Chinas erstreckt, produziert heute eine so reiche Reisernte, daß man sich kaum vorstellen kann, daß die Menschen hier in den sechziger Jahren zu Hunderttausenden verhungerten. Schätzungen zufolge haben in ganz China über zwanzig Millionen Menschen für Maos Agrarreformen mit dem Leben bezahlt. Diese Reformen ignorierten die menschliche Neigung, zunächst einmal für die Familie zu arbeiten und dann erst für das Gemeinwohl der Gesellschaft. Schwere Arbeit fällt wesentlich leichter, wenn sie die hungrigen Mäuler daheim ernährt und nicht irgendwo anders. Die unter dem Kommunismus gebildeten landwirtschaftlichen Genossenschaften waren insofern ein deutlicher Verstoß gegen die menschliche Natur. Das wirtschaftliche und schließlich politische Scheitern dieser Doktrin in der Sowjetunion, China und anderswo war eine grandiose Demonstration der begrenzten Macht einer Kulturrevolution. In menschlichen Angelegenheiten gibt es bestimmte Dinge, an die man nicht rühren soll. Das hat Edward Wilson gemeint, als er sagte, die menschliche Natur führe uns an einer Leine: Wir haben einen gewissen Bewegungsspielraum, aber er ist begrenzt.

Ich besuche diese Gegend allerdings nicht, um Betrachtungen über die Launen des Kommunismus anzustellen oder mich einem Gefühl gemeinsamen Menschentums hinzugeben, sondern um einen seltenen Primaten zu sehen: den Tibetmakaken. Hier habe ich die Gelegenheit, Gemeinsamkeiten unterschiedlicher Makaken zu studieren, da ich mit anderen Mitgliedern der Gattung *Macaca* bereits sehr vertraut bin. Diese Gattung umfaßt annähernd zwanzig verschiedene Arten, von den Rhesusaffen Indiens und Nepals bis zu den Magots oder Berberaffen Nordafrikas und den Rotgesichtmakaken Japans. Der größte Makak von allen lebt jedoch hier in den Bergwäldern, *Macaca thibetana*.[209]

Die Spezies kommt in einer kleinen Zahl verstreuter Standorte in Tibet und Teilen Chinas vor. Nur schätzungsweise vierhundertfünfzig Individuen leben hier, im östlichen Teil ihres Verbreitungsgebiets. Man hat einen Affenpark eingerichtet, wo Touristen eine Gruppe von etwa dreißig Affen beobachten können, die durch regelmäßige Fütterungen angelockt werden. Diese Methode ist besonders wichtig, da man erlebt hat, daß diese Affen Touristen töten können; an einem anderen Standort, auf dem Berg Emei, haben männliche Tibetmakaken Wanderer angesprungen, die auf einem schmalen Pfad entlang einer Felswand gingen, wobei mehrere Menschen tödlich abstürzten.

Aggressive Akte von Affen gegen Menschen werden zumeist dadurch ausgelöst, daß diese auf Betteln um Futter nicht reagieren. An anderen Orten, wie Tempeln in Indonesien oder Thailand, habe ich erlebt, wie Langschwanzmakaken Menschen bedrohten und sogar auf ihre Schultern sprangen und sie an den Haaren zogen, doch diese Affen waren wesentlich leichter, und die Touristen befanden sich auf so festem Boden, daß die Angriffe keine tödlichen Folgen hatten. Damit es zu solchen Attacken gar nicht erst kommt, müssen die Tiere regelmäßig gefüttert werden. Deshalb erhalten die Affen in diesem Park das benötigte Futter ausschließlich von den Hegern.

Unsere kleine Exkursion wird angeführt von Jinhua Li, einem chinesischen Forscher, der die letzten zehn Jahre mit dem Studium der Affen zugebracht hat. Er arbeitet nicht nur im Park, sondern auch in den wilden Regionen der Berge. Den wildlebenden Affen auf der Spur zu bleiben ist eine fast unmögliche Aufgabe, da sie sich in dem felsigen Gelände so flink wie Bergziegen bewegen, während der schwerfällige Mensch sich mühsam seinen Weg durch dichtes Unterholz bahnt. Li ist offensichtlich körperlich topfit. Er erzählt ununterbrochen Geschichten, während sich der Rest der Gruppe atemlos auf einer endlosen Flucht von Holzstufen nach oben kämpft.

Es ist Spätsommer, und die Affen sind nicht besonders daran interessiert, zur Futterstelle zu kommen. Der Wald ist voll von Pilzen, Nüssen und Beeren – kein Grund, sich um die bescheidenen

Gaben von Maiskörnern zu reißen, die von den zweifüßigen Primaten ausgestreut werden. Als sie sich schließlich doch noch zeigen, bieten sie einen wirklich beeindruckenden Anblick. Ich kann verstehen, warum vor Jahrzehnten die Menschen dieser Region geglaubt haben, sie hätten den Yeti gesehen, nachdem sie einem ausgewachsenen Makakenmann begegnet waren. Über die Spezies gibt es zahlreiche Mythen: Sie leben in Höhlen, begraben ihre Toten, werden von den ältesten Tieren angeführt und dergleichen mehr. Ihre flachen, breiten, bärtigen Gesichter sind von allen Affen, die ich kenne, die vielleicht menschenähnlichsten. Dennoch sind sie zweifellos sogenannte Hunds- und keine Menschenaffen. So kratzen sie beispielsweise ihren Rücken im Unterschied zu Menschen und Menschenaffen mit einem Fuß. Auch haben sie nicht die für die Hominoiden typische breite Brust und die vorstehenden Schultern. Und vor allem haben sie Schwänze, wenn auch ziemlich kurze.

Diese Affen erinnern mich stark an die stummelschwänzigen Bärenmakaken, diese lärmenden, streng riechenden, gutartigen Gesellen, mit denen ich jahrelang gearbeitet habe. Während meiner ganzen Studien habe ich die Bärenmakaken mit Rhesusaffen – ebenfalls eine Makakenart – verglichen, jenen hitzigen, streitsüchtigen New Yorkern der Primatenwelt. Rhesusaffen haben eine despotische Art zu dominieren, was bedeutet, daß die dominanten Tiere jedes Fehlverhalten hart bestrafen, wilde Konkurrenzkämpfe um Nahrung und Wasser führen und sich nach solchen Auseinandersetzungen nur selten versöhnen. Bei diesen einseitigen Beziehungen genießen die dominanten Tiere zahlreiche Vorrechte, die übrigen fast keine. Dagegen zeigen die Bärenmakaken ein hohes Toleranzniveau und sind sehr auf gute Beziehungen untereinander bedacht. Sie versöhnen sich mit Gegnern durch komplexe *hold-bottom*-Rituale, bei denen sie sich an den anderen pressen, und durch ausgiebige gegenseitige Fellpflege. In der Bärenmakakengemeinschaft werden Ungleichheiten abgeschwächt, und die dennoch bestehenden Rangunterschiede behindern anscheinend nicht die einvernehmlichen Beziehungen.

Tibetmakaken haben mit Bärenmakaken eine lange Liste von

Merkmalen gemeinsam. Sie gehen in derselben untersetzten, bärenähnlichen Art (daher der Name im Deutschen), geben dieselben erregten schrillen und spitzen Schreie von sich, wenn sie einander umarmen, klappern in freundschaftlichen Situationen mit den Zähnen, schließen sich nach dem Kopulieren in die Arme, können andere beim Kopulieren belästigen[210] und bringen hellweiße Babys zur Welt, die zu den dunkelbraunen Erwachsenen in deutlichem Kontrast stehen. Die Rufe beider Spezies unterscheiden sich von denen anderer Makaken, sind untereinander jedoch so ähnlich, daß man große Mühe hätte, Bärenmakaken und Tibetmakaken allein aufgrund ihrer Schreie auseinanderzuhalten. Angesichts so zahlreicher Verhaltensähnlichkeiten wäre es überraschend, wenn sie keine engen Verwandten wären. Wahrscheinlich sind sie sich auch im Temperament und in ihrem Dominanzverhalten ähnlich.

Säuglinge als Brücke

Es gibt jedoch auch Unterschiede zwischen Bären- und Tibetmakaken. Der faszinierendste betrifft die winzigen weißen Säuglinge. Bärenmakaken fühlen sich sehr stark zu den Kleinsten in ihrem Trupp hingezogen, die dank ihres juvenilen Fells leicht auszumachen sind, doch sie nehmen sie nie in der Art und Weise auf wie die Tibetmakaken. Nur deren erwachsene Männer benutzen Kleinkinder als Schlüssel, um einander nahe zu kommen. Einmal schrie ein Kleinkind und lenkte die Aufmerksamkeit auf sich, als es das drittrangige männliche Tier des Trupps hinter einem Felsen hervorkommen sah. Dieses nahm das Kleine sofort auf, wandte sich um und brachte es dem zweitrangigen. Es näherte sich diesem mit breitem Grinsen und hielt ihm das Kind zu einem sogenannten *bridging* (»Brückeschlagen«) entgegen.[211] Während der eine Tibetmakake das Junge bei den Armen und der andere es bei den Beinen packte, hielten sie es in gestreckter Körperhaltung zwischen sich in Augenhöhe und überbrückten damit buchstäblich den Raum zwischen zwei riesengroßen Gesichtern mit klappernden Zähnen. Die Aufmerksamkeit der Makaken galt hauptsächlich dem Jungen, aber zwischendurch blickten sie sich auch in die Augen. Einer saugte kurz am erigierten Penis des Jungen. Danach nahmen beide ihre gewohnten Tätigkeiten wieder auf, als wäre nichts geschehen. Das Objekt des ganzen Gezerres rannte schnurstracks zu seiner Mutter zurück, die die Szene aus sicherer Entfernung verfolgt hatte.

Ich mußte mich natürlich von Li über die Identität der männlichen Tiere und ihre Ränge informieren lassen; es braucht sehr viel Zeit, bis man darüber Bescheid weiß. Selbst der erfahrenste Beobachter von Primaten sieht nur die Hälfte von dem, was sich abspielt, wenn er einem Trupp zum erstenmal begegnet. Li erzählte, wie ein von außen hinzugekommener Makak, der in der Gruppe einen Alpharang erhalten hatte, diesen durch ein soziales Fehlverhalten wieder verlor: Er hatte einen juvenilen Makaken bestraft. Sogleich verbündeten sich vier hochrangige Männer, um den Übeltäter zu vertreiben, und griffen ihn ernsthaft an. Es war, als hätte ihr schneller Sieg den anderen bedeutet: »Seht mal her, wir können diesen Burschen besiegen!« Von dem Tag an wiederholten sie in unregelmäßigen Abständen auf einer eher symbolischen Ebene ihre triumphale Aktion und behaupteten ihre Spitzenposition. In dem Bemühen, von seinen Siegern akzeptiert zu werden, nahm der frühere Alphamann besonders häufig Zuflucht zu einem *bridging*, um sich ihnen zu nähern.

Das männliche Tier mit dem niedrigsten Rang, das sich während meines Besuchs in der Gruppe befand, war ebenfalls ein ehemaliger Alphamann, der bei dem Kampf, in dem er aus seiner Position verdrängt wurde, einen Hoden verloren hatte. Er blieb verbannt an den Rand der Gemeinschaft und ohne Möglichkeit, sich den übrigen an der Futterstelle anzuschließen. Die Heger im Park halfen ihm, indem sie ihm eine eigene Futterration ausgaben.

Trotz ihrer gelegentlichen Kämpfe zeigten die männlichen Makaken untereinander eine außergewöhnliche Toleranz. Sechs große, überaus wehrhafte Männer (sie haben lange, spitze Eckzähne), die in enger Nachbarschaft, schon fast auf Tuchfühlung miteinander auf die Suche nach attraktiver Nahrung gehen, bieten schon einen besonderen Anblick. Gewiß, sie rivalisieren um weibliche Tiere und ihren Status, aber sie sind auch durchaus in der Lage, die Rivalität um Nahrung zu zügeln, und meist kommen sie gut miteinander aus. Um Frieden zu halten, besteigen sie sich ständig gegenseitig und umarmen sich, beides unter großer Erregung, betreiben gegenseitige Fellpflege und *bridging*. Abseits der Futterstelle habe ich gesehen, daß die Makakenmänner ruhig aneinander vorbeigehen, ohne die nervösen Blicke, die man in der Regel bei anderen Spezies beobachtet.

Außer bei Schimpansen hatte ich noch nie Primatenmänner gesehen, die so intensiv miteinander beschäftigt waren. Auch bei Schimpansen sind die Männer gleichzeitig Rivalen und Freunde, und dasselbe gilt meiner Meinung nach auch von menschlichen Männern.

Soziale Kultur

Das erste Mal hörte ich von Tibetmakaken vor langen Jahren in einem Zoo, der drei »Exemplare« erworben hatte. Diese Spezies kommt in Gefangenschaft so gut wie nicht vor, deshalb wollte ich sie unbedingt sehen. Man sagte mir, wenn die männlichen Tiere masturbierten (was sie tun, wenn keine weiblichen da sind), produzierten sie eine unglaubliche Menge Sperma, das sie über große Entfernungen hinweg ejakulierten.

Das klingt glaubhaft, wenn man Li von seinen Beobachtungen am Huang Shan erzählen hört. Die großen Hoden, die hohe Zahl von Samenergüssen, die ein Makak nacheinander haben kann, die sichtbaren Spermabatzen in den Vaginen nach der Kopulation, die Neigung der Männer, mit der Hand das Sperma anderer Männer zu entfernen, wenn sie eine Makakin inspizieren, das alles deutet auf eine »Spermakonkurrenz« hin. Das heißt, Männer konkurrieren um Chancen, weibliche Tiere nicht nur auf dem Weg über körperlichen Kampf zu befruchten, sondern versuchen auch, soviel Sperma wie möglich zum Ei zu bringen. Die Verletzungen, die ich bei manchen Männern gesehen habe, und die nervöse Bewachung eines einzelnen weiblichen Tiers durch den Alphammann ließen keinen Zweifel daran, daß eine aggressive Rivalität noch keineswegs verschwunden ist. Aber möglicherweise wurde sie zu einem Teil durch die Spermakonkurrenz ersetzt. Wo immer die natürliche Selektion große Hoden gegenüber einem aggressiven Temperament bevorzugt, können die Bindungen zwischen den Männern stärker werden. Der Überlebenswert eines solchen Arrangements ist bislang unklar; doch nach einer Hypothese verteidigen Tibetmakaken ihren Trupp gemeinsam. Vielleicht machten früher Großkatzen die Berge unsicher und nötigten die Affen zur Kooperation.

Eine solche Erklärung durch Adaption schließt die Rolle von Lernprozessen in den Beziehungen zwischen den Männern nicht aus. So kann man sich beispielsweise schwer vorstellen, daß das *bridging* mit Säuglingen einem einfachen Instinkt entspringt und von jedem Tibetmakakenmann auch ohne vorherige Erfahrung gezeigt wird. Ein Junges zu einem anderen Mann zu tragen und dieses sonderbare Tête-à-Tête aufzuführen ist ein Verhalten, das eigentlich nur vorstellbar ist, wenn ein Makak es zuvor bei anderen Artgenossen gesehen hat oder in seiner Kindheit selbst davon betroffen war. Angenommen, ein Tibetmakakenmann wächst bei einer Makakenart auf, deren Männer an Säuglingen keinerlei Interesse haben: Würde er dann auch den Brauch des *bridging* entwickeln?

Ich stelle diese Frage, weil häufig angenommen wird, daß ein Verhalten, das von allen Mitgliedern einer Spezies gezeigt wird, nicht gelernt oder kulturell sein könne. »Artentypisch« ist gleichbedeutend mit »biologisch determiniert« geworden. Auch wenn wir nicht bestreiten, daß die Biologie eine gewisse Rolle spielt, schreiben wir ihr die Zähmung des Feuers doch nicht einfach aus dem Grunde zu, weil sie von allen menschlichen Gesellschaften erreicht worden ist. Manche kulturellen Erfindungen kommen auf natürliche Weise zu uns, wie das Errichten von Dächern über unseren Köpfen, der Vollzug von Hochzeitsritualen oder die Entwicklung eines Klassifikationssystems für die nächsten Verwandten. Es gibt unzählige kulturelle Produkte, die in allen Gesellschaften vorkommen.

Um zu den Makaken zurückzukehren, es gibt ein Merkmal, das allen Mitgliedern dieser Gattung gemeinsam ist: die matrilineare Hierarchie. Im Unterschied zu den Männern, die Wandertiere sind, verbleiben die Makakinnen ihr Leben lang in dem Trupp, in dem sie geboren wurden, und bilden stabile verwandtschaftliche Netze zwischen Müttern, Töchtern, Enkeltöchtern, Schwestern und Nichten. Diese Netze werden als Hierarchien bezeichnet, weil der Rang jeder Makakin sich aus ihrer Stellung im Netz ableitet. Seit dieser Entdeckung durch japanische Primatologen haben Hunderte von Untersuchungen gezeigt, wie sich der künftige Rang einer jungen Makakin auf der Grundlage des Rangs ihrer Mutter vorhersagen läßt. Makakinnen mit relativ hochrangigen Verwandten werden quasi mit einem silbernen Löffel im Mund geboren, während andere ihr ganzes Leben am Boden der Makakengemeinschaft verbringen, da sie in eine niedrige Matrilinie geboren wurden.

Doch trotz seiner augenscheinlichen Starre beruht das System auf einem Lernvorgang. Bereits früh im Leben lernt das Makakenmädchen, gegen welche Gegner es sich auf die Hilfe seiner Mutter und seiner Schwestern verlassen kann. Wenn es sich mit einem gleichaltrigen Jungen A streitet, kann es sein, daß bereits ein leises Quieken ihm massive Unterstützung verschafft, während es sich beim gleichaltrigen Jungen B die Lunge aus dem Hals schreien kann, ohne daß etwas passiert. Offensichtlich wird die junge Makakin zunehmend Auseinandersetzungen mit A suchen – oder das Junge A, das seinerseits nicht dumm ist, wird lernen, ihr aus dem Weg zu gehen –, während sie gegenüber B, das am Ende einen höheren Status als sie selbst einnehmen wird, sehr vorsichtig sein wird.

Nicht daß die weiblichen Nachkommen hochrangiger Makakinnen blaues Blut hätten; sie sind nicht von Natur aus höherrangig. Durch Adoption kann beispielsweise das Junge der niedrigstrangigen Makakin zur Thronfolgerin gemacht werden, sofern es von der Alpha-Makakin großgezogen wird. Bei Experimenten wurde die Gegenwart von Familienmitgliedern manipuliert, wobei sich herausstellte, daß dominante Makakinnen ihre Positionen mit schwindender Unterstützung immer schlechter behaupten können.[212] Anders gesagt, die Hierarchie wird über die Generationen hinweg durch soziale und nicht durch genetische Übertragung aufrechterhalten.

Bei meiner eigenen Arbeit habe ich entdeckt, daß dasselbe auch für soziale Bande zwischen Makakenfrauen gilt. Gemeinsam mit meinem Assistenten Lesleigh Luttrell verfolgte ich jahrelang die Entwicklung einer großen Kohorte neugeborener Rhesusaffen, bis sie ausgewachsen waren. Wir fanden heraus, daß Töchter die Präferenzen der Mütter bei der Bildung von Freundschaften übernahmen. Auch nachdem sie völlig selbständig geworden sind und ihrerseits der Geburt ihrer ersten Jungen entgegensehen, verbringen sie viel Zeit mit den Töchtern der besten Freundinnen ihrer Mütter.[213] So führte die Freundschaft zwischen zwei von unseren weiblichen Tieren, Ropey und Bizzy, dazu, daß deren Töchter Robin und Bubbles ebenfalls gute Freundinnen wurden.

Wir wissen nichts Genaues darüber, auf welche Weise Freundschaften über mehrere Generationen hinweg übertragen werden, doch die einfachste Möglichkeit, die ich mir vorstellen kann, sieht so aus: Immer wenn die Mütter Ropey und Bizzy sich hinsetzten, um sich gegenseitig das Fell zu pflegen und Pause zu machen, nahmen Robin und Bubbles die Gelegenheit wahr, in der Nähe miteinander zu spielen. Da sie von klein auf Spielgefährtinnen waren, entwickelten sie für den Rest ihres Lebens eine Freundschaft.

Vor dem Hintergrund dieses Prozesses wollen wir uns vorstellen, daß weibliche Tiere in einer bestimmten Gruppe anfangen, die Verbindungen außerhalb ihrer eigenen Familie zu verstärken. Im Lauf der Zeit wird eine solche Tendenz sich zunehmend verfestigen, da die weiblichen Nachkommen nach und nach dasselbe tun werden.[214] Wenn Mütter andererseits ihre Aufmerksamkeit zunehmend auf einen engen Kreis von Verwandten konzentrieren, so wird sich dadurch der Kontaktbereich ihrer Nachkommen ebenfalls einschränken. Wenn unterschiedlich strukturierte soziale Netze übertragen werden, können wir von unterschiedlichen sozialen Kulturen sprechen.

Auch wenn also matrilineare Hierarchien ein universelles Merkmal von Makakengesellschaften sind, so ist dieses Merkmal doch nicht ausschließlich angeboren. Auf der Grundlage natürlicher Fähigkeiten und Neigungen bleibt dieses Arrangement auch über die Generationen hinweg stabil, da es auf nichtgenetische Weise von den Müttern an die Nachkommen weitergegeben wird: Es fungiert als die »kulturelle Natur« der Mütter.[215] Junge Affen lernen sehr schnell, wenn es um Verwandtschaft, Freundschaft, Unterstützung und Ungleichheit geht, und setzen all die damit verbundenen Kenntnisse ein, während sie ihren Platz in der Gesellschaft finden.

Gebesserte Affen

Mein Vorschlag, einen männlichen Tibetmakaken bei einer anderen Makakenspezies aufwachsen zu lassen, ist nicht so phantastisch, wie er vielleicht klingt. Man hat zwei Experimente ähnlicher Art durchgeführt, eines in freier Wildbahn und eines im Laboratorium, und ist dabei zu aufschlußreichen Ergebnissen gelangt.

Hans Kummer hat in Äthiopien weibliche Mantelpaviane gefangen, um sie einem wilden Trupp Steppenpaviane zuzuführen, die in derselben Region lebten. Diese beiden Pavianarten haben auffallend unterschiedliche Gesellschaften. Kummer verbrachte fast sein ganzes Leben damit, die soziale Organisation von Mantelpavianen zu dokumentieren, bei denen die männlichen eine kleine Zahl von weiblichen Tieren als Herde zusammenhalten, indem sie diese ins Genick beißen, sobald sie zu streunen anfangen. Er bezeichnete diese brutalen Arrangements als »Ehen« (eine erstaunliche Wortwahl für einen Wissenschaftler, der Fachkollegen wegen ihren Anthropomorphismen getadelt hatte) und stellte sich die Frage, in welcher Weise die Männer bzw. Frauen dazu beitrugen. Aus diesem Grund setzte er Mantelpavianfrauen in der Nähe eines Trupps von Steppenpavianen der Spezies Grüner oder Anubispavian aus, bei denen solche Harems unbekannt waren. Dabei machte er folgende Entdeckung:

>Zwar nahm keiner der Männer von ihnen Besitz, aber jede Frau suchte sich einen Anubispavianmann und pflegte ihm das Fell. Doch nachdem sie gemerkt hatte, daß sie weder von dem auserwählten Mann bei der Herde gehalten noch von ihm gegenüber den anderen Männern des Trupps beschützt wurde, verhielt sie sich so frei, wie ihre Steppenpavianvorfahren es vor der Evolution der Ehe getan haben mußten.«[216]

Die Mantelpavianfrauen lieben offenbar die Freiheit, was nur bedeuten kann, daß ihnen die für ihre Spezies typische soziale Organisation von den Männern aufgezwungen wurde. Als Kummer umgekehrt Frauen von Steppenpavianen in der Nähe eines Trupps von Mantelpavianen freiließ, wurden die Frauen sogleich von Männern für sich reklamiert, die sie durch Bisse ins Genick dazu brachten, sich nicht vom Trupp zu entfernen. Die Frauen lernten, daß sie, wenn sie diese Bisse vermeiden wollten, sich wie die Frauen der Mantelpaviane verhalten mußten und ihre Männer nicht verlassen durften. Sie erwarben diese Gewohnheit innerhalb extrem kurzer Zeit, häufig innerhalb einer Stunde, doch nie so perfekt wie die Mantelpavianfrauen. Offenbar war ihnen nicht danach, bei einem einzigen Mann zu bleiben: »Die Anubispavianfrauen machten ihren Männern das Leben schwer. Nachdem sie einige Tage bei ihnen geblieben waren, mußten sie noch immer so oft zum Trupp zurückgeholt werden, daß die Männer es schließlich aufgaben und sie in Ruhe ließen.« Infolgedessen wurden die Anubispavianfrauen nie vollkommen in die Mantelpaviangesellschaft integriert.

In einem eigenen Versuch, die Rolle des Lernens abzuschätzen, habe ich Rhesusaffen und Bärenmakaken zusammengebracht. Juvenile Individuen beider Spezies wurden fünf Monate lang Tag und Nacht miteinander vergesellschaftet. Da ich dieses Experiment bereits an anderer Stelle beschrieben habe, beschränke ich mich auf sein auffallendstes Ergebnis. Die Rhesusaffen, normalerweise eine streitsüchtige, unversöhnliche Sippschaft, entwickelten friedenstiftende Fähigkeiten, die denen ihrer toleranteren Gegenüber in nichts nachstanden. Selbst nach einer dauerhaften Trennung von den Bärenmakaken zeigten die Rhesusaffen nach Kämpfen drei- bis viermal soviel freundschaftliche Akte der Versöhnung und der sozialen Fellpflege, wie es für ihre Spezies typisch ist.[217]

Unsere neuen und »gebesserten« Rhesusaffen demonstrieren die Macht des sozialen Lernens. Zugegeben, alle Makaken kennen ein Versöhnungsverhalten, trotzdem handelt es sich hier um eine erworbene soziale Fertigkeit. Wie könnte es auch anders sein bei Tieren, die für ihre Reifung vier bis fünf Jahre benötigen? Eine langsame Entwicklung läßt der Umwelt genügend Spielraum, um ihren Einfluß zur Geltung zu bringen. Desgleichen weisen zwar alle Trupps von Mantelpavianen die typische Haremstruktur auf, doch auch sie ist ein Lernprodukt. Die Frauen dieser Spezies reagieren auf soziale Regeln, die von den wesentlich größeren Männern durchgesetzt werden.

Primaten bilden demnach Kulturen, in denen soziale Arrangements neuen Individuen beigebracht und von ihnen erworben werden. Meistens nehmen wir kaum Notiz von dem Ausmaß, in dem dies geschieht, außer wenn wir Individuen unterschiedlicher Spezies zusammenbringen, junge Nachkommen unterschiedlicher Spezies miteinander vertauschen oder neue Umwelten schaffen. Manchmal resultieren kulturelle Entwicklungen jedoch in auffallenden Unterschieden zwischen Gruppen. So hielt beispielsweise das Wisconsin Primate Center über einen längeren Zeitraum hinweg zwei große Rhesusaffengruppen in identischen Gehegen nebeneinander. Als ich dort arbeitete, konnte ich beobachten, daß in der einen Gruppe die Männer während der Paarungszeit heftig miteinander rivalisierten, in der anderen Gruppe dagegen nicht. In der einen Gruppe duldete der Alphamann nicht, daß ein anderer Mann innerhalb seines Gesichtskreises eine Frau bestieg. Das hinderte die übrigen Männer nicht daran, sich bei jeder Gelegenheit zu paaren, sobald ihnen der alte Affe den Rücken kehrte. Andere hochrangige Männer waren jedoch ebenso unduldsam und hinderten ihrerseits die im Rang unter ihnen stehenden Männer daran, sich zu paaren.

In der anderen Gruppe konnte es vorkommen, daß fünf ausgewachsene Männer sich in Sichtweite der übrigen mit einer Frau zusammentaten, ohne daß jemand intervenierte. Natürlich hatte der Alphamann als erster das Recht, doch duldete er die sexuelle Aktivität der übrigen. In beiden Gruppen gab es weitaus mehr weibliche als männliche Tiere, so daß der Unterschied nicht auf die Zahl der verfügbaren Frauen zurückgeführt werden konnte.

Zehn Jahre lang habe ich diese Gruppen beobachtet, und trotz Veränderungen in der Hierarchie blieb der beobachtete Unterschied im Verhalten der Männer bestehen. Wahrscheinlich erhielten die heranwachsenden jungen Männer in jeder Gruppe ihre eigenen Lektionen darüber, wie sie sich während der Paarungszeit zu verhalten hatten.

Der Begrüßungsbaum

Kulturelle Natureigenschaften trotzen dem traditionellen Dualismus zwischen Kultur und Natur. Sie sind weder Kulturprodukte im strengen Sinne des Wortes noch stehen sie im Widerspruch zur Biologie. So entsteht die matrilineare Hierarchie von Makaken spontan aus natürlichen Neigungen, etwa zur Unterstützung nächster Verwandter, doch diese Neigungen müssen durch Lernen ergänzt werden, weil sonst unmöglich ein stabiles Gefüge entstehen kann. Ebenso gilt das menschliche Inzesttabu, das lange Zeit hindurch als Musterbeispiel für unsere Fähigkeit angesehen wurde, die Natur zu bändigen, heute als kulturelle Verstärkung einer natürlichen Tendenz. Wie viele andere Tiere neigen auch Menschen dazu, sexuelle Beziehungen mit Individuen zu meiden, mit denen sie aufgewachsen sind. Die Universalität des Inzesttabus ist ein Ausdruck für das geglückte Zusammenwirken von Natur und Kultur.[218]

Kulturell überformte natürliche Anlagen darf man nicht auf die leichte Schulter nehmen. Zwar erzeugt die große Bedeutung des Lernens leicht die Illusion von Flexibilität, doch kann unsere Spezies bestimmte natürliche Konstanten nicht einfach umgehen. So wie der Kommunismus scheiterte, weil er sich gegen die ökonomische Natur des Menschen richtete, müssen auch alle Versuche fehlschlagen, etwas an stabilen Familienarrangements zu ändern. Die Hippiegemeinschaften der sechziger Jahre, in denen der Sexualneid geleugnet wurde, hatten offenbar keinen dauerhaften Bestand. Und Versuche, die älteste Verbindung zwischen Säugetieren, die Mutter-Kind-Beziehung, aufzubrechen, waren ebenfalls nicht von Erfolg gekrönt. Die Kibbuzim in Israel haben die Praxis der gemeinsamen Kindererziehung weitgehend aufgegeben, als erkannt wurde, daß Eltern und Kinder zusammengehören. Und nach einem Versuch, auf US-amerikanischen Entbindungsstationen mit rein medizinischer Betreuung und Brutkästen auszukommen – was hieß, daß die Neugeborenen gleich nach der Geburt ihren Müttern weggenommen wurden, damit sie sich keine Infektionen zuzogen –, hat man inzwischen zunehmend eingesehen, wie wichtig früher Körperkontakt und Zuneigung sind: »Nach einer Periode von rund neunzig Jahren, in der diese Verbindung ignoriert, abqualifiziert, zerstört und ›wissenschaftlich‹ überprüft wurde, ist die westliche Kultur zu der Erkenntnis zurückgekehrt, daß Babys und Mütter ein natürliches Paar sind.«[219]

An die Bedeutung von Familienarrangements einschließlich der menschlichen Paarbindung wurde ich erinnert, als ich zum Huang Shan reiste. Irgendwo auf dem höchsten Gipfel dort steht ein uralter knorriger Baum der Spezies *Pinus wanghuanensis* (der Pinie der Region), der in diesem Volk von einer Milliarde Menschen so bekannt ist, daß ausländische Würdenträger bei einem Besuch des Landes häufig vor einem großen Aquarell dieses Baums fotografiert werden.

Das Bild hinter ihnen stellt nicht die Spezies allgemein dar, sondern diesen besonderen Vertreter seiner Art, den sogenannten Begrüßungsbaum. Die arme alte Pinie wird durch eine Metallkonstruktion gestützt, so daß sie noch ein weiteres Jahrhundert ihren Zweck erfüllen kann. Der Zugang zu ihr wird durch schwere Ketten versperrt, an denen Tausende von Vorhängeschlössern hängen. Es sind keine Einzelstücke, sondern Paare, die dauerhaft ineinandergeschlossen sind. Chinesische Liebende und Neuvermählte besuchen diesen Ort, schließen zwei Schlösser zusammen an eine der Ketten und werfen die Schlüssel in den Abgrund.

Ihre Geste ist vielleicht nicht universell, aber sie wird universell verstanden. Die Vielzahl menschlicher Bräuche, die den Angehörigen anderer Kulturen nicht erklärt werden müssen, gibt einen Hinweis darauf, wie weitgehend unsere Gesellschaften auf einer gemeinsamen Natur aufgebaut sind.

3. Teil
Die menschliche Natur
Wie wir uns selbst sehen

Jede Sprache kennt eine Fülle von Ausdrücken, mit denen menschliches und tierisches Verhalten miteinander in Beziehung gesetzt werden. Im Deutschen haben wir Begriffe wie »Affenliebe« oder »Löwenanteil« und kennen Redewendungen wie »mit den Hühnern zu Bett gehen« oder »jemanden unter seine Fittiche nehmen«. Viele der besten Ideen der Wissenschaft über menschliches Verhalten leiten sich aus der Untersuchung von tierischem Verhalten ab. Bewußt oder unbewußt sehen wir uns durch das Prisma der Natur, deren Teil wir sind. Doch wir mißbrauchen die Natur auch, indem wir unsere Ansichten auf sie projizieren und anschließend aus ihr zurückgewinnen, so daß wir sie auf eine zirkuläre Weise »beweisen«. Wenn Untersuchungen von Tierverhalten uns etwas lehren können, dann die Einsicht, daß es keine einfachen Lehren gibt. Ein Verhalten, das auf einer bestimmten Ebene selbstlos erscheint, kann auf einer anderen höchst egoistisch sein. Angesichts dieser vielschichtigen Realität sollten wir uns vor eingängigen Metaphern besonders hüten. Metaphern haben die Macht, uns Vertrauen in die moralischen Fähigkeiten unserer Spezies einzuflößen oder es zu untergraben, und sie können dies zu Recht oder zu Unrecht tun. Die Debatte über diese Themen ist für unser Selbstbild von so großer Bedeutung, daß sie seit Jahrtausenden im Osten wie im Westen geführt wird.

9.
Affen mit Selbstachtung

Abraham Maslow und das Tabu der Macht

>»Als Haupttriebfeder des Menschen sehe ich den un-
>stillbaren und nagenden Hunger nach Macht und aber-
>mals Macht, der erst im Tode endet.«
>
> Thomas Hobbes 1965

Die wenigsten Menschen wissen, daß Abraham Maslow, einer der
ersten modernen Psychologen, die sich mit den menschlichen
Antrieben beschäftigt haben, in besonderem Maße von Affen
fasziniert war. Er war verblüfft über das großspurige, selbstge-
wisse Auftreten des jeweils ranghöchsten Tiers in einem Trupp
und über die leisetreterische Feigheit, wie er es nannte, von
Individuen auf den unteren Sprossen der Rangleiter. Maslow erkannte auch, daß ein hoher Status sich im Zugang zu Ressourcen bezahlt macht. 1936 postulierte er einen Herrschaftstrieb
und lehnte gleichzeitig die Vorstellung ab, daß die Beherrschten
wirklich »unterwürfig« seien. Für ihn bedeutete dieser Begriff,
daß die rangniedrigeren Individuen jede Hoffnung aufgegeben
hatten, ihren höherrangigen Artgenossen eines Tages den Rang
abzulaufen, und das war seiner Überzeugung nach keineswegs
der Fall.[220]

Als er sich dem menschlichen Verhalten zuwandte, stellte Maslow bei manchen Menschen dieselbe selbstbewußte Haltung fest,
die er an seinen Affen beobachtet hatte. Nachdem er einige mittlerweile in Vergessenheit geratene Bezeichnungen dafür vorgeschlagen hatte, wie »Dominanzgefühl« und »Ich-Ebene«, verfiel
er 1940 auf den Begriff *self-esteem*, der »Selbstachtung«, »Selbstwertgefühl« oder auch »Selbstgefälligkeit« bedeuten kann. Diese
Mischung fand in der amerikanischen Kultur ihr Echo, und der
Begriff ist heute noch sehr beliebt. Sich selbst gegenüber ein gutes

Gefühl zu haben ist zu einem Selbstzweck geworden, manchmal ohne jeden Bezug zu tatsächlichen Fähigkeiten oder Verdiensten.

Doch den Biologen, die nach einer Erklärung für die weite Verbreitung der sozialen Ungleichheit suchen – die sich unter Hühnern ebenso findet wie unter Wölfen, Pferden, Primaten und zahlreichen weiteren Tieren, die in Gruppen zusammenleben –, geht es offensichtlich um mehr als um die Antwort auf die Frage, was es für ein *Gefühl* ist, an der Spitze zu stehen. Ein Selbstwertgefühl als Ziel ist in einer harten Welt des Überlebenskampfs ohne jede Bedeutung. Was haben diejenigen davon, die es erreichen? Wenn hochrangige männliche Tiere sexuell erfolgreicher sind als andere, weil sie mehr Partnerinnen für sich beanspruchen können oder weil sie attraktiver sind, gewinnen sie im Rennen der Evolution einen Vorteil. Wenn sie in der Lage sind, mehr Nachkommen in die Welt zu setzen, werden genetische Eigenschaften, die ihnen zu dieser Lage verholfen haben, an die nächste Generation weitergegeben. Tiere denken zwar nicht über ihre Nachkommenschaft nach, aber sie verhalten sich so, daß ihre Gene möglichst zahlreich weitergegeben werden. Manche würden Thomas Hobbes darin zustimmen, daß der menschliche Mann dieselbe Neigung geerbt hat und ihr ebenso blind folgt. In der modernen Gesellschaft haben wir keinen Mangel an politischen Skandalen, die uns an den jahrtausendealten Zusammenhang von Macht und Sexualität erinnern.

Bei den weiblichen Tieren hat die Zahl der männlichen Partner, mit denen sie sich paaren, kaum einen Einfluß auf den Reproduktionserfolg, so daß zwischen Sex und Macht kein Zusammenhang besteht. Eine hohe Rangposition ist für sie im Hinblick auf Nahrung und Schutz für ihre Jungen von Vorteil, ohne jedoch ihre Attraktivität zu erhöhen. Bei unserer eigenen Spezies wird die sexuelle Attraktivität der Männer durch einen hohen Rang anscheinend stark erhöht, die der Frauen dagegen nicht. Eine prominente französische Politikerin hat die Macht einmal mit Sahnetorten verglichen und gesagt, sie habe eine Schwäche dafür, obwohl sie wisse, daß sie ihr nicht bekämen.

Das Streben nach Macht und die mit ihr verbundenen potentiellen Vorteile, denen Maslows Interesse galt, sind offenbar auch heute noch von Bedeutung – für alle Primaten. Ich habe mich schon immer bis zu einem gewissen Grad mit Maslow verbunden gefühlt, zum Teil, weil ich selbst davon überzeugt bin, daß es so etwas wie einen Machttrieb gibt, und zum Teil, weil ich jahrelang in dem kleinen Vilas Park Zoo in Madison, Wisconsin, gearbeitet habe, wo Maslow in den dreißiger Jahren als erster graduierter Schüler von Harry Harlow seine primatologischen Beobachtungen angestellt hat. Wenn Menschen von Selbstwertgefühl sprechen, sehe ich deshalb als erstes die würdige Selbstsicherheit von Mr. Spickles vor mir, dem alten Boß des Trupps Rhesusaffen, die ich so gut kannte. Spickles war in jedem Augenblick ganz er selbst und niemals auch nur im geringsten eingeschüchtert, selbst wenn ihm die kräftigsten jüngeren Affen gegenüberstanden. Er hatte sie alle aufwachsen sehen und mit ihnen gespielt, aber er hatte sie auch gestraft, wenn sie in ihrem jugendlichen Übermut zu weit gegangen waren.

Vielleicht fühlten sich darum diese Affenmänner in seiner Gegenwart psychisch gehemmt, obwohl er zusammen mit den meisten Zähnen auch einen Großteil seiner körperlichen Kraft verloren hatte. In freier Wildbahn muß ein alter Anführer eines Trupps sich mit fremden Männern herumschlagen, die in seinen Trupp eindringen und natürlich weniger Skrupel haben, ihn herauszufordern. Doch selbst dann ist es nicht immer einfach nur die Frage, welcher Mann der stärkste oder schnellste ist, da die kollektive Unterstützung der weiblichen Affen einen Alphamann noch lange Zeit nach seinen besten Jahren im Sattel halten kann. Häufig ziehen sie einen vertrauten, berechenbaren Anführer einem jüngeren, aggressiveren Neuankömmling vor.[221]

Daß ein Individuum dominant und dennoch auf andere angewiesen sein kann, so wie ein Rhesusaffenmann gelegentlich auf die Koalition einiger weiblicher Tiere angewiesen ist, kam Maslow damals offenbar nicht in den Sinn. Er dachte hauptsächlich in Kategorien individueller Unterschiede und Persönlichkeitstypen. Da er Dominanz als Zeichen einer angeborenen, biologischen Überlegenheit auffaßte, war er überzeugt, daß man in einer guten Gesellschaft der Elite die Möglichkeit geben sollte, ihr Potential zu verwirklichen. Man sollte sie vor der Bösartigkeit der Unbegabten schützen, die sich natürlich nicht widerspruchslos in ihre schlechtere Lage fügen würden. Er hatte demnach übersehen, daß Dominanz ein *soziales* Phänomen ist, das nicht Individuen, sondern Beziehungen beschreibt. Allein auf einer einsamen Insel ausgesetzt, hört auch der größte Boß auf, ein Boß zu sein. Individuelle Fähigkeiten tragen zum Erwerb eines hohen Status bei, doch sind sie häufig ausgesprochen sozialer Natur, so wie diplomatisches Geschick und eine Begabung zur Bildung dauerhafter Beziehungen.

Dallas Cullen, Professorin für Betriebswirtschaft an der University of Alberta, hat vor kurzem die Geschichte der Ideen Maslows untersucht, die innerhalb der Gemeinschaft der Manager noch immer einen großen Einfluß ausüben. Sie gelangte zu dem Schluß, daß Maslow der Rolle des Kontexts bei den von ihm untersuchten Affen zuwenig Aufmerksamkeit geschenkt hatte:

»Er überschätzte die Autonomie des dominanten Individuums und schrieb diesem Individuum die Fähigkeit zu, unabhängig und getrennt von anderen im sozialen Umfeld seine Aufgaben zu erfüllen. Gleichzeitig unterschätzte er das Ausmaß, in dem das dominante Individuum den sozialen Verbindungen seine Aufmerksamkeit schenken und seine sozialen Fähigkeiten einsetzen mußte, um diese Verbindungen herzustellen und zu erhalten.«[222]

Ob gut oder schlecht, unsere Selbstwahrnehmung ist ohne den Blick auf die Tiere gar nicht vorstellbar. Manchmal sind die Ableitungen einer Idee aus der Tierwelt schwer zurückzuverfolgen wie bei Maslows Hierarchie der Bedürfnisse, doch meistens ist nicht zu übersehen, wie stark unser Verständnis von Lernen und Konditionieren, von elterlicher Fürsorge, Sexualität und Hormonen, Aggression und vielem anderen in der Erkenntnis wurzelt, daß wir Tiere mit tierischen Antrieben sind. Selbst wenn manche Autoren hervorheben, wie anders unsere Spezies ist, indem sie etwa

Das Beobachten von Erwachsenen ist eine Lieblingsbeschäftigung junger Schimpansen. Auf diese Weise erlangen sie Kenntnisse über Nahrungsquellen und Techniken der Nahrungszufuhr, in diesem Fall über die Art und Weise, wie die Schimpansin Insektenlarven aus einem Stück faulem Holz klaubt und in den Mund schiebt. Das untere Bild zeigt ein Statusritual zwischen zwei erwachsenen Schimpansenmännern. Der linke steht aufrecht auf zwei Beinen, sträubt das Fell und schwingt ein Stück Holz in der rechten Hand, während der andere Mann ihm aus dem Weg geht und dabei *pant-grunts* von sich gibt, ein Verhalten, mit dem Schimpansen die Anerkennung des höheren Rangs eines Artgenossen zum Ausdruck bringen. (Arnheimer Zoo, Fotos Frans de Waal)

Schimpansen und Bonobos sind leicht zu unterscheiden, sowohl aufgrund ihrer Stimme (die des Bonobos hat eine wesentlich höhere Tonlage) als auch ihrer Erscheinung. Hier sieht man einen adoleszenten Schimpansen (oben) und einen Bonobo im gleichen Alter (unten). Man beachte den eleganten Körperbau des Bonobos mit feinen Gesichtszügen, schmalen Schultern, kleinen Ohren und zurückgebildeten Brauenwülsten. (Yerkes Primate Center und San Diego Zoo, Fotos Frans de Waal)

Ein adoleszenter Bonobo-
mann pflegt einer ausgewachsenen Frau das Fell. Die soziale Fellpflege mit Händeklatschen ist eine einzigartige
Tradition unter den Bonobos
in San Diego, wobei der aktive
Partner seine Pflege zwi-
schendurch unterbricht, um
mit den Händen (oder Füßen)
zu klatschen, so daß seine Aktivität auch akustisch wahr-
nehmbar ist. (San Diego Zoo,
Fotos Frans de Waal)

Eine Gruppe von Schimpansen hat sich an einer Stelle im Wald von Bossou auf Neuguinea eingefunden, wo regelmäßig Nüsse geknackt werden. Zwei erwachsene Frauen benutzen je einen Stein als Hammer und Amboß, um Palmnüsse zu öffnen, während ein Kleinkind aufmerksam die Bewegungen seiner Mutter verfolgt. Das Kind erhält dann und wann einen Kern und wird sehr bald in das Alter kommen, in dem es mit Steinen und Nüssen zu experimentieren beginnt, Jahre bevor es die Kraft und die Koordinierung seiner Bewegungen so weit entwickelt hat, daß es selber Nüsse knacken kann. (Foto mit freundlicher Genehmigung von Tetsuro Matsuzawa)

Ein Bonobomann spielt Blindekuh, ein Spiel, das von seinen älteren Spielgefähr-
tinnen ausgedacht wurde. Die Frauen spielten das Spiel so, daß sie sich beide
Daumen in die Augen drückten, während dieser Mann gelegentlich unter seinem
Arm hindurch einen Blick auf das Klettergerüst erhascht. (San Diego Zoo, Foto
Frans de Waal)

Oben: Kinji Imanishi, der Vater der japanischen Primatologie, aufgenommen 1958 im Alter von 56 Jahren. (Foto von Jun'ichiro Itani, mit freundlicher Genehmigung der Familie Imanishi) Unten: Konrad Lorenz, der österreichische Nobelpreisträger, berühmt für seine Entdeckung der »Prägung«, im Alter von 33 Jahren, umgeben von Graugänsen, seinen Lieblingsvögeln. (Foto von Alfred Seitz, mit freundlicher Genehmigung der Familie Lorenz)

Tiere bringen manchmal große Opfer und folgen dabei lediglich ihren Mutterin-
stinkten, die sich allein zum Zweck der Aufzucht ihrer Jungen entwickelt haben.
Hier steht eine Hündin, die drei Tigerjunge in einem Zoo aufgezogen hat, furchtlos über dem Kopf eines der Raubtiere, das sie mühelos verschlingen könnte.
(Lop Buri, Thailand, Foto Frans de Waal)

Vor dem Hintergrund eines Begrüßungsbaums, eines nationalen Symbols der Gastfreundschaft in China, sieht man eine Kette, welche mit Vorhängeschlössern behängt ist, die paarweise ineinandergeschlossen sind. Verliebte und Jungvermählte haben sie hingehängt und die Schlüssel anschließend in den Abgrund geworfen. (Huang Shan, Foto Frans de Waal)

sagen, erst die Kultur mache uns zu Menschen, benutzen sie immer noch die Tiere als Bezugspunkte. Es hilft alles nichts: Das menschliche Verhalten vollzieht sich stets in diesem umfassenden Kontext anderer Organismen und ihrer Verhaltensformen.

Ungleichheit ist hierfür ein Beispiel. Seit der Entdeckung der Hackordnung wissen wir, daß wir als eine hierarchische Spezies eigentlich nichts Besonderes sind.[223] Andererseits fühlen wir uns vielleicht nicht wohl bei diesem Vergleich, da er Neigungen, die wir an uns selbst nicht mögen, zu etwas Unabänderlichem macht. Ich spreche hier als alter Achtundsechziger und Parteigänger der antiautoritären Bewegung. Wir haben die Bürokraten und intellektuellen Mandarine der Hochschulen in die Schranken gefordert und unser Aufbegehren mit langen Haaren und extravaganter Kleidung zum Ausdruck gebracht. Es ist interessant, darüber heute noch einmal nachzudenken, da meine eigene Generation an die Macht gekommen ist und bemerkenswert wenig Hemmungen hat, von ihr Gebrauch zu machen. Es muß daran liegen, daß das System von oben einen anderen und längst nicht mehr so widerwärtigen Anblick bietet!

Ein Wiedersehen mit Arnheim

Die soziale Seite des Dominanzstrebens – die wir Politik nennen – besteht im Gerangel um eine günstige Ausgangsposition, indem man sich um Unterstützung, Anerkennung und Popularität bemüht. Schimpansenmänner verwenden einen so großen Teil ihrer Zeit und Energie auf Dominanzkämpfe, daß sie geradezu wie machtlüsterne Machiavellisten erscheinen. Nachdem ich sechs Jahre lang die sozialen Dramen in der weltweit größten Schimpansenkolonie im Arnheimer Zoo in Holland aufgezeichnet hatte, schrieb ich über ihre Machenschaften und Intrigen mein Buch *Unsere haarigen Vettern*. Seitdem haben Feldstudien über Schimpansen die politische Natur dieser Menschenaffen bestätigt.[224]

Von den zahlreichen Primaten, die ich in meinem Leben kennengelernt habe, sind mir diejenigen, denen ich begegnet bin, als ich noch Student war, in besonders liebevoller Erinnerung geblieben. Obwohl ich heute auf der anderen Seite des Atlantiks lebe, besuche ich regelmäßig mein Geburtsland und statte jedesmal nach Möglichkeit dem Zoo einen Besuch ab. Noch immer werde ich von der älteren Generation wiedererkannt. Mama, die inzwischen an die Fünfzig sein muß, erkennt mein Gesicht unfehlbar aus Hunderten von Besuchern heraus und bewegt ihre arthritischen Knochen zum Wassergraben, um mich mit *pant-grunts* zu begrüßen. Doch vermutlich am glücklichsten von allen ist Gorilla. Seit ich ihr beigebracht habe, eine Adoptivtochter mit der Flasche zu ernähren, was zwanzig Jahre zurückliegt, besteht zwischen uns eine enge Verbindung. Ohne diese Intervention hätte sie wahrscheinlich nie ein Junges großgezogen. Sowohl Mama als auch Gorilla haben inzwischen Enkelkinder, und diese nachwachsende Generation betrachtet mich als einen Fremden, der sich erstaunlicherweise benimmt, als gehöre er dazu. Die Kolonie zählt annähernd dreißig Schimpansen und ist noch immer die größte und am besten funktionierende ihrer Art.

Es gibt Männer, große Kerle, die mit gesträubtem Fell umherstolzieren und gelegentlich einen rangniedrigeren Artgenossen spüren lassen, wo der Hammer hängt. Sie erinnern mich in Stimme und Gebaren auf eine unheimliche Art und Weise an die Schimpansen, die ich damals gekannt habe, doch das liegt einfach daran, daß sie deren Söhne sind. In Gefangenschaft ist die durchschnittliche Lebenserwartung von Schimpansenmännern zehn Jahre niedriger als von Schimpansenfrauen, und in freier Wildbahn ist dieser Unterschied wahrscheinlich noch größer. Das Leben der Männer ist voller Streß und Anspannung, ganz zu schweigen von den körperlichen Risiken, wenn sie gegeneinander kämpfen oder bei spektakulären Fluchten von Baum zu Baum springen. Keiner meiner ursprünglichen männlichen Mitspieler ist mehr da.

Die einzige Möglichkeit, die Ereignisse in Arnheim zu beschreiben, bestand in meinen Augen darin, die Persönlichkeiten der einzelnen Schimpansen zu skizzieren und auf die aktuellen Ereignisse wie in einer sich entfaltenden Seifenoper einzugehen und dabei auf Abstraktionen und Theorien zu verzichten. In der Wissenschaft werden Gegenstände, die nicht statistisch bewertet und dargestellt werden können, häufig als bloße Anekdoten übergangen. Zugegeben, es ist schwer, aufgrund einzelner Ereignisse zu verallgemeinern, aber ist das eine Rechtfertigung für die Verachtung, mit der man ihnen begegnet? Nehmen wir ein menschliches Beispiel: Bob Woodward und Carl Bernstein schildern in ihrem Buch *Ein amerikanischer Alptraum. Das unrühmliche Ende der Ära Nixon* die Reaktion Präsident Nixons auf den Verlust seiner Macht:

»Zwischen den Schluchzern begann Nixon zu klagen [...]. Wie konnte ein simpler Einbruch das alles nach sich ziehen? [...] Nixon fiel auf die Knie [...]. Und dann, immer noch schluchzend, beugte sich Nixon vor, schlug mit der Faust auf den Teppich und schrie: ›Was habe ich getan? Was ist geschehen?‹«[225]

Nixon war der einzige Präsident in der Geschichte der Vereinigten Staaten, der von seinem Amt zurücktrat, so daß diese Schilderung kaum mehr als eine Anekdote sein kann. Aber ist die Geschichte deshalb weniger bedeutsam? Ich muß zugeben, daß ich eine ausgesprochene Schwäche für seltene und merkwürdige Ereignisse habe. Die von mir untersuchten Schimpansen bekamen ebensolche Wutanfälle wie Nixon, sobald sie in eine ähnlich belastende Lage kamen. Als Yeroen, der älteste Schimpansenmann in Arnheim, in Gefahr war, seinen höchsten Rang an einen anderen Mann zu verlieren, ließ er sich mitten in einer Auseinandersetzung plötzlich wie ein fauler Apfel von einem Baum fallen, krümmte und wand sich am Boden, schrie mitleiderregend und wartete darauf, von der übrigen Gruppe getröstet zu werden.

Der englische Ausdruck *being weaned from power* (»der Macht entwöhnt werden«) ist besonders passend, da Yeroen mit seinem Rückfall in eine kindliche Phase dasselbe Verhalten zeigte wie ein Junges, das von der Mutterbrust entwöhnt wird. Trotz seiner lautstarken Proteste behält das Junge seine Mutter im Auge und registriert jedes Anzeichen für ihre mögliche Sinnesänderung. In gleicher Weise achtete Yeroen während seiner Anfälle stets darauf, wer sich ihm näherte. Wenn die Gruppe um ihn herum groß und stark genug und wenn vor allem Mama dabei war, faßte er sogleich wieder Mut. Mit seinen Anhängern im Schlepptau entfachte er die Auseinandersetzung, die er verloren hatte, von neuem. Yeroens Verzweiflungsanfälle bildeten offenbar eines von vielen Beispielen einer geschickten sozialen Manipulation.

Der Geist Nikkies

Seit damals hat es im Arnheimer Zoo viele interessante Entwicklungen gegeben. Manche davon waren schrecklich, wie die Tötung und Kastration eines unserer Schimpansenmänner durch zwei Rivalen. Dieser Vorfall hat meine Wahrnehmung der Bedeutung von Versöhnungsritualen zwischen Schimpansen grundlegend geändert: Ihr Fehlen kann furchtbare Folgen haben. Und solche Vorgänge ereignen sich nicht nur in Gefangenschaft. Zwölf Jahre später widerfuhr einem Schimpansen im Nationalpark von Gombe weitgehend dieselbe Behandlung von den eigenen Gefährten in der Gruppe. Er wäre höchstwahrscheinlich den anschließenden Infektionen erlegen, wenn man ihn nicht ärztlich behandelt hätte.[226]

Nachdem ich meine Tätigkeit in Arnheim beendet hatte, fand mein Nachfolger Otto Adang sogar noch weitere Hinweise auf machtpolitische Kämpfe zwischen den dortigen Schimpansenmännern; dazu gehörten wechselnde Bündnisse sowie, besonders wichtig, die soziale Unterstützung für die Protagonisten. Zwei Männer – Yeroen, der ehemalige Anführer, und Dandy – hatten sich verbündet, um Nikkie aus seiner Position des Alphamanns zu vertreiben. Dieses Bündnis trieb Nikkie zu einem verzweifelten Fluchtunternehmen. Unglücklicherweise ertrank er bei dem Versuch, über den Wassergraben rund um die Schimpanseninsel des Zoos zu gelangen. Die Zeitungen schrieben von einem Selbstmord, aber es sah eher nach einem Panikanfall mit tödlichen Folgen aus.

Nach Nikkies Tod brach die Verbindung zwischen Yeroen und Dandy bald wieder auseinander. Wie zu erwarten, wurden beide zu Rivalen.[227] Etwa ein Jahr darauf, Ende 1985, beschloß Adang, den Schimpansen einen Film zu zeigen, *The Family of Chimps*, einen Dokumentarfilm, der im Arnheimer Zoo gedreht wurde, als Nikkie noch am Leben und der Alphamann der Gruppe war. Als die Affen ihr Winterquartier in einer großen Halle bezogen hatten, wollte Adang sehen, wie sie auf zweidimensionale Bilder reagieren würden, die er an eine Wand projizierte. Es blieb unklar, ob die Schimpansen die Darsteller auf der Projektionsfläche erkannten. Doch als vor ihren Augen plötzlich ein lebensgroßer Nikkie erschien, rannte Dandy sogleich schreiend zu Yeroen und sprang dem alten Affen buchstäblich auf den Schoß! Yeroen selbst hatte ein unsicheres Grinsen im Gesicht. Nikkies mysteriöse Wiederauferstehung hatte vorübergehend ihren alten Pakt wiederhergestellt.

Opportunismus ist ein wesentlicher Bestandteil der Schimpansenpolitik, und die meisten von uns würden nicht zögern, denselben Begriff auch für sein menschliches Pendant zu verwenden. Die Buhrufe und das Schreien zwischen den verschiedenen Fraktionen und das gelegentliche Ziehen an den Haaren und Anrempeln in den Parlamenten junger Demokratien deuten auf eine Geschichte unserer politischen Systeme, die mit den erhabenen Begriffen, in denen Historiker und Politikwissenschaftler sie beschreiben, nur unzureichend erfaßt wird.

Wenn wir uns an Harold Laswells klassische Definition halten, derzufolge Politik ein sozialer Prozeß ist, der darüber entscheidet, »wer was wann wie bekommt«, dann kann kaum ein Zweifel daran bestehen, daß Schimpansen Politik betreiben. Da zu diesem Prozeß – beim Menschen wie bei seinen nächsten Verwandten – Bluffs, Bündnisse und die Taktik des »teile und herrsche« gehören, ist eine gemeinsame Terminologie durchaus gerechtfertigt. Der englische Titel von *Unsere haarigen Vettern – Chimpanzee Politics* – brachte diesen Sachverhalt zum Ausdruck. Natürlich waren darüber nicht alle Wissenschaftler glücklich. Doch Newt Gingrich, damals Sprecher des Repräsentantenhauses, erkannte die Parallelen zwischen Mensch und Tier, als er 1994 die Arnheimsaga auf die Liste empfohlener Bücher für neue Abgeordnete setzte. Eine Lektüre über die Machtspiele von Schimpansen kann Politikern dabei behilflich sein, elementare politische Strategien zu erkennen, die sie wahrscheinlich unbewußt selbst anwenden. Darüber hinaus können sie die Einsicht gewinnen, daß trotz des ständigen Gerangels um günstige Ausgangspositionen dem wandlungsfähigen sozialen System eine gewisse innere Logik oder gar Moral innewohnt. Erfolg ist nicht einfach eine Sache des Ausschaltens der Opposition. In freier Wildbahn sind Schimpansenmänner beim Jagen und bei der Verteidigung des Territoriums aufeinander angewiesen; Kompromisse und Versöhnungsgesten gehören ebenso zum politischen Geschick wie die Fähigkeit des Kämpfens.

Macht unter einem anderen Namen

Was mich seit jeher an der Schimpansengesellschaft – und folglich auch der menschlichen Gesellschaft – fasziniert hat, ist die Unmöglichkeit, einen stabilen Zustand zu erreichen. Primatologen sprechen gern von »sozialer Organisation«, als würde sich das soziale Leben um eine feste Struktur drehen, das Rückgrat der Gruppe. Doch die Struktur hat mehr Ähnlichkeit mit einem Fluß, der immer da, aber nie derselbe ist. Sobald man glaubt, die Ereignisse hätten sich beruhigt und man könne das Ende der Geschichte oder sonst einen törichten Begriff ausrufen, wird man in der Regel Unterströmungen des Wandels entdecken. Ein junger Mann wächst heran und beginnt Wellen zu schlagen. Ein alter Alphamann wird allmählich seiner ausgiebigen Imponierveranstaltungen überdrüssig, und seine Rivalen werden aufmerksam. Einige Frauen bauen große Familien auf, die zu einflußreichen Cliquen heranwachsen.

Jedesmal, wenn ich Arnheim besuche, müssen die Betreuer und

Forscher mich genau ins Bild setzen, als hätte ich einen Film ver-
paßt: »Schimpanse A stützt sich jetzt auf Schimpanse B, der noch
zögert, nach der Macht zu greifen, weil er von Schimpanse C übel
zugerichtet wurde. Doch wenn seine Wunden wieder verheilt
sind, werden die Frauen ihm bei der Revanche helfen, weil sie für
ihn viel mehr übrig haben als für C.« Es herrscht eine ständige Bewegung, und fortwährend werden kleine Ziegelsteine der Macht
aufeinandergeschichtet, bis die bestehende Ordnung für eine weitere Herausforderung reif ist.

Beim Menschen verhüllen wir solche Antriebe mit den unterschiedlichsten Euphemismen. In einer Untersuchung von Rang-
ungleichheiten in einer Gesellschaft mit einem starken Hang zur
Gleichheit sprach der niederländische Sozialpsychologe Mauk
Mulder von dem Tabu, das den Begriff der »Macht« umgibt. Auf
Befragen sagten die Manager großer Unternehmen den Intervie-
wern, Verantwortung, Prestige und Autorität bedeuteten ihnen
viel, Macht dagegen gar nichts. Bei *anderen* nahmen sie durchaus
eine Machtgier wahr, doch sie selbst wollten lediglich ihre persönlichen Fähigkeiten als Berater und Führer in den Dienst ihrer
Firma stellen.[228]

Kein Kandidat für ein politisches Amt wird öffentlich zugeben,
daß Macht für ihn ein Hochgenuß ist. Politiker wollen uns einreden, daß sie für uns und die Nation ihr Privatleben opfern. Und
selbst wenn Anthropologen direkte Parallelen ziehen zwischen
Dominanzbeziehungen beim Menschen und bei anderen Primaten, vermeiden sie das verpönte Wort, wie beispielsweise Jerome
Barkow, der 1975 schrieb:

»Mit der Entwicklung eines Gefühls für das Selbst ist vermutlich die Neigung unserer Vorfahren, einen hohen sozialen Rang
anzustreben, umgeformt worden. Ein Selbst zu haben bedeutet, daß eine Selbstbewertung möglich ist. Das Gebot der sozialen Dominanz hätte dann die Form eines Gebots angenommen,
das eigene Selbst in seinem Rang höher zu stellen als das von
anderen. Das Selbst höher zu bewerten als andere bedeutet, ein
Selbstwertgefühl zu pflegen.«[229]

Demnach wäre es den Frühmenschen – ebenso wie später den holländischen Managern – nicht um Macht über andere, sondern um eine Art von Stolz auf sich selbst gegangen. Das ist ein seltsamer Gedanke, denn was hat der Mensch davon, auf sich stolz zu sein? Nur wenn mit dem Stolz sichtbare Vorteile verbunden wären, ließe sich der Aufwand an Energie erklären, mit dem er angeblich angestrebt wird. Psychologische Erklärungen durch das Selbstwertgefühl versagen alle an diesem Punkt: Eine Wertschätzung des eigenen Selbst ist sinnlos, wenn sie nicht auf die Wertschätzung durch andere und die daraus abgeleiteten Privilegien bezogen wird. Mit anderen Worten, ein Selbstwertgefühl gewinnt erst dann eine Bedeutung, wenn es sozial konstruiert ist.

Das führt uns zurück zu Abraham Maslow und seinen Ideen über Selbstverwirklichung. Hätte er alle Interdependenzen zwischen den von ihm untersuchten Primaten beachtet, dann wäre er möglicherweise zu einer anderen Auffassung gelangt. Die Beurteilung des eigenen Selbst vollzieht sich nicht in einem luftleeren Raum; sie erfordert eine ständige Interaktion mit anderen. Ohne die Wertschätzung anderer ist die eigene Wertschätzung hohl. Indem er einen letztlich sozialen Prozeß in eine innere Erfahrung auf der Grundlage persönlicher Fähigkeiten übersetzte, hielt Maslow geschickt das Machttabu aufrecht. Bei diesem Tabu geht es darum, wie Macht sich auf andere auswirkt, wie sie das Verhalten anderer einschränkt und lenkt. Niemand wird bestreiten, daß manche Menschen mehr Einfluß ausüben als andere, aber die Menschen wollen nicht hören, daß jemand das tatsächliche *Bedürfnis* danach ausspricht, es zu tun. Ein solcher Wunsch würde den demokratischen Idealen zuwiderlaufen.

Warum gehen Lehrbücher der Sozialpsychologie nur selten auf Begriffe wie »Herrschaft«, »Dominanz« oder »Macht« ein – fast als hoffte man, einen der stärksten Antriebe der menschlichen Spezies einfach dadurch zum Verschwinden zu bringen, daß man ihn nicht erwähnt? Wo wir hinblicken, sehen wir Ranghierarchien – in der Schule, in der Kirche, im Militär, in der Wirtschaftswelt –, doch die Forschung hat sie kaum untersucht. Und so fahren wir fort, mit der heißen Kastanie der Macht zu jonglieren. Es ist diese

Art der kollektiven Lüge, mit der Niccolò Machiavelli gebrochen hat – eine Kühnheit, die seinem Ruf mehr geschadet als genützt hat.

Ich bin wirklich dankbar dafür, daß ich soziale Ungleichheit an Lebewesen studieren kann, die ihre Wünsche und Bedürfnisse offen zum Ausdruck bringen, ohne Bemäntelung. Sprache ist eine wunderbare menschliche Eigenschaft, aber sie dient ebensooft der Ablenkung wie der Information. Wenn ich führende Politiker auf dem Bildschirm sehe, vor allem, wenn sie unter Druck stehen oder ein Streitgespräch führen, schalte ich gelegentlich den Ton ab, um mich besser auf die Bewegung der Augen, die Körperhaltungen, Gesten und dergleichen konzentrieren zu können. Ich sehe, wie sie größer werden, wenn sie es einem Gegner gegeben haben, oder daß sie unangenehme Informationen unterdrücken, was man daran erkennt, daß sie ihre Augen für den Bruchteil einer Sekunde zu lange geschlossen halten. Was dabei abläuft, ist jedem unmittelbar vertraut, der beobachtet hat, wie Schimpansenmänner nach Dominanz streben. Statt zu versuchen, ihre Selbstwahrnehmung zu ändern – was sie ebensogut in den eigenen vier Wänden tun könnten wie in der Praxis eines Therapeuten –, setzen diese Politiker alles daran, in den Augen ihrer Millionen Zuschauer die Oberhand zu behalten. Sie spielen für ein Publikum, machen Versprechungen, erklären, verteidigen sich und lügen. Sie wissen besser als jeder andere, daß Macht stets auf andere Personen bezogen ist.[230]

Hätte Maslow sich nicht damit begnügt, auf die gegensätzlichen Verhaltensweisen seiner dominanten und niederrangigen Affen zu blicken, und sein Augenmerk statt dessen auf die soziale Matrix gerichtet, in der beide eng verankert sind, so hätten wir heute vielleicht eine stärker sozial begründete Theorie der Motivation, die mit der menschlichen Seifenoper, die wir unser Leben nennen, besser in Einklang zu bringen wäre. Der Trieb zur Dominanz ist ungeniert darauf gerichtet, andere zu unterwerfen und den eigenen Willen durchzusetzen. Er ist kein netter, freundlicher Trieb, sondern das Produkt eines jahrtausendealten Erbes der Konkurrenz um Ressourcen, bei der einige Individuen besser abschneiden als andere. Während das Streben nach Macht völlig bewußt sein kann, sind die Positionskämpfe und Manipulationen, die wir in unserem Umfeld beobachten, häufig ebensowenig bewußt wie die unter den Schimpansen. Man braucht nur ein Dutzend linke Professoren mit egalitärem Ethos zusammen in einen Raum zu sperren – eine Situation, die mir nicht ganz unvertraut ist –, und man kann beobachten, wie sich alsbald eine Machtstruktur entwickelt. Der Prozeß läuft geradezu automatisch ab.[231]

So einfach liegen die Dinge nicht

Die Moral der Geschichte ist, daß Tiere dazu benutzt werden können, Ideen zu bestätigen, die weder auf sie noch auf die Spezies zutreffen, für die diese Ideen letztlich entwickelt wurden. Wir neigen dazu, die Natur als Beweis heranzuziehen, ganz egal, was wir eigentlich beweisen wollen.

Anders liegt der Fall bei Judith Harris, die in ihrem 1998 erschienenen Buch *The Nurture Assumption* Beispiele von Tieren, vor allem Schimpansen benutzt, um zu zeigen, daß die individuelle Entwicklung ebensosehr von der Anlage wie von der Umwelt und von der *peer group* nicht weniger als von den nächsten Angehörigen beeinflußt wird. Damit fordert sie eine ganze Generation von Wissenschaftlern heraus, die behauptet haben, die kindliche Entwicklung sei ausschließlich eine Sache der Kultur, der Erziehung und werde hauptsächlich von den Eltern gesteuert. Welche Auffassung die richtige ist, steht hier nicht zur Debatte. Es geht vielmehr darum, daß die Belege aus der Tierwelt von beiden Seiten so zurechtgelegt werden, daß sie das jeweilige Argument stützen.

Wer überzeugt ist, daß das Aufwachsen von Kindern ausschließlich kulturellen Faktoren unterliegt und die Abkömmlinge anderer Spezies lediglich ihre Instinkte schärfen, übersieht dabei die langwierige Entwicklung vieler höherer Tiere. Wenn man bedenkt, daß Schimpansen erst mit sechzehn Jahren als ausgewachsen gelten, dann ist ihre Kindheit und Jugend ein einziger ausgedehnter Lernprozeß. Und wenn es eine Spezies gibt, bei der die elterlichen Einflüsse gar nicht hoch genug eingeschätzt werden können, dann sind es wiederum die Schimpansen. Die Jungen halten sich in den ersten acht Jahren ihres Lebens in der Nähe der Mutter und ebenfalls abhängiger Geschwister auf und haben während dieser Zeit nur gelegentlichen Kontakt zum Rest der Gemeinschaft. Deshalb ist zu erwarten, daß das Verhalten und Temperament der Mutter einen enormen Einfluß hat, wesentlich mehr als das der Gleichaltrigen. Kurzum, die Entwicklung des Schimpansen stützt weder eine radikale Milieutheorie noch eine Denkschule, die von einem rein instinktgeleiteten Verhalten ausgeht, das durch äußere Einflüsse kaum modifiziert werden kann.

In den Sozialwissenschaften gibt es zahlreiche Annahmen über tierisches Verhalten; manche sind richtig, doch viele sind falsch. An dieser Situation wird sich nichts ändern, solange die Erforschung des menschlichen Verhaltens zu einem großen Teil von der Tierverhaltensforschung getrennt betrieben wird. Wer sich gern auf die Natur beruft, wenn es ihm gerade ins Konzept paßt, sollte wissen, daß die Dinge so einfach nicht liegen. So wie unsere eigene Art zugleich edel und böse, egoistisch und altruistisch, Sklavin und Herrin ihrer Triebe ist, so widersprüchlich ist auch die Tierwelt. Die Forscher werden auch weiterhin menschliches und tierisches Verhalten miteinander vergleichen und einander gegenüberstellen, aber hoffentlich weniger in der Absicht, vorgefaßte Meinungen bestätigt zu finden, als die weitaus komplexere, buntere und facettenreichere Realität zu enthüllen, die sich dem Unbefangenen erschließt.

10.
Überleben der Freundlichsten
Von egoistischen Genen und altruistischen Hunden

>»Mag man den Menschen für noch so egoistisch hal-
>ten, es liegen doch offenbar gewisse Prinzipien in sei-
>ner Natur, die ihn dazu bestimmen, an dem Schicksal
>anderer Anteil zu nehmen, und die ihm selbst die
>Glückseligkeit dieser anderen zum Bedürfnis machen,
>obgleich er keinen anderen Vorteil daraus zieht als das
>Vergnügen, Zeuge davon zu sein.«
>
> Adam Smith 1994

>»Altruismus kann bis zu einem gewissen Grad beim
>Schimpansen auftreten, ohne daß er darauf trainiert
>worden ist. Das erfordert unter jedem vernünftigen
>Blickwinkel eine Neuinterpretation der traditionellen
>Auffassung von der hedonistischen, auf das eigene
>Wohl bedachten menschlichen Natur und Motiva-
>tion.«
>
> Donald Hebb 1971

Die ungewöhnlichste Zurschaustellung von Tieren, die mir je un-
tergekommen ist, konnte in einem kleinen Zoo in Lop Buri in
Thailand bestaunt werden. Zwei mittelgroße Hunde teilten einen
Käfig mit drei ausgewachsenen Tigern. Während die Tiger ihre
Körper in schmutzigem Wasser abkühlten, gingen die Hunde auf
und ab und sprangen unbekümmert über die riesigen gestreiften
Köpfe hinweg, die auf dem Betonrand des Wasserbeckens ruhten.
Die Hunde waren wandelnde Appetithappen, doch die Tiger nah-
men sie offensichtlich nicht als solche wahr.

Ich erfuhr, daß der ältere der beiden Hunde, eine Hündin, die
Tigerjungen zusammen mit dem eigenen Welpen aufgezogen und
daß die ganze Familie sich gut vertragen hatte. Wie es hieß, stand
die Mutter im Rang über allen anderen.

Trotzdem waren die Tiger keine Schmusekatzen. Wenn der dreijährige Sohn meines Gastgebers am Käfig vorbeiging, ließen sie den Jungen nicht aus den Augen, bereit, sich sogleich auf ihn zu stürzen, falls durch ein Wunder die Gitter fallen sollten, die sie zurückhielten. Im Wald hatte ein Mitglied derselben Spezies einst den Vater, einen großgewachsenen deutschen Primatenforscher, so angebrüllt, daß ihm das Blut in den Adern gerann und er seine Berufsrisiken von da an in einem etwas anderen Licht sah.

Einige Meter von diesem Schauspiel entfernt stand eine Plastik, die den Kampf zwischen einem Tiger und einem Adler darstellte, beide überlebensgroß. Der Adler schien im Begriff, dem Tiger mit seinen Krallen die Augen auszukratzen. Eine unwahrscheinliche Begegnung, da die beiden Tiere sich normalerweise nicht in die Quere kommen, diente als dramatische Wiedergabe des allgegenwärtigen Kampfs ums Dasein, der mörderischen Konkurrenz zwischen den Lebewesen um begrenzte Ressourcen.

Sowohl die Plastik als auch der Käfig mit den Hunden und den Tigern stellten eine artifizielle Situation dar, freilich mit gegensätzlichen Botschaften. Während die lebenden Tiere demonstrierten, wie wirkungsvoll Zähne und Klauen im Zaum gehalten werden können, schien die Plastik sagen zu wollen: »Wen interessiert es schon, welche Vorstellung Sie von der Natur haben? Wie es wirklich in ihr zugeht, sehen Sie hier!« Unbeabsichtigt gab der Zoo auf diese Weise Anlaß, Betrachtungen über den Unterschied zwischen der sinnlich und der theoretisch wahrgenommenen Natur anzustellen.

Die erstaunliche Aufopferung der Hundemutter bei der Aufzucht von drei Tigerbabys fällt unter die biologische Definition des Altruismus – mit anderen Worten, sie nahm beträchtliche Nachteile zum Nutzen anderer auf sich. Sie tat es nicht für sich, ihre Familie oder gar ihre Spezies, aber warum tat sie es dann? Wieviel Kraft mußte sie in die Aufzucht von drei Riesenbabys gesteckt haben, die so ganz anders waren als sie selbst? Der Größenunterschied entsprach in jeder Hinsicht etwa dem zwischen einer Heckenbraunelle und einem riesigen Kuckucksnestling, der von ihr gefüttert wird. Doch die Braunelle wird durch ein Ei getäuscht, das dem eigenen ähnlich ist, während man sich kaum vorstellen kann, daß eine Hündin nicht in der Lage wäre, ein Tigerjunges von einem Welpen am Aussehen oder gar am Geruch zu unterscheiden.

Biologen erklären altruistisches Verhalten häufig mit sogenannter Verwandtenselektion. Hilfsbereitschaft gegenüber Verwandten gilt als genetische Investition, als eine Methode zur Verbreitung von Genen, die den eigenen ähnlich sind. Die Unterstützung von Verwandten wirkt demnach fast so, als helfe man sich selbst. Opfer zum Nutzen von Verwandten finden sich überall, angefangen bei Honigbienen, die für ihren Stock sterben, indem sie Eindringlinge stechen, bis hin zu Vögeln – etwa amerikanischen Eichelhähern –, die ihren Eltern helfen, ein Nest voller Jungen aufzuziehen. Menschen zeigen dieselbe Hilfsbereitschaft gegenüber Verwandten, was in Wendungen wie »Blut ist dicker als Tinte« zum Ausdruck kommt. Kein Wunder, daß Auszeichnungen für heldenhaftes Verhalten nur selten an jene verliehen werden, die nahe Angehörige gerettet haben.

Die Hündin in unserer Geschichte wäre dagegen eine Kandidatin für einen Orden, da sie Tierjungen ihre liebevolle Fürsorge und nahrhafte Milch gab, die unmöglich mit ihr verwandt sein konnten. Deshalb kann ihr Verhalten auch nicht mit dem Konzept der Verwandtenselektion erklärt werden. Die Alternativhypothese folgt dem Motto: »Kratzt du meinen Rücken, kratze ich deinen«, das heißt, die Hilfe wird jemandem gewährt, der sich dafür revanchiert. In meiner Arbeit habe ich diese Hypothese überprüft, indem ich Situationen der gegenseitigen Fellpflege unter Schimpansen im Yerkes Primate Center in der Nähe von Atlanta gefilmt und anschließend verfolgt habe, welcher Affe mit wem seine Nahrung geteilt hatte. Dabei stellte ich folgendes fest: Wenn Schimpanse A am Morgen dem Schimpansen B das Fell gepflegt hatte, so erhöhten sich seine Chancen beträchtlich, am Nachmittag von B Nahrung zu bekommen. Alle Beteiligten haben in einer solchen Tauschwirtschaft einen Vorteil.

Ließ sich damit das Verhalten der Hündin erklären? Man könnte geltend machen, daß die Katzen sie belohnten, indem sie

sie nicht verschlangen, doch eine solche altruistische Logik scheint etwas weit hergeholt und kann das Opfer der Hündin sicher nicht erklären. Hätte sie die kleinen Kätzchen im Stich gelassen, so hätte sich für sie das Problem, sich später vor ihnen in Sicherheit bringen zu müssen, gar nicht erst gestellt. Bei der ganzen Geschichte hatte sie offensichtlich wenig oder gar nichts zu gewinnen.

Enthält das evolutionäre Paradigma etwa einen grundlegenden Fehler? Die Antwort hängt davon ab, wie weit oder wie eng man den Begriff der Evolution fassen will. Die oben erwähnten Theorien können eine Kooperation recht gut erklären, aber sie gelten nicht für jeden einzelnen Fall und müssen dies auch nicht. Die Schönheit unnatürlicher Arrangements wie das Anlegen von Tigerkätzchen an die Zitzen einer Hündin liegt darin, daß sie die Trennung zwischen Motiv und Funktion sichtbar machen. Die ursprüngliche *Funktion* der mütterlichen Fürsorge besteht offensichtlich darin, die eigenen Nachkommen großzuziehen, doch die *Motivation*, jemandem diese Fürsorge zukommen zu lassen, reicht über diese Funktion hinaus. Die Motivation wurde stark und flexibel genug, um sich auch auf die Jungen anderer Tiere zu erstrecken, selbst die einer anderen Spezies, unabhängig davon, was die Mutter davon hat. Motive nehmen häufig ein Eigenleben an. Infolgedessen entsprechen sie nicht immer den herrschenden Metaphern der biologischen Wissenschaft, die einen erbarmungslosen Konkurrenzkampf betonen.

Die Spinne und die Fliege

In dem Film *Der Postmann* von Michael Radford wird dem Zuschauer der große Reiz von Metaphern vorgeführt. Ein angehender Dichter lernt, die Welt durch gewählte Analogien mit neuen Augen anzusehen. Anfangs noch schüchtern, findet er bald Geschmack an der sprichwörtlichen »dichterischen Freiheit«, was seinen Erfolg beim schönen Geschlecht beträchtlich erhöht.

Menschen sind von Natur aus Animisten, da sie die Welt stets nach ihrem eigenen Bild formen. Schon früh schreiben die Kinder den Wolken, Bäumen, Puppen und anderen Gegenständen unbefangen ein Innenleben zu. Diese Neigung wird kommerziell ausgenutzt, beispielsweise durch Pet Rocks, Chia Pets und Tamagotchis, die auffällig wenig Ähnlichkeit mit den üblichen Objekten aufweisen, denen gewöhnlich menschliche Zuneigung entgegengebracht wird.[232] Das Phänomen ist nicht einmal auf unsere eigene Spezies beschränkt; auch Schimpansen zum Beispiel versorgen imaginäre Junge. Richard Wrangham beobachtete einen jungen Schimpansen von sechs Jahren, Kakama, der einen kleinen Holzprügel herumtrug und in den Armen wiegte, als wäre es ein Kleinkind. Kakama tat dies stundenlang ohne Unterbrechung und baute einmal sogar ein Nest in einem Baum und legte das Holzstück spontan hinein. Zu dieser Zeit war Kakamas Mutter schwanger. Der Beobachter bemerkte dazu: »Meine Intuition legte mir eine Möglichkeit nahe, die ich als ein von Berufs wegen skeptischer Wissenschaftler allein aufgrund einer einzigen Beobachtung nicht so ohne weiteres akzeptieren wollte: daß ich soeben gesehen hatte, wie ein junger Schimpanse in Vorwegnahme des zu erwartenden Babys seiner Mutter eine Puppe erfunden und anschließend mit ihr gespielt hatte.«[233]

Wissenschaftler sind nicht immun dagegen, Bedürfnisse und Wünsche auf unbelebte Gegenstände zu projizieren. Leider fehlt uns jedoch die Freiheit des Dichters und die Unschuld des Kindes. Metaphern in der Wissenschaft sind häufig sehr nützlich und vorteilhaft, oft aber auch äußerst schädlich, weil sie vielfach die Wahrheit buchstäblich verdunkeln. Das gilt zum Beispiel für die bekannte Deutung der Natur als »Kampf ums Dasein«. Diese Metapher hinderte Generationen von Biologen daran, die gemeinsamen Interessen von Individuen und Spezies zu erkennen, obwohl Charles Darwin – schon immer klüger als seine Anhänger – in *Die Entstehung der Arten* geschrieben hatte, »daß ich die Bezeichnung ›Kampf ums Dasein‹ in einem weiten metaphorischen Sinne gebrauche, der die Abhängigkeit der Wesen voneinander [...] mit einschließt.«[234]

In der Physik und Chemie sind Metaphern gang und gäbe: Wir sagen etwa, daß entgegensetzte Magnetpole »einander anziehen«, oder verwenden Begriffe wie »Kraft« und »Widerstand«. Anthropomorphistische Deutungen sind Versuche, in die uns umgebende Welt einen Sinn zu bringen. In der modernen Biologie werden Gene als »egoistisch« bezeichnet und Organismen so beschrieben, als würden sie sich ihrer Umwelt »anpassen«. Man sagt, Gene seien unsere Herrscher und strebten danach, sich zu vervielfachen. Tatsächlich ist es jedoch lediglich so, daß Gene, nichts anderes als ein Packen DNS-Moleküle, sich in unterschiedlichem Tempo vermehren, je nach dem Erfolg der Merkmale, die sie produzieren. Dabei nehmen sie nicht selbst die Selektion vor, vielmehr *werden* sie selektiert. Auch die Anpassung ist ein blinder und passiver Prozeß, der sich aus der Eliminierung der weniger erfolgreichen Formen ergibt. Das alles ist jedem Biologen bekannt, aber wir können es offenbar nicht lassen, der Evolution ein Ziel und eine Absicht zu unterschieben.

Es ist nur ein kleiner Schritt von der Bezeichnung der Gene als »egoistisch« bis zur Verwendung desselben Etiketts für die weitere Entwicklung dieser Gene, aus denen Pflanzen, Tiere und Menschen werden. So schreibt etwa George Williams, einer der weltweit führenden Evolutionsbiologen: »Die natürliche Selektion maximiert einen kurzsichtigen Egoismus.«[235] Damit dehnt er die utilitaristische Sprache seiner Disziplin auf den Bereich der Motivation aus. Das ist eine heikle Extrapolation, da der Egoismus von Genen einen ausschließlich metaphorischen Charakter hat. Die Unterstellung egoistischer Motive ist nur bei Tieren und Menschen sinnvoll; Gene haben kein Ego und können deshalb unmöglich egoistisch sein.

Demnach wurde der Begriff »egoistisch« seiner umgangssprachlichen Bedeutung beraubt und außerhalb des psychologischen Bereichs angewandt, wohin er eigentlich gehört. Im angelsächsischen Sprachraum wird der Begriff »egoistisch« (*selfish*) inzwischen häufig so gebraucht, als wäre er gleichbedeutend mit *self-serving* (»dem eigenen Vorteil dienend«), was natürlich nicht stimmt. Im Egoismus (*selfishness*) ist die *Absicht* mitgedacht, das eigene Interesse zu befriedigen, und damit das Wissen, welchen Vorteil man davon hat. Ohne ein solches Wissen ist Egoismus ein weitaus problematischeres Konzept, als vielen Evolutionsbiologen klar zu sein scheint. Einer Liane mag es zum eigenen Vorteil dienen, einen Baum zu überwuchern und zu ersticken, doch da Pflanzen keine Absichten und kein Wissen haben, können sie unmöglich in einem bedeutungsvollen Sinn egoistisch sein.

Es stellt sich somit die Frage, ob Tiere und Menschen über das nötige Wissen verfügen, um egoistisch zu handeln. In der Natur ist die Zukunft meistens hinter einem Schleier der Unwissenheit verborgen. Die Spinne spinnt ihr Netz, um Insekten zu fangen, und das Eichhörnchen versteckt Nüsse, um durch den Winter zu kommen, aber es ist unwahrscheinlich, daß Spinnen und Eichhörnchen das im Wissen um das Ergebnis tun. Das Wissen würde eine vorangegangene Erfahrung voraussetzen, während selbst die jüngsten und unerfahrensten Spinnen und Eichhörnchen Netze spinnen und Nüsse verbuddeln. Sie können noch gar nicht wissen, wie sehr ihnen dieses Verhalten nützlich sein wird. Beide Spezies wären schon längst ausgestorben, wenn ihre Individuen sich nicht so verhalten würden. Und das sind nur die einfachsten Beispiele, die mir einfallen; viele Funktionen des Verhaltens sind viel schwerer zu erkennen. Hengste kämpfen unter hohen Risiken für ihre körperliche Unversehrtheit gegen andere Hengste, um einen Harem von Stuten zu beanspruchen und mit ihnen Nachwuchs zu zeugen, aber es wäre lächerlich zu behaupten, sie hätten ein Wissen davon, daß ein Sieg sich positiv auf ihre Fortpflanzungschancen auswirken kann. Dazu müßten sie den Zusammenhang zwischen dem Bespringen einer Stute und der Fortpflanzung kennen, und eine solche Kenntnis ist bislang noch bei keinem Tier nachgewiesen worden.

Selbst das menschliche Verhalten beruht nicht zwangsläufig auf einem Bewußtsein von seinen Ergebnissen. Der gesunde Appetit von Kindern und schwangeren Frauen beispielsweise kommt dem Wachstum von jungem Leben zugute. Es wäre allerdings ein Irrtum anzunehmen, daß diese Individuen essen, damit sie selbst oder der Embryo größer werden: Es ist das Hungergefühl, was sie antreibt.

Motivationen folgen ihren eigenen Regeln, erfüllen ihren eigenen Zweck und erfordern ihre eigene Kategorie von Erklärungen.

Statt der schrittweisen Evolution individueller Handlungen – wie Beißen, Kratzen, Fliehen, Lecken oder Säugen – hat die natürliche Selektion ganze Psychologien hervorgebracht, die das gesamte Verhaltensrepertoire einer Spezies orchestrieren. Tiere wägen Alternativen ab, nehmen Informationen auf, lernen, welches Verhalten mit Belohnungen verbunden ist, und lösen Probleme intelligent, und das alles tun sie innerhalb einer Matrix natürlicher Neigungen, die seit Jahrtausenden ihren Wert bewiesen haben. Gene sind zweifellos Glieder der Gleichung, doch zu behaupten, Tiere seien nichts als von Genen gesteuerte Maschinen, wäre etwa so, als wollte man sagen, ein Rembrandt sei nichts anderes als Leinwand und Farbe oder das Gehirn sei lediglich eine Anhäufung von Neuronen. Solche Aussagen wären zwar nicht völlig falsch, aber sie würden die höheren Ebenen der Organisation überhaupt nicht erfassen.

Zurück zu unserer Hundemutter: In ihrem Verhalten ist leicht eine komplexe Psychologie zu erkennen, die durch eine lange Geschichte der Abhängigkeit von mütterlicher Fürsorge geprägt wurde. Der Antrieb, abhängige Junge zu nähren und zu säubern, hat sich aus guten Gründen bis heute erhalten. Gleichzeitig bietet seine feste Verankerung die Möglichkeit, den Antrieb auf andere als seine natürlichen Ziele zu richten, wenn man beispielsweise einer Hundemutter junge Tigerkätzchen anvertraut. Nicht daß das der Mutter viel ausmachen würde. Unter evolutionärem Blickwinkel kann die Aufzucht von fremdem Nachwuchs eine Fehlanpassung darstellen, doch psychologisch gesehen bleibt sie ein völlig authentisches und angemessenes Verhalten für die Spezies. Eine andere Hündin übernahm vor kurzem im Pekinger Zoo die Mutterschaft für drei Schneeleopardenjunge, die von ihrer Mutter verlassen worden sind.[236]

Somit hatte die Hündin in dem thailändischen Zoo nichts Ungewöhnliches getan, nichts, was ein guter Hund nicht tut oder nicht tun sollte. Ihr Verhalten erinnert allerdings nachdrücklich daran, was für ein eingeschränktes Bild von der Natur die Plastik in der Nähe wiedergab. Während sie eigentlich das Wirken der Selektion darstellen sollte, vermittelte sie nicht einmal einen Schimmer von der Vielfalt der Ergebnisse, die durch die Evolution hervorgebracht wurden. Paradoxerweise haben harte Selektionsprozesse zu manchen erstaunlich kooperativen Spezies geführt, mit Charaktereigenschaften wie Treue, Vertrauen, Mitgefühl und Großzügigkeit.

Eine Flughündin als Hebamme

Bevor wir nun zu dem Schluß gelangen, daß Tiere und Menschen wirklich selbstlos sein können, müssen wir die Begriffe »Altruismus« und »Freundlichkeit« im Sinn von Güte ebenso genau unter die Lupe nehmen wie zuvor das Wort »Egoismus«. Auch hier laufen wir Gefahr, Verwirrung zu stiften: Ein funktionaler Altruismus – bei dem ein Individuum von den Handlungen eines anderen einen Nutzen hat – beruht nicht zwangsläufig auf beabsichtigter Freundlichkeit, bei der das Wohlergehen eines anderen bezweckt wird.

Verfolgt ein Blauhäher, der Alarmrufe ausstößt, weil sich ein Rotschwanzbussard zeigt, die Absicht, andere zu warnen? Alle potentiellen Beutetiere des Bussards bringen sich sogleich in Sicherheit und profitieren somit von dem Alarmruf des Hähers, der sich seinerseits in Gefahr begibt, indem er den Bussard auf sich aufmerksam macht. Auf den ersten Blick erscheint dies als ein Musterbeispiel für Altruismus. Die kritische Frage bleibt jedoch, ob der Blauhäher sich um die anderen gekümmert hat: War ihm die weiterreichende Wirkung seiner Warnrufe überhaupt bewußt?

Es gibt viele Beispiele für einen Altruismus von Tieren, bei denen höchst fraglich ist, ob sie ein Bewußtsein davon haben, was ihr Verhalten für andere bedeutet. Das gilt insbesondere für soziale Insekten, die sich in großer Zahl für ihre Kolonie und ihre Königin opfern. Viele andere Tiere sind einander behilflich, Nahrung und Wasser zu finden, Feinde zu meiden, Nachwuchs aufzuziehen und dergleichen. Doch nur ganz wenige der Tiere mit den größten Gehirnen verhalten sich anscheinend in klarer Kenntnis der Auswirkungen ihres Handelns auf andere. Wenn diese Tiere sich ungewöhnlich verhalten, um anderen zu helfen, ohne für sich einen sichtbaren Vorteil davon zu haben, ist es möglich, daß das Wohlergehen der anderen ihr Ziel ist. Ich denke beispielsweise an die im ersten Kapitel erwähnte Geschichte, in der Binti Jua, die Flachlandgorillafrau im Brookfield Zoo in Chicago, einen ohnmächtigen Jungen, der von einem Baum in ihr Gehege gefallen war, vom Boden aufhob und behutsam wegtrug. Binti führte eine Kette von Handlungen aus, ohne sie von jemandem gelernt zu haben, welche die Rettung des Jungen zur Folge hatten.

Bei einem anderen Vorfall wurde ein englischer Tourist im Golf von Akaba von Delphinen beschützt. Während er mit diesen herumtollte, wurde der Mann von Haien angegriffen. Als seine Gefährten auf einem Begleitboot seine Schreie hörten, dachten sie zunächst an einen Scherz, bis sie sahen, daß sich das Wasser im Meer blutrot färbte. Drei Delphine umschwammen das verletzte Opfer, sprangen in die Luft und schlugen das Wasser mit ihren Schwänzen und hielten auf diese Weise die Haie in Schach.[237]

In meiner Arbeit über die Evolution der Moral habe ich viele Beispiele von Tieren gefunden, die sich umeinander kümmern und auf den Kummer von anderen reagieren. So gehen beispielsweise Schimpansen auf das Opfer eines Angriffs zu, legen einen Arm um sie und tätscheln ihr sanft den Rücken oder pflegen ihr das Fell. Diese beruhigenden Begegnungen, die als Tröstungen bezeichnet werden, sind eine so zuverlässige Reaktion, daß meine Studenten und ich Hunderte von Beispielen auf Filmen festgehalten haben.[238] Bei kleineren Affen ist dieses Verhalten dagegen nie nachgewiesen worden. Diese meiden im Gegenteil die Opfer von Aggressionen. Unsere nächsten Verwandten, die Menschenaffen, besitzen demnach offenbar mehr Einfühlungsvermögen als andere Affen. Menschenaffen sind möglicherweise in der Lage, die Welt auch vom Standpunkt eines anderen zu betrachten und somit zu erkennen, was mit dem anderen nicht stimmt oder was der andere braucht.

Nadie Ladygina-Kohts bemerkte ähnliche empathische Neigungen bei ihrem jungen Schimpansen Yoni, den sie Anfang des 20. Jahrhunderts in Moskau aufzog. Kohts, die Yonis Verhalten bis ins kleinste Detail analysierte, machte die Entdeckung, daß die wirksamste Möglichkeit, ihn vom Dach des Hauses herunterzulocken (wesentlich effektiver als eine in Aussicht gestellte Belohnung), darin bestand, an seine Anteilnahme zu appellieren:

»Wenn ich so tue, als weinte ich, indem ich meine Augen schließe und wimmere, unterbricht Yoni augenblicklich seine Spiele oder sonst eine seiner Aktivitäten und kommt von den entferntesten Ecken des Hauses zu mir gerannt, etwa vom Dachfirst oder der Decke seines Käfigs, von wo ich ihn selbst mit meinen inständigsten Rufen und Bitten nicht weglocken konnte. Dann läuft er schnell um mich herum, als suchte er nach dem Übeltäter; er sieht mir ins Gesicht und nimmt sanft mein Kinn in seine Handfläche und berührt meine Wange leicht mit seinem Finger, als versuchte er zu verstehen, was passiert ist, und dreht sich um, während er seine Zehen zu harten Fäusten einrollt.«[239]

In früheren Büchern wie *Der gute Affe* habe ich weitere Beispiele für diese Fähigkeit zur Einfühlung beim Schimpansen und seinem nächsten Verwandten, dem Bonobo, zusammengetragen. So holte etwa eine erwachsene Bonobofrau Früchte vom Baum und brachte sie ihrer alten Mutter, die selbst nicht mehr klettern konnte. Ein andermal unterbrachen junge Affen ihre übermütigen Spiele, sobald sie in die Nähe eines todkranken Gefährten kamen. Berichte erzählen von einem alten Schimpansen, der eine blinde Schimpansin an der Hand führte, und von einem Affen, der einen verletzten Vogel befreite, indem er ihn in den höchsten Wipfel eines Baumes trug, seine Flügel auseinanderfaltete und ihn in die Luft warf. Dieses Individuum besaß anscheinend eine Vorstellung davon, welche Art Hilfe ein verletzter Vogel brauchen mochte. Zahlreiche ähnliche Geschichten von Affen lassen eine Fähigkeit vermuten, anderen mit einer gewissen Einsicht in ihre Lage zu helfen.

Eine Rodrigues-Flughündin kurz vor ihrer ersten Geburt in der richtigen Körperhaltung mit den Füßen nach unten, wahrscheinlich in einer Nachahmung der Helferin (links), die diese Körperhaltung mehrmals vor ihr einnahm, nachdem die unerfahrene Gebärende sich zunächst mit dem Kopf nach unten aufgehängt hatte. (Zeichnung Thomas Kunz mit dessen freundlicher Genehmigung)

Doch obwohl Affen in dieser Hinsicht wahrscheinlich eine Sonderstellung einnehmen, können wir ähnliche Fähigkeiten bei anderen Tieren nicht ausschließen. Ein gut belegtes Beispiel für einen möglichen Altruismus betrifft eine gänzlich andere Spezies: Rodrigues-Flughunde in einer Zuchtkolonie in Florida, die von Thomas Kunz, einem Biologen an der Universität Boston, untersucht wurden.[240] Zufällig beobachtete Kunz einen außergewöhnlich schwierigen Geburtsvorgang, bei dem eine Flughündin statt in der erforderlichen Geburtshaltung – Füße nach unten – mit dem Kopf nach unten hing. Eine Artgenossin, die die Rolle einer

Hebamme übernahm, brachte nicht weniger als zweieinhalb Stunden damit zu, der unerfahrenen Gebärenden beizustehen. Sie leckte und putzte ihr das Hinterteil und schlug ihre Flügel um sie, als wollte sie verhindern, daß das Neugeborene beim Geburtsvorgang zu Boden fiel. Daneben fächelte sie der erschöpften Flughündin mit den Flügeln frische Luft zu. Was den Biologen jedoch am meisten verblüffte, war der Umstand, daß die Helferin die werdende Mutter zu *unterweisen* schien: Diese nahm die richtige Körperhaltung mit den Füßen nach unten erst ein, nachdem die Helferin ihr diese vorgeführt hatte. Insgesamt viermal hängte die Helferin sich vor ihren Augen mit den Füßen nach unten auf – eine Haltung, die von Flughunden normalerweise nur zum Harnen oder zum Koten eingenommen wird, was die Helferin jedoch nicht tat –, und jedesmal folgte die werdende Mutter dem Beispiel.

Es sah alles danach aus, als hätte die »Hebamme« die Schwierigkeiten erkannt, die sich aus der falschen Körperhaltung der Gebärenden ergaben, und ihr dann die richtige Körperhaltung vorgeführt. Sollte sie tatsächlich die Wirkungen ihrer Handlungen verfolgt und bewußt eine erfolgreiche Entbindung angestrebt haben, dann war das Verhalten dieser Helferin nicht nur der Funktion, sondern auch der Intention nach altruistisch. Als das Junge schließlich geboren war, kletterte es mit Unterstützung der Helferin auf den Rücken der Mutter.

Wir erkennen solche Antriebe zum Helfen sehr leicht, da sie auch innerhalb der eigenen Spezies allgemein verbreitet sind. Das wird besonders augenfällig, wenn Menschen in rauchende Trümmer kriechen, um Verschüttete zu retten, wie nach einem Erdbeben oder einem schweren Sprengstoffattentat. Angesichts unserer Begabung zur Risikoeinschätzung kann man hier wohl kaum von absichtslosem Verhalten sprechen. Als Lenny Skutnic in die eisigen Fluten des Potomac in Washington, D.C., sprang, um das Opfer eines Flugzeugabsturzes zu retten, oder als europäische Zivilisten während des Zweiten Weltkriegs jüdische Familien bei sich versteckten, begaben sich Menschen in Lebensgefahr, um andere Menschen zu retten, die ihnen völlig fremd waren. Selbst wenn ein solches Verhalten später mit einem Orden oder mit einer rühmenden Erwähnung in den Nachrichten belohnt wird, war diese Belohnung selbstverständlich niemals ein Motiv. Kein vernünftiger Mensch würde für ein Stück geprägtes Metall oder eine kurze Erwähnung im Fernsehen freiwillig sein Leben aufs Spiel setzen. Der Entschluß, anderen zu Hilfe zu kommen, erfolgt spontan und impulsiv, ohne lange zu überlegen. Wenn Flüchtlinge an die Tür klopfen, entscheidet man sofort und auf der Stelle, ob man sie ins Haus läßt oder nicht.

Doch selbst wenn viele Heldentaten sich traditionellen biologischen Erklärungen nach dem Muster »kurzsichtiger Egoismus« entziehen, sind die darunterliegenden Motive unter evolutionärem Blickwinkel nicht kontraproduktiv. Höchstwahrscheinlich haben sich die hilfsbereiten Reaktionen von Delphinen, Gorillas oder Menschen gegenüber notleidenden Fremden im Kontext eines dichtgewobenen Gruppenlebens entwickelt, in dem solche Handlungen zumeist Verwandten und Bekannten zugute kamen, die in der Lage waren, Gleiches mit Gleichem zu vergelten. Der Impuls zu helfen war deshalb niemals ganz ohne Überlebenswert für den Helfer. Doch wie so oft verschwand die Verknüpfung zwischen dem Impuls und den Folgen, die seine Evolution formten, so daß er auch ohne Vorteile zum Ausdruck gelangen konnte. Damit hatte sich der Antrieb bis zu dem Punkt verselbständigt, an dem er wirklich »selbstlos« wurde.

Deprimierte Rettungshunde

In der Tierliteratur findet sich eine Fülle von Beispielen für ein normales Verhalten unter ungewöhnlichen Umständen. Gefolgt von einer Reihe kleiner Gänse demonstrierte Konrad Lorenz die Neigung dieser Vögel, auf das erste sich bewegende Objekt »geprägt« zu werden, das sie zu sehen bekommen. Auf diese Weise verwirrte er dauerhaft ihr Gefühl der Spezies-Zugehörigkeit. Niko Tinbergen beobachtete, wie Stichlinge in einer Reihe von Aquarien vor dem Fenster seines Labors in Leiden angesichts des Postautos in der vorbeiführenden Straße ein wütendes Territorialverhalten zeigten. Damals waren in Holland die Postautos noch hellrot, dieselbe Farbe, die der Unterleib des Stichlings während der Paarungszeit annimmt, und die Fische hielten das Auto für einen Eindringling ihrer eigenen Spezies.

Künstliche Situationen verhelfen uns manchmal zu einem besseren Verständnis, auf welche Weise ein Verhalten gesteuert wird. Wenn Gänseküken sich normal verhalten und der Gänsemutter den ganzen Tag überallhin folgen, könnte man glauben, daß sie unsere Auffassung von Mutterschaft teilen. Wir werden jedoch sehr schnell eines Besseren belehrt, wenn wir sehen, wie sie mit derselben Hingabe einem bärtigen Zoologen hinterherlaufen. Und wenn Stichlinge ihr Territorium verteidigen, könnte uns dies zu der Annahme verleiten, daß sie die Absicht verfolgen, Rivalen zu vertreiben, während sie in Wirklichkeit lediglich auf ein arttypisches rotes Signal reagieren. Was Tiere in ihrem Verhalten wirklich antreibt, liegt nicht immer auf der Hand, und eine Möglichkeit, die Unklarheiten zu beseitigen, besteht in einer experimentellen Änderung der Bedingungen.

Im Fall des altruistischen Verhaltens liefert der Blick auf die Rettungshunde eine Reihe von Informationen. Deren Ausbilder machen sich die angeborene Neigung dieser kooperativen Jäger zunutze, anderen zu Hilfe zu kommen. Immer wieder demonstrieren Hunde diese Fähigkeit spontan gegenüber ihren menschlichen »Meutemitgliedern«, wie in dem folgenden Fall, als ein Rottweiler und ein Golden Retriever Seite an Seite auf dem Bauch zu ihrem Herrn krochen, der auf einem zugefrorenen See ins Eis eingebrochen war. Dem schwergewichtigen Mann gelang es, mit jeder Hand ein Hundehalsband zu ergreifen, worauf die beiden Hunde sich Zentimeter um Zentimeter zurückarbeiteten und ihn aus dem Wasser zogen.[241]

Rettungshunde sind darauf trainiert, solche Reaktionen auf Befehl zu zeigen, häufig in widrigen Situationen (wie einem Brand), die sie normalerweise meiden, sofern die zu rettenden Personen ihnen nicht vertraut sind. Die Ausbildung geschieht nach der üblichen Methode von Zuckerbrot und Peitsche. Man könnte deshalb denken, daß die Hunde ihre Leistung wie Skinnersche Ratten erbringen und jenes Verhalten zeigen, das in der Vergangenheit bei ihnen verstärkt wurde, teils aus Instinkt und teils aus dem Wunsch nach Leckerbissen. Wenn sie Menschen das Leben retten, so könnte man argumentieren, dann handelten sie aus rein egoistischen Motiven.

Das Bild von Rettungshunden als wohlerzogenen Robotern läßt sich jedoch angesichts ihrer Reaktionen auf kritische Situationen mit nur wenigen Überlebenden (wie nach dem Bombenanschlag auf das Murrah Federal Building in Oklahoma City) nur schwer aufrechterhalten. Wenn Rettungshunde auf zu viele Tote treffen, verlieren sie das Interesse an ihrer Aufgabe, auch wenn sie noch so sehr gelobt werden und noch so viele Süßigkeiten bekommen.

Diese Entdeckung machte Caroline Hebard, die amerikanische Pionierin in der Ausbildung von Such- und Rettungshunden, während des Erdbebens in Mexiko 1985. Hebard schildert, wie ihr deutscher Schäferhund Aly reagierte, als er eine Leiche nach der anderen fand und kaum Überlebende. Wenn er noch Leben in den Trümmern entdeckte, wurde Aly aufgeregt und munter, doch die vielen Toten machten ihn depressiv. In den Augen Hebards betrachtete Aly Menschen als seine Freunde und konnte es nicht ertragen, von so vielen toten Freunden umgeben zu sein: »Aly wollte unbedingt seine Zuckerstange als Belohnung, und er wollte auch Caroline zu Gefallen sein, doch solange er unsicher war, ob er jemanden gefunden hatte, der noch am Leben war, belohnte er nicht einmal sich selbst. Hier in dieser Trümmerwüste galten die Regeln der Logik nicht mehr.«[242]

Die hier angesprochene Logik besteht darin, daß eine Belohnung nichts als eine Belohnung ist: Ein ausgebildeter Hund hat keinen Anlaß, sich um die Verfassung des Opfers zu sorgen. Dennoch wurden alle Hunde des Teams deprimiert. Sie benötigten immer längere Ruhepausen, und ihre Einsatzfreude ging drastisch zurück. Nach einigen Tagen hatte Aly offensichtlich genug. Seine großen braunen Augen blickten bekümmert, und er verkroch sich hinter dem Bett, wenn Hebard ihn wieder ausführen wollte. Außerdem verweigerte er die Nahrung. Auch alle übrigen Hunde des Teams hatten ihren Appetit verloren.

Die Lösung dieses Motivationsproblems sagt eine Menge darüber aus, was die Hunde wollten. Ein mexikanischer Tierarzt wurde gebeten, in die Rolle eines Überlebenden zu schlüpfen. Die Retter versteckten ihn irgendwo zwischen den Trümmern und sorgten dafür, daß die Hunde ihn fanden. Alle Hunde wurden der Reihe nach in die Nähe des »Opfers« geführt, wo sie dessen Geruch aufnahmen, begeistert anschlugen und so sein Leben »retteten«. Durch diese Übung erfrischt, waren die Hunde bereit, ihre Arbeit wiederaufzunehmen.[243]

Wie wir daraus lernen können, werden ausgebildete Hunde bei der Rettung von Menschen nur zu einem Teil von der Aussicht auf Lob und süße Belohnungen angetrieben. Statt lediglich einen billigen Zirkustrick vorzuführen, sind sie emotional beteiligt. Sie genießen die Gelegenheit, einen lebenden Menschen aufzuspüren und zu retten. Dieser Akt stellt ebenfalls eine Art Belohnung dar, die jedoch mehr damit zu tun hat, was Adam Smith, der schottische Moralphilosoph und Begründer der Nationalökonomie, hinter dem menschlichen Mitgefühl vermutete: Das einzige, was wir ihm zufolge vom Mitgefühl haben, ist das Vergnügen, einen anderen Menschen glücklich zu sehen. Das mag sich nicht besonders großartig anhören, doch es gibt viele Menschen und anscheinend auch einige großherzige Hunde, denen das sehr viel bedeutet.

Unter bestimmten Bedingungen und für bestimmte Spezies können wir demnach auf die üblichen Anführungsstriche bei dem Wort »Altruismus« verzichten. Zumindest in einigen Fällen haben wir es offenbar nicht mit einer Mogelpackung zu tun, sondern können uns auf das verlassen, was auf dem Etikett steht: eine gute Tat *und* in guter Absicht.

Eulen und Nachtigallen

Es ist leicht zu sehen, warum Biologen die Probleme, mit denen sie sich herumschlagen, als vielschichtig bezeichnen. Auf der Ebene der Evolution kann ein Verhalten selbstsüchtig sein; auf der psychologischen Ebene kann es freundlich und selbstlos sein, und auf wieder einer anderen Ebene läßt es sich am besten als das Ergebnis der Einwirkung von Hormonen auf bestimmte Bezirke im Gehirn auffassen. Unter dem Blickwinkel des Subjekts kann ein Verhalten ebenso ein bloßer Reflex sein wie ein völlig bewußtes Handeln, doch das spielt für den Adressaten kaum eine Rolle, für den lediglich von Bedeutung ist, ob das Verhalten ihm nützt oder ob es ihm schadet.

Wenn wir unbekümmert von einer Ebene oder Perspektive zu einer anderen wechseln, besteht die Gefahr, daß wir unsere Sprache nicht in Ordnung halten. So wird inzwischen in Dokumentationsfilmen über Tiere und Natur tierisches Verhalten gern im Jargon der Evolutionsbiologie diskutiert (»der Frosch signalisiert mit seinem Quaken potentiellen Partnerinnen seine genetische Überlegenheit«), wobei wir leicht vergessen, daß Tiere nichts über die Geschichte der Genetik wissen. Noch schlimmer ist, daß Wissenschaftler, die mit dem einen Idiom arbeiten, ein anderes nicht ertragen und umgekehrt. Die einen zucken zusammen, wenn ein Verhalten altruistisch, andere, wenn es egoistisch genannt wird. Tatsächlich können beide innerhalb ihres jeweiligen Bezugsrahmens recht haben.

Wenn die Eulen des einen Biologen die Nachtigallen des anderen sind, dann ergibt sich daraus offensichtlich ein Kommunikationsproblem. Gewöhnlich beheben wir die Schwierigkeit, indem wir fragen, ob jemand auf der »nächstliegenden« Ebene (der unmittelbaren Ursache) oder der »entferntesten« Ebene (des Überlebenswerts) spricht, doch diese Unterscheidung hat sich außerhalb der Biologie nicht durchgesetzt. Die Spannung zwischen den beiden Polen bleibt jedoch bestehen. Die Hundemutter, die Tigerjunge großzieht, ist einerseits außerordentlich großzügig, während sie andererseits lediglich tut, wozu ihre Gene sie auf der

Grundlage einer jahrmillionenlangen Sorge für sich selbst veranlassen. Indem sie ihren natürlichen Antrieben folgt, macht sie die Widersprüche sichtbar, die der Geschichte der Evolution einen solchen Reichtum verleihen, daß es uns niemals gelingen wird, ihre Bedeutung ganz zu entschlüsseln.

11.
Schluß mit dem Dualismus!

Eine zweitausendjährige Debatte über das Gute im Menschen

>»Wir billigen und mißbilligen, weil wir nicht anders können. Können wir umhin, Schmerz zu fühlen, wenn das Feuer uns brennt? Können wir umhin, für unsere Freunde Mitgefühl zu haben? Sind diese Erscheinungen weniger notwendig und in ihren Folgen weniger mächtig, weil sie im subjektiven Bereiche der Erfahrung liegen?«
>
> Eduard Westermarck 1907

Auf einem Flug von Tokyo nach Helsinki nahmen mich die Schriften Eduard Westermarcks einschließlich seiner Reiseberichte über Marokko gefangen. Ich saß behaglich in meinem Sitz – zweifellos bequemer, als auf einem Kamel zu reisen! Ich war auf dem Weg zu einer internationalen Konferenz zu Ehren des Finnlandschweden, der von 1862 bis 1939 lebte und als erster den Darwinismus in die Sozialwissenschaften eingeführt hatte.

Seine Bücher sind eine eigenartige Mischung aus trockener Theorie, detailscharfer Anthropologie und Tiergeschichten aus zweiter Hand. Er zitiert unter anderem das Beispiel eines rachsüchtigen Kamels, das mehrfach von seinem vierzehnjährigen Führer heftig geschlagen worden war, weil es gebummelt oder den falschen Weg gewählt hatte. Das Kamel nahm die Bestrafung geduldig hin, doch einige Tage später, als es gerade nicht beladen und mit seinem Peiniger allein auf der Straße war, »packte [es] seinen jungen Führer mit dem Maul beim Kopf, warf ihn in die Luft und dann zur Erde, wo er mit zerschmettertem Schädel und verspritztem Hirn tot liegen blieb«.[244]

Ich kenne mich mit Kamelen nicht besonders aus, doch Geschichten von aufgeschobener Rache kursieren in großer Zahl innerhalb der Zoogemeinde, vor allem über Menschenaffen und Elefanten. Wir haben heute systematische Daten darüber, wie Schimpansen negative Handlungen mit anderen negativen Handlungen bestrafen – ein »Rachesystem« – und wie Makaken, die von einem dominanten Angehörigen ihres Trupps angegriffen werden, sich umdrehen, um die Aggression gegen einen verletzlichen jüngeren Verwandten ihres Angreifers umzulenken.[245] Ein solches Verhalten fällt in eine Kategorie, die Westermarck als »Vergeltungsgefühle« bezeichnet hat. Für ihn umfaßte »Vergeltung« allerdings neben der üblichen Bedeutung des Heimzahlens auch positive Tendenzen wie Dankbarkeit und die Erwiderung von Gefälligkeiten. Er wertete die Vergeltungsgefühle als Eckpfeiler der menschlichen Moral und ging in diesem Zusammenhang auf die Frage ihres Ursprungs ein, wobei er die modernen Diskussionen um eine evolutionäre Ethik vorwegnahm, die häufig von dem damit zusammenhängenden Begriff des wechselseitigen Altruismus ausgehen.[246]

Daß Westermarck in den neuesten Büchern über evolutionäre Ethik bestenfalls als Fußnote der Geschichte betrachtet wird, liegt nicht daran, daß er die falschen Phänomene zum Thema gewählt oder unhaltbare Ansichten zur Ethik vertreten hätte, sondern daran, daß er offenbar vom Guten im Menschen überzeugt war. Er glaubte, daß die Menschen von Natur aus moralisch seien, doch zeitgenössischen Biologen gelang es, diese Auffassung an den Rand der wissenschaftlichen Diskussion zu drängen. Sie standen unter dem Einfluß der »terrible Toms« – Thomas Hobbes und Thomas Henry Huxley –, die beide lehrten, im Urzustand der Menschheit und der Natur überhaupt hätten die Individuen ihre eigennützigen Ziele ohne Rücksicht auf andere verfolgt. Von Begriffen wie Versöhnung, Symbiose und Gegenseitigkeit versprachen sich diese beiden Denker nicht allzuviel, obwohl die damit bezeichneten Sachverhalte sowohl in der Natur wie in der menschlichen Gesellschaft durchaus keine Seltenheit sind.

Sind wir von Natur aus gut? Und wenn nicht, woher kommt dann das Gute im Menschen? Ist es eine unserer wunderbaren Erfindungen, wie das Rad und die Erziehung zur Sauberkeit, oder ist es möglicherweise nur eine Illusion? Vielleicht sind wir ja von Natur aus schlecht und tun nur so, als wären wir gut? Jede mögliche Antwort auf diese Fragen ist von der einen oder anderen Denkrichtung ernsthaft vertreten worden. Ich selbst habe mich mit der Frage der menschlichen Natur herumgeschlagen und den Meinungen gegenwärtiger Biologen – die sich einfach nicht dazu durchringen können, dem Menschen moralische Vorzüge zuzugestehen – die Überzeugungen vieler Philosophen und Naturwissenschaftler einschließlich Darwins gegenübergestellt, daß unsere Spezies ihren Egoismus mit einer gesunden Dosis Mitgefühl und Hilfsbereitschaft mildert. Wer sich mit dieser Debatte eingehender beschäftigt, wird bald feststellen, wie alt sie ist – sogar bis zu dem chinesischen Philosophen Menzius im vierten vorchristlichen Jahrhundert geht sie zurück –, so daß wir ohne Übertreibung von einer jahrtausende alten Kontroverse sprechen können.

Westermarck schlägt Freud

In einem imposanten Gebäude, nicht weit vom Haus seiner Kindheit entfernt, sprachen wir an einem winterlich dunklen Tag in Helsinki über Westermarcks mutigen Darwinismus, dem Koryphäen wie Sigmund Freud und später Claude Lévi-Strauss zunächst Beifall zollten, ihn dann jedoch ablehnten. Der Finne wurde schließlich weitgehend vergessen.

Seine umstrittenste Position betraf den Inzest. Nicht nur Freud, auch viele Anthropologen waren überzeugt, daß es innerhalb der menschlichen Spezies zu zügelloser Sexualität käme, wenn es das Inzesttabu nicht gäbe. Freud vertrat die Auffassung, daß die frühesten sexuellen Regungen und Phantasien von Kindern sich unweigerlich auf die nächsten Familienangehörigen richten, während Lévi-Strauss das Inzesttabu zum letzten kulturellen Schlag gegen die Natur erklärte – der es der Menschheit ermöglicht hätte, den Schritt von der Natur zur Kultur zu tun.

Das waren weitreichende Vorstellungen, mit denen sich die

phantastische Idee verband, daß unsere Spezies letztlich irgendwie dazu bestimmt sei, sich aus ihren biologischen Fesseln zu befreien. Westermarck teilte nicht die Überzeugung, daß unsere frühen Vorfahren hemmungslos ihren sexuellen Gelüsten frönten und sie nur unter größten Schwierigkeiten zu beherrschen lernten. Er sah statt dessen in der Kernfamilie die jahrtausende alte Reproduktionseinheit der Menschheit und trug die Hypothese vor, daß die frühe Verbundenheit innerhalb dieser Einheit (wie sie normalerweise zwischen Eltern und ihren Kindern sowie zwischen Geschwistern besteht) das sexuelle Verlangen abtötet. Somit entsteht diese Begierde gar nicht erst. Im Gegenteil, Individuen, die von frühester Kindheit gemeinsam miteinander aufwachsen, entwickeln sogar eine gegenseitige sexuelle *Abneigung*. Westermarck sah darin einen Mechanismus, der sich entwickelt hatte und einen Anpassungsvorteil aufwies: Er verhinderte die nachteiligen Folgen einer Inzucht.

Bei der bislang umfassendsten Untersuchung zu diesem Thema verbrachte Arthur Wolf, ein Anthropologe an der Stanford University, sein Leben damit, die Ehegeschichten von 14 402 Frauen aus Taiwan in einem »Experiment unter natürlichen Bedingungen« zu erforschen, das auf einem eigenartigen chinesischen Heiratsbrauch beruhte. In China pflegten Familien kleine Mädchen zu adoptieren und als zukünftige Schwiegertöchter großzuziehen. Das bedeutete, daß sie von Kindesbeinen an gemeinsam mit dem Sohn der Familie, dem für sie vorgesehenen Ehemann, aufwuchsen. Wolf verglich die sich daraus ergebenden Heiraten mit den von Eltern arrangierten, bei denen Töchter bzw. Söhne sich am Tag der Hochzeit zum erstenmal zu sehen bekommen. Zum Glück für die Wissenschaft wurden während der Besetzung Taiwans im Zweiten Weltkrieg durch die Japaner amtliche Familienstammbücher geführt. Diese Stammbücher enthielten detaillierte Angaben über Scheidungen und die Anzahl der geborenen Kinder, die Wolf als Maßzahlen für eheliches Glück und sexuelle Aktivität ansah. Seine Daten stützten die Vermutung Westermarcks: Eine Bindung der Partner in den ersten Lebensjahren war eher ein Hindernis für eine spätere gute Ehe.[247]

314

Diese Befunde sind besonders verheerend für Freuds Theorie des Ödipuskomplexes. Freud ging bei seiner Theorie davon aus, daß zwischen Mutter und Sohn bzw. Vater und Tochter eine sexuelle Anziehung bestehe, die verdrängt und sublimiert werden müsse. Seine Theorie impliziert, daß nicht miteinander verwandte Jungen und Mädchen, die gemeinsam in einer Familie aufwachsen, eine ungetrübt glückliche Ehe führen können, da ihren frühen sexuellen Begierden kein Tabu im Wege steht. In Wirklichkeit sprechen die Anzeichen dafür, daß solche Ehen eher unglücklich ausgehen. Gemeinsam aufgezogene Jungen und Mädchen wehren sich dagegen, verheiratet zu werden, weil sie sich weit eher als Bruder und Schwester verstehen. Der Vater der Braut muß manchmal während der Hochzeitsnacht mit dem Stock hinter der Tür stehen, um zu verhindern, daß die jungen taiwanischen Brautleute die Flucht ergreifen. In diesen Ehen ist sexuelle Indifferenz anscheinend die Regel und außerehelicher Verkehr eine verbreitete Lösung. Wolf, der auf der oben erwähnten Konferenz seine Ergebnisse vortrug, bemerkte abschließend, Westermarck sei möglicherweise weniger schillernd, weniger selbstsicher und nicht so berühmt wie seine mächtigen Gegner gewesen, dafür sei er aber der einzige, der mit seiner Theorie recht gehabt habe!

Die Ergebnisse der Untersuchung Wolfs widersprachen auch Lévi-Strauss, dessen ganzes Theoriengebäude auf der Annahme ruht, daß Tiere ein ungeordnetes Leben führen und stets nach Lust und Laune handeln; zu diesen Handlungen gehöre auch der Inzest. Wir sind heute jedoch davon überzeugt, daß Affen und Menschenaffen ganz denselben Hemmungsmechanismen unterliegen, die Westermarck vermutet hatte. Viele Primaten verhindern eine Inzucht durch Abwanderungen eines der beiden Geschlechter aus dem Trupp. Die Angehörigen des abwandernden Geschlechts machen sich auf die Suche nach neuen Paarungspartnern, mit denen sie nicht verwandt sind, während das zurückbleibende Geschlecht sich mit zuwandernden Affen paart und so die genetische Vielfalt erhöht. Außerdem vermeiden es enge Verwandte, die zusammenbleiben, sich zu paaren. Das wurde erstmals in den fünfziger Jahren von Kisaburo Tokuda an einer

Gruppe von Japanmakaken im Zoo von Kyoto beobachtet. Ein junger adulter Makake, der den höchsten Rang eingenommen hatte, machte ausgiebigen Gebrauch von seinen sexuellen Privilegien und paarte sich häufig mit allen weiblichen Tieren der Gruppe bis auf eine Ausnahme: seine Mutter.[248] Das war kein Einzelfall; Paarungen zwischen Müttern und Söhnen werden bei allen Primaten strikt unterdrückt. Selbst bei den sexbesessenen Bonobos ist dies die einzige Partnerkombination, bei der eine Paarung nur ganz selten, wenn überhaupt beobachtet wird.

Die Westermarck-Hypothese gilt als ein Musterbeispiel darwinistischer Erklärungsansätze für das menschliche Verhalten, weil sie so offensichtlich auf einem *Zusammenspiel* von Anlage und Umwelt beruht: Sie hat einen Entwicklungsaspekt (erlernte sexuelle Aversion), einen genetischen Aspekt (die Art und Weise, wie eine frühe Vertrautheit sich auf sexuelle Präferenzen auswirkt), einen kulturellen Aspekt (einige Kulturen ziehen nicht miteinander verwandte Kinder gemeinsam auf, andere ziehen ungleichgeschlechtige Geschwister getrennt auf, doch die meisten haben Familienarrangements, die spontan zu sexueller Abneigung zwischen Verwandten führen), einen vermutlich evolutionären Grund (Unterdrückung von Inzucht), und sie hat direkte Parallelen zum tierischen Verhalten. Und zu alledem kommt noch das kulturelle *Tabu*, das einzig bei unserer Spezies vorkommt. Ungelöst ist die Frage, ob das Tabu lediglich dazu dient, die Westermarck-Hypothese zu formalisieren und zu bekräftigen, oder ob es eine wesentlich neue Dimension hinzufügt.

Daß Westermarcks ganzheitliche Anschauung zu seiner Zeit unterschätzt wurde, ist verständlich, da sie der dualistischen Tradition des Westens entgegenstand. Weniger verständlich ist dagegen, warum diese westlichen Dualismen bis heute wirksam geblieben sind. Westermarck hatte mehr von einem Darwinisten als viele der heutigen Evolutionsbiologen, die man bestenfalls als Huxleyaner bezeichnen kann.

Dogge beißt Herrchen

Im Jahr 1893 versuchte Thomas Huxley in Oxford vor einem großen Publikum, seine düstere Sicht der bösen Natur mit der Güte
in Einklang zu bringen, die gelegentlich in der menschlichen Gesellschaft anzutreffen ist. Huxley gab zwar zu, daß die Gesetze
der physischen Welt unabänderlich seien, war jedoch der Überzeugung, daß ihre Auswirkungen auf die menschliche Existenz ge-
mildert und modifiziert werden könnten, solange der Mensch die
Natur beherrschte. Er verglich den Menschen mit einem Gärtner,
der ständig damit beschäftigt ist, seinen Garten von Unkraut frei-
zuhalten, und sah in der Ethik den kulturellen Sieg der Menschheit über den Prozeß der Evolution.[249]
   Das war eine höchst erstaunliche Position, und dies aus zwei
Gründen. Zum einen beschränkte sie entschieden das Erklärungs-
potential der Evolutionstheorie. Da viele Menschen in der Moral
das Wesen selbst unserer Spezies sehen, sagte Huxley damit praktisch, daß das, was den Menschen zum Menschen mache, zu groß
sei für den Rahmen der Evolution. Ein verwirrender Rückzug für
einen Wissenschaftler, der sich dank seines unerschrockenen Ein-
satzes für die Evolutionstheorie einen Ruf als »Darwins Bulldogge« erworben hatte. Die von Huxley vorgeschlagene Lösung
ging letztlich auf Hobbes zurück, da sie unterstellte, daß die
Menschen nur durch Erziehung und nicht von Natur aus zur Gesellschaft fähig seien.
   Zum anderen sagte Huxley kein einziges Wort darüber, woher
die Menschheit den Willen und die Kraft nehmen sollte, gegen
ihre eigene Natur vorzugehen. Wenn wir tatsächlich geborene Rivalen sind, die sich keinen Deut um die Gefühle der anderen sche-
ren – wie in aller Welt haben wir dann zu dem Entschluß gefunden, uns in Musterbürger zu verwandeln? Können Menschen
über Generationen hinweg ein Verhalten beibehalten, das überhaupt nicht ihrem Naturell entspricht, als hätten Piranhas beschlossen, Vegetarier zu werden? Wie tief reicht ein solcher Wandel? Sind wir die sprichwörtlichen Wölfe im Schafspelz? Was für
ein verzerrtes Bild!

Es war das einzige Mal, daß Huxley sichtbar mit Darwin brach. Sein Biograph Adrian Desmond fand dafür die passende Wendung: »[Er] zwang seine ethische Arche gegen die Darwinische Strömung, die ihn so weit getragen hatte.«[250] Zwei Jahrzehnte zuvor hatte Darwin in *Die Abstammung des Menschen* eindeutig die Kontinuität zwischen menschlicher Natur und Moral konstatiert. Den Grund für Huxleys Abkehr hat man in seinem Kummer über das grausame Walten der Natur gesucht, die ihm soeben die geliebte Tochter genommen hatte, sowie in seinem Bedürfnis, die Erbarmungslosigkeit des Darwinschen Kosmos für das allgemeine Publikum erträglicher zu machen. Seiner Ansicht nach war das nur möglich, indem man der menschlichen Ethik einen besonderen Platz zuwies und sie zu einer kulturellen Neuerung erklärte.

Diese dualistische Sichtweise erfuhr durch die Schriften Freuds einen starken Auftrieb, in denen Gegensätze wie zwischen bewußt und unbewußt, Es und Über-Ich, Eros und Todestrieb etc. eine große Rolle spielen. Ähnlich wie Huxley mit seinem Beispiel des Gärtners und dessen von Unkraut bedrohtem Garten teilte Freud die Welt nicht in zwei symmetrische Hälften: Er erblickte überall Kampf! Er erklärte das Inzesttabu und andere moralische Einschränkungen als Ergebnisse eines gewaltsamen Bruchs mit dem ungezügelten Geschlechtsleben der »Urhorde«, der in der gemeinsamen Ermordung eines übermächtigen Urvaters durch seine Söhne gipfelte. Und für ihn erstand die Zivilisation aus Triebverzicht und aus der Errichtung eines kulturellen »Über-Ichs«. In dieser Deutung hatten weder Tiere noch Frauen einen Platz: »Die Kulturarbeit ist immer mehr Sache der Männer geworden, stellt ihnen immer schwierigere Aufgaben, nötigt sie zu Triebsublimierungen, denen die Frauen wenig gewachsen sind.«[251]

Der heroische Kampf der Menschheit gegen Kräfte, die uns niederziehen wollen, ist noch immer ein beherrschendes Thema der modernen Biologie. Wegen ihrer Verbindung zur Lehre von der Erbsünde habe ich diese Position eine »calvinistische Soziobiologie« genannt.[252] Ich möchte hierzu einige illustrative Zitate der beiden offensten Huxleyaner von heute wiedergeben.

George Williams, der in der Ethik einen radikalen Bruch mit der Biologie sieht und für den Huxley nicht weit genug gegangen ist, hat sich ausführlich über die Bösartigkeit von Mutter Natur ausgelassen. Seine Position gipfelt in der Behauptung, daß die menschliche Moral ein unerklärlicher Zufall des Evolutionsprozesses sei: »Ich erkläre mir die Moral als eine *zufällige* Fähigkeit, die in ihrer grenzenlosen *Dummheit* von einem biologischen Prozeß hervorgebracht wurde, der normalerweise der Äußerung einer solchen Fähigkeit entgegensteht.« (Meine Hervorhebung) In ähnlicher Weise hat Richard Dawkins erklärt, wir seien »netter als für unsere egoistischen Gene gut ist«, und gewarnt, »wir dürfen niemals den schmalen Grat vergessen, auf dem wir über dem Darwinschen Abgrund balancieren«. In einem Interview stellte sich Dawkins vor wenigen Jahren ausdrücklich auf die Seite Huxleys: »Zusammen mit etlichen anderen, darunter auch T. H. Huxley, bin ich der Meinung, daß wir in unserem politischen und sozialen Leben das Recht haben, den Darwinismus abzulehnen und zu sagen, daß wir nicht in einer Darwinschen Welt leben möchten.«[253]

Der arme Darwin muß sich im Grab umgedreht haben, denn die hier heraufbeschworene Welt ist etwas vollkommen anderes als das, was ihm selbst vorschwebte. Auch hier fehlt wieder jeder Hinweis darauf, wie wir um Himmels willen unsere Gene außer Kraft setzen sollen, die von denselben Autoren andernorts als schlichtweg allmächtig hingestellt werden. Erst sagt man uns, daß unsere Gene wissen, was für uns am besten ist, daß sie unser Leben steuern und jedes kleine Rädchen im menschlichen Überlebensapparat programmieren. Doch dann teilen uns dieselben Autoren mit, daß wir die Möglichkeit haben, aufzubegehren, und die Freiheit, uns anders zu verhalten. Dem dürfen wir offenbar entnehmen, daß die erste der beiden Positionen nur cum grano salis hinzunehmen ist.

Ebenso wie Huxley wollen diese Autoren beides zugleich: Für sie ist das menschliche Verhalten ein Produkt der Evolution, außer in den Fällen, wo es schwer zu erklären ist. Und wie Hobbes und Freud denken sie in Dichotomien: Wir sind zu einem Teil Natur, zu einem Teil Kultur, aber kein integriertes Ganzes. Ihr Standpunkt ist von Popularisierern wie Robert Wright und Matt Ridley übernommen worden, die behaupten, in den Herzen und Seelen der Menschen gebe es keine Tugend und unsere Spezies sei zwar potentiell, aber nicht von Natur aus moralisch.[254] Doch was ist mit den vielen Menschen, die gelegentlich bei sich selbst und anderen Mitgefühl, Güte und Großherzigkeit verspüren? Wright gibt darauf die Antwort, daß das »moralische Tier« Betrug sei: »Der Anschein von Selbstlosigkeit gehört mehr oder weniger ebenso zur menschlichen Natur wie ihr häufiges Fehlen. Wir schmücken uns mit einer hochtrabenden moralischen Sprache, weisen niedere Motive zurück und streichen unsere jedenfalls sehr geringe Rücksichtnahme auf das Allgemeinwohl heraus; und wir beklagen lautstark und selbstgerecht Selbstsüchtigkeit bei anderen.«[255]

Um zu erklären, wie wir trotz dieser Travestie miteinander leben können, haben Theoretiker Selbsttäuschung und Verleugnung angeführt. Wenn Menschen glauben, sie seien gelegentlich selbstlos, so lautet das Argument, müssen sie dazu die egoistischen Motive vor sich selber verbergen. Mit anderen Worten, wir alle haben zwei Programme: eines, das in den Schlupfwinkeln unseres Bewußtseins versteckt ist, und eines, das wir uns und anderen verkaufen. Oder in den Worten des Philosophen Michael Ghiselin: »Man kratze einen ›Altruisten‹, und es kommt ein ›Heuchler‹ zum Vorschein.« In einer letzten ironischen Wendung wird jedem, der nicht glaubt, daß wir uns selbst betrügen, der vielmehr überzeugt ist, daß wir aufrichtig gut sein können, Wunschdenken vorgeworfen, und er wird als jemand hingestellt, der sich selbst belügt.[256]

Die ganze Idee von der Doppelbödigkeit der menschlichen Moral ist ein weiteres offensichtlich freudianisches Schema und so wenig verifizierbar wie die Behauptung, man habe ein UFO gesehen. Verborgene Motive sind von fehlenden nicht zu unterscheiden. Der scheinbar wissenschaftliche Begriff des Unbewußten läßt die fundamentale Selbstsucht der menschlichen Spezies unangetastet, auch wenn die alltägliche Erfahrung das Gegenteil lehrt.[257] Ich sehe einen Hauptgrund für diese intellektuellen Verrenkungen in dem unseligen Erbe Huxleys, über den Ernst Mayr sich mehr als deutlich geäußert hat:»Huxley glaubte an End-zwecke, lehnte die natürliche Selektion ab und vertrat in keiner Weise wirklich darwinistisches Denken. [. . .] Angesichts der Ver-wirrung Huxleys ist es bedauerlich, daß dieser Essay noch heute oft als maßgebend zitiert wird.«[258]

Moralische Emotionen

Westermarck ist Teil einer langen Ahnenreihe, die über Thomas von Aquin bis Aristoteles zurückreicht und deren Glieder die Sitt-lichkeit fest in den natürlichen Neigungen und Begierden unserer Spezies verankern. Im Unterschied zu Huxley ist sein Standpunkt nicht darauf angewiesen, unsichtbare Programme und Selbsttäu-schungen über unsere wirklichen Motive zu bemühen: Die Moral war von Anfang an da, sie ist ein wesentlicher Bestandteil der menschlichen Natur.

Emotionen spielen eine besondere Rolle, weil, wie schon Aristo-teles wußte,»der Gedanke allein nichts bewirkt«. Moderne kogni-tive Psychologen und Neurowissenschaftler bestätigen, daß Emo-tionen keineswegs den Gegenpol der Rationalität bilden, sondern das Denken nachhaltig fördern; sie sprechen von»emotionaler In-telligenz«. Menschen können überlegen und nachdenken, soviel sie wollen, doch wenn mit den verschiedenen Möglichkeiten, die vor ihnen liegen, keine Emotionen verbunden sind, werden sie zu kei-ner Überzeugung und zu keinem Entschluß gelangen.[259] Das ist be-sonders wichtig bei moralischen Entscheidungen, denn mehr als alles andere hängt Moral von Überzeugungen ab. Diese kommen nicht, können gar nicht durch kühle kantsche Vernunft zustande kommen; sie erfordern Empathie und eine unmittelbare Gewißheit des Richtigen und Falschen.

Westermarck erörtert nacheinander eine ganze Reihe jener Ge-fühle, die Philosophen vor ihm als»sittliche« bezeichnet haben. Er teilt die»Vergeltungsgefühle« in solche, die aus Groll und Zorn entstehen und mit dem Wunsch nach Rache und Strafe verbunden sind, und solche, die positiver und sozialer sind und von ihm als »vergeltendes Wohlwollen« bezeichnet werden. Während es zu seiner Zeit nur wenige gute Beispiele für sittliche Gefühle bei Tieren gab – woraus sich sein gelegentlicher Rückgriff auf marokkanische Kamelgeschichten erklärt –, wissen wir heute, daß es zahlreiche Parallelen im Primatenverhalten gibt. So erörtert er den Begriff der »Vergebung« und weist darauf hin, daß die Forderung »Liebet eure Feinde!« eine universell anerkannte Maxime ist. Wir wissen heute aus unseren Untersuchungen, daß Schimpansen sich küssen und umarmen und daß kleinere Affen sich nach Kämpfen gegenseitig das Fell pflegen.[260] Für Westermarck ist der Schutz anderer vor Angreifern das Ergebnis eines »mitfühlenden Grolls«; auch dies ist ein verbreitetes Muster bei Affen und vielen anderen Tieren, die für ihre Freunde eintreten und sie gegen Angreifer verteidigen. Desgleichen hat der Gefühlsimpuls, Gutes mit Gutem zu vergelten, eine offensichtliche Parallele in dem, was Biologen heute als reziproken oder wechselseitigen Altruismus bezeichnen, nämlich dem Bedürfnis denen zu helfen, von denen man selbst Hilfe erfahren hat.[261]

Wenn ich Primaten beobachte und Buch darüber führe, wie sie im Austausch gegen Fellpflege etwas von ihrer Nahrung abgeben, Opfern von Angriffen Trost spenden oder auf eine passende Gelegenheit warten, einem Rivalen etwas heimzuzahlen, sehe ich weitgehend dieselben Gefühlsregungen, die Westermarck analysiert hat. Eine Gruppe von Schimpansen kann beispielsweise in empörtes Protestgebell ausbrechen, wenn der Alphamann bei der Bestrafung eines niedrigrangigen Schimpansen übertreibt; und in freier Wildbahn bilden die Schimpansen kooperierende Jagdrudel, die sich die Beute teilen. Zwar schrecke ich etwas davor zurück, Schimpansen »moralische Wesen« zu nennen, doch ihre Psychologie enthält viele Anteile, die, wenn sie denn auch schon im gemeinsamen Vorfahren von Menschen und Menschenaffen vorhanden waren, unseren Vorfahren die Entwicklung eines moralischen Gespürs erlaubt haben müssen. Ich verstehe Moral nicht als eine radikal neue Erfindung, sondern eher als eine natürliche Folge uralter sozialer Impulse.

Für Westermarck stand außer Zweifel, wie Moral erhalten wird; er wußte, daß dies sowohl Zustimmung als auch negative Sanktionen erfordert. So erklärt er beispielsweise, warum Vergebung Rache verhindert, ohne deshalb eine Strafe überflüssig zu machen, ein Gedanke, der an die Wahrheitskommissionen in Südafrika und Lateinamerika erinnert. Strafe gehört notwendig zur Durchsetzung des Rechts, während Rache – wenn man ihr freien Lauf läßt – nur zerstörerisch wirkt. Wie schon Adam Smith erkannte Westermarck die regulative Wirkung des Mitgefühls: »Je stärker das sittliche Bewußtsein von Mitgefühl beeinflußt wird, desto schärfer verurteilt es die Vergeltung durch unverdienten Schmerz.«[262]

Der aufschlußreichste Teil seiner Abhandlung ist vielleicht das Kapitel, in dem Westermarck der Frage nachgeht, was eine moralische Gefühlsregung als solche auszeichnet. Hier zeigt er, daß dazu wesentlich mehr gehört als die spontane »sittliche Erregung«, die mit einem moralischen Urteil verbunden ist. Eine entscheidende Rolle spielt für ihn die »Uneigennützigkeit«. Gefühle wie Dankbarkeit oder Groll stehen in einem unmittelbaren Zusammenhang mit den eigenen Interessen – wie man behandelt wurde oder wie man behandelt werden möchte – und sind deshalb zu selbstsüchtig, um moralisch sein zu können. Moralische Gefühlsregungen dagegen sind von der unmittelbaren Lage des einzelnen losgelöst: Das ihnen zugrundeliegende moralische Urteil über Gut und Böse wird auf einer abstrakteren, uneigennützigen Ebene gefällt. Nur wenn wir allgemeine Urteile darüber treffen, wie *jeder* behandelt werden sollte, können wir von moralischer Zustimmung oder Mißbilligung sprechen. Das ist ein Gebiet, in dem Menschen radikal weiter gehen als andere Primaten.[263]

Westermarck war seiner Zeit voraus, und er ging in diesen Dingen auch deutlich über Darwin hinaus. Allerdings lagen beide auf derselben Linie. Darwin war überzeugt, daß seine Theorie genug Platz ließ, um den Ursprung der Moral zu erklären; er maß außerdem der Fähigkeit zum Mitgefühl eine große Bedeutung bei. Hier schloß er Tiere keineswegs aus: »Es sympathisieren [...] sicher viele Thiere mit dem Unglück oder der Gefahr ihrer Genossen.«²⁶⁴ Er sollte recht behalten; bei Laborexperimenten mit kleinen Affen und selbst Ratten wurden deutliche Reaktionen eines mitempfundenen Kummers beobachtet. Der Anblick eines Artgenossen, der Schmerzen leidet oder sich in Schwierigkeiten befindet, löst den Impuls aus, dessen Lage zu erleichtern. Diese Reaktionen sind zweifellos aus der elterlichen Fürsorge abgeleitet, bei der verletzliche Individuen liebevoll umsorgt werden, doch bei vielen Tieren reichen sie weit über diese Situation hinaus und erstrecken sich sogar auf nicht verwandte adulte Tiere.²⁶⁵

Darwin sah keinen Widerspruch zwischen der Härte des Evolutionsprozesses und der möglichen Sanftheit einer seiner Hervorbringungen. Wie in den vorangegangenen Kapiteln im Hinblick auf den Unterschied zwischen Motiv und Funktion dargelegt wurde, muß man lediglich zwischen den operativen Aspekten der Evolution und den aktuellen Psychologien, die sie hervorgebracht hat, unterscheiden. Darwin wußte das besser als jeder andere und brachte seine Auffassung besonders deutlich zum Ausdruck, als er selbst auf dem Gebiet der Moral die Kontinuität zwischen den Menschen und den Tieren betonte. In *Über die Abstammung des Menschen* nimmt er genau den entgegengesetzten Standpunkt ein wie jene, die mit Huxley in der Moral eine Verletzung der Prinzipien der Evolution sehen: »[Es] scheint mir in hohem Grade wahrscheinlich zu sein, nämlich daß jedes Thier, welches es auch sein mag, wenn es nur mit scharf ausgesprochenen socialen Instincten (die elterliche oder kindliche Zuneigung hier eingeschlossen) versehen ist, unvermeidlich seine intellectuellen Kräfte so weit oder nahezu so weit wie beim Menschen entwickelt hätte.«²⁶⁶

Die Weide Mong Dsis

Es gibt nie viel Neues unter der Sonne. Die Vergeltungsgefühle, die bei Westermarck einen besonderen Platz einnehmen, ob wohlwollend oder rachsüchtig, erinnern an die Antwort des Konfuzius auf die Frage, ob es ein einziges Wort gebe, das als Vorschrift für das ganze Leben dienen könne. Konfuzius schlug »Gegenseitig-keit« als ein solches Wort vor. Gegenseitigkeit bildet auch den Kern der Goldenen Regel: »Was du nicht willst, das man dir tu, das füg auch keinem anderen zu«, was bis heute als Essenz der menschlichen Moral gelten kann.

Ein Nachfolger des chinesischen Weisen, Menzius (Mong Dsi), schrieb während seines Lebens (372–289 v. Ch.) ausführlich über die menschliche Güte.[267] Menzius verlor seinen Vater bereits mit drei Jahren; seine Mutter sorgte dafür, daß er die bestmögliche Erziehung genoß. Die Mutter ist mindestens so bekannt wie ihr Sohn und dient den Chinesen wegen ihrer absoluten Hingabe noch immer als Vorbild aller Mütter.

Menzius, der wegen seines großen Einflusses der »zweite Weise« genannt wurde, hatte eine gewisse revolutionäre Neigung: Er unterstrich die Verpflichtung von Herrschern, sich um das Wohlergehen des einfachen Volks zu kümmern, das sonst berechtigt sei, sich gegen ihn zu erheben. Seine Schriften zeigen, daß die Debatte darüber, ob der Mensch von Natur aus sittlich ist oder nicht, in der Tat uralt ist. In einem seiner Lehrgespräche antwortet er auf Gau Dsi, dessen Ansichten spontan an Huxley und seine Gärtner-Metaphorik erinnern. Gau Dsi will »die menschliche Natur mit einer Weide vergleichen und die Pflicht mit Bechern und Schalen. Man formt die menschliche Natur zu Liebe und Pflicht, wie man die Weide zu Bechern und Schalen formt.«[268] Menzius erwiderte:

»Könnt Ihr der Natur des Weidenbaums folgen, wenn Ihr Becher und Schalen daraus macht, oder müßt Ihr der Natur Gewalt antun, ehe Ihr Becher und Schalen daraus formt? Und wenn Ihr der Natur des Weidenbaums Gewalt antun müßt, um Becher und Schalen daraus formen zu können: Dann müßt Ihr also auch der Natur des Menschen Gewalt antun, um Liebe und Pflicht daraus zu bilden. Wahrlich, Eure Worte müssen die Wirkung haben, daß die Menschheit in Liebe und Pflicht ein Unheil sieht.«

Offenbar waren die Ursprünge menschlicher Güte und Moral in China schon vor über zweitausend Jahren Gegenstand unterschiedlicher Meinungen. Menzius war überzeugt, daß Menschen ebenso natürlich zum Guten streben wie das Wasser abwärts fließt. Das wird auch in den folgenden Ausführungen deutlich, in denen er alle Doppelmoral mit der Begründung ausschließt, daß sittliche Empfindungen wie das Mitleid dafür wenig Raum lassen:

>Jeder Mensch hat ein Herz, das anderer Leiden nicht mit ansehen kann [...]. Daß jeder Mensch barmherzig ist, meine ich also: Wenn Menschen zum erstenmal ein Kind erblicken, das im Begriff ist, auf einen Brunnen zuzugehen, so regt sich in aller Herzen Furcht und Mitleid. Nicht weil sie mit den Eltern des Kindes in Verkehr kommen wollten, nicht weil sie Lob von Nachbarn und Freunden ernten wollten, nicht weil sie üble Nachrede fürchteten, zeigen sie sich so. Von hier aus gesehen, zeigt es sich: ohne Mitleid im Herzen ist kein Mensch [...].«

Das Beispiel dieses chinesischen Weisen ähnelt Westermarcks Bemerkung über die Sympathie, die wir für unsere Freunde empfinden, sowie Adam Smith's Motto zum zehnten Kapitel dieses Buches. Die zentrale Idee, die allen drei Aussagen zugrunde liegt, ist die, daß Kummer beim Anblick des Schmerzes eines anderen ein Impuls ist, der nicht unserer Kontrolle unterliegt: Er erfaßt uns spontan wie ein Reflex und läßt uns keine Zeit, das Für und Wider abzuwägen. Bemerkenswerterweise tauchen alle anderen denkbaren Motive, die Menzius erörtert, in der modernen Literatur auf, gewöhnlich unter der Kategorie Selbstdarstellung. Der große Unterschied ist natürlich der, daß diese Erklärungen Menzius angesichts der Unmittelbarkeit und der Kraft der mitfühlenden Reaktion zu konstruiert sind. Die öffentliche Meinung zu manipulieren ist zu anderen Zeiten durchaus möglich, sagt er, doch nicht in dem Augenblick, in dem ein Kind in einen Brunnen zu fallen droht.

Dem ist nichts hinzuzufügen. Die Evolution hat Spezies hervorgebracht, die genuin kooperativen Impulsen folgen. Ich weiß nicht, ob die Menschen im Innersten gut oder böse sind, aber ich weiß, daß die Vorstellung, jede einzelne Handlung sei auf den eigenen Vorteil hin berechnet, die geistigen Kräfte des Menschen viel zu hoch ansetzt, nicht zu reden von denen der anderen Tiere.[269] Interessante zusätzliche Belege kommen aus der Kinderpsychologie. Freud, Skinner und Piaget waren sich darin einig, daß das Kind seine ersten moralischen Unterscheidungen durch Angst vor Strafe und den Wunsch, Lob zu ernten, lernt. Ebenso wie huxleyanische Biologen, für die alle Moral der schlechten menschlichen Natur kulturell übergestülpt wird, verstanden sie Moral als etwas von außen Kommendes, das von den Erwachsenen einem passiven, von Natur aus egoistischen Kind auferlegt wird. Angenommen wurde, daß Kinder die elterlichen Werte übernehmen und daraus ein Über-Ich errichten, die moralische Instanz des Ichs. Sich selbst überlassen wie die Kinder in William Goldings *Herr der Fliegen*, würden sie nie zu etwas finden, das auch nur annähernd mit Moral zu tun hätte.

Dennoch kennen Kinder bereits auf einer frühen Stufe den Unterschied zwischen moralischen Grundsätzen (»Man darf nicht stehlen!«) und kulturellen Konventionen (»Nicht im Schlafanzug in die Schule!«). Offenbar haben sie einen Sinn dafür, daß Verletzungen bestimmter Regeln andere bekümmern und kränken, während Verstöße gegen bestimmte andere Regeln lediglich die Erwartung eines bestimmten »passenden« Verhaltens enttäuschen. Es sieht nicht so aus, als beruhten die Handlungen von Kindern allein auf Belohnung und Strafe. Während Erziehungshandbücher Kinder noch immer als egozentrische kleine Ungeheuer darstellen, wissen wir heute, daß sie bereits im Alter von einem Jahr spontan traurige Menschen trösten und nicht lange danach beginnen, im Umgang mit ihren Mitmenschen eine moralische Sicht zu entwickeln.[270]

Vielleicht sind wir gar nicht netter, als für unsere Gene gut ist, vielleicht sind wir gerade nett genug. Ein Kind handelt nicht gegen seine eigene Natur, wenn es eine fürsorgliche, moralische Haltung entwickelt, und die bürgerliche Gesellschaft gleicht nicht einem außer Kontrolle geratenen Garten, der von einem schwitzenden Gärtner mühsam in Ordnung gehalten wird. Wir folgen lediglich Neigungen, die sich im Lauf der Evolution herausgebildet haben.

So einfach ist das.

Nachwort

Der Sprung des Eichhörnchens

Wird es uns jemals gelingen, den Affen und den Sushimeister in ein und demselben Familienporträt unterzubringen? Der Affe repräsentiert unsere natürliche, urwüchsige Seite, und wir benutzen ihn, um uns selbst zu karikieren – womit wir gerade zeigen wollen, wie weit wir gekommen sind. Der Sushimeister verkörpert Kultiviertheit, Kunstfertigkeit und Know-how des Menschen. Wir essen Fugu (Kofferfisch-Sushi) und vertrauen dem handwerklichen Können des Küchenchefs, der seine Kunst von anderen Chefs gelernt hat, und diese haben sie ihrerseits von ihren Vorgängern gelernt.[271] Wie lassen sich diese beiden unterschiedlichen Versionen von uns – unverfälschte Natur und kulturelle Verfeinerung – jemals miteinander vereinbaren?

Eine lange Ahnenreihe von Denkern hatte damit nie ein Problem. Sie tragen aus einem Gefühl der Verwandtschaft mit den Tieren stolz ihre Talismane um den Hals und machen sich kaum die Mühe, das Trennende hervorzuheben. Nicht daß sie blind wären für die Unterschiede, aber ihr vorderstes Ziel besteht darin, die Menschheit im weiteren Kontext der Natur zu verstehen. Das ist die »darwistotelische« Sicht, derzufolge die Menschen mit beiden Beinen fest auf dieser Erde stehen, die sie in jedem denkbaren Sinn hervorgebracht hat. Kein Bereich menschlichen Verhaltens bleibt ausgeklammert: Wir sind als ein Paket angekommen und wurden von genau denselben Kräften hervorgebracht, die auch alle anderen Pakete ringsum mit ihren kleinen Unterschieden des Aussehens hervorgebracht haben.

Dann gibt es da die ebenso alte Denkschule, die uns einen besonderen Ort im Universum zuweist, während sie eisern vor allen Versuchen warnt, die Grenze zwischen uns und anderen Krea-

329

turen zu verwischen, ob sie sich nun durch eine anthropomorphistische Sichtweise oder durch allgemeine Annahmen artikulieren. So werden der Sushimeister und der Affe vollständig getrennt, wenn nicht körperlich, so doch im Geist. Tatsächlich erkennt man ausschließlich den Menschen einen Geist oder ein Bewußtsein zu. Während die uns umgebende Welt primitiv, mechanisch und amoralisch ist, sind wir mit einem freien Willen und der Fähigkeit gesegnet, unsere Gesellschaft in jede Richtung zu lenken, die wir wollen. Die Tatsache, daß wir bestimmte Eigenschaften mit den übrigen Tieren gemein haben, stellt uns vor kein Problem – denn wir verfügen über die Fähigkeit, unsere eigene Natur so zurechtzutrimmen, daß sie in die zivilisierte Gesellschaft paßt.

Als der göttliche Funke aus der Mode kam, wurde die Kultur zur allgemein anerkannten Erklärung für unseren Erfolg. Es war die Kultur, die uns bewogen hat, die Schale aufzustoßen, aus ihr auszubrechen und ein neues Leben zu beginnen, das völlig anders war als das des Menschenaffen. Kultur wurde zu einem magischen, verdinglichten Begriff, abgelöst von der Natur, ja sogar im Widerspruch zu ihr. Kultur wurde als etwas verstanden, das von uns nach Belieben hergestellt wird, das jedoch umgekehrt auch uns hervorbringt. Ungeachtet seiner unübersehbaren Zirkularität durchdrang dieses Argument alsbald alle Sozial- und Humanwissenschaften. Kultur wurde zur Rücktrittsklausel für den Fall, daß der Vertrag mit der Natur allzu hart empfunden wurde.

Kein Wunder, daß soviel Animosität im Spiel ist in den Kulturkriegen, die sich an den jüngsten Entdeckungen der Tierverhaltensforschung entzündet haben. Wenn die Kultur nicht länger spezifisch menschlich sein soll, was wird dann aus der zweiten Denkschule? Ich muß nicht erklären, auf welcher Seite ich stehe, und auch wenn ich in diesem Buch über die unterschiedlichsten Themen gesprochen habe – von malenden Affen bis zum Puritanismus und von der Rolle der Theorie in der Wissenschaft bis zu Affen, die ihre Süßkartoffeln in Salzwasser waschen –, galt mein Interesse stets der Frage, wie sich das Wissen, das wir vom kulturellen Leben der Tiere haben, auf unsere Selbstwahrnehmung auswirkt, und inwieweit es letztlich der menschlichen Kultur obliegt, den Tieren Kultur zuzugestehen. Es dürfte kaum ein Zufall sein, daß der Anstoß zu Kulturstudien bei Tieren von Wissenschaftlern außerhalb der gerade beschriebenen intellektuellen Kriegszone ausging: von Primatologen, denen die strengen Dualismen des Westens fremd waren.

Ich möchte noch einmal klarstellen, daß es hier nicht einfach um Fragen der Art geht, ob das Glas halbvoll oder halbleer ist. Es geht nicht darum, daß manche Wissenschaftler Gemeinsamkeiten hervorheben, während andere auf der Differenz bestehen, und daß wir am besten gegenseitig unsere Positionen anerkennen sollten. Die Konsequenzen, die sich aus diesen verschiedenen Positionen ergeben, sind einfach viel zu wichtig. Letzten Endes geht es um die Alternative, ob unsere Moral naturgegeben oder etwas Hergestelltes ist oder ob wir die einzige Spezies auf Erden sind, die sich »selbst gemacht« hat. Wenn immer mehr Wissenschaftler zu der Überzeugung gelangen, daß Tiere zu ihrem Überleben auf sozial vermittelte Gewohnheiten und Kenntnisse angewiesen sind und daß ihre Strategien von Gruppe zu Gruppe variieren, wird die gesamte Vorstellung eines sehr spät erfolgten Übergangs von der Natur zur Kultur in Frage gestellt. Mehr noch, der Begriff »Übergang« erfordert dann ebenfalls eine Überprüfung.

Ansprüche auf menschliche Einzigartigkeit erinnern mich ein wenig an die Werbung für eichhörnchensichere Futterautomaten für Vögel. Ich bin noch immer auf der Suche nach einem Futterautomaten für meinen Garten, dem die vielen amerikanischen grauen Eichhörnchen nicht beikommen und der zugleich nicht so kompliziert ist, daß die Vögel ihn nicht bedienen können. Um im Bild zu bleiben: Jeder Anspruch auf menschliche Einzigartigkeit wird von einem Heer von Wissenschaftlern attackiert, die ihn mit scharfen Zähnen durchlöchern, die einen Pfosten erklettern, der dafür bisher viel zu glatt schien, oder die den einen, eigentlich unmöglichen, Sprung machen. Die Behauptung, daß Tiere Kultur haben, mag manchen Wissenschaftlern wie dieser Sprung vorkommen, und doch ist er erfolgt. Wir können das Eichhörnchen durch Schreien verscheuchen, sooft wir wollen; wir wissen, daß es wiederkommen und schließlich Erfolg haben wird.

Was sagt uns das alles? Ich sehe nicht mehr viel Überzeugungskraft in dem Standpunkt, daß wir Menschen jenseits der Natur stehen, und dies aufgrund unserer Kultur. Der Rückzug auf eine »symbolische Kultur« als das unterscheidende Merkmal der Menschheit mag uns noch eine letzte Atempause vergönnen, doch auf die Dauer sehe ich eine wesentlich ertragreichere Herausforderung für Forscher in der Suche nach typisch menschlichen Errungenschaften. Es ist an der Zeit, die menschliche Spezies vor dem Hintergrund ihrer zahllosen Gemeinsamkeiten mit anderen Lebensformen zu definieren. Statt die Identität des Menschen daraus abzuleiten, wie anders wir sind als die anderen Spezies, sollten wir davon ausgehen, daß wir Tiere sind: Tiere, die bestimmte Fertigkeiten einen wichtigen Schritt weiterentwickelt haben. Wir, die Menschen und die anderen Spezies, ähneln und unterscheiden uns. Ersteres ist ein vernünftiger Rahmen, um darin letzteres auszugestalten.

So fügen sich der Affe und der Sushimeister in dasselbe Bild, da beide von anderen gelernt haben, wie man Nahrung zubereitet und was man essen und was man nicht essen kann. Auch wenn der Affe keines der Symbole besitzt, welche die Tätigkeit des Kochs umgeben, hängt er in einem solchen Maße von einem Wissen ab, das ihm vermittelt wurde, daß wir beide mit Fug und Recht als kultiviert bezeichnen können. Und nicht nur sie: Die Welt ist voll von gefiederten und behaarten Kreaturen, die ihre Lektionen fürs Leben, ihre Gewohnheiten und Lieder von Artgenossen lernen. Mit so vielen Kulturgeschöpfen in unserer Umgebung wird es in der Tat Zeit, einige liebgewordene Dichotomien zu Grabe zu tragen.

Anmerkungen

Einleitung: Die Affenteestunde

1 Austin (1974).

2 Morris und Morris (1966), S. 102.

3 Kummer (1971).

4 Julien Joseph Virey (1817), zu dessen Zeit noch keine Unterscheidung zwischen Natur und Kultur getroffen wurde, hat es so formuliert:»Nichts fällt außerhalb der Natur, nichts kann ihr entkommen. Bürgerliche und moralische Gesetze, die Geschichte, das Handeln von Menschen sind lediglich Handlungen einer tierischen Spezies, die den Naturgesetzen unterworfen ist.« Im Gegensatz dazu kannte das 20. Jahrhundert für die meiste Zeit Kultur als eine Erscheinung mit einem Eigenleben: Kultur erschafft weitere Kultur ohne jede Verbindung mit dem biologischen Substrat, das unsere Körper und unser Bewußtsein formt. Wilson (1999) verglich dieses Menschenbild – äußerlich Mensch, innerlich Fremder – mit den Protagonisten in dem Film *Die Körperfresser kommen (Invasion of the Body Snatchers)*.

5 In Übereinstimmung mit einer Theorie, die im 6. Kapitel erläutert wird und derzufolge soziales Lernen auf der Identifikation mit einem Rollenmodell und dem Wunsch beruht, diesem gleich zu sein, hat man gezeigt, daß junge Kätzchen das Verhalten ihrer Mutter bereitwilliger kopieren als das unvertrauter weiblicher Katzen (Chelser 1969).

6 Cheney und Seyfarth (1990).

7 Mineka et al. (1984).

8 Curio (1978) hat Experimente durchgeführt, bei denen ein Vogel eine ausgestopfte Eule attackierte, während einem zweiten Vogel in einem Käfig in der Nähe zur selben Zeit das Modell eines Vogels gezeigt wurde, der jedoch kein Freßfeind war. Als dieser die aggressiven Rufe des ersten Vogels hörte, reagierte er darauf, indem er sein Modell ebenfalls angriff. Nach einer einzigen derartigen Erfahrung betrachtete dieser Vogel von nun an selbst den für ihn ungefährlichen Vogel als Feind und gab seine Warnrufe an andere Vögel weiter. Mit dieser sinnreichen Methode konnten »kulturelle Vorurteile« auch gegen unbelebte Objekte erzeugt werden, etwa eine Flasche Weichspülmittel. Das zeigt, daß das Feindschema nicht angeboren, sondern sozial erlernt ist, was eine flexible Möglichkeit schafft, Wissen über neue Gefahren in der Umwelt zu vermitteln.

9 Galef (1982).

10 Kellogg und Kellogg (1933), S. 141.

11 Custance et al. (1995).

12 Myowa-Yamakoshi und Matsuzawa (1999).

13 Tomasello (1999).

14 Die Erweiterung von Verhaltensmodifikationen zu immer größerer Komplexität ist beispielsweise bei Japanmakaken auf Koshima beobachtet worden, die Kartoffeln und Weizenkörner vor dem Verzehr waschen, was vermuten läßt, daß bei fortgesetzten Untersuchungen des sozialen Lernens auch der Sperrklinkeneffekt bei Tieren beobachtet werden kann; Watanabe (1994).

15 Savage-Rumbaugh und Lewis (1994).

1. Das ganze Tier: Kindheitstalismane und die übertriebene Angst vor dem Anthropomorphismus

16 Fouts und Mills (1998), S. 248.

17 Cenami Spada (1997).

18 De Waal und Berger (2000) haben gezeigt, daß braune Kapuzineraffen mehr Nahrung mit einem Partner teilen, der ihnen behilflich war, die Nahrung zu besorgen, indem er ein schweres Tablett heranzog, als mit Partnern, deren Hilfe nicht erforderlich war. Dieses Experiment erfolgte im Rahmen einer Versuchsreihe über Gegenseitigkeit und das Erinnern an erwiesene und empfangene Gefälligkeiten bei Schimpansen und Kapuzineraffen. Letztlich bezieht es sich auf das kooperative Jagen, das bei beiden Spezies in freier Wildbahn beobachtet wurde. Bei der Jagd arbeiten mehrere Partner zusammen, aber nur einer fängt die Beute. Die Bereitschaft dieses Individuums, mit seinen Helfern zu teilen, ist möglicherweise eine Voraussetzung für eine fortgesetzte Kooperation.

19 Die Entdeckung der Hackordnung und andere historische Details, die hier wiedergegeben werden, stammen aus einem Interview, das John Price mit Dag Schjelderup-Ebbe, dem sechzigjährigen Sohn von Thorleif, geführt hat; *Human Ethology Bulletin* 1995, Heft 1, S. 1–6.

20 Freud (1913), S. 154.

21 Shephard (1996), S. 88.

22 Ein neueres Beispiel ist Budiansky (1998), der Tieren selbst die fundamentalsten Formen der Kognition mit dem Argument abspricht, Menschen seien so intelligent, daß sie nicht verstehen könnten, wie dumm Tiere in Wirklichkeit seien. Diesen Dualismus gründet er auf das Fehlen von Sprache bei Tieren (»wir verfügen über eine ungeheure Software, die sie einfach nicht haben«). Angesichts der Tatsache, daß nach der Überzeugung von Neurowissenschaftlern das Kernbewußtsein vollständig averbal ist, steht jedoch in Frage, ob Sprache wirklich der entscheidende Faktor bei einem Vergleich von menschlichem und tierischem Bewußtsein ist; Damasio (1999).

334

23 Der Preis für die amüsanteste Kulturbetrachtung dieser Art geht an Bertrand Russell (1927), der feststellte, daß Tiere die nationalen Verhaltenseigentümlichkeiten ihrer Beobachter aufweisen:»Tiere, die von Amerikanern beobachtet wurden, rasen hektisch hin und her, zeigen eine unglaubliche Energie und Dynamik und gelangen schließlich durch einen Zufall zum gewünschten Ergebnis. Tiere, die von Deutschen beobachtet werden, bleiben ruhig sitzen und überlegen und gelangen schließlich aufgrund ihres inneren Bewußtseins zur Lösung.«

24 Lorenz (1978), S. 33.

25 Moore und Stuttard (1979).

26 Zitiert in Bailey (1986).

27 Garcia et al. (1966).

28 Die Vorstellung, das Gehirn sei im Lauf der Evolution lediglich größer und schneller geworden, ist noch immer erstaunlich weit verbreitet, obwohl Belege für beträchtliche strukturelle Unterschiede vorliegen. Wir wissen heute zum Beispiel, daß Menschen und Affen in der vorderen Hirnrinde bestimmte spindelförmige Gehirnzellen besitzen, die im Gehirn anderer Tiere nicht vorkommen. Diese Neuronen waren in höhere kognitive Funktionen einbezogen, die für Menschen und Menschenaffen typisch sind; Nichimsky et al. (1999).

29 Hollard und Delius (1982); Balda und Kami (1989).

30 Gallup (1970).

31 Die ursprüngliche Untersuchung über die »Selbsterkennung« einer Taube wurde von Epstein et al. (1981) durchgeführt. Ironischerweise hatte der Fehlschlag von Versuchen, die Experimente samt den Ergebnissen zu wiederholen, den Vorwurf zur Folge, man habe die falsche Taubenrasse benutzt. Wenn man weiß, daß er von denselben Wissenschaftlern kam, die ganze Tierfamilien für untereinander austauschbar halten, kann man darüber nur den Kopf schütteln. Doch selbst bei derselben Taubenrasse und einer exakten Kopie der Versuchskammer brachten die Forscher, die das Experiment wiederholten, die Tauben nicht dazu, vor einem Spiegel nach sich selbst zu picken; Thompson und Contie (1994).

32 Heyes (1995) und Povinelle (1997).

33 Serpell (1996).

34 Das Symposium unter dem Titel »The Problem of Anthropomorphism in Science and Philosophy« fand im Mai 1996 in Delphi statt.

35 Morgan (1894).

36 Lloyd Morgans Zusatz hatte folgenden Wortlaut: »Dem sollte allerdings hinzugefügt werden, damit der Geltungsbereich des Prinzips nicht mißverstanden wird, daß die Regel keineswegs die Interpretation einer bestimmten Aktivität im Kontext der höheren Prozesse ausschließt, wenn wir bereits über unabhängige Belege für das Auftreten dieser höheren Prozesse bei dem beobachteten Tier verfügen«; Morgan (1903). Zu der Ansicht, daß Morgan

in Wirklichkeit keine Einwände gegen eine anthropomorphistische Perspektive hatte, siehe Thomas (1998) und Sober (1998).

37 Kennedy (1992). Zu einer gegenteiligen Meinung siehe Mitchell et al. (1997).

38 Diese Position stützt sich auf das bekannte Homologieargument. Ähnlichkeiten zwischen verschiedenen Spezies im Verhalten sind entweder »Analogien«, das heißt selbständig erworben, oder »Homologien«, das heißt, sie beruhen auf einer gemeinsamen Abstammung, und die letzteren sind um so wahrscheinlicher, je näher die Spezies miteinander verwandt sind. Zur Diskussion der evolutionären (im Unterschied zur kognitiven) Ökonomie siehe de Waal (1991).

39 Hume (1973), S. 238 f. (I, 3.16).

40 Vicchio (1986).

41 Roberts (1996), S. 117. Die Vorstellung des Autors, daß die Kaubewegungen des Pferdes auf das Weiden zurückgehen, ist nicht weit entfernt vom ethologischen Begriff der Ritualisierung. Die Evolution hat so manche zweckgerichtete Handlung (wie das Putzen des Federkleids oder das Fressen) durch Übertreibung und verstärkte Stereotypie zu einem Kommunikationssignal gemacht.

42 Nagel (1974).

43 Vermeij (1996), ein blinder Biologe, schreibt: »Soweit ich Schwierigkeiten hatte, mich an die Blindheit zu gewöhnen, ist die Erinnerung daran verblaßt. Innerhalb kürzester Zeit [...] entdeckte ich den Wert von Echos für eine Orientierung, wo ich mich befand. Geräusche, die von Hindernissen zurückhallten, lieferten Hinweise auf die Größe des Zimmers, den Standort eines Baumes, die Geschwindigkeit eines Wagens, die Gegenwart einer Person, ob eine Tür offen oder geschlossen war und vieles andere.« Atkins (1996) hat auf die Grenzen der Fragestellung Nagels (1974) hingewiesen.

44 Bateson et al. (1990) haben menschliche Reaktionsmuster in Verbindung mit zwei Arten der Empathie untersucht: Die eine beruhte darauf, sich vorzustellen, was man in der Lage des anderen empfinden würde, die andere darauf, sich vorzustellen, wie der andere sich in dieser Lage fühlte.

45 Burghardt (1985).

46 Ein Videoband von dem Vorfall (und mehrere Momentaufnahmen in der Zeitschrift *Stern* vom 5. September 1996) zeigen Binti, wie sie sich aufrecht auf einen Baumstamm in einem Bach setzt, während sie den ohnmächtigen Jungen in die richtige Körperlage bringt und im Schoß wiegt. Es sieht aus, als versuchte sie, ihn auf die Füße zu stellen. Die Gorillas in diesem Zoo hätten auf eine erwachsene Person möglicherweise nicht in dieser Weise reagiert (das heißt, sie haben den Jungen wahrscheinlich als ein Kind erkannt), und mit Sicherheit hätten sie bei einem Sack Mehl gar nicht reagiert. Allenfalls hätten sie sich zunächst erschreckt, hätten dann den Sack geöffnet und ein ziemliches Durcheinander angerichtet. (Jay Peterson, Direktor des Brookfield-Zoos, persönliche Mitteilung)

47 Zu systematischen Daten über das Trösten trauriger Individuen durch Schimpansen siehe de Waal und Aureli (1996). Zu weiteren Darstellungen der Empathie bei Menschenaffen siehe de Waal (1996a). So vernachlässigte beispielsweise im Arnheimer Zoo eine Schimpansenmutter ihr Jüngstes, als dessen älteres Geschwister bei einer Balgerei ernsthaft verletzt worden war. Ohne auf die lautstarken Proteste des Kleinen zu achten, kümmerte sie sich wochenlang liebevoll um das ältere Junge, bis dessen Verletzungen verheilt waren.

48 Wie Arnhart (1998) schreibt, verstand Aristoteles etwas von Menschenaffen – er hatte Primaten seziert und war überzeugt, daß sie ein Zwischenglied zwischen dem Menschen und den Vierbeinern darstellten. Ein prominenter Biologe, J. A. Moore (1993), hat die Ansicht geäußert, die ganze Biologie sei lediglich eine Fußnote zu Aristoteles.

49 Die Unterscheidung geht zurück auf den alten Unterschied zwischen Natur- und Geisteswissenschaften, wobei die Psychologie zunehmend die Methoden und die wissenschaftliche Strenge der ersteren übernahm, während sie sich geistesgeschichtlich in der Tradition der letzteren verstand.

50 Van Iersel war ein weiterer niederländischer Verhaltensforscher. Baerends »irrelevantes Verhalten« bezieht sich humorvoll auf sogenannte Übersprungshandlungen (wie beispielsweise das Kopfkratzen), das die Ethologen als Zeichen von widersprüchlichen Motivationen deuten. Das Zitat stammt aus Baerends unveröffentlichtem Vortrag vor der Internationalen Ethologenkonferenz 1989 in Utrecht.

51 Hodos und Campbell (1969); Beach (1950).

52 Greenberg und Haraway (1998).

53 Daher erklärt sich Wilsons (1999) beiläufige Bemerkung:»Die Soziobiologie (Darwinsche Anthropologie, Evolutionspsychologie oder wie immer man dieses Fachgebiet politisch korrekt nennen möchte) ist ein entscheidendes Glied bei dem Versuch, die biologischen Grundlagen der menschlichen Natur zu erklären.« (S. 226) Daß ich mich trotz der vielen Namensänderungen starrsinnig noch immer als Zoologen oder Ethologen bezeichne, liegt daran, daß ich die bahnbrechenden theoretischen Entwicklungen der sechziger und siebziger Jahre des vorigen Jahrhunderts als die logische Weiterführung des ursprünglichen ethologischen Programms betrachte, das in den von Tinbergen (1963) formulierten vier Forschungszielen zum Ausdruck kommt: Kausalität, Ontogenese, Adaptionswert und Evolution.

2. Das Schicksal der Gurus: Wenn Silberrückenmänner zu Hemmschuhen werden

54 Zimen (1999), S. 95.

55 Muttermord in der wissenschaftlichen Gemeinde ist eher ungewöhnlich, doch Anthropologen, die sich mit dem Vermächtnis von Margaret Mead befassen, kommen ihm ziemlich nahe; siehe beispielsweise Freeman (1983).

56 Zu dem Angriff auf Gould siehe *The New York Review of Books*, 12. Juni, 26. Juni und 14. August 1997, sowie Dawkins (1998), Alcock (1998) und Wright (1999).

57 Watson (1930), S. 194.

58 Lorenz (1949), S. 63 f.

59 Manning (1996).

60 Bischof (1991) hat beispielsweise ein »Psychogramm« von Lorenz verfaßt, das sich wie eine Psychoanalyse des eigenen Vaterkomplexes des Autors gegenüber dem imposanten Ethologen aus Österreich liest.

61 Das Russische Manuskript erschien unter dem Titel *Die Naturwissenschaft vom Menschen*, hrsg. von Agnes von Cranach (München, 1992). Das Originalmanuskript umfaßte 750 Seiten und war mit verdünnter Tinte mit Federkielen und Stahlfedern geschrieben worden. Lorenz tauschte immer wieder seine kargen Lebensmittelrationen gegen Schreibmaterial. Zur schlimmsten Zeit seiner Gefangenschaft in der Sowjetunion wog er nur noch 55 Kilogramm.

62 Die folgenden Zitate aus Lorenz, »Durch Domestikation verursachte Störungen arteigenen Verhaltens«, in : *Zeitschrift für angewandte Psychologie und Charakterkunde* 59 (1940), S. 57–71, und eine Dokumentation der Aktivitäten von Lorenz vor und während des Zweiten Weltkriegs finden sich bei Deichmann (1995), S. 279–302.

63 Kalikow (1980), S. 197.

64 In einem Fernsehinterview im Jahr 1981 erklärte Lorenz: »Daß die Leute Mord meinten, wenn sie ›Ausmerzen‹ oder wenn sie ›Selektion‹ sagten, das habe ich damals wirklich nicht geglaubt. So naiv, so blöd, so gutgläubig – nennen Sie es wie Sie wollen – war ich damals.« Zitiert in Deichmann (1995), S. 295.

65 Die Eugenikbewegung wurde von Francis Galton begründet, einem Vetter von Charles Darwin, und Anfang des 20. Jahrhunderts von Karl Pearson am University College, London, weiterentwickelt. Pearson war der Ansicht, daß »höherwertige« Rassen »minderwertige« Rassen verdrängen müßten. Kein Wunder, daß die »Eugenik« in Hitlers Propaganda einen besonderen Platz einnahm. Siehe auch Gould (1981).

66 Verteidiger von Lorenz wie etwa Bischof (1991) verweisen auf das Fehlen von offenem Rassismus und argumentieren, Lorenz habe zu viele jüdische

Freunde gehabt, um Antisemit zu sein; schlimmstenfalls sei er gegen die Rassenmischung gewesen. Eine skeptische Einstellung gegenüber der Vermischung der Rassen, wenngleich in anderer Form, hält sich auch in den Schriften des bekannten Lorenzschülers Eibl-Eibesfeldt (1994), der die Meinung vertritt, die fremdenfeindlichen Neigungen des Menschen verhinderten eine vollkommen integrierte multiethnische Gesellschaft.

67 Deichmann (1995), S. 279 f.
68 Robert Hinde, persönliche Mitteilung.
69 Lorenz (1985), »My family and other Animals«, in: D.A. Dewsburg, Hg., *Leaders in the Study of Animal Behaviour*, Lewisburg 1985, S. 259–287.
70 Aus einem Brief an Margaret Nice vom 23. Juni 1945, geschrieben kurz nach der Befreiung der Niederlande, als Lorenz sich noch in Gefangenschaft befand. Vollständiger Abdruck in der englischen Übersetzung von Ute Deichmann, *Biologists under Hitler*, Cambridge, Mass. 1996 (in der deutschen Ausgabe von 1995 nicht enthalten).
71 So schrieb beispielsweise der holländische Ethologe und Schriftsteller Maarten 't Hart in einer Rezension von Lorenz: »Ich sehe ihn immer noch vor mir (es war deutlich auf dem Bildschirm zu erkennen), wie er bei der Verleihung des Nobelpreises mit all den Orden und Medaillen an der Brust nach vorn kam. Wie viele Auszeichnungen aus der Zeit von 1933 bis 1942 mochten darunter gewesen sein? Und falls er sie weggelassen haben sollte – was ich hoffe –, warum hatte er es dann nötig, die übrigen zu tragen?« *NRC Handelsbladet*, 14. März 1989.
72 Zu einem neueren Beispiel siehe das letzte Kapitel von Ridley (1996). Der Autor erkundet die Gemeinsamkeiten zwischen genzentrierter Evolutionsbiologie und einem konservativen politischen Programm und zitiert zu letzterem Margaret Thatcher: »Etwas wie eine Gesellschaft gibt es nicht. Es gibt nur einzelne Männer und Frauen, und es gibt Familien.«
73 Liessmann (1996), S. 236.
74 Deichmann (1995), S. 297 ff.
75 L.B. Halstead, »Kinji Imanishi: The View from the Mountain Top«, unveröffentlichtes englisches Manuskript in der Bibliothek der Universität Kyoto, später in japanischer Übersetzung erschienen.
76 Daß Halstead etwa in Japan zu lang blieb, insofern er »in dem Buch von ersten frischen Eindrücken zu übermäßig vereinfachenden Theorien über die Natur Japans über[ging]«, konstatieren Inoue und Anderson. »Seine abschließende Auffassung, die Theorie Imanishis sei deshalb so populär, weil sie der grausamen Wirklichkeit des modernen Japan eine Traumwelt der Harmonie bietet, ist naiv.« Inoue und Anderson (1988).
77 Das Buch wurde in einer langen Tradition übersetzter Werke veröffentlicht, die den Japanern bestätigen, wie schwer es Außenstehenden fällt, sie zu verstehen. Das Buch dürfte seine Leser ebensosehr amüsiert wie gekränkt haben.

78 Halstead (1985).

79 Yoshimi (1998).

80 Das heißt nicht, daß unter Ökologen Einigkeit über die Rolle der Konkurrenz zwischen den Spezies für die Populationsdynamik und die Entstehung neuer Arten besteht; siehe etwa Sinclair (1986).

81 Siehe Asquith (1991) und Sakura (1998).

82 1958 schickte das japanische Zentrum für Affenforschung zwei Wissenschaftler nach Afrika, Imanishi und seinen Schüler Itani. Sie bekamen Gorillas in den Virunga Mountains zu sehen, während sie in Kamerun Schimpansen lediglich schreien hörten. Beim zweiten Besuch reiste Itani allein quer durch Afrika, wo er – typisch für sein zweifaches Interesse an Primatologie und Ethnographie – Regionen aufsuchte, in denen Menschenaffen und Pygmäen lebten. Unter Umgehung eines von Leakey erlassenen Verbots machte er auch im Camp von Jane Goodall Station, das sie erst zwei Monate zuvor errichtet hatte. 1961 begannen die ersten japanischen Untersuchungen des Schimpansenverhaltens in mehreren Feldstationen in Tansania, die zur Realisierung des Mahale-Mountains-Projekts 1965 führten. Dieses vielbeachtete Projekt existiert bis heute und steht unter der Leitung von Toshisada Nishida, einem der renommiertesten Schüler Itanis auf dem Gebiet des Verhaltens von Menschenaffen. Ein weiterer bekannter Schüler Itanis ist Takayoshi Kano, der 1973 in der Demokratischen Republik Kongo das einzige langfristige Feldprojekt über den menschenscheuen Bonobo ins Leben rief. Die Verwendung von Steinwerkzeugen durch Schimpansen wurde erstmals von Yukimaru Sugiyama beschrieben (siehe 7. Kapitel).

83 Goodall (1991) vermittelt einen Einblick in den anfänglichen westlichen Widerstand gegen die Anwendung der ethnographischen Methode auf Tiere und erzählt, wie ein angesehener Wissenschaftler ihr sagte, selbst wenn jeder ihrer Affen eine eigene Individualität hätte, sei es immer noch das beste, es zu verschweigen. Der Herausgeber einer Fachzeitschrift griff redaktionell ein:»In seinen Anmerkungen zu dem ersten Aufsatz, der von mir veröffentlicht werden sollte, forderte der Herausgeber, daß jedes *he* (er) und *she* (sie) durch *it* (es) und jedes *who* (welcher/welche) durch *which* (welches) ersetzt werden müßte.« A. a. O., S. 24.

84 Inoue und Anderson (1988).

85 Zitiert aus einem unveröffentlichten Vortrag von Mariko Hiraiwa-Hasegawa vor dem Department of Biology der Princeton University am 26. Februar 1991:»Sociobiology and Japanese Primatology: A Case of Struggle for Survival in a Conformist Society«.

86 Ich habe die Reaktionen auf die Soziobiologie in den Niederlanden aus nächster Nähe verfolgt und darüber einen Sammelband herausgegeben. Während die Massenmedien und die Sozialwissenschaften starken Widerstand an den Tag legten, erfolgte ihre Aufnahme innerhalb der naturwissenschaftlichen Gemeinde ohne viel Aufhebens. Schließlich hatte die holländische Ethologie

Niko Tinbergen hervorgebracht, der die evolutionsbiologische Untersuchung von tierischem Verhalten nach Oxford exportierte, wo sie zu einem Eckpfeiler des englischen Beitrags zur soziobiologischen Revolution wurde. Damit erkannten die holländischen Ethologen die Verbindung zwischen ihrer eigenen Tradition und der »neuen« Synthese an.

3. Bonobos und Feigenblätter: Primatenhippies in einer puritanischen Landschaft

87 Bei einer solchen Untersuchung über die Gruppe unserer Lieblingsschimpansen in der Yerkes-Feldstation hatten wir im Durchschnitt nicht mehr als einen oder zwei spontane Auseinandersetzungen täglich. Das bedeutete, daß die Studentin Xin Wang tagelang auf einem Beobachtungsturm in der heißen Sonne Georgias saß und Daten über maximal fünf Kämpfe am Tag erhob. Unser eigentliches Interesse galt dem, was anschließend passierte – versöhnten sich die Schimpansen mit einem Kuß oder gegenseitiger Fellpflege oder nicht? –, doch eine derartige Untersuchung erfordert Hunderte solcher Beispiele. Wenn die Daten schließlich in einer hübschen bunten Graphik zusammengestellt sind, sieht man ihnen nicht mehr an, wieviel Zeit für ihre Erhebung aufgewendet wurde.

88 Ich meine natürlich die Affäre Bill Clintons mit Monica Lewinsky 1998/99, in deren Verlauf die politischen Gegner von US-Präsident Clinton konsterniert den Mangel an moralischer Entrüstung in ihrem Land registrieren mußten. Der ganze Skandal war ein anschauliches Beispiel für das, was Charles Dickens »die Anziehung des Abstoßenden« genannt hat. Mit anderen Worten, in einer puritanischen Gesellschaft kann nur in Begriffen von Sorge und Mißbilligung über Sexualität gesprochen werden.

89 Der männliche Körper unterliegt sogar noch stärkeren Tabus als der weibliche. In den Vereinigten Staaten wird man vergeblich nach den knappen Badehosen europäischer Männer Ausschau halten – die verraten und sogar noch betonen, was sich hinter ihnen verbirgt; Plastiken von nackten Männern (etwa das »Manneke Pis«, das stolze Symbol Brüssels) sind undenkbar. Selbst das lebensgroße Standbild eines Elefanten, das den Vereinten Nationen von den Regierungen afrikanischer Staaten zum Geschenk gemacht wurde, wurde von so hochwüchsigen Topfpflanzen umgeben, daß von der Seite nicht mehr zu erkennen ist, daß das Tier eindeutig ein Bulle ist. Dem aus Bulgarien stammenden Bildhauer Mihail war es zu keiner Zeit in den Sinn gekommen, daß ein anatomisch korrekt wiedergegebenes Tier in New York eine Debatte auslösen könnte. Mit Bezug auf die Tatsache, daß der Elefant ja das Umweltbewußtsein anregen sollte, bemerkte er: »Das ist genau das Problem zwischen Menschen und wildlebenden Tieren, die Men-

schen können den Anblick der Natur nicht ertragen.« Website der CNN im Internet: »U.N. Elefant Statue Draws Guffaws for Being Too Long on Realism«, 18. November 1998.

90 Ehrenreich (1999).
91 Der Leitartikel erschien am 29. März 1999 in der *Time*. Einige der Protestbriefe gegen die androgynen Fotos wurden am 5. April 1999 abgedruckt. Ein Arzt aus dem Land von Peter Paul Rubens bezeichnete die entweiblichten Körper in der Zeitschrift als »anatomische Häresie«.
92 Diamond (1990).
93 Auch Tiere können homosexuelles Verhalten zeigen, haben jedoch im allgemeinen keine ausschließliche oder überwiegende Vorliebe für gleichgeschlechtliche Partner.
94 Parish (1993).
95 Kano (1998).
96 Bagemihl (1999), S. 117.
97 Stanford (1998). Im Rahmen der bislang detailliertesten vergleichenden Untersuchung habe ich das Sexualverhalten der Bonobos im Zoo von San Diego mit dem von Schimpansen in der Feldstation des Yerkes Primate Center bei Atlanta verglichen. Im Durchschnitt wurde der ausgewachsene Bonobo alle 65 Minuten sexuell aktiv, der ausgewachsene Schimpanse unter ähnlichen Bedingungen dagegen nur alle sechs Stunden; de Waal (1995). Auch wenn diese Zahlen zeigen, daß Bonobos weit häufiger als Schimpansen kopulieren, kann man nicht behaupten, daß sie den ganzen Tag über mit nichts anderem beschäftigt sind. Als ich das einmal mit der Feststellung unterstreichen wollte, daß Bonobos nur einmal in der Stunde kopulieren, schrieb die zuständige Lektorin an den Rand des Manuskripts, das klinge doch sehr danach, daß die Bonobos ständig Sex miteinander trieben.
98 Kuroda (1984).
99 Eine Sexualtherapeutin in Kalifornien, Susan Block, hat den Bonobo (»die schärfsten Chimps auf der Erde«) zu ihrem Lieblingstier erkoren und wirbt auf ihrer Website mit folgenden Worten für ihre Praxis:»Ob Sie dazu beitragen wollen, daß die Bonobos gerettet werden, oder ob Sie nur Ihr eigenes Sexleben retten wollen, ich bin für Sie da.«
100 Parish und de Waal (2000).

4. Tierkunst: Würden Sie sich einen Congo an die Wand hängen?

101 Einleitung von Morris zu Lenain (1997).
102 Deacon (1999).
103 Leakey und Lewin (1993), S. 316 ff.
104 Gilliard (1969).

342

105 Miller (2000).

106 Zitiert in Hildebrand (1999).

107 Porter und Neuringer (1984) und Watanabe und Nemoto (1998).

108 Marler und Tamura (1964). Das bedeutet nicht, daß es keinem biologischen Einfluß unterliegt, wie ein Vogel singt. Viele Vögel lernen das Lied ihrer eigenen Spezies genauer als das einer anderen, und wenn sie beide hören, lernen sie eher das erstere.

109 L. F. Baptista auf der Jahresversammlung der American Association for the Advancement of Science, Washington, D.C., 2000. Der Redner starb wenige Monate später.

110 Begleittext auf der Schutzhülle zur Schallplatte *Ein musikalischer Spaß* von W. A. Mozart, Deutsche Grammophon 400 065-2.

111 West und King (1990), S. 112.

112 Watanabe et al. (1995). Während meines Besuchs in seinem Laboratorium fragte ich Watanabe, warum er seine Vögel an Beispielen westeuropäischer statt japanischer Maler und Musiker teste. Er antwortete, die Kritiker internationaler Zeitschriften ließen sich nur durch Vögel beeindrucken, die Kunstwerke voneinander unterscheiden könnten, die ihnen selbst unmittelbar bekannt seien oder von denen sie zumindest gehört hätten.

113 Busch und Silver (1994).

114 Huxley (1942).

115 Schiller (1951). Alpha war der erste in Gefangenschaft geborene Schimpanse der Yerkes-Kolonie im Orange Park in Florida, dem Vorläufer des Yerkes Regional Primate Research Center, wo ich heute arbeite und das zur Emory University in Atlanta, Georgia, gehört.

116 Lenain (1997).

117 Lenain weist darauf hin, daß man erst dann von einer Störung der Ordnung sprechen kann, wenn die Ordnung als solche erkannt wird, das heißt, wenn der Betroffene einen Sinn für Ordnung hat. Demnach sieht er seine Position nicht als völlig unvereinbar mit der von Morris. Wo jedoch Morris eine positive Neigung unterstellt, etwas zu schaffen, sieht Lenain in der Malerei des Affen den Versuch, etwas bereits Vorhandenes zu beseitigen. Der Gipfelpunkt der Verwirrung oder auch der Brillanz ist erreicht, wenn Lenain erklärt:»Es ist durchaus vorstellbar, daß ein ›Sinn für Unordnung‹ so unmittelbar im Bildfeld vorherrscht, daß er sich hauptsächlich *unter dem Deckmantel* eines Sinns für Ordnung manifestiert.«

118 Menschenaffen macht das Malen stolz und vergnügt. Sie tun es mit Begeisterung, auch ohne Aussicht auf Belohnung. Um das zu überprüfen, belohnte Morris einen Schimpansen für jede künstlerische Äußerung mit Leckerbissen. Das Ergebnis war ein deutlicher Verlust des Interesses: Der Affe arbeitete so schnell wie möglich, um die Hand rasch nach der Belohnung auszustrecken; Morris (1962).

119 Levy (1961).

5. Die Prognose des Bergs Fuji und ein Besuch auf Koshima, wo die Affen ihre Süßkartoffeln salzen

120 Zu dieser Zusammenfassung von Imanishis tiefschürfenden Gedanken über Kultur siehe Itani und Nishimura (1973). Sie erscheinen uns heute nicht besonders bemerkenswert, doch zur Zeit ihrer Veröffentlichung (1952) waren westliche Wissenschaftler noch in einer heftigen und kontroversen Debatte darüber befangen, ob das Verhalten instinktgeleitet ist oder auf Lernen beruht.

121 Kurland (1977).

122 Sugiyama (1967).

123 Sommer (1994).

124 Bei manchen Spezies sorgen die weiblichen Tiere anscheinend dafür, daß die Frage der Vaterschaft ungeklärt bleibt, indem sie beispielsweise auch dann mit männlichen Partnern kopulieren, wenn sie nicht fruchtbar sind. Wenn diese bei der Tötung von Jungen nicht ausschließen können, daß auch eigene Nachkommen darunter sind, wird ihre Strategie kontraproduktiv; siehe hierzu Hrdy (1979).

125 Mayr (1998). Meine eigene Erfahrung in dieser Hinsicht war die Entdeckung der Versöhnung. Daß kooperative Tiere ihre Beziehungen nach Kämpfen wiederherstellen müssen, erscheint völlig folgerichtig; dennoch wurde ein solches Verhalten von Evolutionsbiologen, die seit jeher ein weitaus größeres Interesse an Gewinnern und Verlierern in einem als an ausschließlichen Gewinnern gezeigt haben, weder prognostiziert noch auch nur ansatzweise erörtert. Meine anfänglichen Vermutungen, gestützt auf die Beobachtung von Schimpansen, die sich nach einem Kampf geküßt und umarmt haben, wurden inzwischen von Untersuchungen an zahlreichen Spezies bestätigt; Aureli und de Waal (2000); de Waal (2000).

126 Wolpert (1992).

127 Nishida (1990).

128 Asquith (1986).

129 Asquith (1989), S. 136 f.

130 Imanishi (1952).

131 *Ko* bedeutet im Japanischen »glücklich«, *shima* heißt »Insel«. Die Namen anderer berühmter Affenstandorte in Japan enthalten ebenfalls geographische Hinweise, wie Yakushima, Takasakiyama, Arashiyama, Ryozenyama, Jigokudani und Katsuyama; *yama* heißt »Berg«, *dani* »Tal«.

132 Meine begeisterte Dolmetscherin war Satsuki Kuroki. Beim Besuch der Insel wurde ich begleitet von Kunio Watanabe, einem Wissenschaftler vom Institut für Primatenforschung in Inuyama, der jahrelang auf Koshima gearbeitet hat; siehe Watanabe (1994).

133 Kawamura schrieb bahnbrechende Aufsätze über die Affen von Koshima, in denen er die Argumente für eine kulturelle Verbreitung des Verhaltens dar-

legte. Auch Verhaltensunterschiede zwischen den einzelnen Gruppen schrieb er unterschiedlichen Traditionen zu; manche Affentrupps aßen Eier und andere nicht; in manchen Trupps kümmerten sich die Väter nur sehr wenig um ihre Kinder. Um Debatten mit potentiellen japanischen Skeptikern vorzubeugen, benutzte er den Begriff »Subkultur« statt »Kultur«. Die meisten seiner Untersuchungen erschienen nur auf japanisch; Itani und Nishimura (1973).

134 In den ersten fünf Jahren, die Kawai (1965) die Periode der »individuellen Weitergabe« nannte, erwarben 15 von 19 Affen zwischen zwei und sieben Jahren, aber nur zwei von elf erwachsenen Affen das Verhalten ohne die Hilfe von anderen. Während der anschließenden Periode der »präkulturellen Weitergabe« lernten fast alle Kinder, deren Mütter die Kartoffeln wuschen, diesen Brauch. Zehn Jahre nach Imos Entdeckung zeigten 97 Prozent der Affen unter zwölf Jahren dieses Verhalten.

135 Noso starb wenige Monate nach meinem Besuch, und der Betamann Kemushi nahm seinen Platz ein.

136 Watanabe (1989).

137 Keyes (1982), S. 14–17.

138 An fünf weiteren japanischen Futterausgabestellen entwickelten Affen den Brauch, Kartoffeln zu waschen. Dennoch breitete sich das Verhalten dort zu keiner Zeit weiter aus, sondern blieb auf vereinzelte Individuen beschränkt. Diese Beobachtungen zeigen, daß Imo nicht geradezu das Rad erfunden hatte: Das Säubern von Nahrung im Wasser entwickelte sich sehr schnell; Visalberghi und Fragaszy (1990a).

139 Keyes (1982). Zu einer gründlichen Widerlegung dieser Pseudowissenschaft siehe Amudson (1985).

140 Galef (1990).

141 Steven Green besuchte Japan 1968 und 1969 und konnte die Ausgabe von Süßkartoffeln an die Affen auf Koshima beobachten; Green (1975).

142 Galef (1990), der normalerweise das Verhalten von Laborratten untersuchte, hatte diese Randbedingungen beim Austeilen von Futter nicht berücksichtigt. Seine erstaunlich freien Assoziationen darüber, was in Koshima abgelaufen sein *könnte*, vierzig Jahre zuvor, ist noch von niemandem kritisch unter die Lupe genommen worden. Die beteiligten Wissenschaftler wußten nicht, wie sie in höflichen Worten auf eine harte Kritik antworten sollten, die auf etwas zielte – den Erwerb eines Verhaltens durch imitierendes Nachahmen –, was sie selbst nie in den Vordergrund gestellt hatten.

143 Vor kurzem erschien der erste Bericht über japanische Affen, die ohne menschliche Einwirkung die Gewohnheit entwickelt haben, ihre selbstbeschaffte Nahrung zu waschen. In Katsuyama wurden Affen beobachtet, die Graswurzeln einzeln aus dem Boden reißen und anschließend einen Haufen davon zu einem nahe gelegenen Bach tragen, um anhaftende Erde abzuwa-

schen, bevor sie die Wurzeln essen. Die Gewohnheit hat sich auf elf adulte weibliche Tiere ausgebreitet, von denen sechs zur selben Matrilinie gehören; Nakamichi et al. (1998).

144 Galef (1990).

145 Entscheidender als die Geschwindigkeit des Lernens ist der *Verlauf* der Lernkurve in der Population, der bei individuellem Lernen tendenziell linear, bei sozialem Lernen exponentiell ist. Eine eingehende Untersuchung von Lefebvre (1995) an lernenden Ratten widerspricht einem individuellen Lernen und bestätigt eher das Modell des kulturellen Lernens.

6. Der letzte Rubikon: Können andere Tiere eine Kultur haben?

146 Linton (1979), S. 66. In einem ungewöhnlich vorurteilsfreien Kapitel über die Entwicklungsgeschichte der Kultur warnte der amerikanische Anthropologe Linton, zwar sei die menschliche Kultur einzigartig, doch ließen sich bestimmte grundlegende Fähigkeiten bis auf die Stufe des Tieres zurückverfolgen. In Übereinstimmung mit der hier vertretenen Position erklärte er: »Weder die Lernprozesse noch das Ausmaß des von ausgewachsenen Tieren untereinander Erlernbaren sind für diese Untersuchung von großer Bedeutung, denn das Wesentliche bei der Übertragung angelernten Verhaltens ist die Fähigkeit einer Generation gewesen, die Gewohnheiten der ihr vorhergehenden zu übernehmen.« Ebd., S. 65.

147 Näheres zu Imanishi und seiner Schule der Primatologie siehe unten im 2. und 5. Kapitel.

148 Shweder (1991) erörtert eine »post-nietzscheanische« Anthropologie, die Kulturpraktiken als willkürlich und imaginär behandelt, was eine Abwertung von Brauch und Tradition sowie einen Bruch mit der Natur zur Folge hat.

149 Tylor (1871).

150 White (1959).

151 In ihrer negativen Form (was Kultur *nicht* ist) ist die Frage nach dem »Wie« jedoch wesentlich. Eine kulturelle Weitergabe wird als nichtgenetisch definiert, wie in einer der frühesten Definitionen von Bonner (1980): »Mit Kultur meine ich die Übertragung von Informationen mit Mitteln des Verhaltens, insbesondere durch das Lehren und Lernen. Der Begriff wird in einem Sinn gebraucht, der im Gegensatz zur Übertragung von genetischen Informationen steht, die unmittelbar durch die Vererbung von Genen von einer Generation an die nächste weitergegeben werden.« Zu meiner eigenen Definition siehe die Einleitung zu diesem Buch.

152 Ladygina-Kohts (2002).

153 Russon (1996), S. 166.

154 Tomasello, Savage-Rumbaugh und Kruger (1993). Zum Begriff der Enkulturation siehe Tomasello und Call (1997): »Die gegenwärtig plausibelste Hypothese ist die, daß von Menschen aufgezogene Menschenaffen die Intentionen anderer in einer Weise verstehen, die ihren Artgenossen in der Wildnis abgeht.« Ein kleines Problem sehe ich hier, es betrifft das Wörtchen »andere«, das durch »Menschen« ersetzt werden müßte.

155 Trotz meiner Kritik bewährte sich das Paradigma vom Imitationsverhalten der Affen und Menschen unlängst in einem einfallsreichen Experiment; Whiten (1998). Ein einziges positives Ergebnis dieser Art stellt offensichtlich die negativen Ergebnisse ähnlicher Experimente in der Literatur in Frage.

156 Humphrey (1976) bietet folgende Definition des Mitgefühls an: »Mitgefühl ist für mich eine Neigung auf seiten des einen Sozialpartners, sich mit dem anderen zu identifizieren und sich auf diese Weise die Ziele des anderen bis zu einem gewissen Grad zu eigen zu machen.«

157 Darwin (1883), S. 69.

158 Siehe den Aufsatz von Byrne und Russon (1998) und seine 28 Erläuterungen.

159 Koehler (1973), S. 223.

160 Matsuzawa (1994) und Inoue-Nakamura und Matsuzawa (1997).

161 Galef (1990).

162 Huffman (1996).

163 Als konformistische Form des Lernens entspricht BIOL den gegenwärtigen evolutionsbiologischen Vorstellungen von den Ursprüngen der Kultur; Henrich und Boyd (1998).

164 Als Illustration zum polemischen Charakter der gegenwärtigen Debatte mag die unversöhnliche Überschrift dieses Aufsatzes dienen: »Why Animals Have Neither Culture nor History«; Premack und Premack (1994).

165 Daß Sarah bereitwillig Menschen imitiert (was mit ähnlichen Ergebnissen bei sprachtrainierten Menschenaffen übereinstimmt), steht vollkommen in Einklang mit dem BIOL-Modell, demzufolge soziales Lernen durch emotionale Nähe zum Modell und Identifikation mit diesem begünstigt wird. Der Unterschied zur Enkulturations-Hypothese besteht darin, daß BIOL das Imitationsverhalten Sarahs ihrem Interesse an menschlichen Kumpanen und ihrer Vertrautheit mit diesen zuschreibt, während die Enkulturations-Hypothese – weit weniger ökonomisch – veränderte mentale Fähigkeiten annimmt.

166 Kroeber (1963), S. 104.

167 Gould (1999), Whiten et al. (1999) und de Waal (1999).

168 Montagu (1968).

169 McGrew (1992) protestierte gegen die halbherzige Einstellung der frühen Literatur zu einer tierischen Kultur, als Autoren den Begriff »Kultur« in Anführungszeichen setzten oder anders relativierten, etwa wie in »Protokultur«, »Präkultur« oder »Subkultur«. Seiner Meinung nach gab es keine Rechtfertigung für diese Neologismen, und »die Prägung neuer Begriffe ist

kein Ersatz für eine explizite Argumentation«. In demselben maßgeblichen Buch geht McGrew ausführlich auf die Ansichten Kroebers ein und zeigt, in welcher Weise sie auf die Frage der Schimpansenkultur Bezug nehmen.
170 Kroeber (1928).

7. Die Nußknackersuite: Abhängigkeit von Kultur in der Natur

171 Sept und Brooks (1994).
172 Beatty (1951), S. 118.
173 Sugiyama und Koman (1979).
174 Boesch und Boesch-Ackermann (1991), S. 53. In diesem Zitat aus *Natural History* habe ich in metrische Maße umgerechnet.
175 Zu geschlechtsspezifischen Unterschieden im Werkzeuggebrauch siehe McGrew (1979); Boesch und Boesch (1984).
176 Die Behauptung, der Gebrauch von Werkzeugen unterscheide uns von anderen Lebewesen, wurde besonders nachdrücklich von Kenneth Oakley in seinem Buch *Man The Tool-Maker* (1957) vertreten. Oakley waren die Beobachtungen Koehlers bekannt, daß Schimpansen Werkzeuge auch dadurch herstellen, daß sie beispielsweise einen Ast in ein Bambusrohr stecken, um ihn auf diese Weise länger zu machen. Er weigerte sich jedoch, solche Handlungen als Herstellung von Werkzeugen zu bezeichnen, da sie als Reaktion auf eine bestimmte Situation erfolgt waren – wenn die Affen etwa an eine Banane vor dem Käfig gelangen wollten – und nicht in Vorwegnahme einer zukünftigen, vorgestellten Zweckmäßigkeit.
177 Demgegenüber wird unter Tierverhaltensforschern am häufigsten die folgende Definition eines Werkzeuggebrauchs von Beck (1980) zitiert:»die externe Verwendung eines frei verfügbaren Gegenstandes in der Umgebung, um die Form, Lage oder den Zustand eines anderen Gegenstandes im Hinblick auf eine Erhöhung seines Nutzens zu verändern«.
178 Allen (1997), S. 48.
179 Nach den Aufsätzen von Nichtprimatologen in Fachzeitschriften zu urteilen – siehe etwa Mann (1972) – herrscht mittlerweile vielfach die Vorstellung, daß die Vielgestaltigkeit des Verhaltens von Schimpansen kaum einen Einfluß auf die Sicherung ihrer Nahrungsversorgung habe. Diese unbewiesene Unterstellung ist zu einem weiteren Argument gegen das Etikett »Kultur« geworden. Wie jedoch aus den Beispielen in diesem Kapitel hervorgeht, betrifft ein großer Teil der Schimpansenkultur die Beschaffung von Nahrungsmitteln, darunter auch solche, die ohne komplexe erlernte Techniken nicht erreichbar sind. Man muß sich fragen, was die Forderung, Kultur müsse immer überlebenswichtig sein, für die *menschliche* Kultur bedeutet: Viele menschliche Kulturvarianten haben mit dem Überleben wenig oder gar nichts zu tun.

348

180 Günther und Boesch (1993).
181 Yamakoshi (1998).
182 McGrew und Tutin (1978). Gegenseitige Fellpflege mit gelegentlichem Händedrücken kennen wir inzwischen auch von mehreren anderen Schimpansengemeinschaften, darunter eine in Uganda, die in den achtziger Jahren des vorigen Jahrhunderts von Ghiglieri (1988) beobachtet wurde.
183 De Waal und Seres (1997).
184 De Waal (1989a).
185 Ebd.
186 Marshall et al. (1999).
187 Hirata et al. (1998).
188 Alp (1997).
189 Ein Großteil der Belege wurde von Huffman (1997) zusammenfassend dargestellt. Am Institut für Primatenforschung der Universität Kyoto bietet Huffman gegenwärtig Schimpansen rauhblättrige Pflanzen ähnlich *Aspilla* an. Ihre erste Reaktion ist Abneigung, doch wenn die Affen beobachtet haben, wie andere die Blätter in den Mund schoben, wird sie überwunden.
190 Hinde und Fisher (1951).
191 Aisner und Terkel (1992).
192 Whiten (1998).
193 Van Schaik et al. (1999). Zu Hemmungen bei einem weniger toleranten Primaten siehe Drea und Wallen (1999).
194 Tanaka (1995).
195 Nakamura et al. (2000). Mitgefühl bei Menschenaffen und ihre Fähigkeit, sich in die Lage von anderen zu versetzen, werden erörtert in de Waal (1996a), 2. Kapitel.
196 Boesch (1991).
197 Boesch und Tomasello (1998).
198 Die Reduktion von Kultur auf diskrete, sich selbst ausbreitende Einheiten hat eine lange Geschichte. Neuere genetisch inspirierte Begriffe für diese Einheiten sind »Mem« von Dawkins (1977) und »culturgen« von Lumsden und Wilson (1981). Die meisten Wissenschaftler haben diesen Ideen wenig Beachtung geschenkt. Zu einem kritischen, gleichwohl zustimmenden Vergleich von Genen mit Memen siehe Wimsatt (1999).
199 Siehe Lumden und Wilson (1981), Boyd und Richerson (1985) und Durham (1991).
200 Der Begriff »Kulturbiologie« wurde bereits in den fünfziger Jahren von Imanishi vorgeschlagen, als er sich bemühte, den Kontakt zwischen Anthropologen und Zoologen zu fördern; persönliche Mitteilung von T. Nishida.
201 Pyne (1998).
202 Ottoni und Mannu haben in dem Park, der sich in der Nähe von São Paulo befindet, über hundert Stellen dokumentiert, wo Nüsse geknackt wurden. Außerdem beobachteten sie das Verhalten der Affen und stellten fest, daß die

Jungaffen (wie bei den Schimpansen) das Aufbrechen der Nüsse weniger gut beherrschen als die älteren Artgenossen. Trotz einer zunehmenden Feldforschung über diese Primaten ist dies die erste wildlebende Gruppe von Kapuzineraffen, von welcher der Gebrauch von Steinwerkzeugen berichtet wurde.

203 Es war der Prix Jean-Marie Delwart 1998, der von der Königlichen Akademie der Wissenschaften Belgiens verliehen wurde.

204 Wrangham et al. (1994) und Whiten et al. (1999). Zu weiteren Informationen siehe http://chimp.st-and.ac.uk/cultures/. Neben diesen Büchern und Aufsätzen behandelt ein vor kurzem in Frankreich erschienenes Buch die Frage, ob Kultur etwas Natürliches ist; Ducros et al. (1998).

205 McGrew et al. (1997) haben ökologische Erklärungen für eine einzelne Verhaltensvariante wie das Aufbrechen von Nüssen ausgeschlossen.

206 Whitehead (1998).

8. Kulturelle Naturtalente: Tee und Tibetmakaken

207 Corbey (1997).

208 Montagu (1968).

209 Im Spätherbst, wenn sie am schwersten sind, wiegen adulte männliche Tiere im Durchschnitt 19,5 und weibliche 16,8 Kilogramm; Zhao (1996).

210 Der Begriff *sexual harassment* (»sexuelle Belästigung«) war in der Primatenliteratur in Gebrauch, lange bevor er in den westlichen Gesellschaften zum Thema wurde. Der Begriff bezieht sich auf die Störung kopulierender Partner durch Zuschauer, die ihnen auf den Rücken springen, sie an den Haaren ziehen etc.

211 Die eingehendsten Untersuchungen über das *bridging* bei Tibetmakaken wurden von dem japanischen Wissenschaftler Hideshi Ogawa durchgeführt. Bei seinen Beobachtungen am Berg Huang Shan stellte Ogawa fest, daß adulte männliche Makaken dieses Verhalten häufiger mit ihresgleichen als mit weiblichen jungen Affen zeigen. Wenn sie sich einem dominanten Makaken nähern, bringen sie ihm häufig das Junge, das er bevorzugt (das heißt, mit dem er mehr als mit den übrigen zusammen ist). *Bridging* kommt auch zwischen gegengeschlechtlichen Partnern und zwischen weiblichen Makaken vor. Bei diesen Begegnungen wird häufig das Junge der Makakin genommen, der man sich nähert. Die Auswahl der Jungen läßt vermuten, daß bekannt ist, welches Junge für den *bridging*-Partner attraktiv ist; Ogawa (1995).

212 Chapais (1988).

213 De Waal (1996b).

214 Das ist ein realistisches Beispiel. Unter beengten Verhältnissen widmen sich Rhesusaffen der sozialen Fellpflege und Versöhnungen häufiger außerhalb

der eigenen Matrilinien. Möglicherweise versuchen sie, angespannte Beziehungen innerhalb ihrer Matrilinien zu verhindern. Wenn die Neigung, Kontakt außerhalb der Familie zu suchen, von der Mutter an die Nachkommen weitergegeben wird, können beengte Verhältnisse demnach innerhalb der sozialen Kultur von Rhesusaffen fundamentale Änderungen auslösen; Call et al. (1996).

215 Ich ziehe den Begriff »kulturnatürlich« (*cultural natural*) dem Begriff »kulturuniversell« (*cultural universal*) vor, der sich in der anthropologischen Literatur findet. Mit letzterem wird an einer Trennung zwischen Natur und Kultur festgehalten – als ob es denkbar wäre, daß Muster, die man in allen Kulturen findet, von der menschlichen Biologie unabhängig sind.

216 Kummer (1995), S. 12.

217 De Waal und Johanowicz (1993).

218 Siehe auch das 11. Kapitel.

219 Small (1988); siehe auch Hrdy (1999).

9. Affen mit Selbstachtung: Abraham Maslow und das Tabu der Macht

220 Maslow (1936).

221 Siehe auch Noso auf Koshima, der sich in einer ähnlichen Position befand wie Spickles; 5. Kapitel in diesem Buch.

222 Cullen (1997).

223 Siehe 1. Kapitel.

224 De Waal 1983.

225 Woodward und Bernstein (1988), S. 420.

226 Der Zwischenfall in Arnheim wird ausführlich geschildert in de Waal (1986). Zu einem vergleichbaren Vorfall in Gombe siehe Goodall (1992).

227 Wie ich in meinem Buch *Unsere haarigen Vettern* dargetan habe, beruhen Bündnisse zwischen Schimpansenmännern nicht auf Freundschaft oder persönlichen Vorlieben; sie sind rein strategisch bestimmt. Deshalb war mit dem Verschwinden des gemeinsamen Rivalen Nikkie der Grund für das Bündnis zwischen Yeroun und Dandy hinfällig geworden.

228 Mulder (1979).

229 Barkow (1975).

230 Zu einer systematischen Untersuchung über menschliche Reaktionen auf die nonverbalen Botschaften führender Politiker siehe Masters (1989). Im Zusammenhang mit dem Abschalten des Tons an meinem Fernsehgerät ist die folgende Beobachtung des Neurologen Oliver Sacks (1985) interessant. Er schildert eine Gruppe von Aphasiepatienten, die während einer Fernsehrede ihres Präsidenten (den Sacks als »der alte Charmeur« und »der Schau-

spieler« charakterisiert) von ständigen Lachkrämpfen geschüttelt wurden. Aphasiepatienten, die unfähig sind, Worte als solche zu verstehen, verfolgen gleichwohl einen Großteil des Gesagten, indem sie auf den Gesichtsausdruck und andere Körpersignale des Sprechenden achten. Sie verarbeiten nonverbale Hinweise so hervorragend, daß schon behauptet wurde, man könne sie unmöglich anlügen – sie durchschauten jede Lüge. Zur Rede des Präsidenten, die den gesunden Anwesenden völlig normal erschien, bemerkte Sacks abschließend, sie habe »so raffiniert einen trügerischen Wortgebrauch mit einem trügerischen Tonfall verbunden, daß nur die Gehirngeschädigten [...] sich nicht davon täuschen ließen«.

231 Selbst den egalitärsten menschlichen Gemeinschaften gelingt es nicht, den Machttrieb abzuschaffen. Boehm (1999) spricht von »nivellierenden Mechanismen«, womit gemeint ist, daß Rangunterschiede nach Kräften unterdrückt werden. Männer dieser Gesellschaften, die versuchen, Macht auszuüben, laufen Gefahr, sich lächerlich zu machen und sich letztlich einem allgemeinen Groll auszusetzen.

10. Überleben der Freundlichsten: Von egoistischen Genen und altruistischen Hunden

232 In der Vorweihnachtszeit 1975 gaben Millionen Amerikaner jeweils fünf Dollar aus, um ganz gewöhnliche Steine als Ersatz für ein Streicheltier zu erstehen. Die Steine wurden in Schachteln mit Luftlöchern sowie einer Gebrauchsanleitung verkauft, wie man dem Stein beibringen könne, sich auf die andere Seite zu wälzen, sich totzustellen oder seinen Eigentümer zu beschützen. Die aus Japan kommenden Tamagotchis sind ein elektronisches Spielzeug, das ein kleines Lebewesen darstellt. Es kann essen, schlafen, seinen Urin und Kot lassen, launisch sein und durch Beeptöne auf sich aufmerksam machen. Wenn der Besitzer sich nicht um sein Tamagotchi kümmert, geht es ein. Chia Pets sind Tierfiguren aus Ton mit eingeritzten Rillen, in denen man Samen von Kresse oder Ähnlichem zum Keimen bringt, so daß den Tieren nach kurzer Zeit ein grünes »Fell« wächst.

233 Wrangham und Peterson (1996). Das Spielen mit »Puppen« ist bei nichtmenschlichen Primaten nichts Ungewöhnliches. Ich habe junge Schimpansen in Gefangenschaft gesehen, die sich mit einem Stück Tuch oder einem Besen ähnlich wie Kakama verhielten. Eine wilde Berggorillafrau wurde beobachtet, wie sie einen Batzen weiches Moos ausriß, das sie wie ein Kleinkind mit sich herumtrug, unter die Brust hielt und »stillte«; Byrne (1995).

234 Darwin (1963), S. 101.

235 Zitiert aus einem Interview mit Roes (1998).

236 Wir dürfen auch nicht vergessen, daß viele Menschen sich bemühen, Kinder

zu adoptieren – manche entführen sogar Neugeborene aus den Säuglings-
stationen der Krankenhäuser –, und dabei Antrieben folgen, die offensichtlich über das genetische Eigeninteresse hinausgehen.

237 Bericht in der *Jerusalem Post*, 26. Juli 1996.
238 De Waal und Aurel (1996).
239 Ladygina-Kohts (2002).
240 Kunz und Allgaier (1994).
241 Jewell (1997).
242 Whittemore und Hebard (1995).
243 Ebd.

11. Schluß mit dem Dualismus! Eine zweitausendjährige Debatte über das Gute im Menschen

244 Westermarck (1907), S. 31.
245 De Waal und Luttrell (1988) sowie Aureli et al. (1992).
246 Zur jüngsten Debatte um eine evolutionäre Ethik siehe das *Journal of Consciousness Studies* 7 (2000), Heft 1/2.
247 Wolf (1995). Andere vor ihm haben Ehen in israelischen Kibbuzim untersucht und festgestellt, daß Kinder, die zusammen in derselben Gruppe aufgewachsen waren, als Erwachsene miteinander keine sexuellen Beziehungen
und schon gar keine Ehen eingingen. Die Befunde werden von Wolf ebenfalls referiert.
248 Tokuda (1961/62).
249 Huxley (1894).
250 Desmond (1994).
251 Freud (1930), S. 463.
252 De Waal (1996a); siehe auch Flack und de Waal (2000).
253 Williams zitiert in Roes (1998), Dawkins in *The Times Literary Supplement*, 29. November 1996, und in einem weiteren Interview mit Roes
(1997). Die tiefere Ironie liegt natürlich darin, daß entgegen der Warnung
Dawkins' vor einer Darwinschen Welt eine solche Welt weitaus lebenswer-
ter ist als eine Huxleysche, in der es keine natürlichen moralischen Antriebe
gibt. Dawkins erscheint in seiner kämpferischen Haltung und seiner Abkehr
vom Darwinismus fast als Reinkarnation Huxleys. Vorstellungen wie die,
daß wir Überlebensmaschinen seien, selbstsüchtig geboren würden und
Güte erst lernen müßten und vor allem daß zwischen Biologie und Moral
eine unüberwindliche Kluft bestehe, waren Darwin fremd, aber typisch für
Huxley. Darwin hat nie irgendwelche Lebensformen als Maschinen angesehen. Er hatte eine geradezu an Lorenz erinnernde Beziehung zu Tieren und
scheute sich nicht, ihnen Intentionen und Emotionen zuzuschreiben. Crist

(1999) erörtert ausführlich Darwins Anthropomorphismus, der gelegentlich irritiert hat, vertritt jedoch ebenfalls die Meinung, daß wer ein ganzheitliches Verständnis von Natur hat, damit keine Probleme haben wird (siehe auch 1. Kapitel). Angesichts ihrer Meinungsverschiedenheiten konnte Darwin sich nicht enthalten, in seinem letzten Brief an Huxley auf dessen Ansicht anzuspielen, alle Lebewesen (einschließlich des Menschen) seien Maschinen: »Ich wollte bei Gott, daß es in der Welt noch mehr Automaten gäbe wie Sie.« Zitiert in Crist (1999).

254 Ihre zynischen Positionen geben die Titel der Bücher von Wright (1994: *The Moral Animal*) und Ridley (1996: *The Origins of Virtue*) nicht wieder.

255 Wright, ebd.

256 Sober und Wilson (1998) schreiben über diese Beschuldigung: »Wir sind der Meinung, wir sollten uns mit einer Kritik auseinandersetzen, die häufig gegen Wissenschaftler erhoben wird, die in der Psychologie vom menschlichen Altruismus und in der Biologie von der Gruppenselektion überzeugt sind. Häufig lautet der Einwand, Menschen übernehmen diese Hypothesen, weil sie *wollen*, daß die Erde ein freundlicher und gastlicher Ort ist. Diejenigen, die dagegen von Egoismus und Individualismus ausgehen und diese Kritik äußern, machen sich damit selbst ein Kompliment; sie klopfen sich dafür auf die Schulter, daß sie der Realität furchtlos ins Auge sehen. Sie halten Egoisten und Individualisten für objektiv, während die Vertreter der Hypothese des Altruismus und der Gruppenselektion in einer schönen Illusion befangen seien.«

257 Vgl. Badcock (1986) und Alexander (1987). Badcock suchte gezielt nach freudianisch-darwinistischen Lösungen für das »Problem« des Altruismus.

258 Mayr (1998), S. 323.

259 Damasio (1994).

260 Aureli und de Waal (2000).

261 Westermarck sah in der moralischen Billigung eine Art vergeltende freundliche Emotion und damit einen Bestandteil des gegenseitigen Altruismus. Diese Auffassung nahm Diskussionen über Formen »indirekter Gegenseitigkeit« in der modernen Literatur über evolutionäre Ethik vorweg; siehe zum Beispiel Alexander (1987).

262 Westermarck (1907), S. 65.

263 Diese Überlegungen Westermarcks haben ein Gegenstück in dem von Smith (1759) vorgestellten »unparteiischen Zuschauer«.

264 Darwin (1883), S. 96.

265 Übersicht bei Preston und de Waal.

266 Darwin (1883), S. 92.

267 Damit war Menzius ein Zeitgenosse von Aristoteles – der 384 v. Ch. in Griechenland geboren wurde –, dem ersten und bedeutendsten westlichen Philosophen, der die Moral in der menschlichen Biologie verankerte; Arnhart (1998).

268 Alle Zitate aus Menzius (1982), S. 74.
269 Siehe 10. Kapitel, das auch den vollen Wortlaut des Zitats von Smith enthält.
270 Killen und de Waal (2000).

Nachwort: Der Sprung des Eichhörnchens

271 Der Kofferfisch hat eine extrem giftige Leber, deren Genuß, wenn sie nicht
sachgerecht und innerhalb einer kurzen Frist nach dem Fang herausge-
schnitten wird, den sicheren Tod zur Folge hat. (Das ist der Grund, warum
die Zubereitung dieses Fischs zu einem Fugu in Japan nur speziell ausgebil-
deten und zugelassenen Köchen erlaubt ist.) Der riskante Verzehr dieser De-
likatesse ist mit dem Kauen von Bittermark durch Schimpansen vergleichbar, die anscheinend gelernt haben, die giftigen Bestandteile bestimmter
Pflanzen zu vermeiden; Huffman (1997).

Bibliographie

Aisner, R., und J. Terkel (1992), »Ontogeny of pine-cone opening behaviour in the black rat (*Rattus rattus*)«, *Animal Behaviour* 44, S. 327–336.

Alcock, J. (1998), »Unpunctuated equilibrium in the *Natural History* essays of Stephen Jay Gould«, *Evolution and Human Behavior* 19, S. 321–336.

Alexander, R.A. (1987), *The Biology of Moral Systems*, New York.

Allen, B. (1997), »The chimpanzee's tool«, *Common Knowledge* 6, S. 34–51.

Alp, R. (1997), »›Stepping-sticks‹ and ›seat-sticks‹: New types of tools used by wild chimpanzees (*Pan troglodytes*) in Sierra Leone«, *American Journal of Primatology* 14, S. 45–52.

Amudson, R. (1985), »The hundredth monkey phenomenon«, *The Skeptical Inquirer* 9, S. 348–356.

Arnhart, L. (1998), *Darwinian Natural Right: The Biological Ethics of Human Nature*, Albany, N.Y.

Asquith, P.J. (1986), »Anthropomorphism and Japanese and Western traditions in primatology«, in: J.G. Else und P.C. Lee (Hg.), *Primate Ontogeny, Cognition and Social Behavior*, Cambridge, S. 61–71.

– (1989), »Provisioning and the study of free-ranging primates: History, effects and prospects«, *Yearbook of Physical Anthropology* 32, S. 129–158.

– (1991), »Primate reserach groups in Japan: Orientations and East-West differences«, in: L. Fedigan und P.J. Asquith (Hg.), *The Monkeys of Arashiyama: Thirty-five Years of Research in Japan and the West*, Albany, N.Y., S. 81–98.

Atkins, K.A. (1996), »A bat without qualities?«, in: M. Bekoff und D. Jamieson (Hg.), *Readings in Animal Cognition*, Cambridge, Mass., S. 345–358.

Aureli, F., R. Cozzolino, C. Cordischi und S. Scucchi (1992), »Kin-oriented redirection among Japanese macaques: An expression of a revenge system?«, *Animal Behaviour* 44, S. 283–291.

Aureli, F., und F.B.M. de Waal (2000), *Natural Conflict Resolution*, Berkeley.

Austin, W.A. (1974), *The First Fifty Years: An Informal History of the Detroit Zoological Park and the Detroit Zoological Society*, Detroit.

Badcock, C.R. (1986), *The Problem of Altruism: Freudian-Darwinian Solutions*, Oxford.

Bagemihl, B. (1999), *Biological Exuberance: Animal Homosexuality and Natural Diversity*, New York.

Bailey, M.B. (1986), »Every animal is the smartest: Intelligence and the ecological niche«, in: R. Hoage und L. Goldman (Hg.), *Animal Intelligence*, Washington, D.C., S. 105–113.

Balda, R.P., und A.C. Kamin (1989), »A comparative study of cache recovery by three corvid species«, *Animal Behaviour* 38, S. 486–495.

Barkow, J.H. (1975), »Prestige and culture: A biosocial interpretation«, *Current Anthropology* 16, S. 553–572.

Bateson, C.D., S. Early und G. Salvarani (1990), »Perspective taking: Imagining how another feels versus imagining how you would feel«, *Personality and Social Psychology Bulletin* 23, S. 751–758.

Beach, F.A. (1950), »The snark was a boojum«, *American Psychologist* 5, S. 115–124.

Beatty, H. (1951), »A note on the behavior of the chimpanzee«, *Journal of Mammalogy* 32, S. 118.

Beck, B.B. (1980), *Animal Tool Behavior: The Use and Manufacture of Tools by Animals*, New York.

Bischof, N. (1991), *Gescheiter als alle die Laffen*, Hamburg.

Boehm, C. (1999), *Hierarchy in the Forest: The Evolution of Egalitarian Behavior*, Cambridge, Mass.

Boesch, C. (1991), »Teaching in wild chimpanzees«, *Animal Behaviour* 41, S. 530–532.

–, und H. (1983), »Optimization of nut-cracking with natural hammers by wild chimpanzees«, *Animal Behaviour* 83, S. 265–286.

–, und H. (1984), »Possible causes of sex differences in the use of natural hammers by wild chimpanzees«, *Journal of Human Evolution* 13, S. 410–440.

–, und H. Boesch-Ackermann (1991), »Dim forest, bright chimps«, *Natural History* 9/91, S. 50–56.

–, und M. Tomasello (1998), »Chimpanzee and human cultures«, *Current Anthropology* 39, S. 591–614.

Bonner, J.T. (1980), *The Evolution of Culture in Animals*, Princeton, N.J.

Boyd, R., und P.J. Richerson (1985), *Culture and the Evolutionary Process*, Chicago.

Budiansky, S. (1998), *If a Lion Could Talk*, New York.

Burghardt, G.M. (1985), »Animal awareness: Current perceptions and historical perspective«, *American Psychologist* 40, S. 905–919.

Busch, H., und B. Silver (1994), *Why Cats Paint: A Theory of Feline Aesthetics*, Berkeley, Cal.

Byrne, R.W., (1995), *The Thinking Ape*, Oxford.

–, und A.E. Russon (1998), »Learning by imitation: A hierarchical approach«, *Behavioral and Brain Sciences* 21, S. 667–721.

Call, J., P.G. Judge und F.B.M. de Waal (1996), »Influence of kinship and spatial density on reconciliation and grooming in rhesus monkeys«, *American Journal of Primatology* 39, S. 35–45.

Cenami Spada, E. (1997), »Amorphism, mechanomorphism, and anthropomorphism«, in: R.W. Mitchell, N.S. Thompson und H.L. Miles (Hg.), *Anthropomorphism, Anecdotes, and Animals*, Albany, N.Y., S. 37–49.

Chapais, B. (1988), »Rank maintenance in female Japanese macaques. Experimental evidence for social dependency«, *Behaviour* 104, S. 41–59.

Chelser, P. (1969), »Maternal Influence in learning by observation in kittens«, *Science* 166, S. 901–903.

Cheney, D.L., und R.M. Seyfarth (1990), *How Monkeys see the World*, Chicago.

Corbey, R. (1997), »Beschaving is meer dan mes en vork«, *NRC Handelsblad*, 8. November.

Crist, E. (1999), *Images of Animals: Anthropomorphisms and Animal Mind*, Philadelphia.

Cullen, D. (1997), »Maslow, monkeys, and motivation theory«, *Organization* 4, S. 355–373.

Curio, E. (1978), »Cultural Transmission of enemy recognition: One function of mobbing«, *Science* 202, S. 899–901.

Custance, D.M., A. White und K.A. Bard (1995), »Can young chimpanzees imitate arbitrary actions? Hayes and Hayes (1952) revisited«, *Behaviour* 132, S. 839–858.

Damasio, A.R. (1994), *Descartes' Error: Emotion, Reason, and the Human Brain*, New York.

– (1999), *The Feeling of What Happend*, New York.

Darwin, C. (1964 [1859]), *On the Origin of Species*, Cambridge, Mass. Dt.: *Die Entstehung der Arten durch natürliche Zuchtwahl*, Stuttgart 1863.

– (1981 [1871]), *The Descent of Man, and Selection in Relation to Sex*, New York. Dt.: *Die Abstammung des Menschen und die geschlechtliche Zuchtwahl*, Stuttgart 1883.

– (1998 [1872]), *The Expression of the Emotions in Man and Animals*, New York. Dt.: *Der Ausdruck der Gemüthsbewegungen bei dem Menschen und den Thieren*, Halle a.d. Saale 1896.

Dawkins, R. (1976), *The Selfish Gene*, Oxford. Dt.: *Das egoistische Gen*, Berlin, Heidelberg und New York 1977.

– (1998), *Unweaving the Rainbow: Science, Delusion, and the Appetite for Wonder*, New York. Dt.: *Der entzauberte Regenbogen. Wissenschaft, Aberglaube und die Kraft der Phantasie*, Reinbek 2000.

Deacon, J. (1999), »South African Rock Art«, *Evolutionary Anthropology* 8, S. 48–63.

Deichmann, U. (1995 [1992]), *Biologen unter Hitler. Porträt einer Wissenschaft im NS-Staat*, Frankfurt a.M. (überarbeitete und erweiterte Ausgabe).

Desmond, A. (1994), *Huxley: From Devil's Disciple to Evolution's High Priest*, New York.

Diamond, M. (1990), »Selected cross-generational sexual behavior in traditional Hawaii: A sexological ethnography«, in: J.R. Feierman (Hg.), *Pedophilia: Biosocial Dimensions*, New York, S. 378–393.

Drea, C.M., und K. Wallen (1999), »Low status monkeys »play dumb« when learning in mixed social groups«, *Proceedings of the National Academy of Sciences* 96, S. 12965–12969.

Ducros, A., und J. und F. Joulian (1998), *La culture est-elle naturelle?*, Paris.

Durham, W.H. (1991), *Coevolution: Genes, Culture, and Human Diversity,* Stanford, Cal.

Ehrenreich, B. (1999),»The real truth about the female body«, *Time,* 8. März, S. 57–65.

Eibl-Eibesfeldt, I. (1994), *Wider die Mißtrauensgesellschaft,* München.

Epstein, R., R.P. Lanza und B.F. Skinner (1981),»›Self-awareness‹ in the pigeon«, *Science* 212, S. 695 f.

Flack, J.C., und F.B.M. de Waal (2000),»›Any animal whatever‹: Darwinian building blocks of morality in monkeys and apes«, *Journal of Consciousness Studies* 7, Heft 1/2, S. 1–29.

Fouts, Rager, u. Stephen T. Mills (1997), *Next of Kin,* New York. Dt.: *Unsere nächsten Verwandten. Von Schimpansen lernen, was es heißt, ein Mensch zu sein,* München 1998.

Freeman, D. (1983), *Margaret Mead and Samoa: The Making and Unmaking of an Anthropological Myth,* Cambridge, Mass.

French, M. (1985), *Beyond Power,* New York. Dt.: *Jenseits der Macht. Frauen, Männer und Moral,* Reinbek 1985.

Freud, S. (1913), *Totem und Tabu,* Gesammelte Werke Bd. IX, Frankfurt a.M. 1968.

– (1930),»Das Unbehagen in der Kultur«, Gesammelte Werke Bd. XIV, Frankfurt a.M. 1968, S. 419–506.

Galef, B.G. (1982),»Studies of social learning in Norway rats: A brief review«, *Developmental Psychobiology* 15, S. 279–295.

– (1990),»The question of animal culture«, *Human Nature* 3, S. 157–178.

Gallup, G.G. (1970),»Self-awareness in primates«, *Science* 67, S. 417–421.

– (1982),»Self-awareness and the emergence of mind in primates«, *American Journal of Primatology* 2, S. 237–248.

Garcia, J., F.R. Ervin und R.A. Koelling (1966),»Learning with prolonged delay of reinforcement«, *Psychonomic Science* 5, S. 121 f.

Ghiglieri, M. (1988), *East of the Mountains of the Moon: Chimpanzee Society in the African Rain Forest,* New York.

Ghiselin, M. (1974), *The Economy of Nature and the Evolution of Sex,* Berkeley, Cal.

Gilliard, E.T. (1969), *Birds of Paradise and Bowerbirds,* London.

Goodall, J. (1990), *Through a Window,* Boston. Dt.: *Ein Herz für Schimpansen,* Reinbek 1991.

– (1992),»Unusual violence in the overthrow of an alpha male chimpanzee at Gombe«, in: T. Nishida, W.C. McGrew, P. Marler, M. Pickford und F.B.M. de Waal (Hg.), *Topics in Primatology,* Bd. 1, *Human Origins,* Tokyo, S. 131–142.

Gould, S. J. (1981), *The Mismeasure of Man,* New York. Dt.: *Der falsch vermessene Mensch,* Basel 1983.

– (1999),»The human difference«, *The New York Times,* 2. Juli.

Green, S. (1975),»Dialects in Japanese monkeys: Vocal learning and cultural transmission of local-specific vocal behavior?«, *Zeitschrift für Tierpsychologie* 38, S. 304–314.

Greenberg, G., und M.M. Haraway (1998), *Comparative Psychology: A Handbook*, New York.

Guinet, C., und J. Bouvier (1995), »Development of intentional stranding hunting techniques in killer whale (*Orcinus orca*) calves at Crozet Archipelago«, *Canadian Journal of Zoology* 73, S. 27–33.

Günther, M.M., und C. Boesch (1993), »Energetic cost of nut-cracking behaviour in wild chimpanzees«, in: H. Preuschoft und D.J. Chivers (Hg.), *Hands of Primates*, Wien, S. 109–129.

Halstead, L.B. (1985), »Anti-Darwinian theory in Japan«, *Nature* 317, S. 587–589.

Harris, J.R. (1998), *The Nurture Assumption: Why Children Turn Out the Way They Do*, London.

Hebb, D.O. (1971), »Comment on altruism: The comparative evidence«, *Psychological Bulletin* 76, S. 409 f.

Henrich, J., und R. Boyd (1998), »The evolution of conformist transmission and the emergence of between-group difference«, *Evolution and Human Behavior* 19, S. 215–241.

Heyes, C. (1995), »Self-recognition in mirrors: Further reflections create a hall of mirrors«, *Animal Behaviour* 50, S. 1533–1542.

Hildebrand, G. (1999), *Origins of Architectural Pleasure*, Berkeley, Cal.

Hinde, R.A. (1966), *Animal Behaviour: A Synthesis of Ethology and Comparative Psychology*, New York.

– (1982), *Ethology: Its Nature and Relations with Other Sciences*, Glasgow.

–, und J. Fisher (1951), »Further observations on the opening of milk bottles by birds, *British Birds* 44, S. 393–396.

Hirata, S., M. Myowa und T. Matsuzawa (1998), »Use of leaves as cushions to sit on wet ground by wild chimpanzees«, *American Journal of Primatology* 44, S. 215–220.

Hobbes, T. (1991 [1651]), *Leviathan*, Cambridge. Dt.: *Leviathan oder Wesen, Form und Gewalt des kirchlichen und bürgerlichen Staates*, Reinbek 1965.

Hodos, W., und C.B. Campbell (1969), »*Scala Naturae*: Why there is no theory in comparative psychology«, *Psychological Review* 76, S. 337–350.

Hollard, V.D., und J.D. Delius (1982), »Rotational invariance in visual pattern recognition in pigeons and humans«, *Science* 218, S. 804–806.

Hrdy, S.B. (1979), »Infanticide among animals: A review, classification, and examination of the implications for the reproductive strategies of females«, *Ethology and Sociobiology* 1, S. 13–40.

– (1999), *Mother Nature: A History of Mothers, Infants, and Natural Selection*, New York. (Dt.: *Mutter Natur. Die weibliche Seite der Evolution*, Berlin 2000).

Huffman, M.A. (1996), »Acquisition of innovative cultural behaviors in nonhuman primates: A case study of stone handling, a socially transmitted behavior in Japanese macaques«, in: C.M. Heyes und B.G. Galef (Hg.), *Social Learning in Animals: The Roots of Culture*, San Diego, Cal., S. 267–289.

– (1997), »Current evidence for self-medication in primates: A multi-disciplinary perspective«, *Yearbook of Physical Anthropology* 40, S. 171–200.

Hume, D. (1985 [1739]), *A Treatise on Human Nature*, Harmondsworth. Dt.: *Ein Traktat über die menschliche Natur*, Buch I–III, Hamburg 1973.

Humphrey, N.K. (1976), »The social function of intellect«, in: P.P.G. Bateson und R.A. Hinde (Hg.), *Growing Points in Ethology*, Cambridge, S. 303–321.

Huxley, J. (1942), »The origins of human drawing«, *Nature* 142, S. 637.

Huxley, T.H. (1894), *Evolution and Ethics*, Princeton, N.J. 1989.

Imanishi, K. (1952), *Der Mensch*, Tokyo (auf japanisch).

Inoue, R., und A. Anderson (1988), »The Terrier's way«, *Nature* 332, S. 758.

Inoue-Nakamura, N., und T. Matsuzawa (1997), »Development of stone tool use by wild chimpanzees«, *Journal of Comparative Psychology* 111, S. 159–173.

Itani, J. (1985), »The evolution of primate social structures«, *Man* 20, S. 593–611.

–, und A. Nishimura (1973), »The study of infrahuman culture in Japan: A review«, in: E.W. Menzel (Hg.), *Precultural Primate Behavior*, Basel, S. 26–50.

Jacob, F. (1997), *La souris, la mouche et l'homme*, Paris, Dt.: *Die Maus, die Fliege und der Mensch. Über die moderne Genforschung*, Berlin 1998.

Jewell, D. (1997), »Brave hearts«, *People*, 14. Juli.

Kalikow, T.J. (1980), »Die ethologische Theorie von Konrad Lorenz: Erklärung und Ideologie«, in: H. Mehrtens und S. Richter (Hg.), *Naturwissenschaft, Technik und NS-Ideologie*, Frankfurt a.M., S. 189–214.

Kano, T. (1992), *The Last Ape: Pygmy Chimpanzee Behavior and Ecology*, Stanford, Cal.

– (1998), »Comments on C.B. Stanford«, *Current Anthropology* 39, S. 410 f.

Kawai, M. (1965), »Newly-acquired pre-cultural behavior of the natural troop of Japanese monkeys on Koshima islet«, *Primates* 6, S. 1–30.

Kellogg, W.N., und L.A. (1933), *The Ape and the Child*, New York 1967.

Kennedy, J.S. (1992), *The New Anthropomorphism*, Cambridge.

Keyes, K. (1982), *The Hundredth Monkey*, Coos Bay, Oreg.

Killen, M., und F.B.M. de Waal (2000), »The evolution and development of morality«, in: F. Aureli und F.B.M. de Waal (Hg.), *Natural Conflict Resolution*, Berkeley, Cal., S. 352–372.

Köhler, W. (1973 [1921]), »Zur Psychologie des Schimpansen«, in: *Intelligenzprüfungen an Menschenaffen*, Berlin, Heidelberg und New York.

Kroeber, A.L. (1928), »Sub-human cultural beginnings«, *Quarterly Review of Biology* 3, S. 325–342.

– (1963 [1923]), *Anthropology: Culture Patterns and Processes*, New York.

Kummer, H. (1971), *Primate Societies*, Arlington Heights.

– (1995), *In Quest of the Sacred Baboon*, Princeton, N.J.

Kunz, T.H., und A.L. Allgaier (1994), »Allomaternal care: Helper-assisted birth in the Rodrigues fruit bat, *Pteropus rodricensis*«, *Journal of Zoology* (London) 232, S. 691–700.

Kurland, J.A. (1977), *Kin Selection in the Japanese Monkey*, Contributions to Primatology, Bd. 12, Basel.

Kuroda, S. (1984), »Interaction over food among pygmy chimpanzees«, in: R.L. Susman (Hg.), *The Pygmy Chimpanzee*, New York, S. 301–324.

Ladygina-Kohts, N.N., *Infant Chimpanzee and Human Child*, Hg. F.B.M. de Waal, New York 2002.

Leaky, R., und Roger Lewin (1992), *Origins Reconsidered*, New York. Dt.: *Der Ursprung des Menschen. Auf der Suche nach den Spuren des Humanen*, Frankfurt a.M. 1993.

Lefebvre, L. (1995), »Culturally transmitted feeding behaviour in primates: Evidence for accelerating learning rate«, *Primates* 36, S. 227–239.

Lenain, T. (1997), *Monkey Painting*, London.

Levy, M. (1961), »Dali, the quantum gun at Port Lligat«, *The Studio* 162, S. 83–85.

Liessmann, K.P. (1996), *Der gute Mensch von Österreich*, Wien.

Linton, R. (1936), *The Study of Man: An Introduction*, New York. Dt.: *Mensch – Kultur – Gesellschaft*, Stuttgart 1979.

Lorenz, Konrad (1949), *Er redete mit dem Vieh, den Vögeln und den Fischen*, Wien.

– (1963), *Das sogenannte Böse. Zur Naturgeschichte der Aggression*, Wien.

– (1978), *Vergleichende Verhaltensforschung. Grundlagen der Ethologie*, Wien, Heidelberg und New York.

– (1985), »My family and other animals«, in: D.A. Dewsbury (Hg.), *Leaders in the Study of Animal Behaviour*, Lewisburg, Pa., S. 259–287.

Lumsden, C., und E.O. Wilson (1981), *Genes, Mind, and Culture*, Cambridge, Mass.

Mann, A. (1972), »Hominid and cultural origins«, *Man* 7, S. 379–386.

Manning, A. (1996), »On the origins of behaviour«, *New Scientist*, 10. Februar.

Marler, P., und M. Tamura (1964), »Culturally transmitted patterns of vocal behavior in sparrows«, *Science* 146, S. 1483–1486.

Marshall, A.J., R.W. Wrangham und A.C. Arcadi (1999), »Does learning affect the structure of vocalization in chimpanzees?«, *Animal Behaviour* 58, S. 825–830.

Marshall Thomas E. (1993), *The Hidden Life of Dogs*, Boston. Dt.: *Das geheime Leben der Hunde*, Reinbek 1994.

Maslow, A. (1936), »The role of dominance in the social and sexual behavior of infra-human primates«, Artikelserie im *Journal of Genetic Psychology* 48 und 49.

Masson, J.M., und S. McCarthy (1995), *When Elephants Weep: The Emotional Lives of Animals*, New York. Dt.: *Wie Tiere fühlen*, Reinbek 1997. (Zuerst unter dem Titel *Wenn Tiere weinen*, Reinbek 1996.)

Masters, R. (1989), *The Nature of Politics*, New Haven, Conn.

Matsuzawa, T. (1994), »Field experiments on use of stone tools by chimpanzees in the wild«, in: R.W. Wrangham, W.C. McGrew, F.B.M. de Waal und P. Heltne (Hg.), *Chimpanzee Cultures*, Cambridge, Mass., S. 351–370.

Mayr, E. (1997), *This is Biology: The Science of the Living World*, Cambridge, Mass. Dt.: *Das ist Biologie. Die Wissenschaft des Lebens*, Heidelberg und Berlin 1998.

McGrew, W.C. (1979), »Evolutionary implications of sex differences in chimpanzee predation and tool use«, in: D.A. Hamburg und E.R. McCown (Hg.), *The Great Apes*, Menlo Park, Cal., S. 441–463.

– (1992), *Chimpanzee Material Culture: Implications for Human Evolution*, Cambridge.

–, und C.E.G. Tutin (1978), »Evidence for a social custom in wild chimpanzees?«, *Man* 13, S. 243–251.

–, R.M. Ham, L.J.T. White, C.E.G. Tutin und M. Fernandez (1997), »Why don't chimpanzees in Gabon crack nuts?«, *International Journal of Primatology* 18, S. 335–374.

Mead, M. (1950), *Male and Female: A Study of the Sexes in a changig World*, New York. Dt.: *Mann und Weib. Das Verhältnis der Geschlechter in einer sich wandelnden Welt*, Frankfurt a. M. 1992.

Medawar, P.B. (1984), *The Limits of Science*, New York.

Menzius (1982), *Die Lehrgespräche des Meisters Meng K'o*, Köln.

Midgley, M. (1979), *Beast and Man: The Roots of Human Nature*, London.

Miller, G.F. (2000), *The Mating Mind: How Sexual Choice Shaped the Evolution of Human Nature*, New York.

Mineka, S., M. Davidson, M. Cook und R. Keir (1984), »Observational conditioning of snake fear in rhesus monkeys«, *Journal of Abnormal Psychology* 93, S. 355–372.

Mitchell, R.W., N.S. Thompson und H.L. Miles (1997), *Anthropomorphism, Anecdotes, and Animals*, Albany, N.Y.

Montagu, M.F.A. (1968), *Man and Aggression*, New York.

Moore, B.R., und S. Stuttard (1979), »Dr. Guthrie and *Felis domesticus* or: Tripping over the cat«, *Science* 205, S. 1031–1033.

Moore, J.A. (1993), *Science as a Way of Knowing: The Foundations of Modern Biology*, Cambridge, Mass.

Morgan, C.L. (1894), *An Introduction to Comparative Psychology*, London (2. Aufl.).

Morris, D. (1962), *The Biology of Art: A Study of the Picture-Making Behaviour of the Great Apes and Its Relationship to Human Art*, London. Dt.: *Biologie der Kunst. Ein Beitrag zur Untersuchung bildnerischer Verhaltensweisen bei Menschenaffen und zur Grundlagenforschung der Kunst*, Düsseldorf 1963.

– (1967), *The Naked Ape*, New York. Dt.: *Der nackte Affe*, München 1968.

–, und R. Morris (1966), *Men and Apes*, New York. Dt.: *Der große Affenspiegel. Eine Kulturgeschichte der Alten*, München 1968.

Mulder, M. (1979), *Omgaan met Macht*, Amsterdam.

Myowa-Yamakoshi, M., und T. Matsuzawa (1999), »Factors influencing imitation of manipulatory actions in chimpanzees«, *Journal of Comparative Psychology* 113, S. 128–136.

Nagel, T. (1974), »What is it like to be a bat?«, *Philosophical Review* 83, S. 435–450.

Nakamichi, M., E. Kata, Y. Kojima und N. Itoigawa (1998), »Carrying and washing of grass roots by free-ranging Japanese macaques at Katsuyama«, *Folia primatologica* 69, S. 35–40.

Nakamura, M., W. McGrew, L.F. Marchant und T. Nishida (2000), »Social scratch: Another custom in wild chimpanzees?«, *Primates* 41, S. 237–246.

Nimchinsky, E.A., E. Gilissen, J.M. Allman, D.P. Perl, J.E. Erwin und P.R. Hof (1999), »A neuronal morphologic type unique to humans and great apes«, *Proceedings of the National Academy of Sciences* 96, S. 5268–5273.

Nishida, T. (1990), »A quarter century of research in the Mahale Mountains: An overview«, in: T. Nishida (Hg.), *The Chimpanzees of the Mahale Mountains*, Tokyo, S. 3–35.

–, und K. Hosaka (1996), »Coalition strategies among adult male chimpanzees of the Mahale Mountains, Tanzania«, in: W.C. McGrew, L.F. Marchant und T. Nishida (Hg.), *Great Ape Societies*, Cambridge, S. 114–134.

Nottebohm, G. (1880), *Mozartiana*, Wiesbaden.

Oakley, K. (1957), *Man the Tool-Maker*, Chicago.

Ogawa, H. (1995), »Recognition of social relationships in bridging behavior among Tibetan macaques«, *American Journal of Primatology* 35, S. 305–310.

Ottoni, E.B., und M. Mannu (2000), »Semi-free ranging tufted capuchin monkeys (*Cebus apella*) spontaneously use tools to crack open nuts«, *International Journal of Primatology*.

Parish, A.R. (1993), »Sex and food control in the ›uncommon chimpanzee‹: How bonobo females overcome a phylogenetic legacy of male dominance«, *Ethology and Sociobiology* 15, S. 157–179.

–, und F.B.M. de Waal (2000), »The other ›closest living relative‹: How bonobos (*pan paniscus*) challenge traditional assumptions about females, dominance, intra- and inter-sexual interactions, and hominid evolution«, in: D. DeCroy und P. Moller (Hg.), *Evolutionary Perspectives on Human Reproductive Behavior. Annals of the New York Academy of Science* 907, S. 97–113.

Payne, K. (1998), *Silent Thunder: In the Presence of Elephants*, New York.

Porter, D., und A. Neuringer (1984), »Musical discriminations by pigeons«, *Journal of Experimental Psychology: Animal Behavior Processes* 10, S. 138–148.

Povinelli, D.J., et al. (1997), »Chimpanzees recognize themselves in mirrors«, *Animal Behaviour* 53, S. 1083–1088.

Premack, D., und A.J. (1994), »Why animals have neither culture nor history«, in: T. Ingold (Hg.), *Companion Encyclopedia of Anthropology*, London, S. 350–365.

364

Preston, S.D., und F.B.M. de Waal (xxx), »The communication of emotions and the possibility of empathy in animals«, in: *Altruistic Love: Science, Philosophy, and Religion in Dialogue*, Oxford.

Ridley, M. (1996), *The Origins of Virtue*, London.

Roberts, M. (1996), *The Man Who Listens to Horses*, New York. Dt.: *Der mit den Pferden spricht*, Bergisch Gladbach 1997.

Roes, F. (1997), »An interview of Richard Dawkins«, *Human Ethology Bulletin* 12, Heft 1, S. 1–3.

– (1998), »A conversation with George C. Williams«, *Natural History 5*, S. 10–15.

Russell, B. (1927), *Outline of Philosophy*, New York.

Russon, A.E. (1996), »Imitation in everyday use: Matching and reherasal in the spontaneous imitation of rehabilitant orangutans (*Pongo pygmaeus*), in: A.E. Russon, K.A. Bard und S.T. Parker (Hg.), *Reaching into Thought: The Minds of the Great Apes*, Cambridge, S. 152–176.

Sacks, O. (1985), *The Man Who Mistook His Wife for a Hat*, London. Dt.: *Der Mann, der seine Frau mit einem Hut verwechselte*, Reinbek 1997.

Sakura, O. (1998), »Similarities and varieties: A brief sketch on the reception of Darwinism and Sociobiology in Japan«, *Biology and Philosophy* 13, S. 341–357.

Savage-Rumbaugh, S., und R. Lewin (1994), *Kanzi: The Ape on the Brink of the Human Mind*, New York.

Van Schaik, C.P., R.O. Deaner und M.Y. Merrill (1999), »The conditions for tool use in primates: Implications for the evolution of material culture«, *Journal of Human Evolution* 36, S. 719–741.

Schiller, P.H. (1951), »Figural preferences in the drawings of a chimpanzee«, *Journal of Comparative Psychology* 46, S. 101–111.

Sept, J.M., und G.E. Brooks (1994), »Reports of chimpanzee natural history, including tool-use, in 16th- and 17th-century Sierra Leone«, *International Journal of Primatology* 15, S. 867–878.

Serpell, J. (1996), *In the Company of Animals: A Study of Human-Animal Relationships*, Cambridge.

Shephard, P. (1996), *The Others: How Animals Made Us Human*, Washington.

Shweder, R.A. (1991), *Thinking through Cultures*, Cambridge, Mass.

Sinclair, M. (1986), »Imanishi and Halstead: Intra specific competition?«, *Nature* 320, S. 580.

Skinner, B.F. (1973), *Jenseits von Freiheit und Würde*, Reinbek.

Small, M.F. (1998), *Our Babies, Ourselves*, New York.

Smith, A. (1937 [1759]), *A Theory of Moral Sentiments*, New York. Dt.: *Theorie der ethischen Gefühle*, Hamburg 1994.

Sober, E. (1998), »Morgan's Canon«, in: D.D. Cummins und C. Allen (Hg.), *The Evolution of Mind*, Oxford, S. 224–242.

–, und D.S. David Wilson (1998), *Unto Others: The Evolution and Psychology of Unselfish Behavior*, Cambridge, Mass.

Sommer, V. (1994), »Infanticide among the langurs of Jodhpur: Testing the sexual selection hypothesis with a long-term record«, in: S. Parmigiani und F.S. vom Saal (Hg.), *Infanticide and Parental Care*, Chur, S. 155–187.

Stanford, C.B. (1998), »The social behavior of chimpanzees and bonobos«, *Current Anthropology* 39, S. 399–404.

Sugiyama, Y. (1967), »Social Organization of Hanuman langurs«, in: S.A. Altman (Hg.), *Social Communication among Primates*, Chicago, S. 221–253.

–, und J. Koman (1979), »Tool-using and -making behavior in wild chimpanzees at Bossou, Guinea«, *Primates* 20, S. 513–524.

Tanaka, I. (1995), »Matrilinear Distribution of louse egg-handling techniques during grooming in free-ranging Japanese macaques«, *American Journal of Physical Anthropology* 98, S. 197–201.

Thomas, R.K. (1998), »Lloyd Morgan's canon«, in: G. Greenberg und M.M. Haraway (Hg.), *Comparative Psychology, A Handbook*, New York, S. 156–163.

Thompson, R.K.R., und C.L. Contie (1994), »Further reflections on mirror usage by pigeons: Lessons from Winnie-the-Pooh and Pinocchio too«, in: S.T. Parker et al. (Hg.), *Self-Awareness in Animals and Humans*, Cambridge, S. 392–409.

Thorpe, W.H. (1979), *The Origins and Rise of Ethology*, London.

Tinbergen, N. (1963), »On aims and methods of ethology«, *Zeitschrift für Tierpsychologie* 20, S. 410–433.

Tokuda, K. (1961/62), »A study of sexual behavior in the Japanese monkey«, *Primates* 3, Heft 2, S. 1–40.

Tomasello, M. (1999), *The Cultural Origins of Human Cognition*, Cambridge, Mass.

–, und J. Call (1997), *Primate Cognition*, New York.

–, A.C. Kruger und H.H. Ratner (1993), »Cultural learning«, *Behavioral and Brain Sciences* 16, S. 495–552.

–, E.S. Savage-Rumbaugh und A.C. Kruger (1993), »Imitative learning of actions on objects by children, chimpanzees, and enculturated chimpanzees«, *Child Development* 64, S. 1688–1705.

Tratz, E.P., und H. Heck (1954), »Der afrikanische Anthropoide ›Bonobo‹, eine neue Menschenaffengattung«, *Säugetierkundliche Mitteilungen* 2, S. 97–101.

Tylor, E.B. (1871), *Primitive Culture*, London.

Vermej, G. (1996), »The touch of a shell«, *Disvover* 17, Heft 8, S. 76–81.

Vicchio, S.J. (1986), »From Aristotle to Descartes: Making animals anthropomorphic«, in: R.J. Hoage und L. Goldman (Hg.), *Animal Intelligence: Insights into the Animal Mind*, Washington, D.C., S. 187–207.

Virey, J.-J. (1817), »Art: Histoire naturelle«, in: *Nouveau dictionnaire d'histoire naturelle appliquée aux arts*, Paris, S. 542–564.

Visalberghi, E., und D.M. Fragaszy (1990a), »Food washing behaviour in tufted capuchins and crabeating macaques«, *Animal Behaviour* 40, S. 829–836.

– (1990b), »Do monkeys ape?«, in: S. Parker und K. Gibson (Hg.), »*Language*«

and *Intelligence in Monkeys and Apes: Comparative Development Perspectives*, Cambridge, S. 247–273.

Vogel, C. (1985), »Evolution und Moral«, in: H. Maier-Leibnitz (Hg.), *Zeugen des Wissens*, Mainz, S. 467–507.

de Waal, F.B.M. (1986), »The brutal elimination of a rival among captive male chimpanzees«, *Ethology and Sociobiology* 7, S. 237–251.

– (1989a), *Peacemaking among Primates*, Cambridge. Dt.: *Wilde Diplomaten. Versöhnung und Entspannungspolitik bei Affen und Menschen*, München 1991.

– (1989b), »Behavioral contrasts between Bonobo and chimpanzee«, in: P. Heltner und L.A. Marquardt (Hg.), *Understanding Chimpanzee*, Cambridge, Mass., S. 154–175.

– (1991), »Complementary methods and convergent evidence in the study of primate social cognition«, *Behaviour* 118, S. 297–320.

– (1995), »Sex as an alternative to aggression in the bonobo«, in: P. Abramson und S. Pinkerton (Hg.), *Sexual Nature, Sexual Culture*, Chicago, S. 37–56.

– (1996a), *Good Natured*, Cambridge, Mass. Dt.: *Der gute Affe. Der Ursprung von Recht und Unrecht bei Menschen und anderen Tieren*, München 1997.

– (1996b), »Macaque social culture: Development and perpetuation of affiliative networks«, *Journal of Comparative Psychology* 110, S. 147–154.

– (1997), *Bonobo: The Forgotten Ape*, mit Fotografien von F. Lanting, Berkeley, Cal.

– (1998 [1982]), *Chimpanzee Politics: Power and Sex among Apes*, überarb. Aufl., Baltimore, Md. Dt.: *Unsere haarigen Vettern*, München 1983.

– (1999), »Cultural primatology comes of age«, *Nature* 399, S. 635 f.

– (2000), »Primates: A natural heritage of conflict resolution«, *Science* 289, S. 586–590.

–, und F. Aureli (1996), »Consolation, reconciliation, and a possible cognitive difference between macaque and chimpanzee«, in: A.E. Russon, K.A. Bard und S.T. Parker (Hg.), *Reaching into Thought: The Minds of the Great Apes*, Cambridge, S. 80–110.

–, und M.L. Berger (2000), »Payment for labour in monkeys«, *Nature* 404, S. 563.

–, und D.L. Johanowicz (1993), »Modification of reconciliation behavior through social experience: An experiment with two macaque species«, *Child Development* 64, S. 897–908.

–, und L.M. Luttrell (1988), »Mechanisms of social reciprocity in three primate species: symmetrical relationship characteristics or cognition?«, *Ethology and Sociobiology* 9, S. 101–118.

–, und M. Seres (1997), »Propagation of handclasp grooming among captive chimpanzees«, *American Journal of Primatology* 43, S. 339–346.

Walker, A. (1998), *By the Light of my Father's Smile*, New York.

Watanabe, K. (1989), »Fish: a new addition to the diet of Japanese macaques on Koshima Island«, *Folia primatologica* 52, S. 124–131.

– (1994), »Precultural behavior of Japanese macaques: Longitudinal studies of the Koshima troops«, in: R.A. Gardner, A.B. Chiarelli, B.T. Gardner und F.X. Plooij (Hg.), *The Ethological Roots of Culture*, Dordrecht, S. 81–94.

Watanabe, S., und M. Nemoto (1998), »Reinforcing properties of music in Java sparrows (*Padda oryzivora*)«, *Behavioural Processes* 43, S. 211–218.

–, J. Sakamoto und M. Wakita (1995), »Pigeon's discrimination of paintings by Monet and Picasso«, *Journal of the Experimental Analysis of Behavior* 63, S. 165–174.

Watson, J.B. (1930 [1925]), *Behaviorism: Revised Edition*, Chicago. Dt.: *Der Behaviorismus*, Stuttgart, Berlin und Leipzig 1930.

West, M.J., und A.P. King (1990), »Mozart's Starling«, *American Scientist* 78, S. 106–114.

Westermarck, E. (1912 [1906]), *The Origin and Development of the Moral Ideas*, Bd. 1, London. Dt.: *Ursprung und Entwickelung der Moralbegriffe*, Leipzig 1907.

White, L.A. (1959), *The Evolution of Culture*, New York.

Whitehead, A. (1998), »Cultural selection and genetic diversity in matrilinear whales«, *Science* 282, S. 1708–1711.

Whiten, A. (1998), »Imitation of the sequential structure of actions by chimpanzees«, *Journal of Comparative Psychology* 112, S. 270–281.

–, J. Goodall, W.C. McGrew, T. Nishida, V. Reynolds, Y. Sugiyama, C.E.G. Tutin, R.W. Wrangham und C. Boesch (1999), »Cultures in chimpanzees«, *Nature* 399, S. 682–685.

Whittemore, H., und C. Hebard (1995), *So That Others May Live*, New York.

Williams, G.C. (1998), »Reply to comments on Huxley's evolution and ethics in sociobiological perspective«, *Zygon* 23, S. 437 f.

Wilson, E.O. (1995), *Naturalist*, New York. Dt.: *Des Lebens ganze Fülle. Eine Liebeserklärung an die Wunder der Welt*, München 1999.

– (1998), *Consilience: The Unity of Knowledge*, New York. Dt.: *Die Einheit des Wissens*, München 1999.

Wimsatt, W.C. (1999), »Genes, memes, and cultural heredity«, *Biology and Philosophy* 14, S. 279–310.

Wolf, A.P. (1995), *Sexual Attraction and Childhood Association: A Chinese Brief for Edward Westermarck*, Palo Alto, Cal.

Wolpert, L. (1992), *The Unnatural Nature of Science*, London.

Woodward, R., und C. Bernstein (1976), *The Final Days*, New York. Dt.: *Ein amerikanischer Alptraum. Das unrühmliche Ende der Ära Nixon*, Köln 1976.

Wrangham, R.W., und D. Peterson (1996), *Demonic Males: Apes and the Evolution of Human Aggression*, Boston.

–, W.C. McGrew, F.B.M. de Waal und P. Heltner (1994), *Chimpanzee Cultures*, Cambridge, Mass.

Wright, R. (1994), *The Moral Animal: The New Science of Evolutionary Psychology*, New York.

- (1999), »The accidental creationist: Why Stephen Jay Gould is bad for evolution«, *The New Yorker*, 13. Dezember.

Yamakoshi, G. (1998), »Dietary responses to fruit scarcity of wild chimpanzees at Bossou, Guinea: Possible implications for ecological importance of tool use«, *American Journal of Physical Anthropology* 106, S. 283–295.

Yoshimi, K. (1998), «Imanishi Kinji's biosociology as a forerunner of the semiosphere concept«, *Semiotica* 120, S. 273–297.

Zaho, Q.-K. (1996), »Etho-ecology of Tibetan macaques at Mount Emei, China, in: J.E. Fa und D.G. Lindburg (Hg.), *Evolution and Ecology of Macaque Societies*, Cambridge, S. 263–289.

Zimen, E. (1999), »Erik Zimen erzählt...«, *Wildlife Observer*, Heft 12, S. 93–95.

Danksagung

Mein ursprünglicher Plan war, ein breites Publikum mit den jüngsten Forschungsergebnissen auf dem Gebiet der Tierkultur bekannt zu machen. Dieser Plan mußte scheitern, wenn ich mich nicht gleichzeitig mit menschlichen Vorstellungen von Kultur beschäftigte. Im Westen sind sie in der Regel mit einer strikten Ablehnung jeder Verwischung der Grenze zwischen Tier und Mensch verbunden. Folglich geht es in diesem Buch um unser Verhältnis zur Natur und um die Zweckmäßigkeit einer Dichotomie zwischen Kultur und Natur. Inspiriert und angeregt durch einen Forschungsaufenthalt in China und Japan, nahm ich mir vor, westliche und östliche Denkweisen über dieses Thema einander gegenüberzustellen.

Während meines Forschungsaufenthalts habe ich zahlreiche Primatenfeldstationen besucht, menschliches Verhalten in unvertrauten Umgebungen beobachtet und bei köstlichen Essen anregende Gespräche mit Kollegen und ihren Studenten geführt. Vor allem in Japan gibt es eine lange und fruchtbare primatologische Tradition, deren einzigartige Bedeutung in diesem Buch hervorgehoben wird.

Entwicklungen, die in Japan vor einem halben Jahrhundert begannen, ist es zu danken, wenn wir heute in eine Periode eintreten, in der die Unterschiedlichkeiten innerhalb der einzelnen Spezies zunehmend hervorgehoben werden. Das ist eine bedeutsame Abkehr von früheren Fixierungen auf Instinkt und genetische Anpassung. Nachdem ich dieses Buch geschrieben habe, bin ich mehr denn je davon überzeugt, daß das Thema der Tierkultur uns auch weiterhin beschäftigen und sich zu einem der aufregendsten Forschungsgebiete ausweiten wird – ein Gebiet, dessen Radius weit über das tierische Verhalten hinausreicht.

Auf meiner Reise in China wurde ich von meinem Freund Renmei Ren begleitet, Yanjie Su und Kanghui Yan assistierten. Jiao Shao hat mir die Lehren Mong Dzis (Menzius) nahegebracht, und Jinhua Li hat mich tief beeindruckt, als er mich zu den wilden Tibetmakaken in der Provinz Anhui führte.

In Japan fand ich bei zahlreichen Kollegen liebenswürdige und gastliche Aufnahme, angefangen mit Toshidasa Nishida, der mich an die Universität Kyoto eingeladen hatte; ich wurde dabei unterstützt durch ein Fellowship der Japan Society for the Promotion of Science (JSPS). Mit Nishida – einem der ersten japanischen Primatologen, die sich den evolutionären Ansatz zu eigen gemacht haben – habe ich ausführlich über seine Arbeit in den tansanischen Mahale-Bergen und über die Ursprünge des Imanishiismus diskutiert.

Tetsuro Matsuzawa empfing mich im Institut für Primatenforschung in Inuyama, wo wir über zahlreiche Aspekte der Kultur sprachen, darunter auch seinen Vergleich mit dem Sushimeister. Matsuzawa und seine Studenten sind damit beschäftigt, soziale Vermittlungen von Verhalten zu überprüfen. Das Bild, das sich mir eingeprägt hat, ist das einer Schimpansenfrau, die von uns durch eine Glaswand getrennt war und einen kräftigen Zweig anschleppte, um aus einem winzigen Loch in der Wand Honig herauszustochern – sie hatte offenbar die richtige Idee, es bedurfte jedoch noch einiger Verfeinerungen, bis sie Erfolg haben würde.

Michael Huffman, ein in den USA geborener Primatologe, der fließend Japanisch spricht, war mir in vielfacher Weise behilflich und arrangierte eine erhellende Begegnung mit Imanishis begabtestem Schüler, Jun'ichiro Itani. Wir besuchten auch Huffmans Makaken auf Arashiyama, die durch ihr Spiel mit Steinen auf anmutige Weise demonstrieren, daß kulturelles Lernen keine externen Belohnungen erfordert. Besonderen Dank schulde ich Kunio Watanabe, der mich bei meinem Besuch der abgelegenen Insel Koshima begleitet, eine Fütterung der dort lebenden Affen mit Süßkartoffeln organisiert und mich mit Satsue Mito zusammengebracht hat, mit der ich dank der übersetzerischen Künste von Satsuki Kuroki ein Gespräch führen konnte.

Weitere überaus hilfsbereite japanische Kollegen waren Takeshi Furuichi, Chie Hashimoto, Satoshi Hirata, Shoji Itakura, Takayoshi Kano, Suehisa Kuroda, Junshiro Makino, Masayuki Nakamichi, Osama Sakura, Yukimaru Sugiyama, Hideko Takeshita, Keiji Terao, Shigeo Uehara, Toshifumi Udono, Yoshikazu Ueno, Soshichi Uchii, Shigeru Watanabe, Juichi Yamagiwa und Gen Yamakoshi. Toshikazu Hasegawa und Mariko Hiraiwa-Hasegawa haben mich zu einem vergnüglichen Wochenende auf Izu eingeladen, von wo aus wir den leuchtenden Gipfel des Bergs Fuji sehen konnten, während er mir einen kleinen Vortrag über die Rezeption der Soziobiologie in Japan hielt. Kazuhiko Hosaka erwies sich als unentbehrlicher Reiseorganisator, da ich mir vorher keine Vorstellung davon gemacht hatte, wie kompliziert meine Reise in die entlegensten Gegenden Japans werden sollte.

Ich danke meinem Mitarbeiter Filippo Aureli, der während meiner Abwesenheit die Supervision meines Forschungsteams aus Technikern und Studenten übernahm, nicht zu reden von den Primatenkolonien im Yerkes Primate Center und der Universität Emory, der ich den Forschungsaufenthalt verdanke und die mich auch sonst in vielerlei Weise unterstützt hat. Auf meiner Rückreise habe ich in Helsinki Zwischenstation gemacht, um an einem Symposion über Eduard Westermarck teilzunehmen. Dankbar denke ich zurück an die Bemühungen von Jukka-Pekka Takala, mein Interesse an Westermarcks wichtigen Gedanken über die Evolution der Moral neu zu wecken.

Bei der Abfassung dieses Buchs habe ich viel Unterstützung bei Kollegen gefunden, die mich mit Informationen und Illustrationen versorgten. Ich danke Otto Adang, Robert Beck, Agnes Cranach-Lorenz, Margaret la Farge, Eva-Maria Gruber, Joseph Hearst, Robert Hinde, der Familie Imanishi, Jun'ichiro Itani, Thomas Kunz, Paul Lennard, Gerald Massey, Peter Markl, Desmond Morris, Amy Parish, Bruce Plante, Daniel Povinelli, Robert Pudim, Wolfgang Schleidt, Volker Sommer, Emanuela Cenami Spada und Meredith West. Bei der Suche nach Illustrationen waren mir Darren Long und James Choo am Living Links Center behilflich (www.emory.edu/LIVING_LINKS/), und Frank Kiernan war maßgeblich daran beteiligt, die zahlreichen Fotos, die ich in China und Japan gemacht hatte, zu entwickeln und druckfertig zu machen.

Der größte Teil dieses Buches ist neu. Einige Kapitel enthalten Teile aus früheren Arbeiten, die ich für *The Chronicle of Higher Education, Discover, Libération, Nature, The New York Times, Scientific American* und *The Times Higher Education Supplement* geschrieben habe. Dank schulde ich auch meiner Agentin Elizabeth Ziemska für ihre Unterstützung und Don Fehr, meinem Lektor bei Basic Books, sowie John Bergez für viele konstruktive Vorschläge, die dem Buch zugute gekommen sind. Einige Abschnitte haben von kritischen Kommentaren und der Überprüfung mancher Behauptungen profitiert. Hier nenne ich die Namen von Pamela Asquith, Jeanne Ferris, Harold Gouzoules, Mariko Hasegawa, Michael Huffman, Suehisa Kuroda, Satsuki Kuroki, Jinhua Li, Tetsuro Matsuzawa, Milliam McGrew, Toshidasa Nishida, Holger Preuschoft, Renmei Ren, Carel van Schaik, Osama Sakura, Yukimaru Sugiyama, Soshichi Uchii, Kunui Watanabe, Shigeru Watanabe, Meredith West und Andrew Whiten.

Schließlich danke ich meiner Frau, Catherine Marin, die die Entstehung des Buchs von Anfang an begleitet und den Text kommentiert hat. Gemeinsam sind wir der lebende Beweis, daß kulturelle Differenz, die leicht zu interessanten Kollisionen zwischen eingefahrenen Gewohnheiten und Werten führt, durch gegenseitige Liebe mühelos überbrückt wird.

Register

384